中国社会科学院文库
历史考古研究系列
The Selected Works of CASS
History and Archaeology

中国社会科学院创新工程学术出版资助项目

中国社会科学院文库·历史考古研究系列
The Selected Works of CASS · History and Archaeology

中国近代思想脉络中的民族主义

Nationalism in the Context of Modern Chinese Thought

郑大华 著

社会科学文献出版社
SOCIAL SCIENCES ACADEMIC PRESS (CHINA)

《中国社会科学院文库》
出版说明

《中国社会科学院文库》（全称为《中国社会科学院重点研究课题成果文库》）是中国社会科学院组织出版的系列学术丛书。组织出版《中国社会科学院文库》，是我院进一步加强课题成果管理和学术成果出版的规范化、制度化建设的重要举措。

建院以来，我院广大科研人员坚持以马克思主义为指导，在中国特色社会主义理论和实践的双重探索中做出了重要贡献，在推进马克思主义理论创新、为建设中国特色社会主义提供智力支持和各学科基础建设方面，推出了大量的研究成果，其中每年完成的专著类成果就有三四百种之多。从现在起，我们经过一定的鉴定、结项、评审程序，逐年从中选出一批通过各类别课题研究工作而完成的具有较高学术水平和一定代表性的著作，编入《中国社会科学院文库》集中出版。我们希望这能够从一个侧面展示我院整体科研状况和学术成就，同时为优秀学术成果的面世创造更好的条件。

《中国社会科学院文库》分设马克思主义研究、文学语言研究、历史考古研究、哲学宗教研究、经济研究、法学社会学研究、国际问题研究七个系列，选收范围包括专著、研究报告集、学术资料、古籍整理、译著、工具书等。

中国社会科学院科研局
2006 年 11 月

目 录

绪 论 / 1
 一 民族主义是近代中国最主要的社会思潮之一 / 1
 二 20世纪90年代以来的中国近代民族主义研究 / 6
 三 本书研究的主要问题和章节结构 / 23
 四 本书的学术创新与不足 / 28

第一章 清末民初：中国近代民族主义的形成 / 33
 第一节 论中国近代民族主义的思想来源及形成 / 33
  一 中国传统民族主义以及在近代遇到的挑战 / 34
  二 西方近代民族主义的传入及其影响 / 38
  三 从传统到近代：中国近代民族主义的思想来源 / 44
  四 清末民初：中国近代民族主义的形成 / 50
 第二节 民族主义与清末知识分子的国民观（上）/ 54
  一 传统臣民观的瓦解 / 54
  二 近代民族国家观念的产生 / 58
  三 清末知识分子的国家思想 / 62
 第三节 民族主义与清末知识分子的国民观（下）/ 65
  一 救国呼唤新国民 / 65

二　清末国民观的特征及其影响 / 70

　　三　国民观：从臣民观到公民观的桥梁 / 80

第四节　民族主义与中国近代民族国家的构建 / 82

　　一　西方近代民族主义的实质：建立民族国家 / 82

　　二　在建立"民族国家"问题上革命派与立宪派的分歧 / 86

　　三　中华民国：中国近代"民族国家"的初步建立 / 91

第二章　五四时期：中国近代民族主义的发展 / 96

第一节　民族主义思潮在"五四"前后的兴起和发展 / 96

　　一　民族主义思潮兴起和发展的原因 / 97

　　二　民族主义思潮兴起和发展的表现 / 105

　　三　民族主义思潮兴起和发展的特点 / 117

第二节　国家主义与民族主义：国家主义派对"一战"后"民族自决"思潮的回应 / 129

　　一　非殖民地化：民族自决的模式 / 130

　　二　外抗强权，内除国贼：民族自决的目标 / 136

　　三　对外战争：民族自决的道路 / 140

　　四　"国家主义"与"民族主义"之间的关系 / 143

第三节　民族主义与世界主义："一战"后知识界对建立国际联盟的思考 / 146

　　一　为何成立国联？ / 147

　　二　如何建设国联？ / 153

　　三　怎样看待国联？ / 161

第四节　晚年孙中山与中国共产党在"民族自决权"上的同与异 / 168

　　一　两种"民族自决权" / 169

　　二　孙中山和中国共产党与两种"民族自决权" / 176

三　同中有异与异中有同及其评价 / 183

第三章　"九一八"后：中国近代民族主义的高涨 / 194

第一节　"九一八"后知识界对"战"与"和"的不同抉择
——以《东方杂志》《独立评论》和《大公报》
为中心 / 194

一　《东方杂志》：主战 / 196

二　《独立评论》：主和 / 203

三　《大公报》：在战和之间 / 209

四　对抉择不同的原因分析及其评价 / 215

第二节　费希特民族主义思想的系统传入与影响 / 234

一　费希特民族主义思想的主要内容以及在中国的
早期传入 / 234

二　"九一八"后费希特民族主义思想的系统传入及
原因分析 / 242

三　费希特的民族主义思想对20世纪30年代中国
知识界的影响 / 249

第三节　民族主义理论的新构建：民族复兴思潮的
兴起 / 258

一　从清末到五四：民族复兴思想的萌发和发展 / 258

二　"九一八"后民族复兴思潮的形成及其原因 / 267

三　知识界关于中华民族能否复兴和如何复兴的
讨论 / 275

第四节　七七事变后"抗战建国"话语下的"学术
建国" / 290

一　为何要"学术建国" / 293

二　怎么样"学术建国" / 298

三　建什么样的"国" / 304

结语　如何认识和评价中国近代民族主义 / 314

附录　关于"中国近代史上的民族主义"的对话 / 318
  一　什么是民族主义？ / 318
  二　近代中国民族主义是如何形成的？ / 321
  三　近代中国民族主义的发展 / 324
  四　中国近代民族主义的评价 / 326

主要参考文献 / 330

后　记 / 337

绪 论

民族主义是中国近代最主要的社会思潮之一，它与中国近代相始终，并贯穿于其他各种思潮之中，对中国近代产生过重要影响。但长期以来，学术界对中国近代民族主义代表人物（如孙中山、章太炎、梁启超、梁漱溟、张君劢等）和群体（如国家主义派、再生派、战国策派等）的研究较多，对某一时段（如晚清、民国初年、抗战时期等）的民族主义的研究较多，而对整个中国近代（从晚清到中华人民共和国成立）的民族主义的形成、发展和高涨的历史过程及其理论建构则缺乏系统深入的研究。这不能不说是中国近代民族主义研究中的一大不足或缺失。本书研究的主要目的，就是要弥补这一不足或缺失，即通过中国近代民族主义的研究，厘清民族主义在近代中国的形成、发展和高涨的演变过程，与此过程相适应的民族主义的理论建构，为我们正确认识和评价中国近代民族主义提供历史的借鉴。

一 民族主义是近代中国最主要的社会思潮之一

近代中国思潮众多，如激进主义思潮、保守主义思潮、自由主义思潮、无政府主义思潮、法西斯主义思潮、三民主义思潮、西化思潮、改造国民性思潮，等等，但与近代中国相始终，并贯穿于各种思潮之间的主要有两大思潮，一是民族主义，一是社会主义。关于民族主义，有研究者就曾指出："晚清以来一百多年间，中国始终呈乱象，似乎没有什么思想观念可以一以贯之。各种思想呈现出一种'你方唱罢我登场'的流动局面，可谓名副其实的'思潮'：潮过即落。但若仔细剖析各类思潮，仍能看出背后有一条线，虽不十分明显，却不绝如缕贯穿其间。这条线正是民族主义。如果将晚清以来各种激进与保守、改良与革命的思潮条分缕析，都可发现其所包含的民族主义关怀，故都可视为民族主义的不同表现形式。"① 笔者在一篇谈论近代中国的西化派、文化保守主义者和马克思主义者的文章中也写道：西化派、文化保守主义者和马克思主义者虽然在文化取向上彼此对立：西化派主张西化，文化保守主义者维护传统，马克思主义者努力将马克思主义的普遍真理与中国革命的具体实践结合起来，以实现马克思主义的中国化，但由于生活在同一历史时代，面临着相同的"前现代"传统的内容和具体的历史处境，因此，他们又有着许多相同或相似之处。譬如，在文化问题上，他们思考和企图解决的问题大致相同，即如何对待传统，如何引介西学和如何建设新文化的问题，换言之，也就是如何处理"西学"与"中学"，"传统"与"现代性"和"西化"与"现代化"的关系问题。他们也都具有强烈的民族主义意识，实际上，西化派也好，文化保守主义者也好，马克思主义者也好，在本质上都是民族主义者。西化派的否认、批判传统，主张"西化"，文化保守主义者的维护、认同传统，主张"中体西用"式的折中调和，马克思主义者批判地继承传统，主张吸取西方一切优秀文化，就其思想动机来看，都是出于振兴民族，救亡图存，为中华民族选择一条强国富民的文化出路的考虑，就是胡适的"全力西化论"、陈序经的"全盘西化论"，也并非是要把中国变为西方的附庸或殖民地，而是认为只有如此才能使中国富强起来，才能使中华民族立于世界民族之林。当然，其主张在客观上的正确与否另当别论。他们也都不反对中国实现现代化，只是各自选择的方向和道路有所不同而已。西化派主张照抄照搬西方的经验，走西方工业文明即西方资本主义发达国家的老路；文化保守主义者认为中国的现代化应是中国传统的"精神文明"加西方近代的"物质文明"，到现代新儒家的第二代代表人物那里，更明确地提出以"儒家资本主义"为中国现代化道路的选择；马克思主义者则坚持社会主义现代化的方向和道路，并在实践探索中把"中国特色"放在了越来越重要的地位。

民族主义之所以会与近代中国相始终，并贯穿于各种思潮之间，成为近代中国最主要的一种社会思潮，一个重要原因，就是自 1840 年鸦片战争

---

① 罗厚立：《从思想史角度看近代中国民族主义》，《知识分子立场：民族主义与转型期中国的命运》，时代文艺出版社，2000，第 218 页。

以来，中华民族始终面临着日益加重的民族危机，如何从外国资本主义列强亦即后来的帝国主义的压迫和奴役中解放出来，实现国家独立和民族解放，把一个落后的半殖民地半封建社会的中国建设成为一个民主、富强、进步、文明的现代国家，是摆在每一个中华儿女面前的首要任务。实际上我们考察近代中国的历史就会发现，无论阶级、政党、集团或个人，谁能高举民族主义的旗帜，提出更有利于实现国家独立和民族解放的方针、路线和政策，并积极领导或投身于争取国家独立和民族解放的斗争，谁就能在错综复杂的政治博弈中占得先机，并最终取得政治斗争的胜利。笔者在一篇对话中曾经指出，人们常说自由主义在中国最终没有成为历史的选择，是由于中国民族资本主义在外国资本主义和本国封建主义的双重压迫下没有得到充分发展，因而没有一个强大的资产阶级作为其阶级基础。其实这一观点是很值得商榷的。因为中国资本主义发展的不充分，不仅造成了资产阶级力量的弱小，同时也造成了无产阶级力量的相对不强大（与西方无产阶级比较中国的无产阶级的人数要少得多），为什么以无产阶级作为阶级基础的马克思主义在中国能从小到大，从弱到强，最后取得了胜利呢？这就说明，把自由主义没有成为历史选择的根本原因归之于资产阶级力量的不强大是有问题的。它可能是原因之一，但肯定不是主要的原因，主要的原因恐怕还得从自由主义理论和自由主义者的自身以及社会环境中去寻找。众所周知，自由主义的核心价值或思想内涵是强调以理性为基础的个人自由，主张维护个性发展，认为国家存在的根本目的是为了保障个人的自由和权利，在个人自由与国家或民族的自由发生矛盾或冲突时，自由主义者往往强调的是个人自由优先的原则。尽管西方的自由主义传入中国后，严复、梁启超、胡适等人根据救亡图存的现实需要，对它进行过修正，但他们强调得更多的还是个人的自由和个人的权利。如胡适就一再告诉青年人，要想救国必先救自己；要想争国家的自由和权利，就要先争个人的自由和权利。然而在民族危机日益深重的近代中国，摆在国人面前最急迫和最首要的任务不是争个人的自由和个人的权利，而是谋求中华民族的解放和国家的独立与自由，所以强调个人自由和个人权利的自由主义与民族救亡的时代主题始终显得有些隔膜，也很难得到绝大多数国人包括广大青年学生的认同。和自由主义不同，中国的马克思主义则始终把民族解放、国家独立和人民的自由权利放在首位。就中国的自由主义者而言，他们大多是留学过欧美的知识分子，在他们身上难免有一种根深蒂固的精英情结，他们不仅瞧不起广大下层群众，而且从骨子里害怕群众运动，以为只要像他们这样的少数知识精英敢于承担社会责任，就能够实现中国社会的变革。用丁文江的话说："少数人"便可以"主宰社会的进步"。正因为他们瞧不起广大下层群众，骨子里害怕群众运动，所以他们找不到变革社会的现实力量，而他们自身的力量又十分弱小，对于现实的政治斗争他们是心有余而力不足，他们提出的种种主张都是在书斋里炮制出来的，没有实践的可能性。与此相反，中国的马克思主义者则始终走的是与工农相结合的道路，既扣住了时代的主题，又抓住了变革社会的主要力量，因而最终成了历史的选择。①

和民族主义一样，首先，社会主义思潮也与中国近代社会相始终。从洪秀全的农业社会主义（《天朝田亩制度》），到康有为的大同社会主义（《大同书》）；从孙中山的民生社会主义（三民主义中的"民生主义"），到五四时期各种社会主义学说的涌入；从20世纪30年代社会主义思潮在知识界中的再度兴起，到抗战胜利后不少党派、团体和个人把社会主义作为一种建国方案的提出；社会主义一直是先进的中国人孜孜不倦的选择与追求。社会主义也贯穿于近代各种思潮之中，一些思潮的代表人物也是社会主义的思想家或主张者。比如，挑起过1923年人生观论战的张君劢，是现代新儒家的代表人物，文化取向上的保守主义者，但他一生又以在中国建立西方的民主宪政制度和实现社会主义为职志。早在五四时期，受第一次世界大战后德国社会民主党人的影响，张君劢便形成了自己的民主社会主义思想和主张。20世纪30年代初，在吸取俄国社会主义计划经济和欧美资本主义自由经济的成功经验以及失败教训的基础上，他主张以国家社会主义为中国经济发展道路的选择。抗战胜利后，他提出中国应先建立起民主宪政制度，然后运用政权的力量来推行社会主义，从而实现政治民主（宪政制度）与经济民主（社会主义）的完美结合。再如，被公认为是中国近代自由主义大师的胡适，和社会主义也存在着一种"合离"的关系，②1926年他发表赞美社会主义的言论，认为"十八世纪的新宗教信条是自

---

① 《历史为什么没有选择自由主义——关于中国近代自由主义的对话》，《光明日报》2008年5月10日"史学版"。
② 详见罗志田《胡适与社会主义的合离》，《学人》第4辑，1993年7月。

由、平等、博爱。十九世纪以后的宗教信条是社会主义。"① 不久，在给徐志摩的通信中，他又提出了"'新自由主义'（New Liberalism）或'自由的社会主义'（Liberal Socialism）"的概念。20世纪30年代初，受苏联"一五计划"成功的影响，胡适对社会主义更是大加赞赏，正是在他的主持下，当时在知识界中有着广泛影响力的刊物——《独立评论》发表了不少介绍和主张社会主义的文字。至于被学术界视为晚清激进主义思潮代表人物的孙中山，他在提出民族主义、民权主义的同时，又提出了民生主义主张，即实质就是"一面图国家富强，一面当防资本家垄断之流弊"，② 在发展实业的同时，实现国民的"贫富均等"。所以，孙中山又称他的民生主义为社会主义。

如果说民族主义之所以成为近代中国最主要的社会思潮，是因为近代中国始终面临着日益严重的民族危机的话，那么，社会主义之所以成为近代中国最主要的社会思潮，分析起来大概有以下几个方面的原因：首先，追求社会正义与平等这是人类的天性，尤其是在阶级社会里，只要有压迫和剥削的存在，生活在社会底层的被压迫被剥削的广大劳苦大众，就会产生一种"人人有衣穿，人人有饭吃"，"有田同耕，有钱同使"，没有剥削和压迫的平等要求。列宁就说过，"因为每个民族里面都有劳动群众和被剥削群众，他们的生活条件必然产生民主主义的和社会主义的思想体系"。这里特别需要指出的是，中国自古是一个农业国家，存在着一个像汪洋大海一样的小农阶级，进入近代后，由于外国资本主义的掠夺、近代化进程的启动以及各种各样的天灾人祸的不断发生，小农大量破产，生活日益贫困，他们对"人人有衣穿，人人有饭吃"，"有田同耕，有钱同使"，"无处不饱暖，无处不均匀"，没有剥削和压迫的平等要求也就更加强烈。当然，被压迫被剥削的劳苦大众所自发地产生出的社会主义思想往往是主观的，空想的，甚至是落后的（如洪秀全的农业社会主义思想）。用陈独秀的话说："古代所讲的社会主义，都是理想的；其学说都建立在伦理上面，他们眼见得穷人底苦恼是由贫富不均，因此要想把全社会底贫富弄得绝对的平均或相对的平均；至于用什么方法来平均贫富，都全是理想，不曾建

---

① 胡适：《我们对于西洋近代文明的态度》，《现代评论》4卷83期，1926年7月10日。
② 孙中山：《在南京同盟会会员饯别会的演说》，《孙中山全集》第2卷，中华书局，1982，第323页。

设在社会底经济的事实上面，所以未能成功。"① 但这种追求"人人有衣穿，人人有饭吃"，"有田同耕，有钱同使"，"无处不饱暖，无处不均匀"，没有剥削和压迫的平等要求，为社会主义成为近代中国最主要的社会思潮提供了阶级和社会基础。其次，在中国传统思想和文化中，存在着一些类似于或近似于社会主义的思想因素，如儒家的大同思想，道家的无为思想，佛教的极乐世界和西方净土观念等，这些思想的存在为社会主义成为近代中国最主要的社会思潮提供了思想和文化基础。蔡元培在《社会主义序》一文中就指出："我们中国本有一种社会主义的学说，如《论语》记：'有国有家者，不患寡而患不均；不患贫而患不安。盖均无贫；和无寡；安无倾。远人不服，则修文德以来之。既来之，则安之。'就是对内主均贫富，对外不取黩武主义与殖民政策。《礼运》记孔子说：'人不独亲其亲；不独子其子。使老有所终；壮有所用；幼有所长；鳏寡孤独废疾者皆有所养。男有分，女有归，货恶其弃于地也，不必藏于己；力恶其不出于身也，不必为己，就是'各尽所能，各取所需'的意义；且含有男女平等主义。《孟子》记许行说：'贤者与民并耕而食，饔飧而治'。就是'泛劳动'主义"。② 最后，世界资本主义危机的影响，也是社会主义成为近代中国最主要的社会思潮的原因之一。众所周知，自19世纪末20世纪初资本主义完成从自由向垄断的过渡后，资本主义社会所固有的矛盾和弊端即日益加深，尤其是第一次世界大战、1929年的经济大危机和第二次世界大战，更使资本主义社会所固有的矛盾和弊端暴露无遗，如果说在此之前，走西方资本主义道路还是先进中国人的理想追求的话，那么自此以后，越来越多的中国人则开始认识到，只有作为资本主义的批判者和取代者而出现的社会主义才能救中国。

二 20世纪90年代以来的中国近代民族主义研究

如前所述，民族主义是中国近代的主要社会思潮之一。因而对中国近代民族主义的研究，也是20世纪90年代以来尤其是新世纪以来学术界研究的一个重点。

---

① 《陈独秀文章选编》（中），三联书店，1984，第85页。
② 蔡元培：《社会主义序》，《新青年》第8卷第1号1920年9月1日，第1页。

(一)"民族主义"的界定、内涵及思想来源

李文海不同意《中国大百科全书》中关于"民族主义"是"资产阶级思想在民族关系上的反映,是资产阶级观察和处理民族问题、民族关系的指导原则"的定义,认为它与我国的历史实际不相符合,因为在中国近代历史上,当资产阶级尚未产生以前,民族主义不论是作为一种意识形态,还是作为一种社会心理,就已经存在,并且在社会生活中发挥着重大的影响。同时从理论上看也有不少难以说通的地方,民族主义虽然同爱国主义以及民族精神不能画等号,但二者之间有着不可分割的联系则是事实。我们对历史上和现代的爱国主义和民族精神,一直给予很高的评价和积极的肯定。所以,他主张把民族主义定义为:"民族主义是以民族权益和民族感情为核心内容的一种政治观念、政治目标和政治追求。"① 耿云志认为,近代民族必须具有以下三个因素:(1)长期共同活动的地域;(2)历史上形成的共同文化;(3)长期紧密联系的经济生活、政治生活和文化生活所造成的国家认同。据此,则凡是维护这些东西,使之不受其他民族之侵害;同时,也不去侵害其他民族这些东西的思想原则,就是近代的民族主义。② 宋志明主张在中性的意义上使用"民族主义"一词,而在负面的意义上使用"狭隘民族主义"一词。至于"中国近代史上的民族主义",他认为是一个正面的语汇,是指鸦片战争以来"中华民族"观念逐渐形成全民族共识的发展历程,是指促使中华民族精神觉醒的社会思潮。③ 在郑师渠看来,民族主义是以共同文化为背景,要求在政治与文化合一的基础上实现民族认同与发展的一种心理状态与行为取向。其信仰的核心是本民族的优越性及缘此而生的忠诚与挚爱。④

就民族主义的思想来源来看,主要包括了传统资源与西方思想两大部分。传统民族思想资源方面,焦润明认为"固有的华夷观念成为近代民族主义思想直接的理论来源之一"。⑤ 周庆智指出,民族主义深植于民族历史文化的土壤中,具有特定历史文化的鲜明性格。中国传统文化中存在"文

---

① 李文海等:《关于"中国近代史上的民族主义"的对话》,《光明日报》2006年3月28日"理论周刊"。
② 同上。
③ 同上。
④ 郑师渠:《近代中国的文化民族主义》,《历史研究》1995年第5期。
⑤ 焦润明:《论中国近代民族主义》,《社会科学辑刊》1996年第4期。

化民族主义",其源头可上溯至先秦时代或更早,华夏民族早就有着深厚的国家观念、民族意识,有极为普遍和相当发达的历史文化意识。① 陶绪指出,传统民族观念中就其与近代关系密切者而言,主要有四个方面的内容:一是华夏文化中心的地理观念;二是华夏文化优于其他民族的文化优越观念;三是华夏文化制约其他民族的"羁縻"观念;四是"夷夏之辨"的观念。② 张昭君则通过对中国近代民族主义形成过程中的三位代表人物——梁启超、章太炎和孙中山民族主义思想的具体分析,论证了"儒学作为中国传统文化的主流,无疑是中国近代民族主义观念生成最重要的思想资源之一。"一方面儒学的本土性、民族性文化特征及其所蕴含的"夷夏之辨""天下一家"等内外观念,为近代思想家论证和宣传"民族国家"独立提供了丰富的话语资源和有力支持;另一方面儒学中所含有的"天下主义"、狭隘种族观念等成分,又成为阐述民族主义思想的负累。而近代思想家传统学术背景和派别归属的差异,则进一步加剧了中国近代民族主义观念生成的复杂性。③ 近代民族主义也吸收了西方近代的社会政治思想。罗厚立指出,从思想史层面看,近代中国民族主义的形成,可用章太炎的一段话概括之。章氏自述其民族主义思想的形成时说:他幼年读《东华录》,已愤恨"异种乱华"。后来读郑所南、王船山两先生的书,"全是那些保卫汉种的话,民族思想逐渐发达。但两先生的话,却没什么学理。自从甲午以后,略看东西各国书籍,才有学理收拾进来"。也就是说,近代中国民族主义的发端,固然来源于传统族类思想,但其成为一种"主义",却是收拾了日本和西方的学理之后。而彼时的日本的民族主义学理,基本上也是舶来品。所以中国士人所真正收拾的,不过就是西方的民族主义学理。④ 王宏斌论述了斯宾塞的竞争进化论对中国近代民族主义形成的影响,他指出,"晚清输入中国的西方进化论主要有两家,即斯宾塞的'竞争进化论'与赫胥黎的'互助进化论'",而只要我们"仔细阅读清末报刊上的各种论著,可以发现,中国思想界的绝大多数人接受的是斯宾塞的学说。无论是改良派的严复、梁启超,还是革命派的章太炎,无论

---

① 周庆智:《民族主义与传统价值取向》,《世界民族》1998 年第 4 期。
② 陶绪:《晚清民族主义思潮》,人民出版社,1995,第 12 页。
③ 张昭君:《儒学资源与中国近代民族主义观念的生成》,《史学月刊》2006 年第 7 期。
④ 罗厚立:《从思想史视角看近代中国民族主义》,《战略与管理》1998 年第 2 期。

是主张温和改革的官员代表,还是激进的青年知识分子,他们都深深地打上了斯宾塞主义烙印",斯宾塞学说的输入,对于中国变法改革、合群结社、争取民主、发展经济、民族独立以及社会进步意识的觉醒提供了一套理论根据,对于中国民族主义的形成产生过巨大影响。①

郑大华认为中国近代史上的民族主义既是我国传统民族主义思想在近代的转型,又是西方近代的民族主义思想在中国的引进,是二者结合的产物。近代中国的思想家,尤其是晚清时期,大多先接受的是中国传统民族主义,后又接受了西方近代民族主义,其民族主义思想有一个从传统向近代的转化过程,而且在相当长的时间内,这两种民族主义在他们的思想中并存而不悖。就中国传统的民族主义思想而言,它主要体现在三个方面:一是"华夏中心"观;二是"华尊夷卑"观;三是建立在"华尊夷卑"观基础之上的"夷夏之辨"的观念。促使这种传统民族主义向近代民族主义思想转变的原因,是西方的入侵引起的中国人思想观念的变化,人们逐渐认识到,中国只是世界各国中的一国,中华民族只是世界民族中的一员,民族之间的先进与落后,不是由种族决定的,而是由军事、社会、经济、文化甚至政治等多方面因素决定的,中国在许多方面都落后于西方国家。这一认识上的进步,是近代民族主义思想产生的重要前提。因为只有认识到中国只是世界各国中的一国,中华民族只是世界民族中的一员,才有可能产生近代意义上的民族认同和民族平等意识;同时也只有认识到民族之间的先进与落后,不是由种族决定的,而是由其军事、社会、经济、文化甚至政治的状况决定的,中国在许多方面都落后于西方国家,才能产生一种民族危机感或民族忧患意识。而近代民族主义就是建立在民族认同、民族平等意识和民族忧患意识的基础之上的。② 张宝明以《安徽俗话报》和《新青年》两个杂志所处的不同时期和追求的价值趋向审视民族主义的发展以及与其他思潮的关系时发现,中国民族主义经历过从传统到近

---

① 王宏斌:《论斯宾塞竞争进化论在中国的影响》,见郑大华、邹小站主编《中国近代思想史研究集刊》第4辑(《中国近代史上的民族主义》),社会科学文献出版社,2007,第349页。

② 李文海等:《关于"中国近代史上的民族主义"的对话》,《光明日报》2006年3月28日"理论周刊"。

代或现代的转型。①

（二）近代民族主义的类型、特点以及与其他思潮的关系

在探讨近代民族主义时，一些学者对其作类型作了划分。郑师渠认为，18世纪欧洲民族主义出现时形成了法、德两种范式：一是以法国大革命为代表，强调民权论的政治民族主义；一是以德国为代表，强调民族精神和文化传统的文化民族主义。中国近代民族主义则是集二者于一身，即政治民族主义与文化民族主义同时并兴。② 姜义华认为，在20世纪的中国民族主义中，族类民族主义、政治民族主义及文化民族主义特别发达，相比之下，建立在统一市场基础上的经济民族主义则异常薄弱。这是由于中国近代民族主义的兴起是救亡的急迫需要，而不是根植于民族经济发展和民族统一市场形成的土壤上。③ 皮明勇认为近代民族主义思潮"无论其中有多少个派别，多少种主张和倾向，它们都围绕着下列两个基本问题：一是对中华民族是否给予整体认同的问题，也就是所谓'大民族主义'与'小民族主义'的问题；二是中华民族争取独立和解放的基本手段和根本方法的问题，也就是所谓反传统民族主义与民族保守主义以及对二者综合扬弃问题"。"小民族主义"中较有影响的是"大汉族主义"和民族分裂主义两种。从争取民族独立的途径的角度看，有主张根本否定民族传统的反传统民族主义和与其相反的民族保守主义、排外主义，还有主张以折中的态度对待民族文化的新的民族主义，如孙中山的民族主义就强调继承传统与学习西洋文明的结合。④ 俞祖华指出，近代中国民族主义有如下几组类型：以汉族为体认单位的排满思潮和以中华民族为体认单位的反帝思想，或称之为"小民族主义"与"大民族主义"；传统民族主义与近（现）代民族主义；族类民族主义、政治民族主义、经济民族主义与文化民族主义；革命性的激进民族主义、自由主义的理性民族主义、保守型民族主义与复古型民族主义。从各种类型的民族主义演变、消长的格局中，可以看到近代中国民族主义的主流价值为"坚持中华民族独立、自主及自

---

① 张宝明：《阐释与启示：20世纪初年民族主义谱系的嬗变——以〈安徽俗话报〉与〈新青年〉杂志为例》，《郑州大学学报》2006年第2期。
② 郑师渠：《近代中国的文化民族主义》，《历史研究》1995年第5期。
③ 姜义华：《论二十世纪中国的民族主义》，《复旦学报》1993年第3期。
④ 皮明勇：《中国近代民族主义的多重架构》，《战略与管理》1994年第3期。

尊的、现代的、开放的、理性的民族主义"。① 王如绘认为，民族主义层次上可以分为中下层的、民间的民族意识、民族情绪与上层的、精英阶层的民族主义，他并通过对义和团"扶清灭洋"口号的重新解读，提出"扶清灭洋"之"清"，既是"清朝"之"清"，也是"大清国"之"清"，并由此认为义和团才具有朦胧的对国家的认同，体现了义和团运动的"民族主义运动"的性质，是下层民众的民族主义开始发轫的标志，但又带有非理性的色彩，表现出了民众民族主义在民族危机面前所具有的排外情绪。② 在柴文华看来，文化民族主义是一种具有世界性的文化现象，在中国近现代表现得尤为突出，出现了众多的文化民族主义派别，其中以顽固派为代表的文化民族主义属于"狭隘的文化民族主义"，以国粹派、东方文化派、学衡派、早期现代新儒家、本位文化派为代表的文化民族主义属于"开放的文化民族主义"。中国近现代的文化民族主义有着自己产生的特定背景，主要是西方近代文化危机、文化激进主义的刺激等。③

郑大华认为，在近代中国很难找出一个真正纯粹的政治民族主义、经济民族主义和文化民族主义者。因为政治、经济和文化是有连带关系的，不会有人在政治上主张民族主义，而在文化和经济上就不主张民族主义；反之亦然。判断一个人有没有民族主义思想，或者是不是一个民族主义者的标准，不是看他的主张是西方化还是东方化，是自由主义还是保守主义，而是看他的出发点是不是为了谋求国家的富强，民族的复兴，为中华民族选择一条强国富民的出路。就此而言，无论是西化派，还是文化保守主义者，或马克思主义者，在本质上他们都是民族主义者。④

就近代民族主义的特点而言，萧功秦指出，在近代中国"自卫型民族主义"中，务实的民族主义是主流形态，具有以下基本特点：与一些后进国家的"自卫型"民族主义相比较，它不是依托某种宗教传统作为民族认

---

① 俞祖华：《近代中国民族主义的类型、格局及主导价值》，《齐鲁学刊》2001年第2期。
② 赵慧峰、俞祖华：《"第二届中国近代思想史国际学术研讨会"会议综述》，见郑大华、邹小站主编《中国近代思想史研究集刊》第4辑（《中国近代史上的民族主义》），社会科学文献出版社，2007，第433页。
③ 柴文华：《对中国近现代文化民族主义的反思》，见郑大华、邹小站主编《中国近代思想史研究集刊》第4辑（《中国近代史上的民族主义》），社会科学文献出版社，2007，第74页。
④ 郑大华：《中国近代民族主义的形成、发展及其他》，《史学月刊》2006年第6期。

同的凝聚力与基础的;与西方近代民族主义相比较,这种近代民族主义,具有明显的由外部压力激发的"反应性"特点。①史革新在宏观上将中国近代史上民族主义的特点概括为三个方面:一是反对民族压迫,以争取民族独立为职志;二是始终与民族主义、爱国主义相结合;三是不断克服狭隘民族情绪,理性民族主义占主流地位。②胡伟希从严复、梁启超、孙中山等人的民族主义思想的个案分析入手,通过与西方民族主义的比较,考察了近代中国民族主义话语建构的特殊性,并指出,与西方民族主义由法国大革命所酝酿,最后却演变为与自由主义相抗衡的一种强劲意识形态不同,近代中国的民族主义思想从西方传入之初,即与自由主义思想结下不解之缘。但中国近代民族主义思想与自由主义思想的结合是非常松散的,对于近代中国的启蒙思想家来说,国家富强无论如何都是第一位的,当民族主义或者国家富强的诉求与其心中的民主政治理想发生冲突时他们无一例外地放弃了民主政治的要求,而追求国家富强。中国近代民族主义与自由主义之间的这种特殊关系,可谓近代中国民族主义的一大特征。③李喜所认为现代性是民族主义与生俱来的特征,民族主义本身就是世界现代化进程的产物。从这个意义上说,没有现代性就不存在完整意义上的民族主义。中国近代的民族主义也不例外,其发芽、生根的历史过程与中国社会由传统向现代过渡的客观进程是紧密相连的,中国现代化的深度决定着民族主义普及的广度,民族主义与世界主义并不构成悖论。只要中国的现代化没有完结,现代性就永远是民族主义的灵魂。④

俞祖华等撰文论述了民族主义与激进主义、保守主义、自由主义这三大思潮的关系,指出民族主义是一种具有统领、涵盖、弥漫其他思潮特点的综合性的社会思潮,它蕴藏在每一个现代思潮里。被称为三大思潮的激进主义、保守主义、自由主义,与民族主义有着密切的互动与对应关系。民族主义是三大思潮的并生系统,是三大思潮的同源潜流,是三大思潮所共同具有的致思取向、思维特征与"共同观念"。但是,三大思潮对民族主义诉求的表现形式、表达方式却有所不同。三大思潮对民族主义诉求的

---

① 萧功秦:《中国民族主义的历史与前景》,《战略与管理》1996年第2期。
② 史革新:《中国近代民族主义特征之我见》,《史学月刊》2006年第7期。
③ 胡伟希:《体用本末之间:中国近现代的民族主义》,《史学月刊》2006年第7期。
④ 李喜所:《关于民族主义现代性的宏观思考》,《史学月刊》2006年第6期。

表达可区分为激进民族主义（革命民族主义）、自由民族主义（理性民族主义）、保守型民族主义（文化保守主义）三种民族主义的次元类型；激进主义与民族主义的基本连接点在于通过激进手段建立民族国家；自由主义与民族主义的交集点是建立自由民主宪政的现代民族国家，争取国家自由；保守主义与民族主义的交集点、契合点最多，以至有的研究者认为文化保守主义与文化民族主义是一回事。① 冯兆基针对近现代中国民族主义的著述，向来多集中在反满和反帝国主义的问题上，而近现代中国保守主义的研究，又多重视文化方面的表现，至于研究现代性的学者，则多重视现代与传统的关系，很少有学者将民族主义、保守主义和现代性联系起来加以研究的现状，撰写了《中国民族主义、保守主义与现代性》一文，以阐述中国保守主义的文化和政治二重性，尤其是民族主义与保守主义在现代性话语中的相互关系。他指出，民族主义与保守主义具有同样的特性，一方面消极、守旧、本土化、非理性；另一方面又积极、进取、进步、世界化。二者都是对中国社会现代性的回应。保守主义就其内涵文化与政治而言，其目的在于缔造国家：建立一个现代政治机制，一个有中国特色的民族国家，民族自觉、民族再生、文艺复兴、文化创造、思想独立，一切都是建国的工具。中国知识分子，不论服膺什么主义，在某种程度上都有传统思想，这其中当然也包括称之为民族主义者的那些人。而文化保守者如梁漱溟、张君劢、陶希圣等，又都具有爱国爱民族的情结，他们主张现代化，在面对民族和现代化的挑战时，做出努力，发挥的是民族主义与保守主义的积极性、进取性和现代性。② 何晓明梳理了文化民族主义与文化保守主义的关系，认为二者既有关联，又有区别，一方面文化民族主义是文化保守主义的基本立场、感情基础和理论的出发点，可以涵盖文化保守主义，故两者有着密切的关联；另一方面，两者又有区别，文化民族主义可以体现为民众情绪、思想观念、理论学说、价值体系、社会运动，而文

---

① 俞祖华、赵慧峰：《民族主义与近代中国三大思潮的双向互动》，《学术月刊》2007年第8期。
② 冯兆基：《中国民族主义、保守主义与现代性》，见郑大华、邹小站主编《中国近代思想史研究集刊》第4辑（《中国近代史上的民族主义》），社会科学文献出版社，2007，第42页。

化保守主义一般只会以社会心理、思想观念、理论学说、价值体系的形式出现。①

(三) 近代民族主义的形成时间与发展阶段

研究者多认同19世纪末20世纪初是中国近代民族主义的形成时期的说法，但对具体的标志及酝酿过程，学者们有着不同的描述。徐立望提出，中国近代民族主义是随着华夏中心论的破灭而逐渐形成的，随着洋务运动的展开，早期维新者吸收西方的国家主权和国家平等理论，民族意识在他们身上最早得到了体现，在甲午战争的刺激下，民族主义正式形成。② 罗雄飞、赵剑认为，1898年康有为等在北京成立保国会，该会章程提出了"保国""保种""保教"的思想，成为当时挽救民族危亡的响亮口号，因此，保国会的成立可以看作近代民族主义形成的标志。③ 王先明对义和团运动和中国近代民族主义关系展开了考察，认为这一运动是从传统民族主义向近代民族主义运动转折的历史界标，以"主权"为核心、以"争利权"为基本诉求的一系列民族抗争，构成1901以后近代民族主义运动的时代表征，而这一运动的历史起点则是义和团运动。而以"革命话语"为主导的"新的民族觉醒"的历史转折也始于义和团运动。④ 许小青认为，1903年前后新式知识分子在19世纪末对民族国家的模糊意识的基础上，围绕民族国家的理论建构进行了热烈集中的讨论，确立了成熟的主权意识，提出了"中国者，中国人之中国"的口号，标志着民族国家理想的诞生。但对"中国人"的认同却朝着"排满建国主义"和"大民族主义"两个方向发展。⑤ 王立新指出，大致在1905前后，近代民族主义作为完整的思想体系在中国已经形成，并迅速发展成为具有一定群众基础的社会与

---

① 赵慧峰、俞祖华:《"第二届中国近代思想史国际学术研讨会"会议综述》，见郑大华、邹小站主编《中国近代思想史研究集刊》第4辑(《中国近代史上的民族主义》)，社会科学文献出版社，2007，第433页。

② 徐立望:《中国近代民族主义之史的考察——从民族意识到民族主义》，《求索》2001年第5期。

③ 罗雄飞、赵剑:《十九世纪中后期中国近代民族主义的形成及其特点》，《北京第二外国语学院学报》1998年第4期。

④ 王先明:《义和团与民族主义运动的时代转型——立足于近代民众抗争运动的比较分析》，《历史教学》2011年第2期。

⑤ 许小青:《1903年前后新式知识分子的主权意识与民族国家认同》，《天津社会科学》2002年第4期。

政治运动,其中1905年前后的收回粤汉路权运动和抵制美货运动是民族主义思想发展成社会运动的标志。①

郑师渠把近代文化民族主义的发展分为三个历史时期:戊戌时期、辛亥革命时期和五四前后,论述了各个时期的主要内容和特点:戊戌时期集中"保教",但缺乏学理成分;辛亥革命时期以"存学"为己任;五四前后则是"国粹"学说风行时期,极力维护民族自信力,反对妄自菲薄。② 耿云志认为,在中国近代思想史上,民族主义大体经历了三个阶段。(1) 鸦片战争前后一段时期,中国人尚未摆脱古代的民族观念,即强调"华夷之辨",认定"非我族类,其心必异"。当鸦片战争发生时,面对外来的侵略者,绝大多数中国人仍未脱出此种传统的民族观念。(2) 过了一段时期,一部分中国人对来侵的西方列强渐渐有所了解。先进分子开始意识到,"今之夷狄,非古之夷狄"。不但看到西人之技艺远过中国,进而还认识到西人治事、治政亦有可法处。但直到民国初年,除少数先进分子,绝大多数中国人仍认为在礼教人伦方面,中国仍远胜于西方。此观点直到"五四"新文化运动才有根本性的转变。还有更重要的一方面,即近代东来的"西夷",步步进逼,严重威胁到中华民族的生存。在这样严峻的挑战面前,中国人的民族意识被激活。为谋求生存,必须奋起抗争,自求振作。(3) 到了1920年代初,因第一次世界大战和俄国十月革命的影响,中国之民族主义增加了新的内容和新的意义,那就是为争取民族平等的世界新秩序而奋争。③

郑大华也把中国近代民族主义的发展分为三个阶段,但在具体的划分上则与郑师渠、耿云志有所不同。他认为清末民初,是中国近代民族主义的形成阶段;"五四"时期,是中国近代民族主义的发展阶段;"九一八"以后到抗日战争结束,是中国近代民族主义的高涨阶段。与中国近代民族主义发展的三个阶段相联系,中国近代民族主义的理论也经历过不断地建构过程。在清末民初,民族主义的理论主要是围绕建立一个什么样的民族国家而构建的,当时以孙中山为代表的革命派主张"排满"和建立单一的

---

① 王立新:《中国民族主义的兴起与近代中西关系》,《史学理论研究》1998年第3期。
② 郑师渠:《近代中国的文化民族主义》,《历史研究》1995年第5期。
③ 李文海等:《关于"中国近代史上的民族主义"的对话》,《光明日报》2006年3月28日"理论周刊"。

汉民族国家，而以梁启超为代表的立宪派则主张"合满"和建立包括满族在内的多民族国家，双方为此而展开过激烈的论战和斗争，结果是建立一个独立、民主和统一的多民族国家成了革命派和立宪派的共识并最终得到确立。在五四时期，受第一次世界大战后世界民族解放运动和十月革命以及列宁、威尔逊提出的民族自决理论的影响，民族主义的理论构建主要围绕民族自决以及由此而引起的反帝与反封的关系而展开，以李大钊、陈独秀为代表的中国早期马克思主义者和以孙中山为代表的中国国民党人都曾为此做出过重要贡献。九一八事变后，受日益严重的民族危机的刺激，这一时期民族主义的理论建构又发生了新的变化，这主要表现为民族复兴思想的提出并成了一种社会思潮，当时的知识界围绕民族复兴问题展开了热烈讨论。① 臧运祜选取近代中日关系史上六个关键年度，考察了中日关系与中国民族主义的演变：1895年爆发的甲午战争是中国近代民族主义的开端，1905年日俄战争前后以孙中山的民族主义为标志，近代民族主义思想正式形成，并在辛亥革命中达到了第一次高潮；1915年日本提出二十一条，使民族主义再度高涨，并迅速转向"民族国家"的目标要求；1925年五卅运动，导致了五四以后中国民族主义运动的持续高涨，在五四时期的"外争主权、内惩国贼"之后，国民革命时期的"打倒军阀、除列强"的口号，成为中国民族主义高涨的标志；1935年华北事变，将甲午战争以来的民族主义再次推向了高潮，并促成了抗日民族统一战线的迅速建立；1945年抗日战争的胜利，因抗日御侮任务的基本完成，"以德报怨"的理性对日原则的提出，国共一度共同致力于建设民主国家，近代民族主义也走向了基本的终结。他认为，中日关系史上的这些重大事件很大程度上决定了中国近代民族主义特征、表现形式与积极作用，但同时也制约了中国民族国家的建设步伐。②

（四）中国近代民族主义的评价

民族主义是既有积极作用又有消极作用的双刃剑，这是学术界的基本

---

① 郑大华：《论中国近代民族主义的理论建构及其过程》，《华东师范大学学报》2010年第5期。
② 臧运祜：《近代中日关系与中国民族主义》，见郑大华、邹小站主编《中国近代思想史研究集刊》第4辑（《中国近代史上的民族主义》），社会科学文献出版社，2007，第412页。

共识。具体到对中国近代民族主义的评价也是如此。但到底是积极作用更明显还是负面作用更大一些,学者的意见不尽一致。有的学者更关注民族主义的积极影响。宋志明就认为,中国近代民族主义"是中华民族自我意识走向自觉的理论升华,对于促进中华民族的觉醒、对于克服民族自卑感、对于增强民族凝聚力和向心力起到了积极的作用,应当予以充分的肯定"。具体来说,首先,它促进了爱国精神的觉醒。其次,它促进了改革精神的觉醒。再次,它促进了革命精神的觉醒。最后,它促进了启蒙精神的觉醒。① 郑大华也对中国近代民族主义给予了肯定评价,但他对中国近代民族主义和中国近代史上的民族主义作了区分,认为中国近代民族主义的内容是实现民族独立,建立近代的民族国家;而要实现民族独立,建立近代的民族国家,就必须实现社会进步,推动中国的现代化进程。综观近代以来有关民族主义的一切主张、讨论和斗争,实际上都是围绕这一内容展开的。这其中包括唤起民族意识,以增强民族的凝聚力,而民族意识则表现为民族的认同感、民族的自豪感和民族的自信心。所以就性质而言,中国近代民族主义是一种进步的社会思潮,在其生成和发展的过程中,对于促进中华民族的觉醒,增进中华民族的认同感、凝聚力和自信心,动员和鼓舞广大中华儿女投身于"振兴中华"的伟大斗争起过积极的历史作用。而中国近代史上的民族主义则比较复杂,除近代民族主义外,还有传统民族主义,而传统民族主义往往表现出狭隘的民族意识,其作用与近代民族主义不可相提并论。所以我们在评价中国近代史上的民族主义时,应具体问题具体分析。② 有的学者则认为民族主义在现代中国所起的负面作用更多一些。王中江认为民族主义的负面效应主要表现在以下几个方面:一是在为民族解放运动提供推动力和为国家提供凝聚力的同时往往又拒斥、压抑自由主义;二是在反对帝国主义的压迫和侵略的同时又和排外主义相联系;三是它常常导致认同对象的错置:它用文化主义代替政治原则,使保卫国家落脚于保卫传统文化。③ 马勇指出,近代中国的文化民族主义情结制约了中国的发展与进步,而这一中国遗产直至今日仍在我们的生活中发挥着相当重要的作用。当历史进入21世纪的时候,如果我们继续

---

① 宋志明:《中国近代民族主义与民族精神的觉醒》,《史学月刊》2006年第6期。
② 郑大华:《中国近代民族主义的形成、发展及其他》,《史学月刊》2006年第6期。
③ 王中江:《现代中国民族主义的误区》,《中国社会科学季刊》1993年第5期。

坚守狭隘的文化民族主义立场，我们就有可能因不遵守这个星球的一般规则而被排斥在世界一体化的生活之外。①

与上述这两种或主要肯定或主要否定的评价不同，多数学者认为中国近代史上的民族主义既有积极的一面，也有消极的一面，应该具体问题具体分析。金冲及提出，民族主义是有两重性的，它可以有两种发展趋势，形成两种不同的民族主义：一种是把本民族的利益放在至高无上的地位，充满民族优越感，而对其他民族采取蔑视的态度，表现出强烈的排他性，甚至不惜损害和牺牲其他民族的利益来满足本民族的利益。这是狭隘民族主义或称民族沙文主义，它可以导致种族仇杀和对外侵略。另一种是对自己的民族怀着深厚的感情，充满民族自尊和自信，注重发扬本民族的优良传统，不断增强民族凝聚力，万众一心地谋求本民族的独立解放并共同走向繁荣富强，而决不能忍受外族强加给本民族的欺凌和侮辱，也不受他们的挑拨和分化；同时，对其他民族采取平等的尊重的态度，和平相处，互惠互利，决不因本民族的利益而任意损害其他民族的利益。这种民族主义，是积极的，进步的。②李文海认为民族主义是一个历史的范畴，不同的历史时期，不同的历史人物及不同的政治派别，民族主义的内容和作用会有很大的差异。就是在同一个人和事上面，民族主义的作用也往往具有双重性，不可一概而论。所以，对民族主义要作具体的历史的分析。总的来看，中国近代民族主义在历史上起的积极作用是主要的，在民族危机日益加重的近代中国，民族主义往往能激发整个民族的忧患意识和自强意识，提高民族自尊心和自信心，增强民族的凝聚力和战斗力。但我们在肯定民族主义积极意义的同时，也应该注意到民族主义在中国近代史上并非没有产生过消极的作用和影响，不待说农民及下层群众或封建统治阶级中的某些政治派别，就是思想观念在当时处于先进地位的维新派或革命派，他们在处理对内、对外的民族关系上，也存在着这样或那样的局限性，并非尽善尽美。③耿云志指出，近代中国备受帝国主义列强的侵略、压迫和掠夺。因此，反抗帝国主义的斗争一直是民族主义的中心内容之一。在长期斗争中，民族主义有过各种不同的表现形式，产生过各种不同的结果，

---

① 马勇：《怎样化解我们的文化民族主义情结》，《史学月刊》2006年第7期。
② 金冲及：《辛亥革命和中国近代民族主义》，《近代史研究》2001年第5期。
③ 李文海：《对"民族主义"要做具体的历史的分析》，《史学月刊》2006年第6期。

其中经验与教训不一而足。在清末，反抗帝国主义的斗争有各种层次：有政府（包括中央与地方）行为；有知识阶层与绅商阶层的略有组织的斗争；有下层群众自发的反抗运动。民国时期，这三个层次的民族主义仍然存在。大致说来，第二个层次的斗争成长进步较快，第一个层次，亦较清代有所不同，第三个层次的斗争，纯自发的性质已逐渐减少。"民族主义具有天经地义的合理性，这是首先应该肯定的。但这并不等于说，因具有民族主义的动机，就做什么都可以，怎么做都行。近代民族主义的中心目标是建立独立、统一、民主、富强的近代民族国家，因此，凡是有利于实现这些目标的民族主义思想和行动，就是健全的民族主义，应予完全肯定；否则，就不是健全的民族主义，就不应无条件地给予肯定。"[1]

（五）近代民族主义的其他问题

除上述这些宏观问题外，关于中国近代民族主义的研究还涉及其他一些问题。黄兴涛研究了清末现代"民族"概念的形成问题，认为现代"民族"概念的萌生与19世纪中西民族的接触和文化碰撞具有一定的历史关联，而其流行得益于日本汉字新词对译西方的用法，是中、西、日文化交流互动的结晶。中国现代意义的"民族"概念的出现与早期运用，是认知民族主义形成和发展的重要内容之一。[2] 黄兴涛还先后发表有《现代"中华民族"观念形成的历史考察——兼论辛亥革命与中华民族认同之关系》《民族自觉与符号认同："中华民族"观念萌生与确立的历史考察》《"中华民族"观念形成与中华民族伟大复兴》等论文，[3] 对现代"中华民族"观念的孕育、形成、传播和社会认同的历史过程和特点等问题，进行了较为深入的专门探讨，引起了社会的关注和同行的重视。郑大华探讨了近代民族主义与中华民族自我意识觉醒的关系，认为"中华民族"的观念从1902年梁启超提出到确立再到被各族人民普遍认同，与中国近代民族主义

---

[1] 李文海等：《关于"中国近代史上的民族主义"的对话》，《光明日报》2006年3月28日"理论周刊"。

[2] 黄兴涛：《清末现代"民族"概念形成小考》，《人文杂志》2011年第4期。

[3] 黄兴涛：《现代"中华民族"观念形成的历史考察——兼论辛亥革命与中华民族认同之关系》，《浙江学刊》2002年第1期；黄兴涛：《民族自觉与符号认同："中华民族"观念萌生与确立的历史考察》，《中国社会科学评论》（香港）2002年创刊号；黄兴涛、刘正寅：《"中华民族"观念形成与中华民族伟大复兴》，《北京日报》理论周刊，2002年11月11日。

的兴起、发展和高涨有着非常密切的关系。清末民初是中国近代民族主义的形成阶段,也是"中华民族"观念的提出和使用阶段;五四前后中国近代民族主义得到发展,在民族自决理论构建尤其是民族自决运动兴起的推动下,"中华民族"的观念开始为越来越多的人所接受和采用,并最终得到了确立和形成;九一八事变后,尤其是华北事变和七七事变后,日益加重的民族危机促进了中国近代民族主义的高涨,民族主义的高涨又进一步推动了"中华民族"之观念的接受和流行。①

郭双林考察了门罗主义与清末国家民族认同之间的特殊关系,他指出,"中国者,中国人之中国"这一在清末有着重大影响力的民族主义口号是从门罗主义引申来的,也可谓"中国门罗主义"。②梁景和、赖生亮以《黄帝魂》为中心,对清末"尊黄"思潮与民族主义的关系进行了研究,认为清末"尊黄"思潮促进了汉族民族意识的觉醒,推动了革命思潮的发展,这是它积极的一面;它的消极一面,是所表现出来的狭隘的大汉族主义思想倾向及其对彻底清算封建主义的阻碍。③郑大华探讨了清末以梁启超为代表的知识精英们介绍与宣传西方民族主义的三个特点:第一,认为西方近代民族主义的实质就是"民族建国",而"民族建国"所要建立的是单一民族的国家;第二,介绍和宣传的主要是德国和意大利的民族主义,而不是法国的民族主义;第三,视民族主义为救亡图存、建立民族国家的不二法门。④许小青注意到20世纪初年的新史学革命与民族国家理论建构之间的特殊关系,指出20世纪初年以梁启超、章太炎、黄节、邓实等为代表的晚清新式知识分子,借"史学"的革新,对"民族""国民"等近代概念进行了界定,有力地促进了中国近代民族国家观念的兴起。具体而言,新史学革命对近代民族国家理论上的贡献主要表现在三方面:史学与民族国家、史学与民族共同体、史学与国民。⑤姜红分析了晚清报刊在民族主义兴起过程中发挥的作用,认为晚清报刊不仅为民族主义的产生提供现实基础和观念前提,更为"想象中国"进行舆论造势,成为民族主义

---

① 郑大华:《中国近代民族主义与中华民族自我意识的觉醒》,《民族研究》2013年第3期。
② 郭双林:《门罗主义与清末民族主义思潮》,《史学月刊》2006年第7期。
③ 梁景和、赖生亮:《清末"尊黄"思潮与民族主义》,《河北师范大学学报》2007年第1期。
④ 郑大华:《论中国近代民族主义的思想来源及形成》,《浙江学刊》2007年第1期。
⑤ 许小青:《20世纪初新史学与民族国家观念的兴起》,《社会科学研究》2006年第6期。

思潮勃兴的引擎和载体。① 李帆探讨了清末的中国人种、文明西来说，指出清朝末年，以法国汉学家拉克伯里为代表的中国人种、文明自西而来的说话颇为流行，博得民族主义者章太炎、刘师培、梁启超等知名学者与思想家的推崇，原因虽然是多方面的，"在政治上，此说有助于民族主义的倡导，尤其是有助于激进民族主义者章太炎、刘师培等人实现他们排满复汉的奋斗目标。在学术上，此说与他们'借西学证明中学'，从而使国粹获得一种相对普遍的价值而延续下去的主张相吻合，利于中国学术走向世界。"②

郑大华、周元刚研究了五四前后的民族主义思潮及其特点，认为与清末时期的民族主义思潮比较，五四前后的民族主义思潮体现出了"民族主义与世界主义之互动""民族主义的现代性拓展"和"参与民族主义运动的阶级和阶层更加广泛"三个特点。③ 郑大华、周元刚还对五四前后的民族主义与激进主义、自由主义和保守主义之间的互动关系进行了考察。就五四前后的民族主义与激进主义的关系而言，中国在巴黎和会上的失败，尤其是"一战"后世界范围内民族自决或解放运动的高涨和俄国十月革命的影响，促使孙中山民族主义思想发生转变，即从反满转为反帝，并提出了联合全世界被压迫民族的主张，而中国早期马克思主义者既具有国际主义和阶级斗争精神，又具有浓厚的民族主义色彩。从五四前后的民族主义与自由主义的关系来看，一方面自由主义推动了五四时期民族主义的发展，尤其是使它更具有了现代性；另一方面民族主义对归属、忠诚以及团结的强调，也推动了自由主义的本土化。但五四时期自由主义的民族主义由于在寻求民族独立富强的道路上，脱离本国的历史与现状，试图将西方国家实现现代化的传统全盘照搬到中国来，因而在第一次世界大战后激进主义、保守主义等民族主义思潮高涨之时没有找到自己的位置，未成为民族主义的主流。至于五四时期的保守主义，在激进的社会形势中以更冷静

---

① 姜红：《"想象中国"何以可能——晚清报刊与民族主义的兴起》，《安徽大学学报》2011年第1期。
② 赵慧峰、俞祖华：《"第二届中国近代思想史国际学术研讨会"会议综述》，见郑大华、邹小站主编《中国近代思想史研究集刊》第4辑（《中国近代史上的民族主义》），社会科学文献出版社，2007，第433页。
③ 郑大华、周元刚：《论五四前后的民族主义思潮及其特点》，《四川大学学报》2008年第2期。

的视角看待传统文化,深刻地提出自己构建现代化民族国家的理论并积极地付诸实践。保守主义对文化的民族性与继承性的重视丰富了民族主义的手段,使之更趋于合理。① 何卓恩的《民族主义的内在困境:陈独秀国家观从民族主义到自由主义的转变》一文,通过对陈独秀国家观从民族主义到自由主义的转变,以及转变所呈现的民族主义内在困境的考察,揭示出近代中国民族主义与自由主义存在的某种内在的关联性。② 李育民研究了20世纪20年代的废约运动与中国的近代民族主义,指出作为一个民族运动,废约运动凝结了民族主义的各种含义,昭示了民族主义的发展尽其所有趋向。废约运动要求国家独立和民族解放,阐扬了近代民族主义的基本内涵,即只有废除不平等条约才能实现国家独立,成为人们的共识,这是民族主义成熟的重要体现。它集聚了全国的民族意识,在完整的意义上体现了中华民族具有近代意义的觉醒,反对、废除不平等条约成为全国民族意识的集聚点和全国联合的黏合剂。它采取了民族斗争的理性方式,摒弃了旧式的粗糙模式,在理论策略、组织领导等方面提出了前所未有的新内容。③

郑大华对九一八事变后费希特民族主义思想的系统传入及其影响进行了研究,他指出,虽然早在20年代,张君劢以及青年党的李璜、左舜生等人对费希特的民族主义思想作过一些介绍,但那时的介绍是零星的、不成系统的,只是到了九一八事变后,费希特的民族主义思想才被系统地介绍到中国。初步统计,九一八事变后,仅《东方杂志》《国闻周报》《时代公论》《复兴月刊》《教育杂志》《再生杂志》和《大公报》等报刊发表的费希特《对德意志国民的演讲》之译文(节译或摘译)或介绍费希特之民族复兴思想的文章就达23篇之多。费希特的民族主义思想的传入,促进了30年代民族复兴思潮的兴起。④ 张太原探讨了以胡适为代表的聚集在《独立评论》周围的自由主义者面对日本的侵略,"主战"或"主和"的游移

---

① 郑大华、周元刚:《五四前后的民族主义与三大思潮之互动》,《学术研究》2008年第7期。
② 何卓恩:《民族主义的内在困境:陈独秀国家观从民族主义到自由主义的转变》,《安徽史学》2007年第3期。
③ 李育民:《废约运动与中国近代的民族主义》,见郑大华、邹小站主编《中国近代思想史研究集刊》第4辑(《中国近代史上的民族主义》),社会科学文献出版社,2007,第393页。
④ 郑大华:《九一八后费希特民族主义思想的系统传入及其影响》,《近代史研究》2009年第6期。

不定、进退两难,既想最大限度地维护国家利益,又想最小限度地做出妥协,但无论他们是"主战"还是"主和",都是在试图使中国建设成为一个统一的中华民族的国家,这是他们的民族主义思想的一个特色。由于他们没有任何党派背景,没有现实的切身政治利害,因而在对日态度上往往更为洒脱,更为无忌,特别是相对于国民党属下的各派政治力量,他们的民族主义思想似乎更富有独立性。① 暨爱民考察了"战国策派"学人的文化民族主义建构,指出作为中国文化民族主义谱系中一个重要而又独特的组成部分,"战国策派"学人针对中国当时的具体国情,提出了重演"战国时代"、重建、发扬秦以前文化精神的主张,要求批判和改造孱弱的国民性,塑造"战国型"的民族性格,以激发民族的生机,应对危局,其越出"常轨"的思想及其理论,表达了"战国策派"学人对中国文化命脉的严肃思考。② 卫春回从四个方面探讨了在20世纪40年代后期自由主义者对美国的态度中所表现出来的自由主义与民族主义的特殊关系。一方面,20世纪40年代后期自由主义者对美国的霸权主义和强权政治给予激烈的批评和质疑;另一方面,美国的民主政治和基本价值理念又是他们高度认同的。此种看似不和谐的复杂与矛盾,体现的正是自由主义与民族主义特有的内在困境与张力,也符合中国自由主义者的思想逻辑。③

三 本书研究的主要问题和章节结构

根据上述目前学术界的研究状况,本书主要研究以下一些问题。

第一,中国近代民族主义的演变历程。研究思想史的一个重要方法,就是把对思想史的长时段的宏观考察与对演变过程中的阶段性的特征的把握结合起来。和中国近代思想史上的其他思潮一样,中国近代民族主义也因其时空环境的不同,其演变呈现出明显的阶段性。我们大致可以把中国

---

① 张太原:《建立一个民族国家:自由主义者眼中的民族主义——以〈独立评论〉为中心的探讨》,郑大华、邹小站主编《中国近代思想史研究集刊》第4辑(《中国近代史上的民族主义》),社会科学文献出版社,2007。

② 暨爱民:《"文化"对"民族"的叙述:"战国策派"之文化民族主义建构》,《湖南师范大学学报》2009年第2期。

③ 卫春回:《试论20世纪40年代后期自由主义者的民族主义取向》,郑大华、邹小站主编《中国近代思想史研究集刊》第4辑(《中国近代史上的民族主义》),社会科学文献出版社,2007。

近代民族主义的演变划分为三个阶段。

（1）清末民初。这是中国近代民族主义的形成阶段。其特征是：一是新（近代民族主义）旧（传统民族主义）杂糅，而新（近代民族主义）的量在增加，旧（传统民族主义）的量在减少；二是反对国外民族压迫和反对国内民族压迫，亦即争取中华民族的独立和争取国内各民族的平等的斗争交织在一起；三是民族主义与民主主义的结合，亦即推翻国外和国内民族压迫的斗争与建立资产阶级民主国家的斗争结合起来。中国近代民族主义之所以形成于清末民初，分析起来有以下几方面的原因：一是资产阶级的产生并走上历史舞台。在西方，近代民族主义是伴随着西方资产阶级的产生并走上历史舞台而形成的，换言之，资产阶级是近代民族主义形成或产生的阶级基础。同样，在中国，近代民族主义也是伴随着中国资产阶级的产生并走上历史舞台而形成的。众所周知，中国民族资本主义产生于19世纪七八十年代，到了19世纪末20世纪初得到了初步发展，与此相适应，中国的民族资产阶级在19世纪末20世纪初开始形成并走上了历史舞台，19世纪末的戊戌变法、20世纪初的立宪运动和辛亥革命就是形成中的资产阶级和资产阶级领导和发动的。二是国内汉族和其他民族与建立清王朝的满族贵族之间的矛盾因《辛丑条约》的签订、清王朝成了"洋人的朝廷"，尤其是满族贵族实行"排汉主义"而日益尖锐。与此同时，中国的民族危机也在日益加深，中华民族与帝国主义之间的矛盾被极大地激化起来，当时不少报刊都以大量的篇幅揭露、抨击过帝国主义侵略、掠夺和阴谋瓜分中国的罪恶行径，各种反对帝国主义侵略和掠夺的群众运动更是波澜壮阔，此伏彼起。双重的民族矛盾及其错综复杂的斗争，这是中国近代民族主义的产生不同于西方近代民族主义产生的一个重要的历史背景。汉族和其他民族与建立清王朝的满族贵族之间矛盾的日益尖锐，刺激了中国传统民族主义在20世纪初的"复兴"，而中华民族与东西方列强亦即帝国主义之间矛盾的日益激化，是西方近代民族主义在20世纪初传入并被人们所接受的重要原因。因为西方近代民族主义首先是作为一种反对"民族帝国主义"的武器而被梁启超介绍到中国来的。三是旧的传统民族主义运动开始为新的近代民族主义运动所取代。义和团运动的失败标志着旧的传统民族主义运动的终结，从此，以拒俄运动、抵制美货运动、保路运动为表现形式的新的近代民族主义运动开始兴起。

（2）五四时期。这是中国近代民族主义的发展阶段。其特征有三：一是反帝与反封建的结合。清末民初的民族主义虽然含有反对帝国主义侵略的内容，但由于当时的人们包括以孙中山为代表的革命派对帝国主义的本质认识不足，不仅没有明确提出"反帝"的口号，甚至对帝国主义还存在着一些不切实际的幻想。这也是辛亥革命之所以失败的一个原因。而到了五四时期，由于无产阶级力量的壮大并作为独立的政治力量登上政治舞台，中国人民对帝国主义的认识有了质的飞跃。毛泽东曾经指出："中国人民对于帝国主义的认识……第一阶段是表面的感性的认识阶段，表现在太平天国运动和义和团运动等笼统的排外主义斗争上。第二阶段才进到理性的认识阶段，看出了帝国主义内部和外部的各种矛盾，并看出了帝国主义联合中国买办阶级和封建阶级以压榨中国人民大众的实质。这种认识是从一九一九年五四运动前后才开始的。"正是对帝国主义认识的这种变化，中国人民开始将反帝与反封建结合起来，从而赋予了近代民族主义新的内涵。二是从思想文化上寻找中华民族落后的原因。通过对中国传统文化的反省，人们开始认识到，近代以来中国之所以屡遭列强的侵略，民族危机日益加深，一个重要原因就是中国文化的落后，这种落后又导致了一系列政治改革和革命的失败。所以民族危机说到底既是政治危机，也是文化危机，是中国的传统文化不适应现代生活环境。既然民族危机是文化危机，是中国的传统文化不适应现代生活环境，那么，要解决民族危机的不二法门只能从文化上入手，谋求文化上的解决。这也是这一时期各种文化运动、文化思潮和文化论争此起彼伏、连绵不绝的一个重要原因。三是民族主义开始与各种政治运动和思想运动结合，呈现出多元的倾向。推动近代民族主义在五四时期发展有以下几个原因，一是无产阶级的壮大和登上历史舞台；二是第一次世界大战后兴起的民族解放运动，尤其是"十月革命"和列宁提出的"民族自决权"思想的影响；三是五四新文化运动的作用。关于第一次世界大战后兴起的民族解放运动，尤其是"十月革命"和列宁提出的"民族自决权"思想对中国近代民族主义思潮的影响，我们以前重视不够，有必要加强这方面的研究。

（3）九一八事变后这是中国近代民族主义的高涨阶段。其最显著的特征，便是中华民族与日本帝国主义的矛盾开始成为最主要的社会矛盾，国内各个阶级、各党各派、各种政治势力逐渐集合在民族统一战线的旗帜之下，并最终形成了全民族共同抗战的局面。推动这一时期民族主义高涨的根本原因，是日本帝国主义的侵略所造成的空前严重的民族危机。迈克尔·弗里登就曾指出："民族主义只有在短暂的时段内变得极为重要，即在民族建构、征服、外部威胁、领土争议，或内部受到敌对族群或文化群体的主宰等危机时，民族主义才显得极为重要。"

第二，中国近代民族主义的理论构建。我们以往研究中国近代民族主义，不仅没有考察它的演变历程，而且也很少考察它的理论建构，以为它的理论自始至终都是一样的，即所谓的对外抵抗外来侵略，对内追求国家富强。但实际上，与中国近代民族主义发展的三个阶段相联系，中国近代民族主义的理论也经历过不断的建构过程。

清末民初，民族主义的理论主要是围绕建立一个什么样的民族国家而构建的，以孙中山为代表的革命派受传统的"华夷之辨"观中所包含的种族民族主义思想和西方近代民族主义以血缘为主划分民族、建立单一民族国家思想的影响，主张"排满"和建立单一的汉民族国家，而以梁启超为代表的立宪派则受传统的"华夷之辨"观所包含的文化民族主义思想和西方近代民族主义以文化为主划分民族、建立多民族国家思想的影响，主张"合满"和建立包括满族在内的多民族国家，双方为此而展开过激烈的论战和斗争，结果是建立一个独立、民主和统一的多民族国家成了革命派和立宪派的共识。1912年中华民国的成立，孙中山提出"五族共和""五族平等"的基本国策，标志着中国近代民族国家的初步建立和中国近代民族主义的最终形成。

五四时期，受第一次世界大战后世界民族解放运动和十月革命以及列宁、威尔逊提出的民族自决理论的影响，民族主义的理论构建主要是围绕民族自决以及由此而引起的反帝与反封、世界主义与民族主义的关系而展开的，以李大钊、陈独秀为代表的中国早期马克思主义者和以孙中山为代表的中国国民党人都曾为此做出过重要贡献。当时的所谓"民族自决权"理论主要有两种，一是列宁提出的"民族自决权"，另一种是威尔逊提出的"民族自决权"；列宁提出的"民族自决权"又包括两种自决：一是俄国国内被压迫民族对于大俄罗斯民族的自决，二是殖民地半殖民地民族对于帝国主义的自决，而威尔逊提出的"民族自决权"主要指的是殖民地半殖民地民族对于帝国主义尤其是欧洲老牌帝国主义的自决。这两种"民族自决权"理论传入中国后，则表述为中华民族对于帝国主义的自决和中华民族内部各少数民族或"各弱小民族"对于汉族的自决。后一种民族自决，有时又被引申为"不准政府独断，要让公众裁夺，这就叫自决",[①] 当时的进步知识分子对政府、国家、人民三者之间的关系有了更深刻的认识，主张对政府实行社会制裁，"在这无法律政治可言的时候，要想中国有转机，非实行社会制裁不可"。[②] 但我们以往在讲"民族自决"时，对引申的这一面则较为忽视。五四时期的民族自决的理论建构无论在政治参与面上还是思想深度上都是空前的，这促进了全民民族主义意识的觉醒，加速了中国现代化的进程。而民族自决的理论建构，又推动了民族自决（或解放）运动的发展，于是先后有五卅运动、香港大罢工运动、收回利权运动、非基督教运动、收回租界运动、废除不平等条约运动等运动的发生和兴起。

九一八事变后，受日益严重的民族危机的刺激，这一时期民族主义的理论建构又发生了新的变化，这主要表现为民族复兴思想的提出并形成一种社会思潮。虽然早在清末民初，民族复兴思潮即已孕育或萌发，从孙中山的"振兴中华"口号，到梁启超的"少年中国"梦想，再到国粹派的"古学复兴"主张，实际上都包含有民族复兴的思想内容。五四时期，民族复兴思想有了进一步的发展，李大钊提出了"新中华民族主义"和"中华民族之复活"的思想，孙中山提出了"要恢复民族的固有地位，便要首先恢复民族的精神"的思想，梁漱溟、梁启超等"东方文化派"提出了复兴东方文化的思想，王光祈在《少年中国运动》一书的序言中，提出了"中华民族复兴运动"的思想，但民族复兴成为一种具有广泛影响力的社会思潮则是在九一八事变之后。1932年5月于北平创刊的《再生》杂志，即明确宣布以民族复兴作为办刊的宗旨，并提出了较为系统的民族复兴方案供社会讨论。当时明确以民族复兴为办创宗旨的刊物，还有创刊于天津的《评论周报》和创刊于上海《复兴月刊》等。除这些以民族复兴为办刊宗旨的刊物外，其他许多未标明以民族复兴为办刊宗旨的报刊也都大量的刊登过相关文章，有的还发表社论、开辟专栏，就民族复兴问题进行讨论，一些以探讨民族复兴为主要内容的书籍也相继出版。1933年9月1日

---

① 涵庐：《市民运动的研究》，《晨报》第143号，1919年5月6日。
② 毅：《五四运动的精神》，《每周评论》，第23号，1919年5月26日。

出版的《复兴月刊》第2卷第1期的一篇文章曾写道:"中国今日,内则政治窳败,财尽民穷;外则国防空虚,丧师失地;国势岌岌,危如累卵。忧时之士,深虑神明华胄,将陷于万劫不复;于是大声疾呼,曰'复兴'!'复兴'!绞脑沥血,各本其所学,发抒复兴国族之伟论"。① 随着民族复兴思潮的兴起,当时的知识界围绕中华民族能否复兴和中华民族如何复兴这两个问题展开过热烈讨论。在当时的历史背景下,它对于帮助广大国民树立战胜日本军国主义的侵略、实现中华民族复兴的信念具有积极意义。

为了完成上述研究任务,除"绪论"和"结语"外,本书依据中国近代思想史的演进脉络分为四章,即"第一章清末民初:中国近代民族主义的形成",主要讨论三个问题:一是中国民族主义的思想来源及形成;二是民族主义与清末知识分子的国民观;三是民族主义与中国民族国家的初步建立。"第二章五四时期:中国近代民族主义的发展",讨论的是四个问题:一是民族主义在五四时期的发展及其原因;二是国家主义与民族主义:国家主义派对"一战"后民族自决思潮的回应;三是民族主义与世界主义:"一战"后知识界对成立国联的思考;四是晚年孙中山与中国共产党在"民族自决权"上的同与异。"第三章:九一八事变后:中国近代民族主义的高涨",同样聚焦在四个问题上:一是以《东方杂志》《独立评论》和《大公报》为中心,考察九一八事变后知识界对"战"与"和"的不同抉择;二是费希特民族主义思想的传入及其影响;三是民族主义理论建构的新变化:中华民族复兴思潮的兴起,四是"抗战建国"话语下学术界对"学术建国"的讨论。

四 本书的学术创新与不足

概而言之,本书的学术创新主要体现在以下几个方面。

第一,研究内容和结构的创新。如前所述,本书研究的主要是中国近代民族主义。作为中国近代最主要的思潮之一,自20世纪90年代以来,学界对中国近代民族主义进行了较为深入的研究,并取得了不少研究成果。但检视这些成果,一是多集中于对中国近代民族主义代表人物(如孙中山、章太炎、梁启超、梁漱溟、张君劢等)或群体(如国家主义派、再

---

① 吴钊:《复兴之基点》,《复兴月刊》第2卷第1期,1933年9月1日,第1页。

生派、战国策派等）的研究；二是多集中于对某一时段（如晚清、民国初年、抗战时期等）的民族主义的研究，而缺乏对整个中国近代的民族主义的形成、发展和高涨的历史过程及其理论建构的系统研究。这不能不说是中国近代民族主义研究中的一大不足或缺失。而本书的主要内容，是研究整个中国近代的民族主义的形成、发展和高涨的历史过程及其理论建构，因而具有弥补学术界对中国近代民族主义及其相关问题研究之不足的学术创新意义。

第二，研究视角和方法的创新。本书并非就中国近代民族主义研究中国近代民族主义，而是把中国近代民族主义放在中国近代思想脉络中进行考察，厘清它与保守主义思潮、自由主义思潮、激进主义思潮以及其他社会、文化思潮之间错综复杂的关系，尤其注重考察中国近代民族主义的形成、发展和高涨的演变历程，分析其发生演变的社会与历史原因，并在学界第一次提出，因时空背景的变化，不同时期的民族主义有不同的理论构建，清末民初主要是围绕建立一个什么样的民族国家而构建的，五四时期主要是围绕民族自决以及由此而引起的反帝与反封、民族主义与世界主义的关系而构建的，九一八事变后主要表现为民族复兴思想的发展并成为一种社会思潮。在研究方法上，本书以历史唯物主义为指导，坚持具体问题具体分析的原则，努力将宏观的理论分析与微观的史实考证结合起来，既有对民族主义在中国近代的形成、发展和高涨的演变历程及其理论建构的宏观考察，也有对某一历史时期的民族主义及其理论的具体研究；既考察不同历史时期民族主义思想和理论上的继承性和相同性，也分析不同历史时期民族主义思想和理论上的差异性及其成因；如此等等，这既是本成果的重要方法，也是本成果的一大创新。另外，在利用西方的一些文化和政治理论的同时，特别注意对它加以中国化的处理。

第三，学术观点的创新。对学术界目前争论较多的一些问题，如中国近代民族主义的思想来源、历史评价等，本成果进行了新的思考，提出了自己的新观点、新见解。比如关于中国近代民族主义的思想来源，有学者根据西方民族主义产生于近代这一事实，否认中国古代有民族主义的产生，认为中国近代民族主义完全是从西方引进的结果。作者不同意这种观点，认为中国的民族形成很早，至少到春秋战国时期即已形成华夏族，后称汉族，中国民族形成早，其民族主义的产生自然也就较早，但它是一种传统民族主义。中国传统民族主义思想主要体现在三个方面：一是"华夏中心"观，二是"华尊夷卑"观，三是建立在"华尊夷卑"观基础之上的"华夷之辨"或"夷夏大防"的观念。这种传统民族主义虽然到了鸦片战争后受到挑战，随着西方地理学著作的传入和中国人对西方越来越多的了解，"华夏中心"观、"华尊夷卑"观和"华夷之辨"或"夷夏大防"的观念开始出现瓦解，但进入到 20 世纪初，由于革命思潮的兴起，传统民族主义在某种程度上有所复兴，它并与西方近代民族主义一道成为中国近代民族主义的思想来源，就清末时期的思想家如孙中山、章太炎、梁启超、刘师培等人来看，他们大多先接受的是中国传统民族主义，后来才接受西方近代民族主义，其民族主义思想经历过从传统向近代的转变。又比如：目前所有研究中国近代民族主义的文章和著作，基本上没有涉及甚至没有提到中国近代民族主义的理论构建问题，以为中国近代民族主义的内容或目的就是对外反对帝国主义侵略、对内追求国家富强。但本书认为，在对外反对外来侵略、对内追求国家富强这一总的内容或目标下，因时空背景的变化，不同时期的民族主义有不同的理论构建。具体来说，在清末民初，民族主义的理论主要是围绕建立一个什么样的民族国家而构建的，当时以孙中山为代表的革命派主张"排满"和建立单一的汉民族国家，而以梁启超为代表的立宪派则主张"合满"和建立包括满族在内的多民族国家，双方为此而展开过激烈的论战和斗争，结果是建立一个独立、民主和统一的多民族国家成了革命派和立宪派的共识并最终得到确立。在五四时期，受第一次世界大战后世界民族解放运动和十月革命以及列宁、威尔逊提出的民族自决理论的影响，民族主义的理论构建主要是围绕民族自决以及由此而引起的反帝与反封、民族主义和世界主义的关系而展开的，以李大钊、陈独秀为代表的中国早期马克思主义者和以孙中山为代表的中国国民党人都曾为此做出过重要贡献。九一八事变后，受日益严重的民族危机的刺激，这一时期民族主义的理论建构又发生了新的变化，这主要表现为民族复兴从思想发展成了一种具有广泛社会影响力的思潮，当时的知识界围绕中华民族能否复兴和如何复兴等有关民族复兴问题展开了热烈讨论。对目前学界已有不少研究的问题，如辛亥革命与中国近代民族国家的建立等，本书在学界已有研究的基础上，展开了新的研究，得出了不少新的观点、新的结论。对目前学术界少有研究甚或没有研究的问题，如清末知识分子的国民观、五四时期国家主义派对"一战"后民族自决思潮的回应、"一战"后知识界对成立国联的思考、九一八事变后知识界对"战"与"和"的不同抉择、九一八事变后费希特民族主义的系统传入及影响、"抗战建国"话语下学术界对"学术建国"的讨论等,本书都辟有专节加以研究,并做出了自己的分析和评判。比如,长期以来学术界在谈到晚年孙中山与中国共产党的关系时,往往强调的是二者之间的团结和合作,如孙中山在苏俄和中国共产党的帮助下对国民党进行改造,实行联俄、联共和扶助农工的三大政策,召开国民党第一次全国代表大会,重新解释三民主义,实现国共第一次合作,共同领导国民革命,等等,而很少提到二者之间的思想分歧,就是提到也是轻描淡写的一笔带过。然而实际上,晚年孙中山与中国共产党既有团结和合作,也有矛盾和分歧,尽管团结和合作是二者关系的主要方面,矛盾和分歧是二者关系的次要方面,但矛盾和分歧的存在则是客观事实,我们不能回避也不应回避,而应实事求是地分析其产生矛盾和分歧的原因、表现及其影响,给予客观公正的评价。基于以上认识,本书对晚年孙中山与中国共产党在"民族自决权"上同与异做了深入探讨。本书认为,自决权有两种,一是列宁提出的"民族自决权",一是威尔逊提出的"民族自决权";列宁提出的"民族自决权"又包括两种"自决":一是俄国国内被压迫民族对于大俄罗斯民族的自决,二是殖民地半殖民地民族对于帝国主义的自决;威尔逊提出的"民族自决权"主要指的是殖民地半殖民地民族对于帝国主义尤其是欧洲老牌帝国主义的自决。孙中山反对的是依据列宁提出的俄国国内被压迫民族对于大俄罗斯民族的自决而引申出的中华民族内部各少数民族对于汉族的自决权,而对于另一种自决权,也就是中华民族对于帝国主义的自决权,孙中山不仅不反对,相反是积极的主张者。如果将晚年孙中山与中国共产党的"民族自决权"进行比较,那么,在中华民族对于帝国主义的自决权上,他们是同中有异;在中华民族内部各少数民族对于汉族的自决权上,他们是异中有同。这种同中有异、异中有同现象的发生,反映的正是晚年孙中山与中国共产党关系的复杂性。

至于本书的不足,主要有这样几个方面:第一,由于笔者坚持别人研究过的而自己又研究不出新意的问题不研究,别人说过的话而自己又说不出多少新意的话不说的原则,因而一些应该纳入的内容没有纳入,这就影响了全书结构的完整性。第二，由于本书采取的是专题研究的形式，是在专题研究论文的基础上经过系统整理、修改和扩充而成，因此，有深度，而缺乏广度。作为一本研究中国近代民族主义的著作，本书并没有涉及中国近代民族主义的方方面面，而主要聚焦于中国近代民族主义的演变历程、理论建构，聚焦于学术界没有研究或研究不多、不够深入的一些问题，所以实事求是地讲，本书研究的是中国近代民族主义的若干问题，而不是对中国近代民族主义的全面研究。第三，性质上，本书是一本思想史著作，而非一般的历史著作。笔者多次提出，研究思想史，研究者本人要有思想，否则就写不出优秀的思想史著作出来。笔者在写作本书的过程中，虽然力图做到史论结合，尤其以分析论述见长，尽量写出思想史著作的味道来，但无奈本人才疏学浅，缺少思想，没有达到自己所规定的任务，就全书而言，还是叙多论少，有的章节有分析，有论述，但不够到位，缺乏深度。这要向广大读者做出检讨，也请广大读者予以谅解。

在这里，笔者也向广大读者说明，尽管本书存在着这样或那样的不足，但笔者的态度是认真的，也尽了自己的最大努力，此书前后写了十多年之久，笔者发表第一篇研究中国近代民族主义的文章是在2005年，那一年笔者在北京昌平主持召开了第一次全国性的研讨中国近代民族主义的学术会议，第二年又在烟台主持召开了第一次专门研讨中国近代民族主义的国际学术研讨会。此后，中国近代民族主义及其相关问题（中华民族复兴、中华民族观念和中华民族建国）一直是笔者研究的主要问题之一，并发表了一系列论文，本书便是笔者多年研究中国近代民族主义的成果结晶，也是笔者承担的国家民委重大委托课题"中国近代民族主义的兴起、演变及其影响"（批准号：2011—GM—091）的最终成果。需要说明的是，书中的个别章节，曾收入笔者以前出版的论文集中。当然，纳入本书时，根据需要又做了一定的修改。

第一章 清末民初：中国近代民族主义的形成

清末民初是中国近代民族主义的形成阶段。一方面，中国传统民族主义虽然自鸦片战争以来受到越来越严重的挑战，但在清末特殊的历史背景下还有着广泛的社会影响力；另一方面，西方近代民族主义开始传入中国，并被梁启超、孙中山、章太炎等人视为救国救民的工具，新（近代民族主义）旧（传统民族主义）杂糅是这一时期民族主义的重要特征。与此同时，反对国外的民族压迫（帝国主义对中华民族的压迫）与反对国内的民族压迫（清统治者对汉族和其他民族的压迫）、推翻国外和国内民族压迫的斗争（民族主义）与建立资产阶级民主国家的斗争（民主主义）交织在一起。受西方近代民族主义的影响，这一时期民族主义的理论建构是民族建国。而在民族建国问题上，当时以孙中山为代表的革命派和以梁启超为代表的立宪派存在着分歧，前者主张建立一个单一的汉民族的民主共和的国家，而后者希望建立的是一个包括满族在内的多民族的君主立宪的国家，两者为此展开过激烈争论。最后，建立一个多民族的民主共和的国家成为两派的共识。1912年中华民国的成立，则标志着中国近代民族主义的形成和中国近代民族国家的初步建立。

第一节 论中国近代民族主义的思想来源及形成

关于中国近代民族主义，学术界是仁者见仁，智者见智，存在着较大争论。但有两个问题没有引起学术界的足够重视：一是中国近代民族主义的思想来源问题，即它是中国传统民族主义在近代的延续，还是西方近代民族主义在中国的引进,抑或是二者结合?二是中国近代民族主义的形成问题,即中国近代民族主义形成于何时,其实质是什么,形成的标志又是什么?如果这两个问题不搞清楚,关于中国近代民族主义的研究就很难深入下去。有鉴于此,本节拟在吸取前人研究成果的基础上,① 对这两个问题进行一些新的探讨。

一 中国传统民族主义以及在近代遇到的挑战

有学者根据西方民族主义产生于近代这一事实,否认中国古代有民族主义的产生。这值得商榷。西方近代各民族,如法兰西民族、德意志民族、意大利民族等是在文艺复兴和宗教改革的过程中逐渐形成的。由于西方近代各民族形成较晚,其民族主义的产生自然也就较晚。一般认为,西方的近代民族主义兴起于18世纪末到19世纪中叶,"三大事态构成其主要的直接原因:一是法国大革命,特别是在这场革命中出现的人民主权论;二是作为对启蒙运动及其世界主义思想之反应的德意志浪漫主义和历史主义;三是工业革命及其引起的社会大转型,亦即现今惯称的现代化过程"。② 但和西方不同,中国的民族则形成很早,最迟到春秋战国时期,华夏族(汉代以后称之为汉族)即已形成。由于中国民族形成较早,其民族主义的产生自然也就较早。章太炎就说过:"民族主义,自太古原人之世,其根性固已潜在,远至今日,乃始发达,此生民之良知本能也。"③ 孙中山也认为:"盖民族主义,实吾先民所遗留,初无待于外铄者也。"④ 中国传统的民族主义思想,主要体现在三个方面:一是"华夏中心"观,二是"华尊夷卑"观,三是建立在"华尊夷卑"观基础之上的"华夷之辨"或"夷夏大防"的观念。

中国传统民族主义的"华夏中心"观,是以信仰"天圆地方"说为其

---

① 关于这一方面的研究成果主要有唐文权的《觉醒与迷误:中国近代民族主义思潮研究》,上海人民出版社,1993;陶绪的《晚清民族主义思潮》,人民出版社,1995;罗福惠的《中国民族主义思想论稿》,华中师大出版社,1996;金冲及的《民族主义与辛亥革命》,《近代史研究》2001年第5期。
② 时殷弘:《民族主义与国家增生的类型及伦理道德思考》,《知识分子产场:民族主义与转型期中国的命运》,时代文艺出版社,2000,第137页。
③ 章太炎:《驳康有为论革命书》,《章太炎政论选集》上册,中华书局,1977,第194页。
④ 孙中山:《孙中山全集》第7卷,中华书局,1985,第60页。

认识前提的。中国古人认为天是圆的,地是方的,相信自己居住的地方是天下的中心,有中心,就有四边,他们故称"居天地之中者曰中国,居天地之偏者曰四夷,四夷外也,中国内也。"① 这种信仰"天圆地方"说、认为中国是天下之中心的华夏中心观,由于中国特殊的地理位置和封闭的小农经济结构而得到不断强化,这在中国历代刻印的"华夷图""广舆图"中表现得非常明显,这些图"都把周边国家的位置标得模糊不清,中国的区域画得颇大,而汪洋大海却绘得很小。"② 明末来到中国的西方传教士利玛窦一踏上中国土地就强烈地感受到了这一点。《利玛窦中国札记》写道:"他们(指中国人——引者注)认为天是圆的,但地是平而方的,他们深信他们的国家就在中央。他们不喜欢我们把中国推到东方一角的地理概念"③。

与华夏中心观相联系的,是传统民族主义的华尊夷卑观。中国自古以来就是一个多民族的国家,由于地理环境的差异,各民族之间的社会和文化发展参差不齐。早在先秦时代,在中原黄河流域即形成了早期的华夏文明,这一文明在当时的中华文明中居于中心或主导地位,而周边的诸族、诸国则处于相对落后的局面。久而久之,中国古代的先民们便形成了一种华尊夷卑的观念,认为华夏民族文明程度最高,中国是"天朝上国",而周边的少数民族都是一些不知华夏文明、未受礼仪熏沐的落后民族,并依其与中原所处的方位,分别称他们为"东夷""西戎""南蛮""北狄"。中国士大夫的一个责任,就是要"以夏变夷",用礼仪来教化周边的少数民族,使他们接受华夏文明(或汉族文明)。中西交通后,这种传统的"华尊夷卑"观念又被用来处理与欧美各国的关系,认为这些国家和古代中国周边的少数民族相类似,无论社会还是文化都比中国落后,故此称它们为"番"或"夷"。因为"番"或"夷"在中国的汉字中都是贬义词,与未开发或不文明联系在一起。

既然"华尊夷卑",四周的少数民族都是一些不知华夏文明、未受礼仪熏沐的"夷狄",所以中国传统民族主义特别强调"华夷之辨"或"夷夏大防",也就是强调民族之间的区隔。这种区隔包含两方面含义:一是

---

① (宋)石介《中国论》,载陈植锷点校《徂徕石先生文集》,中华书局,1984,第116页。
② 邹振环:《晚清西方地理学在中国》,上海古籍出版社,2000,第41页。
③ 同上书,第42页。

种族的区隔，即所谓"非我族类，其心必异"，种族是区隔"夷"和"夏"的标准，换言之，判断一个人是"夷"还是"夏"，主要是看他出生于何种种族，出生于华夏族（汉族）的是"夏"，出生于少数民族的是"夷"；一是文化的区隔，即所谓"诸侯用夷礼则夷之，进于中国则中国之"，文化作为区隔"夷"和"夏"的标准，换言之，判断一人是"夷"还是"夏"，主要是看他的文明程度，文明程度高的是"夏"，文明程度低的是"夷"。就此而言，那种认为中国传统民族主义是一种种族民族主义的观点是片面的，种族民族主义只是中国传统民族主义的一个方面，另一方面它又是一种文化民族主义；反之亦然。这种强调民族之间区隔的"华夷之辨"或"夷夏大防"观念历来又被称之为"春秋大义"，是儒家思想的重要组成部分，尤其当华夏的农耕文化面临周边少数民族的游牧文化入侵时，这种"春秋大义"便成了激励华夏民族（亦即汉民族）抵御外来侵略、保卫先进的农耕文化的有力武器。

然而到了鸦片战争后，这种传统民族主义的"华夏中心"观、"华尊夷卑"观和建立在"华尊夷卑"观基础之上的"华夷之辨"或"夷夏大防"的观念，随着西方入侵引起的中国人思想观念的变化而开始受到挑战。首先，人们在"开眼看世界"的过程中逐渐认识到，天是圆的，地也是圆的，地既然是圆的，也就没有所谓的中心和边缘；世界上有五大洲、四大洋，有一百多个国家，中国只是这近百个国家中的一国，位置不在地球的中央，而在亚细亚之东南；中国虽然版图广袤，物产丰富，土地肥沃，是世界大国，但不是世界上唯一的大国，像中国这样的大国还有好几个，比如"南北亚墨利加，袤延数万里，精华在米利坚一土，天时之正，土脉之腴，几与中国无异。"① 其次，人们在"开眼看世界"的过程中还逐渐发现，中西交通后，被中国人沿用传统民族主义的"华尊夷卑"观而称之为"夷"的西方国家，是那样的繁荣昌盛，城市"殿阙巍峨，规模闳钜"，交通十分便利，铁路、轮船四通八达，店铺林立，机器轰鸣，制造精美，重视教育，学校和藏书楼各地皆有，人民读书识字，生活非常富裕，政治民主，社会清明，如此等等，无论从哪方面讲，这些国家都不比中国落后，甚至比中国还要文明、开发、进步一些。比如，魏源在《海国

---

① 徐继畬：《瀛寰志略》卷9，上海书店出版社，2001，第290页。

图志》中就公开承认"夷"有"长技",不仅军事武器比中国先进,养兵练兵之法中国也不如人。徐继畬的《瀛寰志略》称赞美国的政治制度有"三代之遗意"。"三代政治"在中国仅是士大夫们梦寐以求的一种理想,但它在美国却成了现实。随着上述这两种认识和发现的增加,民族的一些先知先觉者开始萌发出新的世界观念和民族意识,即认识到中国只是世界各国中的一国,中华民族只是世界民族中的一员,民族之间的先进与落后,不仅仅是由种族或文化决定的,而是由军事、社会、经济、文化甚至政治等多方面因素决定的,中国在许多方面都落后于西方国家。就目前所发现的资料来看,最早具有这种新的世界观念和民族意识的人是第二次鸦片战争后的冯桂芬。他在《校邠庐抗议》的"采西学议"中说:"顾今之天下,非三代之天下比矣。……据西人舆图所列,不下百国"。他并且认为中国在经济、政治、军事、人才、学术等五个方面都不如西方人,中国再不"制洋器","采西学",向西方侵略者学习,"不独俄、英、法、米为之患也,我中华且将为天下万国所鱼肉,何以堪之!"① 此后,具有此种观念和意识的人逐渐增多起来。如郑观应在《易言·论公法》中便写道:"若我中国,自谓居地球之中,余概目为夷狄,向来划疆自守,不事远图。……地球圆体,既无东西,何有中边。同居覆载之中,奚必强分夷夏"。② 因此,他希望中国人能放弃传统民族主义的"华夏中心"观,"自视为万国之一"。③ 王韬则公开批评传统民族主义的"华尊夷卑"观是"大谬不然","苟有礼也,夷可进为华;苟无礼也,华则变为夷,岂可沾沾自大,厚己以薄人哉?"他主张区别"华夷"的标准应是"系于礼之有无也"。④ 这一认识上的进步,是近代民族主义思想产生的重要前提。因为只有认识到中国只是世界各国中的一国,中华民族只是世界民族中的一员,才有可能产生近代意义上的民族认同和民族平等意识;同时也只有认识到民族之间的先进与落后,不是仅仅由种族或文化决定的,而是由其军事、社会、经济、文化甚至政治的状况决定的,中国在许多方面都落后于

---

① 冯桂芬:《校邠庐抗议·采西学议》,《采西学议——冯桂芬·马建忠集》,辽宁人民出版社,1994,第79页。
② 郑观应:《易言·论公法》,《郑观应集》上册,上海人民出版社,1982,第67页。
③ 夏东元编《郑观应集》上册,上海人民出版社,1982,第67页。
④ 王韬:《华夷辨》,《弢园文录外编》,卷10,中州古籍出版社,1998,第364页。

西方国家，才能产生一种民族危机感或民族忧患意识。而近代民族主义就是建立在民族认同、民族平等意识和民族忧患意识之基础上的。

这里需要指出的是，鸦片战争后，随着人们思想观念的变化，传统民族主义的"华夏中心"观、"华尊夷卑"观和建立在"华尊夷卑"观基础之上的"华夷之辨"或"夷夏大防"的观念虽然受到了前所未有的挑战，人们开始萌发出新的世界观念和民族意识，但作为一种已根植于民族血液之中的思想，它不仅没有随着人们思想观念的变化而完全退出历史舞台，相反在20世纪初这一特定的历史场景下，建立在"华尊夷卑"观之基础上的"华夷之辨"或"夷夏大防"的观念还和西方的近代民族主义一道，共同构成了中国近代民族主义的思想来源。

二 西方近代民族主义的传入及其影响

西方近代民族主义传入中国是在20世纪初。梁启超对此贡献巨大。1901年他在《国家思想变迁异同论》一文中，率先向国人介绍了"民族主义"和"民族帝国主义"这两个新名词。他认为"今日之欧美，则民族主义与民族帝国主义相嬗之时代也；今日之亚洲，则帝国主义与民族主义相嬗之时代也"。欧美的"民族主义全盛于十九世纪，而其萌达也在十八世纪下半"，自法国大革命后欧洲"百年来种种之壮剧，岂有他哉，亦由民族主义磅礴冲突于人人之胸中，宁粉骨碎身，以血染地，而必不肯生息于异种人压制之下"。概而言之，先是拿破仑征服欧洲以失败告终，后是希腊、比利时、罗马尼亚、塞尔维亚、爱尔兰等分别获得自治或独立，就是"数百年憔悴于教政帝政下之德意志、意大利皆新建国称雄于地球矣"。就此而言，"民族主义者，世界最光明正大之主义也"。因为民族主义"不使他族侵我之自由，我亦毋侵他族之自由。其在于本国也，人之独立；其在于世界也，国之独立"。世界各国如果都能遵守民族主义的原则，"各明其界限以及未来永劫"，那么天下也就不会有侵略和压迫的事情发生。然而"自有天演以来，即有竞争，有竞争则有优劣，有优劣则有胜败，于是强权之义，虽非公理而不得不成为公理。民族主义发达之既极，其所以求增进本族之幸福者，无有厌足，内力既充，而不得不思伸之于外"，于是自十九世纪下半叶以来民族帝国主义开始"萌达"。民族帝国主义在本质上不同于十八世纪以前的帝国主义，十八世纪以前的帝国主义"之政府，以一君主为主体，故其帝国者，独夫帝国也"。十九世纪下半以来的帝国主义"之政府，以全国民为主体，故其帝国者，民族帝国也"。所以，"凡国未经过民族主义之阶级者，不得谓之为国"。也就像人的成长一样，"民族主义者，自胚胎以至成童所必不可缺之材料也。由民族主义而变为民族帝国主义，则成人以后谋生建业所当有事也"。这也是"萌达"于十九世纪下半叶的民族帝国主义到了二十世纪后所以会进入其"全盛"时期的重要原因。但返观中国，民族主义"犹未胚胎"，面对欧美民族帝国主义的竞争，国人还"墨守十八世纪以前之思想，欲以与公理相抗衡"，这只能是以卵击石，"不足道矣"。为此，梁启超大声呼吁国人迅速培养民族主义，以谋抵御欧美的民族帝国主义的侵略，用他的话说："知他人以帝国主义来侵之可畏，而速养成我所固有之民族主义以抵制之，斯今日我国民所当汲汲者也"。[①] 后来，在《论中国学术思想变迁之大势》《论民族竞争之大势》以及《新民说》等文中，梁启超又进一步向国人介绍和宣传了西方近代民族主义，并首次提出了"中华民族"的概念。

继梁启超之后，知识界的其他一些人也纷纷加入到介绍和宣传西方近代民族主义的行列。1902 年 7 月出版的《新民丛报》第 11 期刊登的一篇题为《论世界经济竞争之大势》文章，在谈到中国如何在世界经济竞争的大潮中"求自存之道"时指出："近世欧洲意大利之独立，日耳曼之联邦，皆以同一种族，建一国家，民族主义之势力，大振于政治界。吾国之不振，非欧族使之然，自族不建国家之故也"。因此，中国要能够在世界经济竞争的大潮中求得"自存"，就必须向欧洲学习，大力倡导民族主义，建一民族国家。不久，文章的作者"雨尘子"又在《新民丛报》第 28 期上发表《近世欧人之三大主义》一文，认为民族主义和"多数人之权利""租税所得之权利"一样，是"近世欧人之三大主义"之一，近日世界的大事变，如意大利的统一、希腊、罗马尼亚的独立，德意志联邦的形成，"推其中心，无不发于民族主义之动力"。民族主义的实质，就是建立民族国家，"其民族不同者，则独立为一国"，"民族同一也，则结合为一国"，

[①] 梁启超：《国家思想变迁异同论》，《饮冰室合集》第 1 册，文集之六，中华书局，1989 年影印版，第 19~22 页。

"故十九世纪，实为民族国家发生最盛之时代也"。① 几乎与此同时，《浙江潮》第 1、2 期连载了余一的《民族主义论》。该文开章名义便写道："今日者，民族主义发达之时代也，而中国当其冲，故今日而再不以民族主义提倡于吾中国，则吾中国乃真亡矣"。因为"今日欧族列强立国之本，在民族主义，固也；然彼能以民族主义建己之国，复能以民族主义亡人之国"。中国要想不被欧族灭亡，就只有大力提倡民族主义，以建立一民族国家。② 1903 年 9 月出版的《游学译编》第 10 期发表的一篇文章要求对国民进行"民族主义之教育"，认为"德意志之所以统一，意大利、希腊之所以独立，腓律宾、图兰斯法耳之所以抗战强敌"，是对其国民进行"民族主义之教育"的结果。所以，中国要实现"民族建国"，也就应该对国民进行"民族主义之教育"。③《江苏》第 7 期发表的《民族主义》一文认为："民族主义，有一定之学说行于世者，自伊太利之满基尼始"。而满基尼对民族主义的定义是："民族之于世界，犹个人之于社会，对于内有绝对之所有权，对于外有绝对之独立权。若一民族起而建独立自治之国家，无论何人，无对抗之权。此民族主义之本旨"。④

就梁启超和知识界的其他一些人对于西方近代民族主义的介绍和宣传来看，尽管在一些具体的认识上他们存在着这样或那样的差异，但第一，他们都认为西方近代民族主义的实质就是"民族建国"，而"民族建国"所要建立的是单一民族的国家。用《民族主义之教育》作者的话说："是故民族建国者，以种族为立国之根据地。以种族为立国之根据地者，则但与本民族相提携，而不能与异民族相提携，与本民族相固著，而不能与异民族相固著。必能与本民族相提携、相固著，而后可以伸张本民族之权力"。⑤ 梁启超在《论民族竞争之大势》一文中同样指出：在封建时代，分土分民，或同民族而异邦，或同邦而异族，"胡汉吴越，杂处无猜"。但到了封建的末世，"民求自立而先自团，于是种族之界始生。同族则本吸集，异族则相反拨，苟为他族所钳制压抑者，虽粉身碎骨，以图恢复，亦所不

---

① 雨尘子：《近世欧人之三大主义》，《辛亥革命前十年间时论选集》第 1 卷，上册，三联书店，1960，第 347 页。
② 余一：《民族主义论》，《辛亥革命前十年间时论选集》第 1 卷，下册，第 485~492 页。
③ 《民族主义之教育》，《辛亥革命前十年间时论选集》第 1 卷，上册，第 404~405 页。
④ 《民族主义》，《江苏》第 7 期，1904 年 1 月，第 20 页。
⑤ 《民族主义之教育》，《辛亥革命前十年间时论选集》第 1 卷，上册，第 404 页。

辞,若德意志,若意大利,皆以同民族相吸而建新邦,若匈牙利,以异民族而分离于奥大利,皆其最著者也"。所以,民族主义是制造近世单一民族国家"之原动力也"。他认为建立单一民族国家这是世界发展的大势,"苟反抗此大势者,虽有殊才异能,卒归失败"。法国的拿破仑之所以身败名裂,就是因为他"欲强合无数异种异言异教异习之民族,而成一绝大之帝国"。① 第二,他们介绍和宣传的主要是德国和意大利的民族主义。一般认为,西方近代民族主义有两个思想源头,一是法国的民族主义,一是德国和意大利的民族主义。就梁启超和知识界的其他一些人对西方近代民族主义的介绍和宣传来看,他们介绍和宣传的主要是德国和意大利的民族主义。比如,他们在举例说明什么是民族主义以及民族主义的意义时几乎都举的是德国和意大利的例子,而很少提到法国。有学者认为,梁启超等人介绍和宣传的之所以主要是德、意的民族主义,而不是法国的民族主义,是因为法国的民族主义是政治民族主义,德、意的民族主义是文化民族主义,而德、意的文化民族主义与中国传统民族主义更接近。这种说法虽然不无道理,但我认为最根本的原因恐怕还是由两者产生的社会历史背景决定的,法国的民族主义产生于法国大革命和法兰西共和国的建立之中,而德国和意大利的民族主义产生于争取民族统一、独立和建立民族国家的斗争之中。相比较而言,德、意的民族主义产生的历史背景更接近于中国,因此也更容易为中国人所接受。第三,他们都视民族主义为救亡图存、建立民族国家的不二法门。用梁启超在《论民族竞争之大势》一文中的话说:"今日欲救中国,无他术焉,亦先建设一民族主义之国家而已。以地球上最大之民族,而能建设适于天演之国家,则天下第一帝国之徽号,谁能篡之?特不知我民族自有此能力焉否也。有之则莫强,无之则竟亡,间不容发,而悉听我辈之自择"。② 这可以说是包括梁启超在内的当时积极从事西方近代民族主义介绍和宣传的中国知识界的基本共识。

然而到了1903年,当民族主义思潮在中国勃然兴起后,梁启超的认识却发生了变化。这年秋他写了《政治学大家伯伦知理之学说》一文。在此文中,他介绍并接受了伯伦知理关于"国民与民族之差别及其关系"的理论。首先,伯伦知理认为"以往学者往往以国民与民族混为一谈",但实

---

① 梁启超:《论民族竞争之大势》,《饮冰室合集》第2册,文集之十,第10页。
② 同上,第35页。

际上国民与民族是有分别的,"民族者,民俗沿革所生之结果也"。民族有八个最主要的"特质":即同地、同血统、同面貌、同语言、同文字、同宗教、同风俗、同生计,但"同地"与"同血统"仅就民族形成的初期而言,随着历史的发展,则同一民族而分居各地,或不同民族同居一地,以及经过同化血统不同但同为一族的现象也很普遍,"如美国民族不同地不同血统,而不得不谓之民族也"。在这八个特质中,又"以语言、文字、风俗为最要焉"。对比梁启超以前对民族的看法,即"同血统、同语言、同宗教、同习俗之人"形成民族,他所接受的伯伦知理对民族的定义有两点不同:一是同一民族可以包括不同血统的人,二是文化(如语言、文字、风俗)比血统对一个民族的形成更重要一些。其次,伯伦知理认为"民族与国家"的关系是:(1)凡一民族必须具有"其固有之立国心"、"能实行之势力"和"欲实行之志气",然后才可以创立国家;(2)民族立国虽然不必将"同族之部民"悉纳入于国中,但"必须尽吸纳其本族中所固有之势力而统一于国家";(3)"合多数之民族为一国家,其弊虽多,其利也不少",但"此等多族混合之国,必须以一强力之族为中心点,以统御诸族,然后国基乃得坚"。在此之前,梁启超认为民族建国建立的是单一民族的国家,而现在伯伦知理则告诉他:建立多民族的国家不仅是可能的,而且"其利也不少",因为"世界文明每由诸种民族互相教导互相引进而成,一国之政务亦往往因他族之补助而愈良"。最后,伯伦知理"不以民族主义为建国独一无二之法门"。因为在伯氏看来,凡一民族要有"其固有之立国心""能实行之势力"和"欲实行之志气",然后才可以创立国家,而这首先必须使其民族的成员具有"国民资格",即要有"发表其意想,制定其权力"的独立"人格"和在国家这一"完全统一永生之公同体"内充分活动的"法团"精神。所以"国民资格"是"国家所最渴需者",但"国民资格"的培养和获得则有多种途径,民族主义并非唯一选项。① 而此前梁启超则认为:"今日欲救中国,无他术焉,亦先建设一民族主义之国家而已"。

正是基于他所接受的伯伦知理的这些理论,梁启超对"两年以来,民族主义稍输入于我祖国,于是排满之念勃郁将复活"的现象提出了三点质

---

① 梁启超:《政治学大家伯伦知理之学说》,《饮冰室合集》第 2 册,文集之十三,第 71~74 页。

疑。第一，对汉人已具立国资格提出质疑。如前所述，根据伯伦知理的理论，一个民族必须具有（一）固有之立国心；（二）可实行之能力；（三）欲实行之志气这样三个条件，然后才可以建国。就汉族而言，梁启超认为，第一个条件"固有之立国心"是具有的，第三个条件"欲实行之志气"极少数人也具有，但第二个条件"可实行之能力"在"今日犹未"具备，汉族的绝大多数人还是民族的一分子，而非"国民"的一部分。所以，汉族的当务之急是养成"国民资格"，以便为民族建国做好实行的准备。第二，对"排满"提出了质疑。他指出，所谓"排满"，是排满人呢？还是排满人所建立的恶政府呢？如果是排满人，以便汉人为政，那不过是"将腐败而亦神圣之"，换汤不换药，中国的政府还是一个恶政府。如果是排满人所建立的恶政府，则"虽骨肉之亲，有所不得而私"，与"满"不"满"则没有多大关系，难道只排恶政府中的满人，而不排恶政府中的汉人？如果以"排满"而取代排"恶政府"，那是"认偏师为正文，大不可也"。他尤其反对章太炎提出的"排满复仇论"，认为那是以"排满复仇"取代"民族建国"，是一种"不健全的理论"。第三，对排满才能建国的说法提出了质疑。他指出，根据伯伦知理关于民族的定义，"吾中国言民族主义者，当于小民族主义之外更提倡大民族主义。小民族主义者何？汉族对于国内他族是也。大民族主义者何？合国内本部属部之诸族以对于国外之诸族是也"。因为汉族的同化力特别强，包括满族在内的很多少数民族在进入中原后早已与汉族同化，成了中华民族的一部分。所以，中国不提民族建国则已，中国要提民族建国，就必须"合汉合满合蒙合回合苗合藏组成一大民族"。否则，"将彼五百万之满族先摈弃之"，这与民族建国的目的是南辕而北辙。①

关于1903年后梁启超所以会接受伯伦知理的理论以及认识发生变化的原因，有不少学者做过分析，认为他主要是受游历美国时所见所闻和他老师康有为的影响，思想从原来的激进再度转为保守。对此，作者没有异议。但我们不同意那种认为1903年后梁启超已完全放弃民族主义，而改信了伯伦知理的国家主义，换言之，以伯伦知理的国家主义取代了西方的近代民族主义的观点。因为就梁启超1903年以后的思想来看，他只是放弃或

---

① 梁启超：《政治学大家伯伦知理之学说》，《饮冰室合集》第2册，文集之十三，第74~76页。

修改了他以前对民族主义的一些认识,并没完全放弃民族主义,民族主义仍然是他思想的一个重要方面。实际上,伯伦知理的国家主义与民族主义并非如水火冰炭不能并存,梁启超在介绍伯伦知理"论国民与民族之差别及其关系"后便明确指出:"由此观之,伯氏固极崇拜民族主义之人也"。① 既然作为国家主义学说的创立者伯伦知理都可以"崇拜民族主义",为什么梁启超就不能在接受伯伦知理的国家主义学说的同时,又接受西方近代民族主义呢?当然,由于受伯伦知理的影响,他认为培养"国民资格",以使他们具有民族建国的能力,可能比宣传、提倡民族主义更重要一些,加上革命派以民族主义鼓动"革命排满",所以自1903年后,梁启超再没有集中介绍、宣传和谈论过民族主义的问题。

三 从传统到近代:中国近代民族主义的思想来源

中国近代民族主义便是在中国传统民族主义和西方近代民族主义的基础上形成的。换言之,中国传统民族主义和西方近代民族主义都是中国近代民族主义的源头活水。就近代尤其是晚清时期的思想家来看,他们大多先接受的是中国传统民族主义,后来才接受西方近代民族主义,其民族主义思想经历过从传统向近代的转变。而且在相当长的时间内,这两种民族主义(即中国的传统民族主义和西方的近代民族主义)在他们的思想中并存而不悖。比如孙中山,他的民族主义思想就渊源于中国历史上的反满传统,尤其是近代太平天国的反满传统。孙中山小时就特别喜欢听太平天国老战士讲洪秀全反清革命的故事,对洪秀全十分敬慕,称洪秀全为反清第一英雄,并以"洪秀全第二自居"。后来,他不但经常以太平天国革命运动的事迹来鼓励同志,赞扬太平天国与清王朝的英勇斗争,而且还于1902年嘱咐刘成禺写了一本《太平天国战史》,以"发扬先烈",作"为今日吾党宣传排满好资料",并称赞太平天国革命"为吾国民族大革命之辉煌史","纯为民族革命的代表"。而太平天国的反满,其出发点便是中国传统民族主义的"夷夏之辨"或"夷夏大防"的观念。除了历史上的反满思想尤其是太平天国的反满思想,亦即中国的传统民族主义外,欧美及亚洲各国的民族独立思想和民主革命理论也对孙中山民族主义的形成产生过重

---

① 梁启超:《政治学大家伯伦知理之学说》,《饮冰室合集》第2册,文集之十三,第74页。

要影响。他非常仰慕美国脱离英国而独立后的飞速进步。夏威夷人民不畏强暴反抗美国侵略、维护民族独立和尊严的英勇斗争，也给当时正在夏威夷求学的他留下过深刻的印象。他还直接吸收了西方资产阶级民主革命理论，作为提倡民族主义的依据。由此可见，中国传统民族主义和西方近代民族主义都是孙中山民族主义的思想来源。

再如章太炎，自述其民族主义思想的形成时说，他"小小的时候，因读蒋氏《东华录》，其中有戴名世、曾静、查嗣庭诸人的案件，便就胸中发愤，觉得异种乱华是我们心里第一恨事。后来读郑所南、王船山两先生的书，全是那些保卫汉种的话，民族思想，渐渐发达"。[1] 所以他十四五岁时便"已有逐满之志"。[2] 1898 年他应张之洞的邀请到武昌主持《正义日报》，有人请他就张之洞的新著《劝学篇》发表点意见，请他者本来是希望他说点好话，但他对该书劝人们忠于清廷表示强烈不满，认为汉族人民数千年来对于"夷夏之辨"的民族大义已"沐浴膏泽沦浃精味久矣"，岂能忠于"蹂躏吾族几百年，茹毛饮血，视民如雉兔"的满族统治者。其结果，他的这一通富有"春秋大义"的宏论，使他在武昌再也无法待下去了。除了中国传统民族主义外，章太炎还接触和接受过西方近代民族主义。用他的话说，郑所南、王船山两先生的话，虽然使他的民族思想渐渐发达起来，但"两先生的话，却没有什么学理。自从甲午以后，略看东西各国书籍，才有学理收拾进来"。章太炎在这里所讲的"东西各国"的"东"，指的是日本。当时日本的民族主义学理，也是西方的舶来品。所以，章太炎所"收拾"的是西方近代民族主义的"学理"。尽管章太炎从甲午战争以后开始接触和接受了西方近代民族主义，但中国传统民族主义在他的思想中仍然被保留了下来，尤其是在辛亥革命时期，他可能是保留中国传统民族主义思想较多的革命思想家之一。

梁启超也是如此。他虽然是中国宣传、介绍西方近代民族主义的第一人，但在他接触和宣传、介绍西方近代的民族主义之前，也接受过中国传统民族主义的洗礼。据其自述，他四、五岁时，祖父就给他讲"古豪杰哲

---

[1] 章太炎：《东京留学生欢迎会演说辞》，《章太炎政论选集》，中华书局，1977，上册，第269页。

[2] 章太炎：《致陶亚魂柳亚庐书》，《章太炎政论选集》上册，第191页。

人嘉言懿行,而尤喜举亡宋亡明国难之事,津津道之"。① 所以,后来他在湖南任时务学堂中文总教习期间,给学生们所讲的,"非徒心醉民权,抑且于种族之感言之,未尝有讳也"。② 在批答学生的札记中,他更有"读《扬州十日记》,尤令人发指眦裂"等语。

在近代,主要是在晚清,像孙中山、章太炎、梁启超这样集中国传统民族主义和西方近代民族主义于一身的思想家决非特例,而是一种十分普遍的现象。它实际上是当时两种民族矛盾的存在并日益激化在人们头脑中的反映。这两种民族矛盾是:(1) 中华民族与东西方列强亦即帝国主义之间的矛盾。1840 年的鸦片战争是中国沦为半殖民地半封建社会的开端。此后资本主义列强又先后发动了一系列侵略中国的战争。如果说 1895 年之前,以英国为主的资本主义列强发动战争的目的是为了进一步打开中国的市场,以获取更大的经济利益的话,那么,1895 年以后,以日本为主的资本主义列强发动战争的目的,除了进一步打开中国的市场,以获取更大的经济利益外,还想占领和瓜分中国。所以从 1895 年的中日甲午战争开始,中国的民族危机突然严重起来,中国人民第一次真正感受到了亡国灭种的现实危险,而 1900 年的八国联军侵华战争,使中国人民的这种感受有了进一步的加深。与此同时,中华民族与帝国主义之间的矛盾也就理所当然地被激化了,当时不少报刊都以大量的篇幅揭露、抨击过帝国主义侵略、掠夺和阴谋瓜分中国的罪恶行径,各种反对帝国主义侵略和掠夺的群众运动,如义和团运动、拒俄运动、拒法运动、抵制美货运动、收回利权运动等更是波澜壮阔,此伏彼起。(2) 汉民族和其他民族与建立清王朝的满洲贵族之间的矛盾并日益激化。清兵入关并建立清王朝之初,曾对汉族和其他民族实行过残暴的民族屠杀、民族压迫和民族歧视政策,那时候汉族和其他民族与满族贵族之间矛盾十分尖锐,经常爆发汉族的反抗与斗争,汉族知识分子的"夷夏之辨"或"夷夏大防"的观念非常强烈。但当清王朝统治稳定下来后,清统治者采取了一些缓和民族矛盾的措施,加上岁月的流逝,人们已逐渐习惯了清王朝的统治,汉族和其他民族与建立清王朝的满洲贵族之间的矛盾也逐渐缓和了下来,在太平天国失败后相当长的一段时间内,满汉问题很少有人公开提

---

① 梁启超:《三十自述》,《饮冰室合集》第 2 册,文集之十一,第 15~16 页。
② 梁启超:《初归国演说辞》,《饮冰室合集》第 4 册,文集之二十九,第 2 页。

起。然而到了 19 世纪末和 20 世纪初，满汉矛盾又开始激化起来。造成满汉矛盾激化的原因非常复杂，既有满族贵族主动挑起的，也有汉族进步知识界尤其是以孙中山、章太炎为代表的革命派宣传鼓动起来的，还有其他方面的原因。比如，康有为发动和领导的戊戌变法的目的是为了救亡图存，但以刚毅为代表的一些满族亲贵则将戊戌变法与满汉民族利益联系并对立起来，认为"改革者，汉人之利也；满人之害也"，① 康有为发动和领导的戊戌变法只救汉人的中国，而非保满人的大清，甚至散布所谓"汉人强，满洲亡，汉人疲，满人肥"一类的流言蜚语，从而挑起满汉之间的对立。又如清末新政中的官制改革，满洲贵族担心大权旁落，于是借官制改革之名，行集权亲贵之实，官制改革后的 11 个部 13 个尚书大臣中，有 8 人是满蒙亲贵，汉族官僚仅 5 人而已。这种集权亲贵的做法，打破了长期以来清廷主要官员满汉各半的惯例，自然要引起汉族官员的强烈不满，从而使满汉矛盾在统治阶级上层凸显出来。后来的皇族内阁的出笼也是一样，表现出来的是满洲贵族十分狭隘的民族意识，在 13 位阁员之中只有 4 位汉人。时人称清统治集团的这些所作所为是"排汉主义"。在汉族进步知识界方面，早在戊戌变法期间，出于对清王朝统治导致了民族危机日益加深以及满族贵族为了一族一姓一家私利而反对变革的强烈不满，谭嗣同、唐才常等人就流露或宣传过一些反满或排满的思想。到了 20 世纪初，以孙中山为代表的革命派认为，中国之所以会面临亡国灭种的危险，原因就在于清王朝已成了"洋人的朝廷"，所以要救国，就必须先推翻清王朝的统治；而要推翻清王朝的统治，就必须动员广大汉族官僚、知识分子和人民群众参加反清革命。于是强调"华夷之辨"或"夷夏大防"的"春秋大义"，揭露满族贵族对汉民族和其他民族实行的民族屠杀、民族压迫和民族歧视，亦即"反满""排满"的宣传，便成了他们动员广大汉族官僚、知识分子和人民群众参加反清革命的重要方式或手段。据学者的统计，1902 年至 1903 年革命派创办的《湖北学生界》《游学译编》《浙江潮》等杂志，所发表的文章中涉及"排满"宣传的约占总数的 15%～20%，《江苏》杂志涉及"排满"宣传的文章比例更高，达到了 30%以上。② 中国近代民族主义实际上就是在这双重的民族矛盾及其日益激化的

---

① 中国近代史资料丛刊：《戊戌变法》第 1 册，上海人民出版社，1961，第 268 页。
② 陶绪：《晚清民族主义思潮》，人民出版社，1995，第 186 页。

基础上形成或产生的。这也是中国近代民族主义的形成或产生不同于西方近代民族主义的形成或产生的一个重要的历史背景。汉族和其他民族与建立清王朝的满洲贵族之间的矛盾日益激化,刺激了中国传统民族主义在20世纪初的"复兴",而中华民族与东西方列强亦即帝国主义之间的矛盾日益激化,是西方近代民族主义在20世纪初被人们所接受的重要原因。因为如前所述,西方近代民族主义首先是作为一种反对"民族帝国主义"的武器而被梁启超介绍到中国来的。

同时我们应该看到,孙中山、章太炎、梁启超等人在接受中国传统民族主义的过程中,又对中国传统民族主义进行过一番改造,从而使它具有了近代民族主义的思想特质。比如,以孙中山、章太炎为代表的资产阶级革命派之所以要"排满",推翻清王朝的统治,不仅仅在于它是满洲少数民族建立的政权,而且还在于它是腐败的专制主义政权,正是这种腐败的专制主义政权,导致了近代以来中国的落后挨打和民族危机的日益加深。所以,只有推翻清王朝的专制统治,建立汉民族的民主政权,才能挽救民族危机,实现中国的富强。这样他们就把反对清王朝的统治与反对帝国主义的侵略、反对封建专制主义、建立近代的民族国家结合了起来,这样也就给中国传统民族主义赋予了新的思想意义。同样,他们在接受西方近代民族主义思想的过程中,又对西方近代民族主义进行过选择,他们接受的主要是那些能激发中国人民的民族意识、培养中国人民的民族精神、有利于建立独立、民主的民族国家的内容,而西方近代民族主义中所含有的民族扩张主义的内容则被他们斥之为"民族帝国主义"或"帝国主义",不仅没有接受,相反还加以严厉批判。如梁启超在介绍西方近代民族主义时,就对"民族帝国主义"进行过批判。"雨尘子"的《论世界经济竞争之大势》一文认为,帝国主义"胚胎"于"十九世纪民族主义之大发达"中,是"民族膨胀"的自然结果,"因己之不足而羡人之足,因己之膨胀而芟除世之不如己者",所以,就实质而言,帝国主义"则强盗主义也"。[①]

我们还应看到,中国传统民族主义与西方近代民族主义也并非如水火冰炭不能并存,相反它们还有一些相似或相通的地方。比如,中国传统民

---

① 雨尘子:《论世界经济竞争之大势》,《辛亥革命前十年间时论选集》第1卷,上册,第199页。

族主义讲"华夷之辨"或"夷夏大防",亦就是儒家所讲的"春秋大义",但如前面我们已指出过的那样,它实际上包含有两种含义:一是种族的区隔,即所谓"非我族类,其心必异";一是文化的区隔,即所谓"诸侯用夷礼则夷之,进于中国则中国之"。前一含义,可以称为种族民族主义;后一含义,可以称为文化民族主义。而西方近代民族主义讲的民族建国,实际上也包含有两种含义:一是以血统为主划分民族,建立单一民族的国家,也就是《民族主义论》作者所说的"合同种异异种,以建一民族的国家,是曰民族主义";二是以文化为主划分民族,建立多民族的国家,如伯伦知理就认为,文化(如语言文字风俗)比血统对一个民族的形成更重要一些,所以一些不同血统但文化相同的民族,可以联合在一起,建立起多民族的国家。杨度就曾明确指出:关于民族主义,西方各家学说虽然各不相同,"然其大别亦不过血统与文化二种。持血统说者,如甄克思等是也。持文化说者,如巴尔鸠斯是也"。[①] 我们在后面将会看到,不论是中国传统民族主义的这两种含义,还是西方近代民族主义的这两种含义,都分别对以孙中山为代表的革命派和以梁启超为代表的立宪派产生过影响,成为他们民族主义思想的重要来源。概而言之,从中国传统的种族民族主义(即"非我族类、其心必异"思想)和西方近代民族主义以血统为主划分民族、建立单一民族国家这两种思想资源出发,以孙中山为代表的革命派提出了"排满"和建立单一的汉民族国家的主张;从中国传统的文化民族主义(即"诸侯用夷礼则夷之,进于中国则中国之"思想)和西方近代民族主义以文化为主划分民族、建立多民族国家这两种思想资源出发,以梁启超为代表的立宪派提出了"合满"和建立包括满族在内的多民族国家的主张。我们前面讲到的梁启超的"小民族主义"和"大民族主义"理论,实际上也是以这两种不同含义的民族主义为其思想资源的。具体来说,他的"小民族主义"理论是以中国传统的种族民族主义和西方近代民族主义以血统为主划分民族、建立单一民族的国家的思想为其依据的;他的"大民族主义"理论的依据则是中国传统的文化民族主义和西方近代民族主义以文化为主划分民族、建立多民族国家的思想。

[①] 杨度:《金铁主义说》,《杨度集》,湖南人民出版社,1986,第373页。

四 清末民初：中国近代民族主义的形成

中国近代民族主义形成于 20 世纪初。推动这一时期中国近代民族主义形成的主要有两种力量，即以孙中山为代表的资产阶级革命派和以梁启超为代表的资产阶级立宪派。我们前面已经指出，西方近代民族主义的实质是民族建国。中国近代民族主义的实质也是民族建国。所以，无论革命派也好，立宪派也好，他们的民族主义也就主要体现在民族建国方面。民族建国是革命派和立宪派的共同要求，但在如何建国以及建立一个什么样的民族国家的问题上，他们则存在着较大的分歧。概而言之，他们的分歧主要体现在两个方面：（1）"排满"与"合满"的分歧；（2）与此相联系的，是建立单一的汉民族国家还是建立包括满族在内的多民族国家的分歧。革命派主张的是前者，而立宪派主张的是后者。

革命派的"排满"最早可以追溯到 1895 年孙中山在香港筹建兴中会总部时提出的"驱逐鞑虏，恢复中华"的主张。到了 20 世纪初随着革命思潮的兴起，"排满"更成了革命派的一项主要政治诉求。革命派"排满"的思想来源之一，也可以说是主要的思想来源，便是中国传统的种族民族主义，亦即"华夷之辨"或"夷夏大防"观念中所包含的"非我族类，其心必异"思想。比如刘师培在他的《两汉学术发微论》一文中就一再强调："清儒内夏外夷之言，岂可没欤"？在一些革命派看来，只有汉族统治者才是正统，包括满族在内的少数民族不应入主"中原"，取得国家的统治权，否则便是"亡中国"。以章太炎为精神领袖的国粹派（他们是革命派的一翼）主办的《国粹学报》自创刊号起，便以凄怆的笔调大肆喧嚷汉民族的亡国之痛。正是从传统的种族民族主义出发，他们把种族革命、逐满光复看成第一件大事，把恢复汉族政权，重见"汉官威仪"视为"排满"的重要目标。就是革命派领袖孙中山，在革命的开始阶段，基于中国传统的种族民族主义观念上的种族革命思想也较浓厚。他提出的"驱逐鞑虏，恢复中华"的主张，实际上就来自于 1367 年元太祖朱元璋命徐达北伐时所发布的"驱逐胡虏，恢复中华"的檄文。与"排满"相联系，革命派从西方近代民族主义关于民族建国是建立单一的民族国家的思想资源出发，主张建立单一的汉民族国家（详见下一节）。

和革命派主张革命"排满"和建立单一的汉民族国家相反，立宪派则主张"合满"和建立包括满族在内的多民族国家，并为此与革命派展开过激烈论战。如果说革命派主张"排满"和建立单一的汉民族国家的思想来源是中国传统的种族民族主义，亦即"华夷之辨"或"夷夏大防"观念中所包含的"非我族类，其心必异"思想和西方近代民族主义的以种族为主划分民族、建立单一民族国家的思想，那么，立宪派主张"合满"和建立包括满族在内的多民族国家的思想来源则是中国传统的文化民族主义，亦即"华夷之辨"或"夷夏大防"观念中所包含的"诸侯用夷礼则夷之，进于中国则中国之"思想和西方近代民族主义的以文化为主划分民族、建立多民族国家的思想。因此，立宪派在与革命派的论战中，一是强调满族已经与汉族同化，"满洲与我，确不能谓为纯粹的异民族"。[①] 二是强调中国的民族建国，是建立一个包括满洲在内的多民族国家，而非单一的汉民族国家（详见下一节）。

　　以孙中山为代表的革命派和以梁启超为代表的立宪派虽然在如何建国以及建立一个什么样的民族国家的问题上存在着较大的分歧，革命派主张"排满"，以建立一个单一的汉民族国家，而立宪派则主张"合满"，以建立一个包括满族在内的多民族国家，但无论是单一的汉民族国家也好，还是包括满族在内的多民族国家也好，如果革命派和立宪派的思想及主张仅仅停留于此，那么，他们的民族主义还不能完全称之为近代民族主义。因为一个国家是由单一民族构成的，还是由多民族构成的，这只表明国家的构成元素，而不能完全说明国家的性质。国家的性质主要是由国家的政权性质决定的。值得庆幸的是，革命派和立宪派所主张建立的不仅仅是一个单一的汉民族国家或包括满族在内的多民族国家，而且还是一个独立、民主的国家。所以，革命派和立宪派的民族主义思想中又包含有反帝反封建专制主义的重要内容。

　　如前所述，革命派之所以要"排满"的一个重要原因，是清王朝已成了"洋人的朝廷"，只有推翻清王朝的统治，才能挽救民族危机，实现中华民族的独立。孙中山便认为，中国之所以会陷入被帝国主义"瓜分豆剖"的境地，原因就在于清王朝的软弱不振和卖国投降。他曾沉痛指出："曾亦知瓜分之原因乎？政府无振作也，人民不奋发也。政府若有振

---

① 梁启超：《申论种族革命与政治革命之得失》，《辛亥革命前十年间时论选集》第2卷，上册，第224页。

作……外人不敢侧目也"。因此，中国"欲免瓜分，非先倒满洲政府，别无挽救之法也"。① 陈天华指出，《辛丑条约》签订后的清王朝所作所为，不过是"替洋人，做一个，守土官长"。② 只有推翻已成为"洋人的朝廷"的清政府，中国的救亡图存才有希望。章太炎在《驳康有为论革命书》中强调："满洲弗逐，而欲士之争自濯磨，民之敌忾效死，以期至乎独立不羁之域，此必不可得之数也。浸微浸削，亦终为欧、美之奴隶而已矣"。③ 这样革命派就把"排满"与"反帝"结合了起来，同样，立宪派之所以反对"排满"，而主张"合满"，是因为在他们看来，20世纪是"民族帝国主义"兴盛的时代，而"民族帝国主义"与以前的"帝国主义"的最大不同之处，就在于"民族帝国主义"是以整个民族的力量对外侵略扩张。既然"民族帝国主义"是以整个民族的力量对外侵略扩张，那么我们要抵抗"民族帝国主义"的侵略，实现民族独立，也就必须集合整个中华民族的力量，包括满人的力量，而不能兄弟阋于墙，制造满汉对立，"将彼五百万之满族先摈弃之"。所以，梁启超质问革命派："排满而能御列强之侵入乎？抑合满而能御列强之侵入乎？"④ 他的结论当然是"合满"更有利于抵抗"民族帝国主义"的侵略。

革命派之所以要"排满"的另一重要原因，清王朝不仅是异族政权，而且还是封建专制政权，所以"排满"既是民族革命，又是政治革命，如果说民族革命目的是要恢复汉人对全国的治理，那么，政治革命的目的则是建立资产阶级民主共和国。孙中山就一再强调：我们推翻满清政府，从驱除满洲人那一面是民族革命，从颠覆君主政体那一面说是政治革命，并不是把民族革命和政治革命分作两次去做。所以就政治革命而言，"就算汉人为君主，也不能不革命"。⑤ 章太炎在《定复仇之是非》一文中也明确指出："夫排满即排强种矣，排清主即排王权矣"。⑥ 刘师培在《普告汉人》中宣称："近日之满洲，乃一族肆于民上者。以一人肆于民上犹不可，

---

① 孙中山：《驳保皇报书》，《孙中山全集》第1卷，中华书局，1981，第233、234页。
② 陈天华：《猛回头》，《陈天华集》，湖南人民出版社，1982，第62页。
③ 汤志钧编《章太炎政论选集》上册，中华书局，1977，第207页。
④ 梁启超：《政治学大家伯伦知理之学说》，《饮冰室合集》第2册，文集之十三，第76页。
⑤ 孙中山：《在东京〈民报〉创刊周年庆祝大会的演说》，《孙中山全集》第1卷，第325页。
⑥ 太炎：《定复仇之是非》，《辛亥革命前十年间时论选集》第2卷，下册，第771页。

况以一族肆于民上耶！故就种界而言，则满洲之君为异族；就政界而言，则满洲之君为暴主。今日之讨满，乃种族革命与政治革命并行者也"。① 同样，立宪派虽然反对革命派的"排满"，反对革命派提出的"种族革命"的主张，但他们不仅不反对革命派提出的"政治革命"的主张，相反认为只有实现政治革命，结束封建专制统治，包括满族在内的多民族国家才能真正建立起来。因为如前所述，根据梁启超所接受的伯伦知理的理论，一个民族在建国之前，首先必须使其民族成员具有"国民资格"，即要有"发表其意想，制定其权力"的独立"人格"和在国家这一"完全统一永生之公同体"内充分活动的"法团"精神。但在专制政体下，民族成员的"国民资格"是培养不出来的，所以必须进行"政治革命"。当然立宪派对政治革命的理解与革命派是有差异的，革命派的"政治革命"，指的是民主共和，而立宪派的"政治革命"，指的则是君主立宪。但无论是民主共和还是君主立宪，都是民主的政体形式。

这里尤需指出的是，虽然革命派和立宪派在如何建国以及建立一个什么样的民族国家上存在着分歧，革命派主张"排满"和建立单一的汉民族国家，而立宪派则主张"合满"和建立包括满族在内的多民族国家，并为此展开过激烈论战，但他们也在不断地吸取对方的一些正确观点而对自己以前的一些错误观点进行修正。概而言之，以梁启超为代表的立宪派，逐渐修改了原来那种认为清王朝不存在民族压迫和民族歧视的观点，并一定程度上承认了革命派"种族革命"的合理性。而以孙中山为代表的革命派，则逐渐放弃了狭隘的民族复仇主义思想，声明"排满"只反对压迫、仇视汉人的满族统治者，而不是普通的满族民众。同时，他们也逐渐放弃了建立单一的汉民族国家的构想，而提出了汉、满、蒙、回、藏"五族共和""五族平等"的主张。1912年元旦，孙中山在《临时大总统宣言书》中便郑重宣布："国家之本，在于人民。合汉、满、蒙、回、藏诸地为一国，则合汉、满、蒙、回、藏诸族为一人，是曰民族之统一"。② "五族共和""五族平等"被确立为新成立的中华民国处理国内民族关系的基本原则。

建立独立、民主和统一的多民族国家成为革命派和立宪派的共识并得

---

① 豕韦之裔（刘师培）：《普告汉人》，《民报》增刊《天讨》，1907，第9~10页。
② 《孙中山全集》第2卷，中华书局，1982，第2页。

到确立，则标志着中国近代民族主义的最终形成。

第二节　民族主义与清末知识分子的国民观（上）

国民观是清末知识分子在内忧外患的社会背景下探索救国救民的道路时对一国之民应该具有的特质做出的思考，是伴随着臣民观的瓦解和新国家观念之主权意识的确立而逐渐产生的，其内涵是认为国与民之间应该以国家为本位，人民享有权利并担负义务但是必须重义务轻权利、重国家利益轻个人利益，国与民是内在的统一体，但国家优先于个人。目前学界对于清末国民观的研究，取得了不少成果，如郭双林的《"国民"与"奴隶"——对清末社会变迁过程中一组中间概念的历史考察》（《中国文化研究》2002年春之卷）、顾红亮的《"民族国家"语境中的个人图像》（《浙江学刊》2007年第1期）、李华兴的《中国近代国家观念转型的思考》[《安徽大学学报》（哲学社会科学版），2005年第1期]、沈松桥的《国权与民权：晚清的"国民"论述，1895~1911》（"中研院历史语言研究所集刊"第73本，2002年12月）、梁景和的《清末国民意识与参政意识研究》（湖南教育出版社，1999）、张衍前的《梁启超、孙中山的近代国家思想比较研究》（《理论学刊》1998年第2期）等，但这些成果主要侧重于从政治史或思想史的领域研究"国民性""民族国家思想的演变及其影响""公民的权利和义务"等，而缺乏对民族主义与晚清知识分子"国民观"的整体考察。

一　传统臣民观的瓦解

马克思指出："在不同的所有制形式上，在生存的社会条件上，耸立着由各种不同情感、幻想、思想方式和世界观构成的整个上层建筑。整个阶级在它的物质条件和相应的社会关系的基础上创造和构成这一切。"[①] 中国古代以小农经济为基础的封建宗法制度和君主专制制度，造就了中国传统社会所独有的臣民观念。臣民是指在封建社会中以君主为本位、对君主具有强烈的依附性、缺乏独立的人格和意志、相对君主权力而言只有义务

---

① 马克思，恩格斯著、中共中央马克思恩格斯列宁斯大林著作编译局：《马克思恩格斯选集》（第1卷），人民出版社，1972，第629页。

而没有实质上的有效权利的人。在中国古代的封建国家中，天下的百姓都是君主的臣民，这一点早在《诗经》中就有所体现："普天之下，莫非王土；率土之滨，莫非王臣"（《诗经·谷风之什》）。

具体地讲，臣民观念渊源于殷周而形成于秦汉时期，在以后的两千多年时间里不断得到发展完善，可谓是源远流长。臣民观念还和王权至上观念相辅相成，维系着封建时代的社会秩序和政治结构。西汉时期，儒者把臣民观念融入"三纲"之中，形成了封建社会的伦理价值核心体系。随着封建制度的日臻完善，臣民观念也日渐深入到民众的思想和生活实践当中，在宋明时期形成了"君叫臣死，臣不敢不死；父叫子亡，子不敢不亡"的僵化观念。在这样的价值观念的长期制约、熏陶下，人们逐渐丧失了主体人格，心甘情愿成为奴仆，"四方之众，其义莫不愿为臣妾"（《盐铁论·备胡》），以君主为本位的臣民观念深入骨髓，成为中国古代社会民众所普遍奉行的道德准则。

然而到了近代，臣民观念开始逐步瓦解。1840年鸦片战争的失败，使士大夫中极少数先觉者开始睁眼看世界，通过编撰世界历史地理书籍，初步打破了中国与外部世界的隔离。一些有着开放意识的官僚知识分子如徐继畬，还在《瀛环志略》中多次记述和颂扬美国开国总统华盛顿建国后不传国于其子孙的事迹，这对在当时中国社会中仍占据主导地位的臣民观念产生了一定的触动。

19世纪中叶以后，随着中外交往的增多，很多外国思想逐渐传入中国。一些外国传教士、出国使臣，特别是早期维新人士，开始大量介绍西方的社会和政治制度，如《万国公报》刊文介绍泰西各国"治国之权，属之于民"，立国之法，"出自于民，非一人所得自主"，西方各个民主国章程皆是"分行权柄"，即"行权""掌律""议法"三权分立。[①] 出使四国大臣薛福成曾直抒观感："西洋各邦立国规模，议院为最良。"[②] 王韬甚至直接把"上下相通，民隐得以上达，君惠亦得以下逮"的"君民共治"视为最良善的国家制度[③]；郑观应鼓吹"欲张国势，莫要于得民心；欲得民

---

① 林乐知：《译民主国与各国章程及公议堂解》，《万国公报》（第340卷），1875年6月2号。
② 薛福成：《出使英法义比四国日记》，岳麓书社，1985，第197页。
③ 王韬：《重民下》，《弢园文录外编》，中州古籍出版社，1998，第52页。

心，莫要于通下情；欲通下情，莫要于设议院。"① 这些言论很多都涉及西方国家的议会制度、民权思想以及三权分立学说，无形中构成了对君主至上和臣民观念的挑战。

　　甲午战争后，清王朝面临着中国历史上前所未有的严峻形势，中国传统的思想、观念、制度都在西方坚船利炮的冲击下如同末世的清王朝一样岌岌可危。严复比较系统地把西方近代政治学说译介给国人，引导大家用进化观念观察社会问题。在他的启蒙下，维新思想家们纷纷接受并按照来自西方的契约立国论，向国人介绍君主及政府的产生，并说明君主、官吏和民众之间的关系，且以此为武器猛烈抨击传统的封建君主制度的不合理。谭嗣同说："生民之初，本无所谓君臣也，则皆民也。民不能治，亦不暇治，于是共举一民为君"，"君也者，为民办事者也；臣也者，助办民事者也"。② 梁启超说得更明白：国家是根据老百姓的约定而成立的，故"国民者，主人也；而官吏者，其所佣之工人而持其役者也"，③ 所以中国千百年来"虽有国之民，而未成国之形也，或为家族之国，或为酋长之国，或为封建诸侯之国，或为一王专制之国，"④ 都是因为臣民们"资贼"的结果。严复进一步强调："国者，斯民之公产也，王侯将相者，通国之公仆隶也。"⑤ "唯天生民，各具赋畀，得自由者乃为全受"。⑥ 并且在这里，严复所提倡的"民"，已不再是传统意义上的以君主为本位的臣民了，而是如同西方国家那样拥有国这一公产，且有着民主自由权利的"民"了。这是一个根本意义上的突破，标志着中国传统的臣民观念开始瓦解。

　　伴随着臣民观逐渐瓦解的是近代主权意识的兴起。主权是近代国家观念的核心，指的是任何一个国家所固有的独立处理对内对外事务的权利。主权是近代国家的象征和标志，欧洲近代以来的民族国家都是在主权概念基础上逐步建立起来的。19 世纪中后期，随着国际公法的输入，一些与西方交往较多的中国知识分子和官员开始萌生出依据国际公法的准则捍卫国家主权独立的意识。王韬是中国近代史上第一个提出主权观念的人，1864

---

① 郑观应：《议院上》，《郑观应集》（上册），上海人民出版社，1982，第 314 页。
② 谭嗣同：《仁学》，《谭嗣同集》，辽宁人民出版社，1994，第 339 页。
③ 梁启超：《卢梭学案》，《饮冰室合集》第 1 册，文集之六，中华书局，1989，第 108 页。
④ 梁启超：《少年中国说》，《饮冰室合集》第 1 册，文集之五，中华书局，1989，第 9 页。
⑤ 严复：《辟韩》，《严复集》第 1 册，中华书局，1986，第 36 页。
⑥ 严复：《论世变之亟》，《严复集》第 1 册，第 3 页。

年他上书李鸿章,提出应依据"西律"、通过谈判挽回不平等条约中失去的"额外之利权",并通过"握利权"来"树国威"。① 继王韬之后,作为清廷驻英法公使的曾纪泽,1887 年在伦敦的《亚细亚季刊》上发表英语文章"China—The Sleep and the Awakening",即《中国先睡后醒论》,也明确提出中国应通过改约来收回自己的主权,如先前订立的"租界权"等。除王韬和曾纪泽外,郑观应也提出过政府应注重"海关事权"以及"关税自主权",黄遵宪也对"治外法权"的问题进行过讨论。但由于此时亡国灭种的危机感还不是那么强烈,因此具有这种近代主权意识的人还只是知识分子中的一小部分。

甲午战争的失败,使中国面临着前所未有的民族危机,危机推动了维新变法运动的到来。1898 年 4 月,康有为在北京成立了以"保国、保种、保教"为宗旨的保国会,并在保国会的章程中明确提出了"国权"观,这表明维新知识分子群体已经初步具备了国家必须拥有自己的主权以及主权不可侵犯的共识。

戊戌变法失败后,一部分维新派知识分子逃亡到了日本。新政开始以后,大批中国学生也涌向日本求学。在日本,他们通过大量阅读日本翻译的西方书籍,第一次系统地了解到了西方的政治、经济、法律制度,也包括西方人的国家主权观念。关于国家主权,20 世纪初的中国知识分子们终于明确了:主权是一个国家存在的标志和国家的实质,主权还是国家的最高属性:"主权具有不可侵犯的原则;朝廷和政府的兴替都不算是叫亡国,只有主权没有了,国才等于亡了,凡有主权则其国存,无主权则其国亡。"②

总之,清政府的统治从 19 世纪中叶开始已经是内忧外患,固有的臣民观念在自然经济的瓦解和西方新思想的涌入下不断受到冲击,与此同时,主权意识却在知识分子的心目中日益萌生,新的民族国家观念的产生已是时代的呼声了。

正是由主权意识发端,中国传统的国家观念发生了裂变,近代意义上的民族国家观念逐渐产生。

---

① 王韬:《除额外权利》,《弢园文录外编》卷 3,中州古籍出版社,1998,第 150、151 页。
② 《中国灭亡论》,《国民报》第 2 期,1901 年 6 月 10 日。

二 近代民族国家观念的产生

谈到近代的民族国家观念，就不能不谈世界近代史上影响深远的民族主义（nationalism）。其实，最初将来自西方的 nation 译作"民族"的是明治维新以后的日本人，这个译法后被中国人接受并使用。但从西方 nation 的概念史以及这个概念复杂的内涵与外延来看，仅仅将 nation 译作"民族"是远远不能代表 nation 的基本含义的。在现今的英汉等双语词典中，nation 依然有"民族""国家""国民"等译词。由于在汉语中无法找到一个能够完整地表达 nation 的含义的词汇，故"民族"这个约定俗成的译法也已被广泛的接受。事实上，即使是 nation 的概念其本身在西方，不仅没有公认的定义，而且既有的定义也常常是游离不定的，以至于有人将西方 nationalism 民族主义概念的研究称之为"术语密林"。

虽然不同的国家、流派在不同的时期对民族主义的含义有着各自的定义，但民族主义的一些基本内涵则已被广泛认可。作为一个"现代性或近代性的范畴，民族主义是一种建立在'主权'观念基础上的民族自我意识，一种追求、保护本民族利益和发展并壮大自身的主体自觉状态。它对外贯注着反抗压迫、维护国权的主权诉求，对内则充溢着国民平等而又团结统一的精神感召，并凝聚为建立和发展现代民族国家的持久冲动。"[1] 哈佛大学教授戈林费德也曾说："主权在民这一概念组成了近代民族思想精义，而同时它们就是民主的基本原则，民主的诞生，伴随着民族性的自觉。这二者是内在相互关系的，隔断了这种联系便不能充分理解任何一者。民族主义是民主呈现在这个世界上的形式；民主被包含于民族的概念，最初的民族主义是作为民主发展的。"[2] 从以上可以看出，近代西方民族主义较为普遍认可的基本含义为：国家由民族组成，一个国家一个民族，拥有对内对外的主权，且主权在民。因此，近代民族主义总是与民族国家以及主权在民联系在一起。所以，是否拥有独立主权、主权是否在民也成了区分传统王朝国家与近代民族国家的重要分水岭。

近代以来，面对来自西方的侵略和民族危机的不断加深，中国人的民

---

[1] 黄兴涛：《情感、思想与运动：近代中国民族主义的研究检视》，《广东社会科学》2009 年第 3 期。

[2] 转引自吴国光《再论"理性民族主义"—答陈彦》，《二十一世纪》1997 年第 2 期。

族意识大大加强。但此时的民族意识仍大半笼罩在传统的族类观之下。随着总理各国事务衙门的成立、各国驻华使馆的设立以及派遣驻外大使和留学生的增多，中国逐渐被迫融入国际社会，许多西方近代国际观念和制度如国际法、主权、民族国家、议会制度等被传播到中国，促使了近代中国人主权意识的产生，并进而引发了近代民族国家意识的萌生。1887年1月，清廷出使英法大臣曾纪泽在我们前面所提到的那篇《中国先睡后醒论》的英文文章中，共有十三处用了nation（s），汉语均译为"国"字与之对应，用以论述中国、他国及国际事务。随着主权意识的产生，中国人越来越多地给各种事物加上了"国"的定位，于是乎"国地""国权""国民"在清末出现并流行开来，到了后来"国学""国粹""国乐""国画""国语""国剧""国故""国术"以及"国耻"等更是风靡一时。

有一点需要提及，近代中国民族国家意识的逐渐萌生，还和19世纪后期以来轮船、铁路、电报等新式交通、通信工具的出现以及报刊等新型媒体的推动作用有关。张之洞就曾在《劝学篇》中这样写道："乙未以后，志士文人创开报馆，广译洋报，参以博议。始于沪上，流衍于各省，内政外事学术皆有焉。虽论说纯驳不一，要以扩见闻、长志气；涤怀安之鸩毒，破扪籥之瞽论。于是一孔之士，山泽之农，始知有神州。"① 而甲午战争的失败所带来的丧权辱国、亡国灭种的切肤之痛，则直接成了中国近代国家观念产生的催化剂。一些先进的知识分子纷纷萌发出用西方理念来挽救民族危亡并进而改造中国社会的构想。

作为"清季输入欧化之第一人"的严复，将天赋人权、契约立国、主权在民、自由平等等近代西方思想较为全面、系统地介绍到中国来，对近代知识分子的思想起到了惊醒般的启蒙作用。此后，先进的中国知识分子以近代西方的思想为武器，对维护封建统治的旧国家学说进行了猛烈的批判。1895年严复发表《辟韩》一文，以天赋人权理论为依据，对唐代韩愈的名篇《原道》中维护君权的中国传统国家学说进行了针锋相对的猛烈抨击，成为19世纪末国家学说除旧布新的强有力的启蒙宣传。梁启超亦根据卢梭的民约理论，解说了国家的起源及其本质："国家之所以成立，乃由人民合群结约，以众力而自保其生命财产者也。各从其意之自由，自定约

---

① 张之洞：《劝学篇·阅报》，《张文襄公全集》（影印本），中国书店，1990，第574页。

而自守之，自立法而自遵之。故一切平等。若政府之首领及各种官吏，不过众人之奴仆，而受托以治事者也。"① 将国家看作是来源于人民的自由意志、是众人在自愿的前提下为保障每个人天赋的平等、自由、人身安全而订立的社会契约中所组成的一整体。

具有强烈的民族意识的西方近代思想在中国的传播，有力地促进了近代中国民族国家意识的形成。如前所述，1898 年 4 月，康有为在北京成立了保国会，并在章程中明确提出了"国权"观，这表明当时的维新志士已经有了领土不可分割、主权不可侵犯的近代国家思想。进入 20 世纪后，来自西方的民族主义所阐发的基本理念由于顺应了中国挽救民族危亡、实现民族独立的时代主题，因而引起了中国先进知识分子的广泛共鸣。像 19 世纪末的众多知识分子一样，梁启超也受到当时盛行的社会达尔文主义的影响，崇尚力本论，并明确指出当时所处的时代是民族国家竞争的时代，对于民族主义这一历史潮流，"顺兹者兴，逆兹者亡"，"今日欲救中国，无他术焉，亦先建设一民族主义之国家而已"。② 中国要想在这场竞争中不失败并获得一席之地，唯一的出路就是发展中国的民族主义，建设近代民族国家。一篇名为《政体进化论》的文章也指出：现时需建立一"完全无缺之民族的共和国"，而欲达此目的，"必先合莫大之大群，而欲合大群，必有可以统一大群之主义，使临事无涣散之忧，事成有可久之势，吾向者欲觅一主义而不得，今则得一最宜于吾国人性质之主义焉，无它，即所谓民族主义是也"。③

作为最早将来自西方的民族、民族主义概念引进到中国的思想家，梁启超还运用大量的西方政治观念和方法来认识和分析中国的民族与国家问题。他在《少年中国说》中明确提出：相对于传统型国家"过去之国"而言，近代民族国家是具有主权、领土、人民以及主权在民的"未来之国"。这就准确地抓住了近代民族国家的内涵。他还强烈地意识到：自己所处的时代是民族国家竞争的时代，中国要改变目前的积弱状况，必须从"过去之国"转变为"未来之国"，即从传统的天下国家转变为近代民族国家。

---

① 梁启超：《论学术之势力左右世界》，《饮冰室合集》第 1 册，文集之六，第 112 页。
② 梁启超：《论民族竞争之大势》，《饮冰室合集》第 2 册，文集之十，第 35 页。
③ 竞盦：《政体进化论》，《辛亥革命前十年间时论选集》第一卷，下册，三联书店，1960，第 545 页。

为了进一步驱散国人头脑中的天下主义思想、唤醒国人的近代民族国家意识，梁启超在《中国积弱溯源论》一文中，把中国人国家观念的缺失归结为三个原因："不知国家与天下之差别""不知国家与朝廷之界限""不知国家与国民之关系也"。梁启超认为要树立近代国家观念，首先必须从"不知国家与天下之差别"的传统天下观中摆脱出来。他深刻地批判了那种用天下主义代替国家的传统思维，指出传统天下观的弊端导致了中国人一方面"骄傲而不愿与他国交通"，另一方面"又怯懦而不欲与他国争竞"。① 梁启超指出，在这个"自由竞争最烈"的当今世界，已经容不得这种超脱的思想。

梁启超不仅认识到领土、主权、人民是组成近代国家的要素，还以此为基础明确区分了国家与朝廷、国家与国民的关系，"今夫国家者，全国人民之公产也；朝廷者，一姓之私产也"。他强调国民是国家的主体，"国也者，积民而成。国家之主人为谁？即一国之民是也"。② 如果说主权、领土、人民这三个近代西方国家要素的接纳，主要是对外而言，是用以反抗西方列强对中国的侵略，那么接纳主权在民思想，并从政治观念上划清国家与朝廷、国家与国民两者的界限，则反映了以梁启超为代表的近代知识分子对中国社会内部变革方向的思考，是对内而言的。1904 年，陈独秀著《说国家》，亦提出国家要有一定的土地、人民和主权，并强调主权"是全国国民所共有"的，行使主权者"乃归代表全国国民的政府"。③ 此后中国知识分子便一直沿着梁启超开辟的外争国权、内唤国民的思路行进着。

到了 20 世纪初期，由最初的主权意识引发的近代民族国家观念已初步形成。当知识分子认定只有建立一个近代民族国家才是中国的唯一出路的时候，又一个问题迫在眉睫地摆在了他们的面前：在西方众多的近代民主政体类型中，中国应该选择哪一种呢？或者说，我们需要建立一个什么样的近代民族国家呢？在清末的最后十年中，以梁启超为代表的改革派知识分子和以孙中山为代表的革命派知识分子，依据西方的各种政治理论和现实民主政体模式，同时结合中国的历史及现实国情，提出了自己理想中的未来中国社会的国家构想和主张，并在一次次的论战和现实斗争中不断地

---

① 梁启超：《中国积弱溯源论》，《饮冰室合集》第 1 册，文集之五，第 14~17 页。
② 梁启超：《中国积弱溯源论》，《饮冰室合集》第 1 册，文集之五，第 16 页。
③ 陈独秀：《说国家》，《陈独秀著作选》，上海人民出版社，1984，第 57 页。

对这些构想和主张进行修改和完善，直到中华民国成立和此后的民主宪政试验，这个探索的过程仍在持续着。

此外，中国在向近代民族国家转化的过程中，传统的国家身份和内涵并没有完全被丢弃。中国知识分子在塑造近代民族国家的过程中，并没有按照"一个民族建立一个国家"的西方民族主义的经典模式进行，而是结合中国的历史、现实国情进行着适当的改造，这种因时、因地制宜的改造，最终有利于中国自身的延续性和统一性的保持。如：同盟会早期提出的"驱除鞑虏、恢复中华"的革命口号，就反映出孙中山等革命者最初是试图按照经典的西方近代民族国家的模式来打造中国革命的，满族被革命者视为外来压迫民族，中国革命被解释成为推翻满族统治者的民族解放运动。但如果按照这种西方经典的民族革命模式，中国很快就会解体。梁启超充分意识到了这一危险，他声称应倡导相对于革命派的"小民族主义"的"大民族主义"："小民族主义者何？汉族对于国内他族是也。大民族主义者何？合国内本部、属部之诸族，以对于国外之诸族是也。……合汉、合满、合蒙、合回、合苗、合藏，组成一大民族。"[①] 为了国家的统一和延续性的保持，孙中山等革命者最终超越了狭隘的种族意识，转而倡导"五族共和"（见本章第一节），并由此发展出具有尊重中国历史、符合中国国情的"中华民族"这一概念。

三　清末知识分子的国家思想

天赋人权、契约立国、人民主权理论是近代西方国家学说的重要内容，19世纪末被介绍到中国来，以梁启超为代表的近代先进知识分子十分认同这一理论，并以此为武器猛烈抨击中国几千年来的封建专制统治。不仅如此，各派知识分子还以西方近代国家学说为蓝本，构想自己理想中的中国未来社会的国家。

梁启超于戊戌变法失败后流亡到了日本，在那里他接触到了许多西方近代国家理论，特别膺服卢梭的人民主权理论，是20世纪初比较完整地提出要在中国建立美国式共和政体的先进知识分子之一。他认为共和制是当时世界上最美好的政权组织形式，能够使国民养成爱国心，能够保障国民

[①] 梁启超：《政治学大家伯伦知理之学说》，《饮冰室合集》第2册，文集之十三，第76页。

的民主自由权利并参与国家事务的管理。但在1903年的美国之行以后,梁启超的思想发生了变化。他从在美华人社团的表现中意识到中国的国民程度与共和政体所要求的国民素质相差甚远,并在亲身感受到了美国共和政体的运转流弊之后感慨,"吾游美国而深叹共和政体实不如君主立宪者之流弊少而运用灵也",加之担心共和推翻皇帝后势必造成党争和四分五裂的局面,这样就难以保持社会势力的平衡,甚至最终还会导致专制和动乱。因此,梁启超得出结论:君主立宪制"能集合政治上种种之势力种种之主义而调和之",故"君主立宪者,政体之最良者也"①。此后,梁启超放弃卢梭,开始信仰并热情宣扬伯伦知理的国家学说,并以伯伦知理的学说为蓝本,提出了"国家理性"具有最高性和权威性的国家理性至上思想。

梁启超的"国家理性"思想是在论述国与民的关系中展开的。他说:"国也者,非徒聚人民之谓也,非徒有府库制度之谓也,亦有其意志焉,亦有其行动焉。"②将国家看成一个有精神有行为的有机实体,并且明确地把国家和国民两者的关系进行界定。他在《国家思想变迁异同论》一文中写道:"国家者,自国民而成者也。但中央统制之权,仍存于国家",强调政府权力无限而人民必须服从,"国家者,由竞争淘汰不得已而合群以对外敌者也。故政府当有无限之权,而人民不可不服从其义务。"③ 从这一认识出发,梁启超认为,一个国家的主权既不在统治者,也不在人民,而在国家本身。他引用伯伦知理的话说:"主权既不独属君主,亦不独属社会,不在国家之上,亦不出国家之外。"④ 这样,在梁启超的眼中,国家本身就理性化了,并且作为首要的政治目标,国家本身也就具有最高的权威性了。

梁启超国家理性至上的观点亦清楚地体现在他对国家之目的的阐述中。伯伦知理认为存在着两种国家观,一种国家是最高的目的,人民只是作为实现国家利益的一种工具而存在,另一种国家只是作为有益于每个个体利益的一种工具而存在。显然,梁启超非常赞成伯伦知理的第一种国家

---

① 梁启超:《立宪法议》,《饮冰室合集》第1册,文集之五,第1页。
② 梁启超:《政治学大家伯伦知理之学说》,《饮冰室合集》第2册,文集之十三,第70页。
③ 梁启超:《国家思想变迁异同论》,《饮冰室合集》第1册,文集之六,第14~15、19页。
④ 梁启超:《政治学大家伯伦知理之学说》,《饮冰室合集》第2册,文集之十三,第87页。

观——"故伯氏谓以国家自身为目的者,实国家目的之第一位,而各私人实为达此目的之器具也"。这样,在国家与国民的关系中,国家的存在和价值就是首要的了,而个体国民的价值则排在了第二位,在特殊的情况下,国家甚至可以要求国民为了国家利益而付出生命,"伯氏之意,则以为国家者,虽尽举各私人之生命以救济其本身可也"。① 正是本着国家理性至上的原则,梁启超在放弃了卢梭的人民主权论和共和建国的理想后,开始欣赏和颂扬君主立宪制,到后来革命形势高涨、资产阶级民主革命日益深入人心时,他又提出应实行开明专制的思想,认为今日中国"与其共和,不如君主立宪;与其君主立宪,又不如开明专制"。② 在涉及民族建国的问题上,梁启超还接受了伯伦知理的"国民与民族之差别及其关系"的理论,并把它与中国传统及现实的国情结合了起来。

孙中山是中国民主革命的先行者,也是清末资产阶级革命派的领袖。他早年曾上书李鸿章,力主政府应改良以自救,上书失败后萌生革命思想,后信仰卢梭的人民主权论,始终坚信应采用革命的手段推翻清朝政权,按照人民主权的原则建立人人平等、民主、自由的共和国。1894年兴中会成立时,孙中山就提出要"创立合众政府"。1905年在东京成立同盟会时,以孙中山为代表的革命派知识分子以美国的民主共和制度为样板,提出"建立民国"的设想,并在《中国同盟会革命方略》中具体勾画了未来中华民国的政权结构模式,"由平民革命以建国民政府,凡为国民皆平等以有参政权。大总统由国民公选。议会以国民公举之议员构成之,制定中华民国宪法,人人共守。"③ 同盟会的政治纲领是民族、民权、民生三大主义,民族主义体现了革命派要排满革命和力图按照西方经典的"一国家一民族"的民族主义理论来建国;民权主义体现了要以暴力革命的方式推翻封建帝制、建立人民主权的共和政体;民生主义体现在革命派关于未来所设想的平均地权和土地国有上。其中关于民族主义的设想,后在与改良派的论战中,在意识到排满的危害性后,以孙中山为首的革命派转而接受了梁启超的倡导五族共和的大民族主义思想。在民权主义方面,孙中山逐渐将曾经的人民主权理想与中国的现实结合,提出了五权宪法、权能区分

---

① 梁启超:《政治学大家伯伦知理之学说》,《饮冰室合集》第2册,文集之十三,第88页。
② 梁启超:《开明专制论》,《饮冰室合集》第2册,文集之十七,第53页。
③ 孙中山:《中国同盟会革命方略》,《孙中山全集》第1卷,中华书局,1981,第297页。

和地方自治等较为成熟完善的国家思想。

大体上，清末时期很多先进知识分子都提出过一些富有创见的国家思想的片段，但就提出的思想的整体性、完善性以及在当时的影响力而言，还是以梁启超为代表的改革派知识分子和以孙中山为代表的革命派知识分子的国家思想最具代表性。特别是梁启超，作为19世纪末20世纪初中国思想界的执牛耳者，其国家思想一经提出，即波及大众，这一时期出现的国民思想、立宪思想和各种社会变革思想，实际上都或多或少地受到了梁启超的国家理性至上的国家思想的影响。

第三节 民族主义与清末知识分子的国民观（下）

一 救国呼唤新国民

甲午战争的惨败，使中国的民族危机空前严重起来。战后不久，严复在其《原强》一文中介绍了达尔文的社会进化论学说，不久他又在1897年12月刊于天津的《国闻汇编》中，发表了自己两年前就已翻译好的英国生物学家赫胥黎的《天演论》。该文的基本观点是：自然界的生物不是万古不变的，而是不断进化的；进化的原因在于"物竞天择"，"物竞"就是生存竞争，"天择"就是自然选择，因此自然界的生物不断面临着为了生存而竞争、淘汰的过程。严复还在《天演论》序言的按语中介绍了斯宾塞的社会有机体论，社会有机体论认为生物界的生存斗争规律同样适用于人类社会，可以用来解释个人、民族乃至国家的兴衰存亡。在斯宾塞看来，社会同生物一样，也是一个有机体。"盖一国之事，同于人身"，"身贵自由，国贵自主"，"且一群之成，其体用功能，无异生物之一体"；① 而个人与社会的关系，也就相当于细胞与生物体。个体既不能享有无限制的自由而影响群体，社会机体的进步也离不开个体细胞的更新与发展。只有每一个人的素质提高了，才有国家和群体的富强，而国家只有强大了，才不至于在列国竞争中被淘汰。所以严复认为"今夫国者非他，合亿兆之民

---

① 严复：《原强》，《严复集》，中华书局，1986，第17页。

以为之也。国何以富合亿兆之财以为之也。国何以强合亿兆之力以为之也。"① "是故，欲观其国，先观其民，此定例也。"②

正是从斯宾塞的社会有机体论出发，严复认为：国家要富强，基础在国民，国民的智慧、德行、体力正是国家富强的最根本的因素。"今日要政，统于三端：一曰鼓民力，二曰开民智，三曰新民德。"国之"强弱存亡莫不视此"，"是以西洋观化言治之家，莫不以民力、民智、民德三者断民种之高下，未有三者备而民生不优，亦未有三者备而国威不奋者也。"③ 因此，他认为要挽救时局、要救国，就要鼓民力、开民智、新民德。严复翻译名著《天演论》一发表便风行全国。其观点给清末社会带来了极大的震撼，不仅直接推动了近代中国一系列的思想观念的变革，而且也为后来的戊戌变法提供了理论上的支持，从而推动了维新变法高潮的到来。

但戊戌变法最终还是失败了。血的教训使爱国的知识分子们意识到："凡一国之进步也，其主动者在多数之国民，而驱使一二之代表人以为助力者，则其事罔不成；其主动者在一二之代表人，而强求多数之国民以为助动者，则其事鲜不败。"④ 于是各派知识分子开始改变自己先前的救国思维方式，开始侧重于从社会变革的主体——国民的身上探究国家盛衰的原因，开始试图通过从下而上的努力来变革中国的现状、挽救中国的危亡。1899年秋天梁启超在《论近世国民竞争之大势及中国之前途》一文，正式提出了"国民"一词，并指出当前的世界竞争，已非昔日之"国家"竞争，而是万众一心、全民族动员的国民竞争。然而，中国民众数千年来，绝无国民之观念，人人视国家若胡、越，以此而言对外竞争，绝无侥幸成功之理。就此，他满怀忧虑的写道："今我中国，国土云者，一家之私产也；国际（即交涉事件）云者，一家之私事也；国难云者，一家之私祸也；国耻云者，一家之私辱也。民不知有国，国不知有民。以之与前此国家竞争之世界相遇，或犹可图存；今也在国民竞争最烈之时，其将何以堪

---

① 严复：《〈原富〉按语》，《严复集》，中华书局，1986，第917页。
② 赫伯特·斯宾塞著、严复译《群学肄言》，商务印书馆，2009，第38页。
③ 严复：《与〈外交报〉主人书》，《严复集》，中华书局，1986，第560页。
④ 梁启超：《过渡时代论》，《饮冰室合集》第1册，文集之六，第32页。

之，其将何以堪之?!"①

从梁启超思想的逻辑推演中可以看出，他认为治疗当时中国这个重症患者的良方是：应将中国人由传统意义上的"臣民"变为近代意义上的"国民"。为了救国，中国需要"国民"，显然已经成为19世纪末20世纪初中国先进知识分子的基本共识。此后，梁启超再接再厉，从1902年开始，发愤著述《新民说》，于《新民丛报》上连载，极尽详备的阐述自己理想中的中国国民所应具备的各种特质，对当时的中国思想界产生了巨大的影响。

其实，就"国民"这个词本身来说，早在先秦《左传》中就已出现。此后历代典籍中也屡见不鲜。1896年，梁启超在上海主持《时务报》时，在《文明日本报》之《中国论》一文中就已采用"国民"一词，而康有为曾经在保国会章程及给光绪帝的上书中，亦多次提及"国民"，并认为应该创立"国民学"以"鼓荡国民，振励维新"。② 但在古代以及当时康梁等人文中出现的"国民"，结合"国民"出现的上下文语境来看，仍都只是传统意义上的"庶人""黔首""臣民""人民"等词汇的替换物而已，在内容实质上和"臣民""百姓"并无二致。

首先给"国民"这个词的含义注入近代意义的是梁启超。他在1899年首次对国民做了完整的描述："国民者，以国为人民公产之称也。国者积民而成，舍民之外，则无有国。以一国之民，治一国之事，定一国之法，谋一国之利，捍一国之患；其民不可得而侮，其国不可得而亡，是之谓国民。"③ 此后他又提出，"有国家思想，能自布政治者，谓之国民"，④并且将国民与权利联系在一起"国民者，一私人之所结集也，国权者，一私人之权利所团成也。"⑤

除了梁启超，20世纪初的其他知识分子对近代意义上的"国民"的含义亦作了描述。1905年，汪精卫在《民族的国民》一文中提出：除了被看

---

① 梁启超：《论近世国民竞争之大势及中国之前途》，《饮冰室合集》第1册，文集之四，第60页。
② 汤志钧编《康有为政论集》上册，中华书局，1981，第305~306页。
③ 梁启超：《论近世国民竞争之大势及中国之前途》，《饮冰室合集》第1册，文集之四，第56页。
④ 梁启超：《新民说·论国家思想》，《饮冰室合集》第6册，专集之四，第16页。
⑤ 梁启超：《新民说·论权利思想》，《饮冰室合集》第6册，专集之四，第39页。

作国家的一分子外，国民还应被看作立宪国家的主体，国民是一个法学用语，在立宪国家中国民应有独立自由的人格，国民的真谛就在于有权利有义务，国民以自由、平等、博爱的精神结合起来，并按这些精神制定法律，依法治国。汪精卫描述的国民已经能够和权利义务、独立人格、依法治国联系起来了，这就进一步给国民含义注入了更多的近代内涵。

除了从国家与国民的关系的角度来阐发和界定"国民"的含义外，当时许多知识分子还从奴隶与国民的不同对比中对国民所应具有的近代内涵进行描述。发表在《国民报》上的《说国民》一文，第一次通过把国民与奴隶对立起来进行比较来说明国民的内涵：国民者"天使吾为民而吾能尽其为民也"，奴隶者"天使吾为民而卒不成其为民也"，"故奴隶无权利，而国民有权利；奴隶无责任，而国民有责任；奴隶甘压制，而国民喜自由；奴隶尚尊卑，而国民言平等；奴隶好依傍，而国民尚独立。此奴隶与国民之别也"。① 邹容也在《革命军》中指出："一国之政治机关，一国之人共司之，苟不能司政治机关，参预行政权者，不得谓之国，不得谓之国民，此世界之公理，万国所同然也。"并且还指出："奴隶者，与国民相对待，而不耻于人类之贱称也。国民者，有自治之才力，有独立之性质，有参政之公权，有自由之幸福，无论所执何业，而皆得为完全无缺之人。"②

这里需要指出的是，首先给国民这个词注入近代含义的梁启超以及后来的汪精卫、邹容等人，他们都是在留日之后，在接触到了大量的被翻译成日文的近代西方著作之后，萌生出近代国民意识的。但就"国民"这个词本身而言，却是他们从日文中辗转假借而来的西洋翻译名词而已，换言之，"国民"这个词并不是梁启超他们的首创。而中国古代恰恰也有"国民"这个词，但这只是一个巧和而已。中国古代的"国民"与被梁启超等从日本辗转假借而来，并被注入近代内涵的"国民"的含义是截然不同的。

尽管带有着较强的目的性——救国，并假借于他国——日本，但"国民"一词在"笔锋常带感情"的梁启超和其他知识分子的大力倡导下，很快在清末社会不胫而走，风行一时。到20世纪初，为了救国而不做奴隶似

---

① 《说国民》，《辛亥革命前十年间时论选集》第1卷，上册，三联书店，1960，第72页。
② 邹容：《革命军》，《辛亥革命前十年间时论选集》第1卷，下册，三联书店，1960，第671页。

的臣民、要做自由自主的国民的观念已形成一种国民思潮。据统计，截止宣统三年（1911年），海内外各类期刊以"国民"二字为名者，至少有15种之多。不管政治立场如何，这些刊物多以启发国民自觉、振奋国民精神为宗旨。① 如革命派于1901年创办的《国民报》，1903年创刊的《国民日日报》，改革派于1902年创刊的《新民丛报》以及于1910年创办的《国民公报》，等等。一些没有以"国民"或"新民"命名的报刊也宣称自己将以激扬国民精神为目标。当时还出现了以"国民"命名的团体，如上海的国民公会。因此，可以这么说，到了晚清特别是戊戌变法失败后，"民"在国家和社会中的被关注程度及地位大大地得到了提升。当然这一提升源于中下层社会逐渐获得了知识分子的重视，源于知识分子对政府和上层社会的失望，源于知识分子想要尝试从下而上的变革方式，当然，毫无疑问从根本上来说是源于救国。

正是由于呼唤新国民的目的在于救国，或者说为了救国才呼唤新国民，所以尽管清末知识分子论述了新时代的国民所应具有的一系列基本素质，如新国民应具有权利和义务的思想、独立和自由的思想、自尊和自信的思想、进取冒险和尚武的思想、公德、合群和自治的思想以及国家思想等，但救亡的时代任务使他们未能在启蒙和进一步倡扬国民观念方面走得太远。比如梁启超一方面认可国民享有自由民主权利的合理性，另一方面又根据他的国家理性至上的国家观念认为：要让个体强壮，就要让个体彼此竞争，但这样的内竞很可能会导致整体利益受损，使整体失去竞争力，以至于在与其他整体的对抗中被淘汰，因此个人主义和自由主义都是对国家有害的。他直截了当地指出："自由云者，团体之自由，非个人之自由也。野蛮时代个人之自由胜，而团体之自由亡；文明时代团体之自由强，而个人之自由减"。② 其实又何止梁启超呢。1903年《苏报》上的《学界风潮》一文亦认为："诸君亦知真自由与伪自由之分乎？真自由者，非言语自由，乃实际自由也；……非个人自由，乃团体自由也。"1905年陈天华在揭示革命的政治方针时也说："吾侪求总体之自由也，非求个人之自由也。"③ 又如权利，梁启超本着自己固有的国家理性至上的理念，认为国

---

① 史和，姚福申：《中国近代报刊名录》，福建人民出版社，1991，第219页。
② 梁启超：《新民说·论自由》，《饮冰室合集》第6册，专集之四，第44~45页。
③ 陈天华：《论中国宜改创民主政体》，《陈天华集》，湖南人民出版社，1982，第208页。

民应首先对国家尽义务而不是享权利,并且认为个人争取权利最终也是为了国家的权利,"一部分之权利,合之即为全体之权利;一私人之权利思想,积之即为一国家之权利思想。故欲养成此思想,必自个人始"。① 革命派非常强调民权,陈天华甚至提出对国民而言享受权利应优先于对国家尽义务,但他又认同"开明专制",用他的话说:"吾侪既认定此主义,以为欲救中国,惟有兴民权,改民主;而入手之方,则先之以开明专制,以为兴民权改民主之预备;最初之手段,则革命也。"② 无论是梁启超还是陈天华居然都选择了开明专制,以之为培养国民的"入手之方"(或许也是一时的权宜之计),这不啻是对他们曾经倡扬的国民权利思想的极大贬损。

在清末知识分子的文章中此类言论比比皆是,它们与那些对国民进行民主自由启蒙的言论一起,共同构成了清末中国知识分子的国民观。为什么清末知识分子既告诉广大民众民主、自由、权利等是如何的神圣、珍贵,是体现国民精神的价值所在,同时又要拼命地限制国民的权利、自由,而更为看重国家的权利、自由呢?其原因就在于救亡图存。为了帮助国民剔除其身上积存的"奴隶性",先进知识分子大量使用西方近代的公民价值要素来启发国民,而当回归到现实中时,知识分子们又往往"变通"的提倡从日本学来的以国家为本位的国民思想。面对内忧外患的时局,知识分子在不那么紧迫的现实(帮助大众去除"奴隶性")和急迫的现实(救亡)之间徘徊不定,并最终滑向后者。

二 清末国民观的特征及其影响

要享受权利、要承担义务、要有独立的品格和自由的精神、要自尊和自信、要有军人般尚武的意志和敢于进取冒险的气魄、要讲公德、要合群、还要学会自治,当然更重要的是还要有国家思想和一颗爱国心,清末知识分子精心塑造了一个未来民族国家中理想的国民形象。那么,这个理想的未来国民形象或者说清末知识分子的国民观具有哪些特征呢?

1. 有机融汇中西近代思想之精华

梁启超在《新民说》中有言:"新民云者,非欲吾民尽弃其旧以从人也。新之义有二:一曰,淬厉其所本有而新之;二曰,采补其所本无而新

---

① 梁启超:《新民说·论权利思想》,《饮冰室合集》第6册,专集之四,第36页。
② 陈天华:《论中国宜改创民主政体》,《陈天华集》,湖南人民出版社,1982,第209页。

之。二者缺一，时乃无功。"① 我们综观梁启超的《新民说》和其他知识分子对国民观的大量表述，可以发现体现"采补其所本无"的西方近代思想的地方可谓比比皆是。权利、自由、独立、公德、自治等，这些来自西方的近代思想，被清末知识分子不吝笔墨的拿来，用以阐述自己的近代国民思想。英法两国的自由、民主的政治思想传统，德国学派学者关于"国家"与"国民"的整体性概念等等，这些不同时期的西方近代思想都被具有拿来主义精神的清末知识分子吸取，用以建构个人在国家政治生活中所应扮演的角色。法国18世纪的激进民族主义思想和法国人民的革命精神，被清末知识分子倡导用以反对封建势力与帝国主义对中国的共同压迫；19世纪英国的自由主义思想，被清末知识分子汲取用以建构未来中国民主政治的基础；还有德国学派的民族主义和国家思想，也被清末知识分子吸纳用以建构中国的未来国家构想，构思出了中华民族这一具有中国特色的民族观念。

除了西方以外，东洋日本的近代思想也被清末知识分子积极引进，用以建构自己的国民观。福泽谕吉、中村正直等日本近代启蒙思想家都非常注重培养国民独立自主、自尊自信的素质。梁启超认为中村正直在振起日本国民之志气、使日本青年人人有自尊之志气方面的功劳很大，故而仔细阅读中村正直翻译的英国人斯迈尔斯的《自助论》，并将自尊、自信的思想纳入自己对未来中国国民思想的阐述中。在《新民说》之《论自尊》一节中，梁启超开头便引用了福泽谕吉的"独立自尊"之语，可见日本近代思想对梁启超国民思想的塑造产生的重大影响。日本近代的武士道精神和军国主义氛围，亦影响了20世纪初留日的各派知识分子，使他们觉得中国人精神的萎靡和体格的脆弱正是中国人任人宰割的重要原因，于是纷纷在论述国民观时提倡尚武的所谓军国民精神。

同时，国民观中的很多阐释亦体现了清末知识分子对一些中国传统思想观念的继承。如谈到国民应享有的权利时，知识分子首先就谈到了参政权，并强调应把参政权看作是兴国权的手段，这就体现了中国传统思想的特色。在西方社会，人们最重视的是自由权、生命权和财产权，特别是财

---

① 梁启超：《新民说·释新民之义》，《饮冰室合集》第6册，专集之四，中华书局，1989，第5页。

产自由权,被洛克等西方思想家看作是个人自由的基础。而到了中国,在知识分子看来国民首先要争取的权利却是参政权,清末的国会请愿运动就体现了要争取参政权的要求。

这样一来,清末知识分子对国民观的阐述就像是近代东西方各派思想的大杂烩。知识分子本着实用的目的,对近代东西方各种思想重新进行调整、组合,并使一些很抽象的思想具体化、实用化,最终形成了中国近代国民思想的理论建构。

尽管是在对东西方近代思想的吸取和对中国传统思想的继承中,清末知识分子表达了自己的国民观。但在这些表述中,知识分子思想的天平明显地偏向了西方思想的一边,他们对东西方近代思想的吸取要比对中国传统思想的继承多得多。

2. 注重民族主义和以国家为本位

近代中国知识分子对国民思想的论述,实际上是与当时的社会达尔文主义在清末的流行紧密相关的。当严复的《天演论》发表以后,中国知识分子深受其影响,观念为之一变,认定了"生存竞争,优胜劣败"乃是决定当今世界国家民族盛衰的不二法则。"故今日欲抵挡列强之民族帝国主义,以挽浩劫而拯生灵,惟有我行我民族主义之一策;而欲实行民族主义于中国,舍新民未由。"[①] 以梁启超为代表的近代知识分子,深受伯伦知理的"国家有机体论"的影响,认为国家乃是由其国民全体凝聚而成,国家的强弱盛衰,取决于其组成部分的分子——国民,"在民族主义立国之今日,民弱者国弱,民强者国强。"[②] 于是先进知识分子开始倡导具有近代意义的国民思想。显然这种近代意义的国民思想是建立在民族主义和社会达尔文主义理论之上的,民族的生存和竞争是中国知识分子建构国民思想的落脚点,用梁启超的话说:"民族主义者何?各地同种族、同言语、同宗教、同习俗之人,相视如同胞,务独立自治,组织完备之政府,以谋公益而御他民族是也。"[③] 在这里,独立、自治、国家思想等近代国民要素已经

---

① 梁启超:《新民说·论新民为今日中国第一急务》,《饮冰室合集》第 6 册,专集之四,中华书局,1989,第 4~5 页。
② 梁启超:《新民说·就优胜劣败之理以证新民之结果而论及取法之所宜》,《饮冰室合集》第 6 册,专集之四,中华书局,1989,第 7 页。
③ 梁启超:《新民说·论新民为今日中国第一急务》,《饮冰室合集》第 6 册,专集之四,中华书局,1989,第 4 页。

与抵御他族、维护公共利益融合在了一起，成了民族主义的有力体现。

以国家为本位是注重民族主义的必然逻辑结论。清末知识分子深受近代德国学派关于国家建构和国民理论的一系列观念的影响，梁启超尤其膺服伯伦知理，并以伯伦知理的理论为蓝本，创立了对20世纪初中国知识分子影响深远的国家理性至上的国家思想理论。根据梁启超的国家理性至上的理论，国家理性拥有至上性和权威性，主权不再属于人民或君主而是属于国家本身，国民只能是作为一个整体才有意义，个体的国民只能是国家实现其利益的工具。笼罩在国家理性至上理论之中的近代国民观无疑深深的被打上国家的烙印。

当初，为了去除国民身上的奴隶性，启蒙大众的国民观念，清末知识分子论述了新时代的国民所应具有自由、独立、权利意识等一系列内涵。而一旦面对紧迫的救亡图存的时代任务，他们国民思想的激进的一面就逐渐消退了，其现实的一面就显现了出来。梁启超虽然认可国民享有自由民主权利的合理性，但根据国家理性至上的理论，他又认为过分的内部竞争很可能会导致整体利益受损，因此梁启超觉得个人主义和自由主义都是对国家有害的。梁启超和清末知识分子还认为，国民个人的权利与自由在价值的优先性上，始终是居于国家的利益与自由之下的，并且只有在国家的利益获得了充分的保障之后，才有个人的幸福可言，而一旦国民个人利益与国家利益相冲突时，个人应该毫无悬念的"屈己以伸群"。

国民在清末知识分子眼中如此的境遇，正是由于当初知识分子建构"国民"时的原动力来自于对国家强盛目标的追求，"国民"被当作了救亡图存、增强国力的工具。在表面上，我们看到大量的对国民思想的叙述和对"国民"的颂歌，可实际上知识分子真正的关注点和要加以神圣化的却是"国家"本身；在表面上，国民被视为国家组成的必要部分，和国家密不可分，可在实际上，真正处在这一系列论述之核心位置的，却是知识分子们所魂牵梦绕的目标——国家的强大；在表面上，知识分子积极提倡公德和进取冒险精神，可"对'公德'的强调在实际是要求国民关心国家和群体利益；对冒险精神的颂扬，实际是要国民为国家献出一切。"① 因此我们完全可以说：清末知识分子所建构的国民观是以国家为本位的。这在清

---

① 陈永森：《告别臣民的尝试——清末民初的公民意识与公民行为》，中国人民大学出版社，2004，第155页。

末《游学译编》发表的《社会教育》一文中鲜明地体现了出来:"吾所谓伦理主义,但有绝对之国家主义,而其他诸事皆供吾主义之牺牲;吾所谓道德,但有绝对之国民之道德,而其他诸事皆为吾主义之糠秕。国家者……有绝对之完全圆满之主体,有绝对之完全圆满之发达。惟国家为绝对体,故民族之构造之也,崇拜之也,有绝对之恋慕,有绝对之服从。"

有一点需要指出,这种以国家为本位的国民观念,由于更注重国民的整体性(强调合群)和国民对公共事务的参与(强调公德和参政权),使得清末知识分子所塑造的国民更接近于古希腊雅典的共和主义公民,而与近代西方建立在个人主义基础之上的自由主义公民有着很大的差异性。

3. 具有道德主义和精英主义倾向

带有浓厚道德主义色彩的公德意识是清末中国知识分子所大力倡导的国民素质之一。梁启超认为道德的本质在于利群,各国的道德虽因文野之差等而不同,但无不以能固其群、善其群、进其群为目的。中国的道德长于私德,而最缺公德,因而亟待发明和提倡公德,而公德之目的,即在利群。其他知识分子亦从大量的中外对比中揭示中国人在公德方面与西方的差距,并积极探讨中国人缺乏公德心的原因,以期对症下药,提升国人的公德的意识。但无论是过去中国所"长于"的私德,还是现在被知识分子所倡导的公德,无论强调国民的公德意识是为了国家的利益,还是为了提升个人的素质和公共意识,民众的"德"的意识始终是清末知识分子关注的目标。在知识分子看来,虽然在不同的历史环境中大众所应具备的道德类型有所不同,但"德"却是肯定要具备的,无论这种"德"是私德还是公德,无论强调公德是为了国家利益还是为了个体的自我提升。

早在19世纪末严复宣扬要"开民智、新民德、鼓民力"的时候,清末知识分子的国民观念就开始打上浓厚的精英主义倾向了。尽管梁启超开始曾认为:"新民云者,非新者一人,而新之者又一人也,则在吾民之各自新而已"。① 但让那些带着大量"奴隶性"的国人进行自我教育,其"自新"的效果可想而知。于是知识分子们又回到了原来的路子上来,认定国民素质的提升只能有赖于外力的推动,而推动者就是那一小群先知先觉的知识精英。先知先觉的知识精英们一方面通过学校、报刊等媒介启蒙

---

① 梁启超:《新民说·论新民为今日中国第一急务》第6册,专集之四,中华书局,1989,第3页。

广大知识分子的国民思想,希图通过广大知识分子观念的转变以影响整个社会;另一方面又试图重新走政府改良的自上而下的道路来逐渐培养大众的国民思想。于是,在中国就出现了一个以精英知识分子为主体、以人民大众为客体、以培养大众具备近代国民素质为目标的精英式启蒙路径。梁启超的一段话或许能够成为这种精英式启蒙的注脚:"今日谈救国者,宜莫如养成国民能力之为急矣。虽然,国民者其所养之客体也,而必更有其能养之主体。苟不尔者,漫言曰养之养之,其道无由。主体何在?不在强有力之当道,不在大多数之小民,而在既有思想之中等社会。……实则吾辈苟有能力者,则国民有能力;国民苟有能力者,则国家有能力。以此因缘,故养政治能力,必自我辈始。"①

就思想史的意义而言,清末国民观的影响主要是促进了近代国人主体自觉意识的初步觉醒。

主体意识是指人们对自身作为主体在主客体关系中的地位、作用的反映和认识,包括对象意识和自我意识两个部分。从臣民意识向国民意识的转变就反映了近代中国人主体意识的初步觉醒。中国古代以小农经济为基础的封建宗法制度和君主专治制度,造就了中国传统社会所独有的以君主为本位的臣民观念。使得臣民对君主具有强烈的依附性、缺乏独立的人格和意志、相对于君主权力而言只有义务却没有实质上的有效权利。因此,臣民实际上是不可能具有主体意识的。到了近代,尤其是19世纪末20世纪初,臣民观念逐渐瓦解,以国家为本位的具有近代西方独立、自由等内涵的国民观念横空出世,日益取代臣民观念。国民观念中诸如权利、独立、自由、自尊、自信、自治等意识要素的被倡导,开启了近代中国人主体意识逐渐觉醒的过程。

权利是区分传统臣民与近代国民的根本标志。在封建时代,臣民依附于君主只能尽义务而没有享受权利的可能。在长期臣民观念的熏染下,广大臣民日益习惯于自己的这种依附的身份,谈不上主体意识可言。但当国民意识要素之一的权利意识被介绍到中国来以后,国民开始意识到朝廷和国家是有区别的,自己应是国家的一分子而不是君主的臣民,意识到自己作为国家的一分子是应该既尽义务也享受权利的,意识到自己是应享受诸

---

① 梁启超:《新民说·论政治能力》第6册,专集之四,中华书局,1989,第156页。

如参政权、生命财产权等一系列重要权利的。主体意识就这样通过权利意识开始在国民心中萌生。

独立性和依附性是一对相反的人格形态。臣民依附于君主没有自由可言更谈不上拥有权利，传统社会中臣民的这种依附人格，使得臣民缺乏独立性，难以产生主体意识。近代国民观念的传播使国民意识到自己作为国家的一分子，不应再依附于君主了，自己应该具有独立性，应该拥有自由和权利。一旦广大国民具有了独立意识，主体意识的产生也就不再遥远了。

国民的自尊和自信意识也促进了近代中国人主体意识的逐渐觉醒。在封建时代，臣民在君主面前是没有自尊可言的。君主掌握着生杀予夺的大权，臣民们没法掌握自己的命运，他们的命运随着君主的喜怒哀乐而变化起伏，随时面临着受辱和生命财产被剥夺的可能。而宣扬自尊和自信的国民观使广大国人意识到自己的命运应该掌握在自己的手中，人不应该在依附中生活，而应该依靠自己，依靠自己的自尊和自信力去成就一番事业，进而拯救危亡之中的国家。这样，主体意识就通过国民试图内在地去改变自己和国家的命运而逐渐在国民心中化生。

在封建时代，国家的一切权力属于君主，臣民是作为被统治的对象而存在的。近代国民观念倡导的自治意识打破了君主垄断一切权力的局面。国民不仅意识到应该实行地方自治，而且意识到对自己也应该实行"自治"。这样，国民就不仅直接从政治上，而且间接从个人自主权上摆脱了君主的统治。所以说自治意识也促进了近代国人大众主体意识的觉醒。

对于如何摆脱国民身上存在的"奴隶性"的问题，梁启超曾经认为办法就在于国民的"自新"。让充满"奴隶性"的国民自己教育自己，效果可想而知。虽然梁启超后来意识到了这个矛盾并放弃了对"自新"的提倡，但他试图通过引导国民自己去解决其自身存在的劣根性的思路，对近代中国大众主体意识的觉醒也起到了助力的作用。

革命派信仰卢梭的人民主权论，认为国家的主权应该属于国民，建立了共和国以后，国民应该享受到包括不受限制的普选权在内的一切民主、自由的权利。为了实现自己的政治构想，革命派一次次地举行武装起义，试图以暴力方式推翻清政府，同时也通过报刊、书籍等形式大力宣传反满、主权在民等革命思想。革命派的这一系列思想、活动,特别是对天赋人权、主权在民思想的大力宣传,使人民大众意识到:不要做依附于君主的没有权利和自由的臣民,而要做国家、社会乃至自己的主人的国民。这就有力地促进了人民大众的觉醒,更加激发了他们的主体意识。

国民观念就这样一步步地腐蚀、瓦解着传统的臣民观念,同时也一点点地培养、促进着近代中国人主体意识的逐渐觉醒。这样的一个主体意识逐渐觉醒的过程,印证了马克思所说的从"人的依赖性"到"人的独立性"的变迁过程,也反映了近代中国在救国方式上所经历的器物变革、制度变革和人的变革的过程。主体意识的觉醒亦反映了在中国近代化的过程中除了政治、经济、军事近代化以外,"人的近代化"的这么一个过程。

但是19世纪末20世纪初的这场"人的近代化"的过程是不彻底的,因为推动当时国人主体意识觉醒的国民观念是以国家为本位,而不是以个人为本位的。以国家为本位的国民,虽然摆脱了对君主的依附,却只能作为国民整体中的一分子从属于国家,虽然拥有自己的权利、自由和独立性,而一旦个人的利益和国家利益相抵触时,这种权利、自由和独立性就会被迫大打折扣。因此以国家为本位的国民虽然能够促进近代中国人主体意识的觉醒,却不能够完全唤醒人们的主体意识,所以这种觉醒只能是"初步"的,19世纪末20世纪初的这场"人的近代化"的过程并没有完成。这也是导致民初宪政失败的一个重要原因。

五四时期,以陈独秀为代表的新文化派知识分子就认为:民初宪政失败是由于国民身上存在着奴隶劣根性的缘故。他们还通过大量的中外对比,发现这种奴隶劣根性早已成为民族心理的一部分,而造成这种奴隶劣根性的根源就在于两千年来以三纲五伦为主轴、以家族主义为基点的儒家宗法政治伦理思想对社会的熏染。尽管清末知识分子也对国民的"奴隶性"进行过批判,但他们的批判主要是针对大众爱国心的缺乏所做的反思。因此,清末的国民"奴隶性"批判带有浓厚的爱国主义和民族主义的色彩。而到了五四时期,由民初宪政失败所引起的对国民奴隶性的批判,则更多的是在中外民族的对比中,从中国自身民族心理的角度所做的判断。儒家文化,尤其是三纲五常和家族宗法制度被看作是造成国民奴隶性的根源所在,也是造成民初宪政失败的主要原因。因为带有深重奴隶性的国民是难以成为合格的共和国国民的，即使宪法条款中已经规定了国家的主权属于他们，规定了他们拥有自由和各种各样的权利，他们的心里仍然充满着"奴隶"心态：在国会选举中，放弃自己的选举权利，甘于被金钱收买；袁世凯成为终身大总统后，居然弹冠相庆；当袁世凯取消国会、废除《临时约法》及酝酿称帝时，或为一己之私利推波助澜，或漠不关心。国民都充满了这样的奴隶心态，共和宪政试验怎么能不失败呢？宪政失败了，军阀混战不已，中国如同一盘散沙，国家怎么能强大的起来呢？衰弱的中国怎么能不被外强轻视并觊觎呢？

国家主义的国民观不能解决"救国""强国"的问题，那么又有别的什么思想能够解决这个问题呢？以陈独秀为代表的新文化派知识分子很快就找到了答案。陈独秀认为，中国欲图社会进步，必须取资西方文明，"欲转善因，是在以个人本位主义，易家族本位主义"。① 这里的"个人本位主义"近似于西方公民范畴的以个人为本位的思想，体现了陈独秀试图用西方以个人为本位的公民精神来批判并取代传统的儒家伦理，从而推动中国社会发展的进步思想。

为了更好地宣扬"个人本位主义"，新文化派知识分子对清末知识分子所倡导的国家主义思想和国民观念进行了批判。高一涵专门写了《国家非人生之归宿论》一文，认为那种把人看作是为国家而生，把国家作为人生的归宿，为了国家可以尽损国民权利的主张是本末倒置的。国家是人为了自身的需要而建立的，国家理应保护国民的权利。违反人民意志的国家不适合于今天的人类社会，损害人民权利不可能真正有利于国家，"国家者，非人生之归宿，乃求得归宿之途径也。人民、国家，有互相对立之资格。国家对于人民有权利，人民对于国家亦有权利；人民对于国家有义务，国家对于人民亦有义务。……故欲定国家之蕲向，必先问国家何为而生存；又须知国家之资格，与人民之资格相对立，损其一以利其一，皆为无当。"② 此外，在《非"君师主义"》一文中，高一涵还认为国家权力与国民权利应是有明确的界限的。③ 可见，新文化派知识分子意识到了国

---

① 陈独秀：《东西民族根本思想之差异》，《陈独秀著作选》，上海人民出版社，1984，第167页。
② 高一涵：《国家非人生之归宿论》，《青年杂志》第1卷4号，1915年12月，第4页。
③ 高一涵：《非"君师主义"》，《新青年》第5卷6号，1918年12月，第549~554页。

民要与国家适当的分离，且从国民个体的角度出发，提倡国民应有个人独立的价值，国民是不能从属于国家的。

新文化派知识分子非常推崇西方尤其是英美的个人主义思想。何谓西方的个人主义？陈独秀这样解释道："举一切伦理，道德，政治，法律，社会之所向往，国家之祈求，拥护个人之自由权利与幸福而已。思想言论之自由，谋个性之发展也。法律之前，个人平等也。个人之自由权利，载诸宪章，国法不得而剥夺之，所谓人权是也。人权者，成人以往，自非奴隶，悉享此权，无有差别。此纯粹个人主义之大精神也。"[1] 陈独秀认为，虽然在西方也有国家利益的问题，但是西方的"国家利益，社会利益，名与个人主义相冲突，实以巩固个人利益为本因也。"[2] 因此陈独秀断言："人间百行，皆以自我为中心，此而丧失，他何足言？"[3]

胡适也积极鼓吹个人主义的思想。他在《易卜生主义》一文中这样说道："我所最期望于你的，是一种真正纯粹的为我主义。要使你有时觉得天下只有关于我的事最要紧，其余的都算不得什么。……你要想有益于社会，最好的法子莫如把自己这块材料铸造成器。……有的时候我真觉得全世界都像海上撞沉了船，最要紧的还是救出你自己。"胡适强调，社会是由个人组成的，"救出自己"即为社会准备了一个再造新社会的分子，这种"为我主义"其实是最有价值的利人主义。[4]

除了大力提倡个人主义，新文化派知识分子还从独立人格、权利观念、功利取向、法律意识、契约精神以及科学理性等方面输入西方尤其是英美的近代国家思想、公民理念，用以批判传统的儒家伦理，进而试图重建中国文化重塑中国国民性格。因此，新文化派知识分子倡导的"民"的实质内核已经非常接近于英美个人主义的公民范畴了，我们完全可以称这种"民"为公民，可以将新文化知识分子对这种"民"的思想的倡导看作他们对以个人为本位的公民观念的向往。故而，这种以个人为本位同时兼采多种西方理论的公民思想已经大大超越了清末知识分子所倡导的以国家为本位的国民思想。

---

[1] 陈独秀：《东西民族根本思想之差异》，《陈独秀著作选》，第166页。
[2] 陈独秀：《东西民族根本思想之差异》，《陈独秀著作选》，第166页。
[3] 陈独秀：《一九一六年》，《陈独秀著作选》，第172页。
[4] 胡适：《易卜生主义》，《新青年》第4卷6号，1918年6月，第502~503页。

三 国民观：从臣民观到公民观的桥梁

19世纪末，面对来自东西方列强侵略的步步紧逼，传统的臣民观念已经不能适应新时代的需要了。先进的中国知识分子为了唤醒国民，积极吸纳东西方近代先进思想以建构自己理想中的未来国民理念，由此产生了中国近代国民观念。但是民初宪政实践的失败又暴露了国民观无力解决现实问题的窘境，在对国民观的反思中新文化派知识分子萌生了对以个人为本位的公民观的向往。虽然国民观从兴起到衰落只有短短不到二十年的时间，但是国民观在中国近代思想史中的地位却是重要的，国民观念实际上起到了从臣民观念到公民观念过渡的桥梁作用，而且这种过渡作用不可或缺。

首先，由于中西方文化背景的不同、社会生产力发展水平的差距，清末民初时期，国人的思想观念不可能从臣民观念直接进步到以个人为本位的公民观。19世纪末，虽然萌生了各种新思想、新观念，但以农业经济为基础的中国社会仍然处在清王朝的专制统治之下，传统的儒家思想对社会的主导地位仍然不可撼动。此时建立在工业生产基础上的西方社会已普遍建立了法治国家，西方的公民观念和个人主义思想正是建立在近代资本主义大工业生产和一系列资产阶级思想文化的基础之上的。而当时中国并没有产生与公民观念、个人主义思想相适应的经济基础和文化背景。在整个社会生产方式还没有改变之前，在中西方文化背景、生产方式如此之大的差距之下，即使臣民观念已经逐渐瓦解，中国社会也难以接受跨越幅度如此之大的思想移植。因此，清末时期国人的思想观念是不可能从臣民观直接进步到以个人为本位的公民观的。事实上，那时的梁启超就意识到了"欧美各国统治之客体，以个人为单位；中国统治之客体，以家族为单位。故欧美之人民，直接以隶于国，中国之人民，间接以隶于国。"[①] 但是个人主义思想却未能进入到梁启超的心中，梁启超在清末建构的国民思想是以国家为本位的。

其次，近代中国所面临的救亡的急迫任务和社会的实际发展水平决定了即使接触到了来自西方的新观念，清末知识分子也只能达到产生国民观

---

① 梁启超：《新民说·论政治能力》，《饮冰室合集》第6册，专集之四，第152页。

念的程度。一方面，鸦片战争以后，中国开始面临着来自西方的侵略，甲午战争的失败和此后的庚子之乱更是把中国推到了亡国灭种的边缘，在社会达尔文主义的影响下，中国如何摆脱落后的境地、如何拯救中国于危亡始终是中国知识分子考虑的头等大事，因此知识分子对未来的任何设想都是离不开"救国"这个主旋律的。另一方面，随着社会的发展，19世纪末中国各地出现了很多近代工业生产方式并产生了极具软弱性的资产阶级群体。在臣民观念日益瓦解的同时，新社会群体也在呼唤着反映他们意志的新观念，大量西方理念的输入使得自由、权利意识等成为清末知识分子建构自己理想的未来国家观念的要素。但脆弱的中国资产阶级群体，他们也就只是要求得到一部分权利（如参政权等）而已，虽然梁启超等清末知识分子已经意识到西方国家的民众是"以个人为单位"的，但在当时，他们没有、事实上他们也不可能提出未来的"国民"应以个人为本位。西方的公民观念是其社会长期自然演化的结果，是适应其大工业生产方式和生活方式而产生发展的，因此移植公民观念也需要有相应的经济方式和生活方式的支持。故而，清末知识分子所建构的"国民"虽然已经拥有了权利意识，但却不是建立在个人主义基础之上的公民。加之总是面临着救亡的时代任务，这一切决定了清末时的国人只能是拥有权利自由等近代意识要素，但又必须处处优先考虑国家利益的国民。

最后，历史事实已经证明公民观的产生正是建立在对国民观的反思和对臣民观的批判的基础之上的。社会的发展有其一定的规律性，人类总是在对旧观念、旧理论的反思和批判中产生和发展出新观念、新理论的。

总之，救亡的时代任务、中西文化背景的悬殊、清末社会生产力的实际发展水平这一切决定了：即使臣民观念日益瓦解，清末中国社会也不可能立即接纳来自西方的以个人为本位的公民观念，清末以梁启超为代表的知识分子只能提出他们的国民观。公民观的产生正是建立在对国民观的反思的基础上的这一历史事实，就更进一步说明了在从臣民观到公民观的发展中，国民观的过渡桥梁作用是不可或缺的。而国民观在中国近代思想史中的地位就正是体现在国民观的这种过渡作用中的。西方学者扎罗曾指出："新词'国民'（Guomin）实际上起到了从'一国之民'（a national）到完整意义上的'公民'（a full-fledged citizen）的过渡作用"（The neologism Guomin in effect straddled the distinction between a mere "national" and a " full-fledged" citizen.)①扎罗的话不无道理,但表述却不甚明确。他所说的"a mere 'national'"指的是"臣民"吗？如果不是,那么"a mere 'national'"肯定没有准确地把握鸦片战争以前中国社会中依附于君主的那些芸芸众生的实质内涵。但有一点,扎罗的意思是很明确的：中国的前近代状态的社会个体在向近代完整意义上的"公民"的演进过程中,起着过渡桥梁作用的正是"国民"。

第四节 民族主义与中国近代民族国家的构建

清末民初,是中国近代民族主义的形成阶段。与此相适应,这一时期民族主义的理论主要是围绕建立一个什么样的民族国家而构建的,当时以孙中山为代表的革命派主张"排满"和建立单一的汉民族国家,而以梁启超为代表的立宪派则主张"合满"和建立包括满族在内的多民族国家,双方为此而展开过激烈的论战和斗争,结果是建立一个独立、民主和统一的多民族国家成了革命派和立宪派的共识并得到最终确立。

一 西方近代民族主义的实质：建立民族国家

中国古代只有传统民族主义。近代民族主义是19世末20世纪初从西方传入到中国来的。1895年甲午战争的惨败,促进了中华民族的觉醒。用梁启超的话说："唤起吾国四千年之大梦,实自甲午一役始也"。② 而中华民族觉醒的标志之一,便是西方近代民族主义的传入及其影响。首先传入西方近代民族主义的是自戊戌变法以来就始终执思想界之牛耳的梁启超。1901年他在《国家思想变迁异同论》一文中,率先向国人介绍了"民族主义"和"民族帝国主义"这两个新名词。他认为"今日之欧美,则民族主义与民族帝国主义相嬗之时代也；今日之亚洲,则帝国主义与民族主义相嬗之时代也"。欧美的"民族主义全盛于十九世纪,而其萌达也在十八世纪下半叶",其含义是"不使他族侵我之自由,我亦毋侵他族之自由。对其在于本国也,人之独立；其在于世界也,国之独立"。而"萌达"于

---

① Joshua A. Fogel & peter G. Zarrow. Imagining the People——Chinese Intellectuals and the Concept of Citizenship, 1890-1920 〔J〕. NewYork：M. E. Sharp, Inc, 1997.
② 梁启超：《戊戌政变记》,《饮冰室合集》第6册,专集之1,中华书局,1989,第113页。

19世纪下半叶的民族帝国主义在本质上不同于18世纪以前的帝国主义，18世纪以前的帝国主义"以一君主为主体，故其帝国者，独夫帝国也"。19世纪下半叶以来的帝国主义"以全国民为主体，故其帝国者，民族帝国也"。这也是民族帝国主义到了20世纪后所以会进入其"全盛"时期的重要原因。返观中国，民族主义"犹未胚胎"，面对欧美民族帝国主义的竞争，国人还"墨守十八世纪以前之思想，欲以与公理相抗衡"，这只能是以卵击石，"不足道矣"。为此，梁启超大声呼吁国人迅速培养民族主义，以谋抵御欧美的民族帝国主义的侵略。① 后来，在《论中国学术思想变迁之大势》《论民族竞争之大势》以及《新民说》等文中，梁启超又进一步向国人介绍和宣传了西方近代民族主义，并首次提出了"中华民族"的概念。

继梁启超之后，知识界的其他一些人也纷纷加入到介绍和宣传西方近代民族主义的行列，并且都视民族主义为救亡图存的不二法门。雨尘子指出，民族主义和"多数人之权利""租税所得之权利"一样，是"近世欧人之三大主义"之一，近日世界的大事变，如意大利的统一、希腊、罗马尼亚的独立，德意志联邦的形成，"推其中心，无不发于民族主义之动力"。② 余一强调：当今是"民族主义发达之时代也，而中国当其冲，故今日而再不以民族主义提倡于吾中国，则吾中国乃真亡矣"。因为"今日欧族列强立国之本，在民族主义，固也；然彼能以民族主义建己之国，复能以民族主义亡人之国"。中国要想不被欧族灭亡，就只有大力提倡民族主义。③《民族主义之教育》的作者认为，"德意志之所以统一，意大利、希腊之所以独立，腓律宾、图兰斯法耳之所以抗战强敌"，是对其国民进行"民族主义之教育"的结果。中国要救亡图存，也应该对国民进行"民族主义之教育"。④

西方近代民族主义便是西方各国在从前近代的"王朝国家"走向近代的"民族国家"的过程中产生和发展起来的。依据李宏图的研究，前近代的"王朝国家"与近代的"民族国家"的区别在于两点。（1）在"王朝

---

① 梁启超：《国家思想变迁异同论》，《饮冰室合集》第1册，文集之六，第19~22页。
② 雨尘子：《近世欧人之三大主义》，《辛亥革命前十年间时论选集》第1卷，上册，三联书店，1960，第347页。
③ 余一：《民族主义论》，《辛亥革命前十年间时论选集》第1卷，下册，第485~492页。
④ 《民族主义之教育》，《辛亥革命前十年间时论选集》第1卷，上册，第404~405页。

国家"中，专制帝王具有至高无上的权利，其意志就是法律，广大民众只是帝王的臣民，帝王对他们有生杀予夺之权，"建立在这种专制与压迫基础之上的国家看似统一，实则离心离德，四分五裂，人民根本没有爱国心，而且，封建特权阶级与其他阶级之间的差别、对立和相斥也阻碍了统一民族国家的形成"；而在近代的"民族国家"中，人民主权取代了专制王权，从前的臣民变成了公民，每个人都有权参与国家事务的管理，对国家大政方针发表自己的看法。因此，和王朝国家不同，构成"民族国家的基础不是王权和许多不平等的阶级，而是具有相同权利的独立公民，人民主权成为这个新型国家的中心"。(2) 在"王朝国家"中，王朝的利益高于一切，尽管专制帝王有时也能采取某些有利于国家或整体民族利益的政策，但从根本上来说，他们的"主要目的是要维护封建王权和封建特权的王朝利益，"当王朝利益和民族利益发生矛盾时，他们往往以牺牲民族利益为代价来换取对王朝利益的维护。所以，"这种王朝利益从本质上阻碍着整体民族利益的形成，也阻碍着统一民族的形成"。而在近代的"民族国家"中，民族利益高于一切，西方国家的资产阶级在建立民族国家的过程中，往往以民族利益的代表者自居，认为整个国家的政治、经济都应掌握在全体人民手中，国家的一切方针、政策和措施都应服从和服务于民族利益的实现和发展。尽管正如马克思指出的那样，资产阶级在这里所讲的"民族利益"仍然不过是他们自己的一个阶级的利益而已，但民族利益的提出和确立，则有利于统一的民族国家的形成和稳定。①

正因为西方近代民族主义是西方各国在从前近代的"王朝国家"走向近代的"民族国家"的过程中产生和发展起来的。所以，建立"民族国家"是西方近代民族主义的核心或主要内容。20世纪初以梁启超为代表的积极从事西方近代民族主义介绍和宣传的中国知识界对此有充分认识。上面我们引用过的《近世欧人之三大主义》就明确指出，西方民族主义的核心是建立民族国家，"其民族不同者，则独立为一国"，"民族同一也，则结合为一国"，"故十九世纪，实为民族国家发生最盛之时代也"。② 《民族

---

① 参见李宏图《西欧近代民族主义思潮研究——从启蒙运动到拿破仑时代》，上海社会科学院出版社，1997，第256~258页。
② 雨尘：《近世欧人之三大主义》，《辛亥革命前十年间时论选集》第1卷，上册，第347页。

主义之教育》的作者也写道:"是故民族建国者,以种族为立国之根据地。以种族为立国之根据地者,则但与本民族相提携,而不能与异民族相提携,与本民族相固著,而不能与异民族相固著。必能与本民族相提携、相固著,而后可以伸张本民族之权力"。① 《民族主义》一文更明确指出:"民族之于世界,犹个人之于社会,对于内有绝对之所有权,对于外有绝对之独立权。若一民族起而建独立自治之国家,无论何人,无对抗之权。此民族主义之本旨"。②

尽管与西方国家的历史不同,自秦始皇统一后,中国在绝大多数的时期内是作为统一的国家而存在,但在辛亥革命之前,中国也是一个前近代的"王朝国家",而非近代的"民族国家"。因为,第一,它实行的是封建专制制度,君主大权独揽,整个国家机器不过是执行君主意志的工具而已,而作为君主臣民的广大民众,则毫无权利可言,专制君主可以随意处置他们,所谓"君要臣死,不得不死",讲的就是这个道理。第二,在封建专制制度下,作为国家构成要素的土地和人民都是君主的私人财产,"普天之下,莫非王土,率土之滨,莫非王臣",君主的一切作为,其根本目的是有维护和扩充封建王权和封建特权的王朝利益。除这两点和西方前近代的"王朝国家"相似外,辛亥革命之前中国的"王朝国家"还有两点与西方前近代的"王朝国家"不一样的地方:第一,西方的"王朝国家"大多是主权独立的国家,而中国自1840年的鸦片战争起,就不断受到东西方资本主义列强亦即后来的帝国主义的侵略和掠夺,其领土和主权遭到巨大破坏,到了20世纪初,已完全沦为半殖民地半封建社会。第二,西方的"王朝国家"民族相对来说比较单一,基本上是一个民族一个国家(如英、法、德、意),而中国自古以来就是一个多民族的国家,清王朝的建立者是满族贵族,他们对汉族和其他民族实行民族压迫和民族歧视政策,各民族之间没有平等可言。

既然和西方国家一样,辛亥革命前的中国是一个前近代的"王朝国家",因此,建立近代的"民族国家"也就成了中国近代民族主义的追求。用梁启超在《论民族竞争之大势》一文中的话说:"今日欲救中国,无他

---

① 《民族主义之教育》,《辛亥革命前十年间时论选集》第1卷,上册,第404页。
② 《民族主义》,《江苏》第7期,1904年1月,第20页。

术焉，亦先建设一民族主义之国家而已。"① 这可以说是 20 世纪初积极从事西方近代民族主义介绍和宣传的中国知识界的基本共识。但就建立近代的"民族国家"的任务而言，如前所述，由于辛亥革命前的清王朝与西方前近代的"王朝国家"既有相同之处，也有不同的地方，所以要建立近代的"民族国家"，中国除了要完成西方在建立近代的"民族国家"的过程中所要完成的推翻封建统治、建立民主制度、实现法律上的人人平等的任务外，还要完成西方所没有的两项任务：一是推翻东西方资本主义列强亦即帝国主义对中国的统治，改变中国的半殖民地半封建社会的性质，实现国家的独立和中华民族的解放；二是处理好国内各民族之间的关系，确立各民族在国家中的地位，实现各民族之间的一律平等和共同发展。显而易见，与西方比较，中国建立近代"民族国家"的任务要繁重得多，艰巨得多，也复杂得多。这也是近代民族国家在中国迟迟不能很好地构建起来的重要原因。

二 在建立"民族国家"问题上革命派与立宪派的分歧

如前所述，在 20 世纪初中国的政治舞台上，除清政府外，主要活跃着两大政治力量，即以孙中山为代表的革命派和以梁启超为代表的立宪派，但无论是革命派，还是立宪派，建立一个近代的民族国家可以说是他们的共同追求，他们主要分歧则在于：建立一个什么样的民族国家？概而言之，革命派主张建立一个单一的汉民族国家，而立宪派则主张建立一个包括满族在内的统一的多民族国家。

实际上，革命派和立宪派在"民族建国"问题上的上述分歧，源自于西方近代民族主义。我们在本章第一节中已经指出，西方近代民族主义的核心或主要内容是建立"民族国家"，然而在如何建立"民族国家"这一问题上又存在着两种不同的理论或主张：一是以血统、种族为主划分民族、建立单一民族的国家。二是以文化为主划分民族，建立多民族的国家。前者可以德意志民族主义的奠基人赫尔德为代表。用赫尔德的话说："最自然的国家，莫过于具有一种民族特点的一个民族。……把一百个民

---

① 梁启超：《论民族竞争之大势》，《饮冰室合集》第 2 册，文集之十，第 35 页。

族硬捏在一起并由一百五十个省份组成的帝国,决不是个政体,而是个怪物"。① 这也就是说国家只能由单一的民族组成,一个民族一个国家。后者的代表人物我们可举德国的伯伦知理。在伯伦知理看来,文化(如语言文字风俗)比血统对一个民族的形成更重要一些,一些不同血统但文化相同的民族,可以联合在一起,建立起多民族的国家。杨度在《金铁主义说》一文中就明确指出:关于民族主义,西方各家学说虽然各不相同,"然其大别亦不过血统与文化二种。持血统说者,如甄克思等是也。持文化说者,如巴尔鸠斯是也"。②

上述西方近代民族主义的这两种建立民族国家的理论或主张在19世纪末20世纪初都先后传入到中国,并对中国先进的知识界产生了重要影响。这种影响又与中国传统民族主义的两种取向,即"非我族类,其心必异"的种族民族主义取向和"诸侯用夷礼则夷之,进于中国则中国之"的文化民族主义取向结合在一起,更强化了中国先进的知识界对西方近代民族主义的这两种建立民族国家的理论或主张的认同或接收。

以孙中山为代表的革命派认同或接受的主要是第一种理论或主张,认为中国的民族建国建立的是单一的汉民族国家。《浙江潮》上的一篇文章就强调,所谓民族主义,其实质就是"合同种异异种,以建一民族的国家"。"惟民族的国家,乃能发挥本民族之特性;惟民族的国家,乃能合其权以为权,合其志以为志,合其力以为力"。所以,一国之内不能"容二族"。否则,"以言特性,则各异其异,孰从而发挥之;以言合其意、合其权,则其意相背,其权消长,又孰从而合之。故曰:一国之内而容二族,则舍奴隶以外,无以容其一"。③ 既然一国之内不能"容二族",那么该文的结论自然是:中国要民族建国,就必须"排满",建立单一的汉民族国家。柳亚子在《民权主义!民族主义!》一文中也明确指出:"凡是血裔风俗语言同的,是同民族;血裔风俗语言不同的,就不是同民族。一个民族当中,应该建设一个国家,自立自治,不能让第二个民族占据一步"。④ 作

---

① 转引自王缉思《民族与民族主义》,《欧洲》1993年第5期。
② 杨度:《金铁主义说》,《杨度集》,湖南人民出版社,1986,第373页。
③ 余一:《民族主义论》,《辛亥革命前十年间时论选集》第1卷,下册,第486~487页。
④ 柳亚子:《民权主义!民族主义!》,《辛亥革命前十年间时论选集》第2卷,下册,第814页。

为孙中山主要理论助手和三民主义阐释人的汪精卫曾公开声明："吾愿我民族实行民族主义，以一民族为一国民"。① 就是孙中山本人，在革命的初始阶段，主张建立的也是单一的汉民族国家，所以他的三民主义的"民族主义"的内容，是要"驱逐鞑虏，恢复中华"，也就要把建立清王朝的满族人赶回到东北老家去，以恢复汉族对中国的统治。1906年孙中山在日本与黄兴、章太炎制定《中国同盟会革命方略》时是这样解释"驱逐鞑虏，恢复中华"的："一、驱除鞑虏：今之满洲，本塞外东胡。昔在明朝，屡为边患。后乘中国多事，长驱入关，灭我中国，据我政府，迫我汉人为其奴隶，……义师所指，覆彼政府，还我主权。……二、恢复中华：中国者，中国人之中国；中国之政治，中国人任之。驱除鞑虏之后，光复我民族的国家。敢有为石敬瑭、吴三桂之所为者，天下共击之！"②

以梁启超为代表的立宪派认同或接受的是第二种理论或主张，认为中国的民族建国应该建立一个包括满族在内的多民族的统一国家。③ 1903年梁启超在《政治学大家伯伦知理之学说》一文中，就针对革命派的"革命排满"提出了这样的问题："必离满洲民族然后可以建国乎？抑融满洲民族乃至蒙、苗、回、藏诸民族而亦可以建国乎？"这个问题又可分作三个阶段进行考察：即"当预备时代，将排满而能养汉人之实力乎？抑用满而能养汉人之实力乎？当实行时代，将排满而能御列强之侵入乎？抑合满而能御列强之侵入乎？当善后时代，将排满而得国础之奠安乎？抑利满而得国础之奠安乎？"他考察的结果是：与革命派的"排满"比较，"用满"、"合满"和"利满"则更有利于民族国家的建立，"此则吾所敢断言也"。

---

① 汪精卫：《民族的国民》，《辛亥革命前十年间时论选集》第2卷，上册，第100页。
② 孙中山：《中国同盟会革命方略》，《孙中山全集》第1卷，中华书局，1981，第286~297页。
③ 这里需要指出的是，在1903年之前，梁启超接受的也是西方民族主义的第一种理论或主张。他在《论民族竞争之大势》一文中写道：封建时代，分土分民，或同族而异邦，或同邦而异族，"胡汉吴越，杂处无猜"。但到了封建的末世，"民求自立而先自团，于是种族之界始生，同族则本吸集，异族则相反拨，苟为他族所箝制压抑者，虽粉身碎骨，以图恢复，亦所不辞，若德意志，若意大利，皆以同民族相吸而建新邦，若匈牙利，以异民族而分离于奥大利，皆其最著者也"。所以，民族主义是制造近世单一民族国家"之原动力也"。他认为建立单一民族国家这是世界发展的大势，"苟反抗此大势者，虽有殊才异能，卒归失败"。法国的拿破仑之所以身败名裂，就是因为他"欲强合无数异种异言异教异习之民族，而成一绝大之帝国"。只是到了1903年秋他在接受了伯伦知理的"国民与民族之差别及其关系"的理论后，才开始提出建立包括满族在内的多民族国家的主张。

所以，他认为，"自今以往，中国而亡则已，中国而不亡，则此后所以对世界者，势不得不取帝国政略，合汉、合满、合蒙、合回、合苗、合藏"，以建立一个多民族的统一国家。① 梁启超关于建立包括满族在内的多民族国家的主张，后来为立宪派所接受，成了他们的共同诉求。如杨度在《金铁主义说》一文中就主张合汉、满、蒙、回、藏等"五族"以建立多民族的国家。

从建立单一的汉民族国家出发，革命派特别强调满、汉不同种，不是一个民族。刘师培在《辨满人非中国之臣民》一文中就一再强调，"满、汉二民族，当满族宅夏以前，不独非同种之人，亦且非同国之人，遗书具在，固可按也"。② 为了辨明满、汉"种界"，证明满、汉不是一个民族，刘师培还特作《中国民族志》一书。陶成章在《中国民族权力消长史叙例七则》中把满族归入蒙古族，以证明满族与汉族不是同种同族。自称为"革命军中马前卒"的邹容，在《革命军》一书不惜以大量篇幅证明"吾同胞今日之所谓朝廷、所谓政府、所谓皇帝者，即吾畴昔之所谓曰夷、曰蛮、曰戎、曰狄、曰匈奴、曰鞑靼，其部落居于山海关之外，本与我黄帝神明之子孙不同种族者也"。③ 更有甚者，一些排满思想十分浓厚的革命党人，不仅认为满、汉不同种，而且认为满族和其他民族不是中国人，满族和其他民族的聚居地不是中国土地，只有汉族才是中国人，只有汉族的聚居地才是中国土地。比如《浙江潮》第7期发表的《四客政论》一文中就强调："中国者，中国人之中国也，孰为中国人？汉人种是也。"④《江苏》第6期的"补白"也声称："中国者，中国人之中国，非胡虏之中国也。"既然满族和其他民族不是中国人，满族和其他民族的聚居地不是中国土地，所以当时一些革命党人提出的民族建国，其领土只包括汉族聚居的十八省，而没有把东北、内外蒙古、西藏和新疆包括在内。比如，1907年，两湖的一些革命党人在同盟会内部组织了一个革命小团体"共进会"，采用的便是只代表汉族聚居的十八省的"十八星旗"。

和革命派相反，立宪派则从建立包括满族在内的统一的多民族国家的

---

① 梁启超：《政治学大家伯伦知理之学说》，《饮冰室合集》第2册，文集之十三，第76页。
② 刘师培：《辨满人非中国之臣民》，《民报》第14期，1907，第1页。
③ 邹容：《革命军》，《辛亥革命前十年时论选集》第1卷，上册，第663页。
④ 愿云：《四客政论》，《浙江潮》第7期，1903，第2页。

主张出发,力图证明满族已经与汉族同化,"满洲与我,确不能谓为纯粹的异民族"。① 康有为的《答南北美洲诸华商论中国只可行立宪不能行革命书》一文,从种族、文化等多方面论证满族已为中国的一个民族,他说:"今上推满洲种族,则出于夏禹,下考政教礼俗,则全化华风,帝位只如刘、李、赵、朱,满族先于南阳、丰沛,其余无不与汉人共之,与汉人同之。""故满洲在明时则为春秋之楚,在今则为汉高之楚,纯为中国矣。"② 梁启超在《申论种族革命与政治革命之得失》一文中针对革命派引用社会学者对于民族的定义［即（一）同血统,（二）同语言文字,（三）同住所,（四）同习惯,（五）同宗教,（六）同精神体质］以及据此认为满族是中国的异民族的观点——作了批驳,他以大量的事实说明,"民族之六大要素中","语言文字""住所""习惯"和"宗教"这四大"要素",满洲人已"纯然同化于我","血统"和"精神体质"这两大要素虽然还"不能奋下武断",说满洲人已与汉人同化或没有同化,但满洲人与汉人有血统关系,以及满洲人在精神体质上与汉人有许多相同之处,则是不容否定的事实。所以,"以社会学者所下民族之定义以衡之,彼满洲人实已同化于汉人,而有（与汉人）构成一混同民族之资格者也"。③ 杨度在《金铁主义说》一文中更是明确指出:"中华之名词,不仅非一地域之国名,亦且非一血统之种名,乃为一文化之族名。……今日之中华民族,则全国之中除蒙、回、藏文化不同,语言各异而外,其余满、汉人等,殆皆同一民族"。④ 既然满、汉已经同化,成了同一民族,那么,中国来建立近代的"民族建国"则已,要建立近代的"民族建国",就必须"合汉合满合蒙合回合苗合藏组成一大民族"。否则,"将彼五百万之满族先摈弃之",这与建立近代"民族国家"的目的是南辕而北辙。⑤

革命派和立宪派在民族建国问题上的另一个分歧,是建立后的民族国

---

① 梁启超:《申论种族革命与政治革命之得失》,《辛亥革命前十年间时论选集》第2卷,上册,第224页。
② 康有为:《答南北美洲诸华商论中国只可行立宪不能行革命书》,《康有为全集》第6集,中国人民大学出版社,2007,第330页。
③ 梁启超:《申论种族革命与政治革命之得失》,《辛亥革命前十年间时论选集》第2卷,上册,第224~226页。
④ 杨度:《金铁主义说》,《杨度集》,湖南人民出版社,1986,第374页。
⑤ 梁启超:《政治学大家伯伦知理之学说》,《饮冰室合集》第2册,文集之十三,第74~76页。

家将采用什么样的政治制度的分歧。近代的"民族国家"与前近代的"王朝国家"最主要的区别就在于:"王朝国家"实行的封建专制制度,王权高于一切;而"民族国家"实行的是资产阶级民主制度,民权取代了王权。未来的民族国家应该实行民主制度,这是革命派和立宪派的共识。他们的分歧在于:革命派主张推翻清政府统治,实行民主共和;而立宪派则主张革新清政府统治,实行君主立宪。但无论是民主共和还是君主立宪,都是民主的政体形式,在本质上并没有什么区别。

三　中华民国:中国近代"民族国家"的初步建立

如前所述,革命派主张建立单一的汉民族国家,而立宪派则主张建立包括满族在内的统一的多民族国家。为此,双方展开过激烈论战。长期以来,由于种种原因,对于这场论战,学术界多肯定革命派,而批评甚至否定立宪派,但实际上,在建立民族国家的问题上,无论就历史而言,还是从现实来看,立宪派的主张都要比革命派的主张正确得多,可以说立宪派的主张是近代中国建立民族国家唯一正确的选择。因为,中国自古以来就是一个统一的多民族国家,生活在中国境内的各个民族,在长期的生产、生活和交往中,在血缘上已形成你中有我、我中有你的关系,我们不可能找到一个纯血统的民族存在,在文化上各民族之间相互影响,共同创造了以儒家思想为核心的中华文化,并形成了共同的历史和文化记忆。作为中华民族的一员,各民族都为中华民族的形成和发展做出过自己的贡献。就是当时居于统治地位的满族,尽管在入主中原、建立和维护清王朝的过程中,曾实行过民族屠杀、民族压迫和民族歧视政策,但这只是少数满族贵族的行为,我们不能因此而否认整个满族就不属于中华民族,更不能得出满族对中国的统治是异族统治的结论。如果像革命派所主张的那样,通过排满革命,以建立一个单一的汉民族国家,那么历史上形成的统一的多民族国家就会发生分裂,满汉民族之间就会发生仇杀,其结果不仅近代的民族国家建立不起来,而且还会给帝国主义侵略和瓜分中国提供机会,从而更进一步加重中国的民族危机。杨度在《金铁主义说》中就写道:要是近代中国的民族建国真的像革命派所主张的,是要建立一个单一的汉民族国家,那么满、蒙、回、藏等民族也将建立自己的民族国家,结果是"分一大国为数小国,分一大国之人民为数小国之人民,分一大国之领土为数小国之领土"，那些本以瓜分中国为基本国策的西方列强，如俄国和法国，"一见我五族分立，领土瓜分，岂有不欢欣鼓舞投袂而起，一从北方以取蒙、回，一从南方以取黔、粤者乎？以国内瓜分之原因，而得外国瓜分之结果，此不待蓍龟而可决者。而主张五族分立论或汉族独立论者，实俄、法之所乐闻，而思利用之，以为先驱者也。故中国之在今日世界，汉、满、蒙、回、藏之土地，不可失其一部，汉、满、蒙、回、藏之人民，不可失其一种"，否则，"一有变动，则国亡矣"。① 这也是梁启超之所以在1903 年后放弃了此前所认同的民族建国就是建立单一的民族国家，而提出中国的民族建国是要建立包括满族在内的统一的多民族国家的一个重要原因。

正因为以梁启超为代表的立宪派提出的建立一个包括满族在内的统一的多民族国家的主张，是近代中国建立民族国家唯一正确的选择，所以在论战中，革命派虽然人多势众，其"反满"主张得到了不少具有传统种族民族主义思想的汉族知识分子尤其是留日学生的认同，但他们始终未能正面回答立宪派提出的建立单一的汉民族国家将造成自古以来就已形成的统一的多民族国家的解体、从而给帝国主义瓜代分中国提供机会的诘问。革命派也只是一味强调或夸大满洲贵族在建立和维护清王朝的过程中所采取的民族屠杀、民族压迫和民族歧视政策，而对于立宪派提出的满族已经与汉族同化、满人聚居的地方也是中国的土地、满人和汉人一样也是中国人的问题则没有给予正面的回答。

真理是越辨越明。经过论战，革命派内部以孙中山为代表的一些革命党人逐渐放弃了狭隘的民族复仇主义思想，声明"排满"只反对压迫、仇视汉人的满族统治者，而不是普通的满族民众。1906 年孙中山在《民报》周年纪念大会上的演说中就明确指出："兄弟曾听见人说，民族革命，是要尽灭满洲民族，这话大错。民族革命的缘故，是不甘心满洲人灭我们的国家，主我们的政，定要扑灭它的政府，光复我们的民族国家。这样看来，我们并不是恨满洲人，是恨害汉人的满洲人。假如我们实行革命的时候，那满洲人不来阻害，我们决无寻仇之理"。② 汪精卫后来也写道："汉

---

① 杨度：《金铁主义说》，《杨度集》，湖南人民出版社，1986，第 304 页。
② 孙中山：《在东京〈民报〉创刊周年庆祝大会的演说》，《孙中山全集》第 1 卷，第 325 页。

人之所以排满者,以其覆我中国,攘我主权也,非谓国家内不许他民族存在,排满不已,更进而排蒙、排回、排藏也。况汉人非惟无排斥蒙、回、藏之心,且将实行平等制度。"① 就是"排满"思想甚为浓厚的章太炎在1908年6月撰写的《排满平议》中对此前自己所着力宣传的民族复仇论进行了修正,指出"排满者,排其皇室也,排其官吏也,排其士卒也。若夫列为编氓,相从耕牧,是满人者,则岂欲俾刃其腹哉?"② 他们也逐渐放弃了建立单一的汉民族国家的构想,而开始接受立宪派提出的汉、满、蒙、回、藏之聚居地都是中国之土地,汉、满、蒙、回、藏之人民都是中国之国民的思想,认为近代中国的民族建国所要建立的是包括满族在内的统一的多民族国家。以孙中山为代表的一些革命党人认识上的这一变化,为后来"五族共和"之建国主张的提出奠定了思想基础。与此同时,以梁启超为代表的立宪派,在与革命派进行论战时也逐渐修改了原来那种认为清朝不存在民族压迫和民族歧视的观点,并一定程度上承认了革命派"排满革命"的合理性。梁启超在《现政府与革命党》一文中便写道:"次于政治现象而起者,曰种族问题。满汉之同栖一国而分彼我,实制造革命党原料之从品也"。③ 国会请愿运动失败后,部分立宪党人更是出于对清政府借预备立宪之名、行拖延立宪之实的不满,开始转变立场,赞同革命派的共和革命。

1911年10月10日武昌起义爆发,各地纷纷响应,宣布起义或"光复"。在武汉光复次日,起义的领导人便议定"改政体为五族共和";"国旗为五色,以红、黄、蓝、白、黑代表汉、满、蒙、回、藏为一家。"虽然湖北军政府实际上并没有将五色旗作为国旗,而采用的是代表汉族聚居的十八省人民团结和铁血精神的十八星旗,但此议一出,实开"五族共和"之建国主张的先声。12月4日,江苏都督程德全、浙江都督汤寿潜、沪军都督陈其美,以及黄兴和各省留沪代表沈恩孚、俞寰澄、朱葆康、林长民、马良、王照、欧阳振声、居正、陶凤集、吴景濂、刘兴甲、赵学臣、朱福诜等在上海江苏省教育总会开各省代表会,议决"公电孙中山回国主持大政,公举黄兴为大元帅,黎元洪为副元帅,国名定为中华民国。

---

① 汪精卫:《研究民族与政府关系之材料》,《民报》第13号,1907,第17页。
② 章太炎:《排满平议》,《章太炎全集》(四),上海人民出版社,1985,第173页。
③ 梁启超:《现政府与革命党》,《饮冰室合集》第2册,文集之十九,第47页。

黄兴等建议规定国旗式样。经过反复研讨，取五族共和的意义，决定以五色旗为国旗。红、黄、蓝、白、黑，象征汉、满、蒙、回、藏。"这一决议尽管因当时大部分代表已去武汉而不具有完全的法律效力，但它说明"五族共和"之建国主张已经成为革命阵营内部包括革命派（如黄兴、陈其美，居正）、立宪派（如汤寿潜、沈恩孚、林长民、马良）和旧官僚（如程德全）等各派力量的政治共识。12月25日，孙中山自海外回到上海，29日，会议正式选举孙中山为临时大总统。1912年1月1日，孙中山在南京宣誓就职，宣告中华民国临时政府成立。在《临时大总统就职宣言书》中，孙中山向海内外明确宣布了"五族共和"的建国方针："国家之本，在于人民。合汉、满、蒙、回、藏诸地为一国，即合汉、满、蒙、回、藏诸族为一人。是曰民族之统一。武汉首义，十数行省先后独立。所谓独立，对于清廷为脱离，对于各省为联合，蒙古、西藏意亦同此。行动既一，决无歧趋，枢机成于中央，斯经纬周于四至。是曰领土之统一。"①此后不久颁布的《中华民国临时约法》，又将"五族共和"之建国方针以国家根本大法的形式确定了下来。

革命派以"五族共和"之建国主张取代他们早先提出的建立单一的汉民族国家的主张，这具有非常重要的历史意义，它不仅避免了统一的多民族国家的分裂，也避免了多民族国家在发生重大的政局变动时民族间往往相互仇杀的悲剧发生，从而为后来中国统一的多民族国家的不断巩固和发展奠定了较好的政治和社会基础。尽管后来袁世凯窃取了革命的胜利果实，但南京临时政府所确立的"五族共和"的建国方针还是被他继承了下来。1912年4月22日，也就是袁世凯继任南京临时大总统后不久，他在发布的大总统令中重申："现在五族共和，凡蒙、藏、回、疆各地方，同为我中华民国领土，则蒙、藏、回、疆各民族，即同为我中华民国国民。"

中华民国的成立，是中国近代民族国家建立的重要标志。第一，新成立的中华民国用近代的民主制度取代了封建的专制制度，用人民主权取代了专制王权，从前的臣民变成了公民，每个人都有参与国家事务管理的权利。《中华民国临时约法》就明确规定"中华民国之主权，属于国民全体"（第二条）；人民享有人身、居住、财产、言论、出版、集会、结社、通

---

① 孙中山：《临时大总统就职宣言书》，《孙中山全集》第2卷，中华书局，1982，第2页。

信、信仰等自由，享有请愿、诉讼、考试、选举及被选举等权利（第六至第十二条）。第二，新成立的中华民国废除了封建等级制度，在法律上实现了人人平等。孙中山在任南京临时大总统期间，曾就改变所谓"贱民"身份和保证他们各项权利的问题令内务部通令各地，对在清朝专制统治下的所谓贱民，不得再有歧视。"凡以上所述各种人民，对于国家社会之一切权利，……均许一体享有，毋稍歧异，以重人权，而彰公理"。不久又将"中华民国人民一律平等，无种族、阶级、宗教之区别"写进了作为国家根本大法的《中华民国临时约法》的第五条。第三，新成立的中华民国确立了各民族平等的基本国策。中华民国成立后颁布的各种文告和文件中一再强调"五族平等"，而且还特别制定了《关于满、蒙、回、藏各族待遇之条件》，强调各族平等共处。

当然，我们在肯定中华民国的成立对于中国近代民族国家的建立之重要意义的同时，也必须看到，这种建立还只是初步的，因为以孙中山为代表的革命党人为中华民国所确立的近代民主制度，在袁世凯窃取了辛亥革命的胜利果实后，很快就成了一块有名无实的空头招牌，广大人民并没有像《中华民国临时约法》所规定的那样实现人人平等，封建专制制度和封建等级制度并没有彻底退出历史舞台，民族压迫和民族歧视的现象依然存在，尤其是孙中山为代表的革命党人，他们在建构中国近代的民族国家时，不仅没有提出反对帝国主义的口号和措施，而且还对帝主义抱有不切实际的幻想，中华民国建立后，帝国主义对中华民族的压迫和掠夺依然存在，民族危机不仅没有减缓，相反还在进一步加深。所以，建立一个完整意义上的近代民族国家还任重而道远，需要包括以孙中山为代表的革命派在内的中国人民的继续努力。

第二章 五四时期：中国近代民族主义的发展

　　五四时期是中国近代民族主义的发展阶段。中国无产阶级的壮大并登上历史舞台，第一次世界大战后世界范围内民族解放运动的高涨，俄国十月革命的发生，以及五四新文化运动对人的思想解放，是推动中国近代民族主义在五四时期走向发展的重要因素。反帝与反封建的结合，从思想文化上寻找中华民族落后挨打的原因，民族主义与各种政治和思想文化运动结合在一起，是这一时期中国近代民族主义走向高涨的最显著的表征。受威尔逊尤其是列宁提出的"民族自决权"的影响，这一时期民族主义的理论建构是"民族自决"。由于阶级立场、政治观点和思想方法的不同，不同阶级、不同党派和不同政治集团或势力对"民族自决"有着不同的理解，为此展开过激烈争论。与此同时，第一次世界大战后国际联盟的建立，也引起了知识界的思考，这种思考所体现出的正是知识界对民族主义与世界主义的认知。

第一节 民族主义思潮在"五四"前后的兴起和发展

　　中国近代民族主义的发展之所以在五四前后，这与第一次世界大战的影响有关。关于第一次世界大战对中国的影响，学术界特别是中国学术界已有不少研究成果，但这些成果大都集中在经济与政治的层面，如第一次世界大战与中国资本主义的发展，第一次世界大战与战后中国政治结构的变化，等等，很少有人从思想文化层面对这一问题进行系统探讨,① 实际上我们考察中国近现代思想文化史的演变,就会发现第一次世界大战对中国思想界的影响至深至巨,正是在第一次世界大战的影响下,加上其他方面的原因,中国思想文化发生了重大变动,这其中也包括形成于清末民初的中国近代民族主义思潮在五四前后的兴起和发展。

一 民族主义思潮兴起和发展的原因

中国近代民族主义思潮之所以在五四前后兴起并得到发展,不是偶然的,有它的历史原因。其原因便是第一次世界大战的影响。概而言之,第一次世界大战的影响主要表现在以下三个方面。

1. 战后世界民族解放运动的影响

第一次世界大战是一场帝国主义战争。战争对西方资本主义列强以及殖民地半殖民地国家都产生了极其重要的影响。首先,第一次世界大战加深了帝国主义和被压迫民族之间的矛盾。由于战争需要,战争期间列强对殖民地半殖民地加紧资源掠夺,强征当地人民参战,给当地人民带来深重灾难。战后,帝国主义列强又在牺牲弱小民族利益的基础上,构建重新划分势力范围的"凡尔赛-华盛顿体系",变本加厉地对殖民地半殖民地进行经济奴役,强化殖民统治,被压迫民族反抗帝国主义的民族运动愈趋激烈。同时,"一战"又为被压迫民族的独立解放斗争创造了有利条件。不仅英法等老牌殖民主义者的力量大为削弱,而且以压迫各族人民为基础的沙皇俄国、奥匈帝国和奥斯曼帝国也在大战结束前后的革命洪流的冲击下土崩瓦解。战争期间,忙于战争的帝国主义宗主国对殖民地半殖民地的经济控制有所放松,这在客观上为殖民地半殖民地民族资本主义工商业的较快发展提供了有利契机,并促使殖民地半殖民地的社会经济结构和阶级关

---

① 20 世纪 90 年代中叶以前,几乎没有这方面的专题论文或著作的发表或出版。90 年代中叶以后,这一问题虽然已经引起学术界的关注,不少学者发出过加强对这一问题研究的呼吁,但真正有分量的研究成果并不多见,查中国期刊网,1994~2006 年共发表有关文章 10 篇左右,其中有郑师渠的《论欧战后中国社会文化思潮的变动》(《近代史研究》1997 年第 3 期)、郑大华的《第一次世界大战与战后中国文化保守主义思潮的兴起》(《浙江学刊》2002 年第 6 期)和《第一次世界大战与战后中国思想界》(《中国近代思想史研究集刊》第 2 辑,2005 年 10 月)、陈建国、黄国才的《第一次世界大战对陈独秀的影响》[《安徽工业大学学报(社会科学版)》2003 年第 2 期]、陈国清的《简论第一次世界大战对中国社会进程的若干影响》(《武汉大学学报》2004 年第 1 期)、董增刚的《第一次世界大战对梁启超的思想影响》(《首都师范大学学报》2004 年第 4 期)等。

系发生了深刻变化,不仅民族资产阶级经济实力和政治力量增强,纷纷建立自己的政党组织,以争取国家独立为目标,在民族运动中的地位和作用大为提高,而且部分国家的无产阶级队伍也日趋壮大,开始独立地领导或影响着反对帝国主义的斗争。此外,第一次世界大战把东方各族人民卷入国际政治生活,帮助他们熟悉军事技术装备和新式武器,使他们开阔眼界,加深了对帝国主义的认识。以中国为例,当时有大批中国人到欧洲战场的后方劳动营里服劳役,尽管他们没有直接参加战争,但战争对他们的影响是巨大的,"不用说,有过如此经历后返回家园的殖民地居民对欧洲领主不可能再像以前那样恭顺(西方列强)"。① 大战中欧洲列强之间的相互争斗,也为殖民地民族主义运动的进一步发展创造了有利条件。"大战爆发后,欧洲列强自己在殖民地怂恿民族主义运动,希望给他们的敌人造成些麻烦。"② 诸如,德国人支持北非马格里布民族主义者拿起武器反抗法国殖民统治,而英国和法国则积极煽动从叙利亚、美索不达米亚到阿拉伯半岛的阿拉伯人的民族主义情绪,以对抗与德奥结盟的土耳其人。

上述这些无不为战后反帝反殖民斗争打下了基础,加上俄国十月革命的重大影响,第一次世界大战和十月革命后,长期受帝国主义压迫和奴役的殖民地半殖民地国家的人民掀起了民族解放运动的汹涌浪潮,由东往西,计有:东亚的朝鲜"三一运动"(1919),东南亚的缅甸反英运动(1918~1922),印度尼西亚反荷起义(1926~1927),南亚的印度第一次不合作运动(1920~1922),伊朗吉朗民族民主运动(1920~1921),土耳其凯末尔革命(1919~1934),伊拉克反英起义(1920),非洲的埃及独立运动(1919~1924),摩洛哥里夫起义(1921~1926),比属刚果基班固运动(1921~1933)以及拉美人民的反美斗争(1918~1920)等。

战后世界范围内兴起的民族解放运动促进了五四前后中国近代民族主义思潮的兴起和发展。戴季陶在《爱尔兰独立运动及美国》一书中称"三一运动"为东方的爱尔兰问题,主张"我们的国民,对于朝鲜人的自决运动更应该有精神上同情",并且"希望民国的合法议会,也要表示一个维

---

① 〔美〕斯塔夫里阿诺斯:《全球通史:1500年以后的世界》,吴象婴等译,上海社会科学院出版社,2006,第616页。
② 〔英〕杰弗里·巴勒克拉夫:《当代史导论》,张广勇等译,上海社会科学院出版社,2011,第151页。

持条约有效,扶助民族自决的态度"。① 北京《晨报》对于朝鲜的"三一运动"更是予以全程的关注,正如它发表于 1919 年 4 月 20 日的一篇文章所言:"近来中国日刊报纸已大发达,每日电报消息已大增加,是以中国人民对于世界无论何处发生之情形均甚洞悉。彼等深知违犯民族主义其于施者受者双方均有伤害。"② 陈独秀感慨:"这回朝鲜参加独立运动的人,以学生和基督徒最多。因此我们更感觉教育普及的必要,我们从此不敢轻视基督徒,但中国现在的学生和基督徒,何以都是死气沉沉?"③ 对于菲律宾的独立运动,陈独秀撰文进行介绍:"欧洲停战以来,各国的属地,受了民族自决主义的影响,狠狠发展他们民族运动的光荣。所以爱尔兰、朝鲜、印度、埃及均已经发生过革命的事情。近来菲律宾也极力想早日脱离美国的关系,自己去组织一个菲律宾独立国家。"④ 同样,印度的民族主义运动给当时正随梁启超做环球旅行的张君劢留下了深刻印象,他告诉国人,"自印之隶英,百数千年来,不统一之民族渐进于统一,不识近世之政治为何物者,乃近而要求权利争代议政治,且政党之运动风起水涌"。⑤

除了亚非拉殖民地、附属国的民族解放运动外,中东欧地区民族解放运动也是战后世界范围内民族解放运动的一个组成部分。20 世纪初,中东欧地区三大传统帝国在与其他列强关系日益紧张的同时,也面临着其内部各被压迫民族愈加激烈的反抗斗争。尤其是长期受到奥斯曼帝国专制统治的巴尔干半岛各民族,要求民族解放、建立独立国家的民族主义运动迅速高涨。对于参战的巴尔干的各国来说,这次战争是具有民族解放性质的正义战争。随着沙俄帝国在十月革命中、奥匈帝国在"一战"中的土崩瓦解,中东欧地区民族解放运动蓬勃兴起,出现了波兰、捷克斯洛伐克、南斯拉夫、芬兰、爱沙尼亚、拉脱维亚、立陶宛、奥地利和匈牙利等民族独立国家。对于中东欧地区的民族解放运动,当时的中国媒体也多有介绍和评论。它同样对五四前后中国民族主义思潮的兴起和发展产生过重要影响。正如汉斯科恩所言:"20 世纪是有史以来整个人类接受同一政治观念

---

① 戴季陶:《爱尔兰独立运动及美国》,《星期评论》第 5 号,1919 年 6 月 29 日。
② 《远东问题自有公论》,《晨报》第 118 号,1919 年 4 月 12 日。
③ 陈独秀:《朝鲜独立运动之感想》,《独秀文存》,安徽人民出版社,1987,第 405 页。
④ 陈独秀:《菲律宾独立运动》,《每周评论》第 20 号,1919 年 5 月 4 日。
⑤ 张君劢:《游欧随笔录》,《晨报》第 103 号,1919 年 3 月 26 日。

即民族主义观念的第一个时期。"①

2. 俄国十月革命和列宁"民族自决权"的影响

1917年11月7日，俄国爆发十月革命，建立了世界上第一个苏维埃政权，对世界政治产生了重大影响。苏维埃政府不仅对内力求以民族平等和民族自决原则来解决国内民族问题，而且对外摒弃沙皇俄国的帝国主义政策，反对任何形式的民族压迫和殖民奴役，主张各民族不分大小一律平等，有权决定自己的命运，宣布取消沙皇政府与中国及土耳其、伊朗等国签订的各种不平等条约，支持被压迫民族的正义斗争。这些举措给中国多年来探索民族独立争取国家自由的仁人志士以有力的鼓舞，也为中国的反帝反封建革命指明了前进方向，正如毛泽东所说："十月革命一声炮响，给我们送来了马克思列宁主义，十月革命帮助了全世界的先进分子，也帮助了中国的先进分子，用无产阶级的宇宙观作为观察国家命运的工具，重新考虑自己的问题，走俄国人的路——这就是结论。"② 毛泽东的话明确地表达了鸦片战争以来中国人民反对外国列强压迫争取民族独立的坎坷艰辛，也透露出对新的道路的憧憬。鸦片战争后中国沦为半殖民地半封建国家，深受外国列强的压迫与奴役，对此，农民阶级、地主阶级（改革派）和资产阶级（改良派和革命派）都以不同的方式探寻过谋求国家独立富强的道路，但无论太平天国还是洋务运动，无论戊戌变法还是辛亥革命，都没有使中国获得富强和独立。曾经历过万般磨难的孙中山对十月革命意义的理解应该比常人更加深刻。十月革命来临时，毕生投身革命的他已处在革命生涯的晚期了，然而可以毫不过分地说，十月革命给他生命最后几年带来的影响是巨大的。苏维埃政府1919年7月和1920年9月两次发表对华宣言，重申放弃沙皇在中国的一切特权，这使一生中反复受到帝国主义的欺侮、陷害和背叛的孙中山了解到苏维埃国家是一个和帝国主义根本不同的"最新式的共和国"。1923年1月，孙中山和苏联代表越飞签订《孙文越飞宣言》，以求通过苏维埃国家的帮助，"摆脱凭借强力和采取经济的帝国主义方法的国际体系所强加在我们身上的政治与经济的奴役。"事实也证明，"俄国人用了两个重要方法，改变了中国的局面：他们通过与北

---

① 〔美〕斯塔夫里阿诺斯：《全球通史：1500年以后的世界》，第620页。
② 毛泽东：《论人民民主专政》，《毛泽东选集》第四卷，人民出版社，1991，第1360页。

京以及国民革命运动建立取得联系,挑起了中国对于西方各国和日本的对立情绪;他们通过对国民党人提供技术援助,决定性地改变了这个国家政治力量的均势"。①

第一次世界大战后,促使中国民族主义思潮兴起和发展的另一个重要因素是列宁的民族自决权的阐释。1916年3月,列宁发表《社会主义革命与民族自决权》一文,指出世界各民族均享有决定自身命运的权力,被压迫民族应从帝国主义和殖民主义宗主国中解放出来。通过十月革命,俄国把民族自决原则从意识形态变为了实践并取得了成功。列宁这一原则最大贡献在于它使其民族主义从一种思想理论开始具有了政治法制的意义,成为殖民地被压迫民族反对压迫争取民族独立的重要原则和武器。列宁主义认为,社会主义运动已成为全世界无产者与被压迫民族的联合运动,主要打击目标是世界帝国主义,民族解放运动可以帮助无产阶级登上历史舞台。因此现代民族解放运动作为殖民地半殖民地民族主义形成的历史形态,其理论来源主要是马克思主义世界革命理论:世界民族分为压迫剥削民族和被压迫剥削民族,民族矛盾说到底是阶级矛盾。在世界范围内民族间的压迫和剥削就是国际资本对雇佣劳动的关系。所以,全世界无产阶级同被压迫民族联合起来,共同反对帝国主义,殖民地半殖民地反抗帝国主义的民族革命不仅是形成民族主义的历史力量而且是世界革命的有机组成部分。十月革命后随着马克思主义的广泛传播,孙中山及陈独秀、李大钊等更理性地认识到应该团结全国各阶级各阶层人民反帝反封建,必须以民族主义作为积聚革命力量的武器,追求国家的独立。

需说明的是,战后威尔逊的民族自决理论也是促进五四前后中国民族主义思潮兴起和发展的重要因素,这里之所以没有把它与俄国的影响相提并论,一个重要原因是巴黎和会后国人对美国的兴趣衰减。巴黎和会前,国人强烈要求洗雪"二十一条"之辱并收回山东的主权。由此,威尔逊的理想主义、自由主义言论,特别是他的民族自决理论,深深吸引了当时中国的进步知识分子,人们对美国的希望油然而生。然而,恰恰是威尔逊亲自指示参加和会的美国代表团向日本让步出卖了中国的权益,国人特别是进步知识分子心目中对美国的希望由此破灭。正如有的研究者所指出的那

---

① 〔英〕C. L. 莫瓦特:《新编剑桥世界近代史》第12卷,中国社会科学出版社,1985,第480页。

样:"孙中山晚年的联俄,除了其他诸多原因外,对美国的失望也是一个重要因素——巴黎和会,这对促使大批青年思想左倾,放弃以西方民主为楷模而接受马克思主义也起了相当大的作用。"①

3. 国内思想界对第一次世界大战的反应

作为深受帝国主义国家压迫和奴役的半殖民地国家,"一战"爆发时中国正处在政治经济形势最为复杂的时期。袁世凯获得中华民国实权后加紧了称帝的步伐,对《中华民国临时约法》以及革命党人的信念肆意破坏。这种状况促使当时的思想界开始反思辛亥革命失败的原因,检讨政治道德和国民性等问题。同时,"一战"的爆发促使中国思想界密切关注不断变化的时局,一方面,报纸杂志用相当大的篇幅对"一战"进行了及时的报道,从而使国人对变化的国际局势有了较为全面的了解;另一方面人们又纷纷撰写文章,对法国、德国等国家的政治、经济、文化等进行细致的分析,以图为建构自己的现代的民族国家提供有益的借鉴。

《新青年》第2卷1号读者论坛中《时局对于青年之教训》一文认为,第一次世界大战爆发的根本原因,是各交战国的人民没有真正的参政权,中国要想避免战争,就必须建立起真正的共和国,因为"共和之真精神,一在政府权利有制限,人民之自由权利得以确实保证;一在国中人民有参政权,其利害情感得以互剂而不至于破裂,故国基安如泰山而不虞退"。②否则,战争就在所难免。同时第一次世界大战也让人们认识到"MIGHT IS RIGHT"对中国来说是害无益。虽然自古以来中国便是爱好和平的国家,"和为贵"是中国传统思想的重要内容之一,但鸦片战争以来列强不断入侵的历史则真切地告诉人们,"和平不可得,中国祈和平之国,对屹立于世界不利",如孔子所言,"国必自伐而后人伐之"③,国人应该更深刻地认识国际社会的规则和自身的衰弱。一战期间,尽管西方列强及日本等为各自利益从来就没有讲过仁义道德,但国人对列强的侵略本性却缺乏正确的认识,相反天真地认为世上存在着所谓"公理",且"公理不服强权"。④王星拱在《去兵》一文中劝告人民"去兵"的理由是:有"公理"存在,

---

① 资中筠:《百年思想的冲击与撞击》,参见光明观察网 http://guancha.gmw.cn/。
② 王浧:《时局对于青年之教训》,《新青年》第2卷1号,1920年1月8日。
③ 陈独秀:《欧洲战争与青年之觉悟》,《新青年》2卷2号,1920年2月8日。
④ 陈独秀:《对德外交》,《新青年》3卷1号,1917年5月1日。

就不会有外患发生,即使发生了外患,公理也会胜利,协约国战胜同盟国便是公理战胜强权和明证。① 胡适在《武力解决与解决武力》中认为欧战胜利是解决武力的结果,而解决武力的目标方向是万国公法,世界公理。② 可见在巴黎和会前公理观念在人们心目中是十分信奉的。但正所谓希望越大失望越大,巴黎和会上中国外交的失败残酷地打碎了人们的公理之梦,"从欧战开始以来,在国内时常读到海外传来的新闻;那欧美有名的政治当局口口声声地讲什么人道,正义,自决,和平,那些好名辞使我们常受欺侮要在和议席上诉冤的小生灵,听了那慈仁公直的声音,不觉得精神鼓舞起来……多少理想的好梦,一下都惊破了,多少爱平和者之希望,一下都变成泡影了……希望平和爱惜公理的人没有不失望的"。③ 另外对威尔逊和平计划希望的破灭亦深深刺激了人们的民族主义情绪。1918 年 1 月,美国总统威尔逊在国会发表演说,提出十四点和平计划,主张废除秘密外交条约;裁军;尊重殖民地之公意;对大小各国同等保障其政治独立与土地完整的权利等。威尔逊的和平计划深得中国人的欢迎。陈独秀在 1918 年 12 月《每周评论》的发刊词中称威尔逊的演说"光明正大",威尔逊是"世界第一好人"。④ 梁启超对威尔逊的和平计划同样充满希望,认为它是实现"将来理想之世界大同"的"最良之手段",断言"吾国人热望此同盟之成立,几于举国一致"。⑤ 高一涵也认为,"欧战告终","国际间必发生一种类似世界国家之组织,以突破民族国家主义之范围。"⑥ 但巴黎和会上的事实粉碎了国人的希望,人们开始认识到,所谓国际同盟只是弱小国家的梦想而已。这正如霍布斯鲍姆所言:"1914 年大战爆发,立刻就证明了社会主义者所主张的国际主义简直就是不切实际的空中楼阁;而在 1918 年的战后和会上,'民族原则'又再度大获全胜。"⑦ 巨大的落差使国人民族情绪高涨,最终掀起了一场规模空前的反帝反封建的爱国运动,即"五

---

① 王星拱:《去兵》,《新青年》5 卷 6 号,1918 年 12 月 15 日。
② 胡适:《武力解决与解决武力》,《新青年》5 卷 6 号,1918 年 12 月 15 日。
③ 陶履恭:《旅欧之感想》,《新青年》7 卷 1 号,1919 年 12 月 1 日。
④ 陈独秀:《每周评论》第 1 号,1918 年 12 月 12 日。
⑤ 梁启超:《国际同盟与中国》,《东方杂志》第 16 卷第 2 号,1919 年 2 月。
⑥ 高一涵:《近世三大政治思想变迁》,《新青年》4 卷 1 号,1918 年 1 月 15 日。
⑦ 〔英〕霍布斯鲍姆:《民族与民族主义》,李金梅译,上海世纪出版集团,2006,第 118 页。

四运动"。

对于西方强盛的原因,知识分子做了大量的思考。陈独秀告诫国人要发展实利而不是虚文,发展科学而不是想象,"自约翰弥尔实利主义唱道于英,孔特之实验科学唱道于法,欧洲社会之制度,人心之思想为之一变,最近德意志科学大兴,物质文明造乎其极,制度人心为之再变","近代欧洲之所以优越他族者,科学之兴,其功不在人权说下,若舟车之有两轮也"①,可以看出他对科学的崇尚。陈独秀把科学比作车之一轮,而另一轮便是人权,"近世文明之特征,最足以变古之道,而使人心社会划然一新者,厥有三事:一曰人权说,一曰生物进化论,一曰社会主义也"②。高一涵认为,"专制国家其兴衰隆替之责,专在主权者之一身,共和国家其兴衰隆替之责,则在国民之全体。专制国家本建筑于主权者独裁之上,故国家之盛衰,随君主一身为转移,共和国本建筑于人民舆论之上……"。在这里,高氏强调了人民言论决策等权力与自由,主张人民之言论需得自由发表。另外,高氏在这篇文章中也对国家、政府、个人的权力作了分别,"国家与政府划然判分。人民创造国家,国家创造政府,政府者立于国家之下,同与全体人民受制于国家宪法规条者也"。③ 这是近代民族主义的一个重要观念。当时在《新青年》等杂志上刊有很多书籍的广告,如《美国公民学》《美国民主政治大纲》等,可见当时人们已对民主、社会、国家等概念有了更多的关注与认识。

第一次世界大战的主角当然是德国、法国、英国等,对这些国家的情况,当时很多杂志报纸都有专栏进行介绍。《东方杂志》中章锡琛、钱智修、许家庆、高劳(杜亚泉)、胡学愚等人都对"一战"进行了极大的关注,并且撰文报道参战国状况或评论东西文明,其中,《国外大事记》则对战争的具体进程进行了更细致报道。《新青年》则有《世界说苑》对西方国家和战事进行介绍。《每周评论》则设《国外大事述评》等对世界时势予以关注。另外,《晨报》在《紧要新闻》等栏目中刊登外电让国人及时了解时势。谢鸿在《德国青年团》中介绍了青年团的源起、统一计划、

---

① 陈独秀:《敬告青年》,《新青年》1卷1号,1915年9月15日。
② 陈独秀:《法兰西与近世文明》,《新青年》1卷1号,1915年9月15日。
③ 高一涵:《共和国与青年之自觉》,《新青年》1卷1号,1915年9月15日。

教育方法等。① 从这些介绍中，国人对西方国家有了更多的了解，这种了解对他们民族主义思想的形成是大有帮助的。

二 民族主义思潮兴起和发展的表现

第一次世界大战的影响，促进了中国近代民族主义思潮在五四前后的兴起和发展。主要表现在以下几个方面。

1. 民族自决思潮的兴起和发展并成为这一时期民族主义的理论建构

五四前后中国民族自决思潮的兴起和发展的直接原因是巴黎和会上中国政治外交所受的打击。对和会所标榜的公理、正义和威尔逊的民族自决的迷信到山东外交权益失败后的失望，加上这一时期国内媒体的大量宣传，人民的政治意识、政治参与性以及数量都有了极大的提高，民族自决思潮在五四前后兴起并得到发展。正是在民族自决思潮的推动下，才有五四爱国运动发生。就此而言，五四爱国运动也可称之为民族自决运动。

首先，这次民族自决运动的参与面之广是空前的。巴黎和会一召开，国人便对它给予了极大的关注与希望，"欧洲此次和会，高唱民族自决主义，所有欧洲以前一切不自然的处置，皆应本诸民族自决主义、民主主义的精神"。② 正因如此，山东问题交涉的失败给国人以极大的震撼，以学生为先锋的民众运动在北京上海等大城市展开，参加者从学生、大学教师到工人、生产者、商人等，盛况空前，戴季陶说，"这一次'民族自决'的风潮，真是疾风怒潮的一样，弥漫到全国了。你们看这一次'民族自决'的风潮，比起以前抵制美货的时候怎么样？比起历次抵制日货的时候怎么样？比起满清末年争路风潮的时候怎么样？有甚么不同的地方？"尤其对于商界，戴氏给予了很高的评价，"再看商界是怎么样呢？他们'怀疑'的程度比学生差得多，所以他们'理解'的力量，也比学生差得多。但是他们这一次排斥日货的行动比起以前来，大大不同。一帮又一帮的联络，一业又一业的预备，一处又一处的计划，合了这各业各处，再作成一极周密极有条理的系统。这有意识的'合理'行为，也是显出他们是有'组织能力'的证据"。他指出这次运动，传遍了全国商界、学界、劳动界、军

---

① 谢鸿:《德国青年团》,《新青年》1卷3号,1915年10月15日。
② 若愚:《为青岛问题敬告协约国》,《每周评论》第21号,1919年5月11日。

界，所有有集团的地方都受到了触动，"这次的'国民自决运动'是全国国民"。① 此前的民众运动，很明显的一个特点是政治参与面窄，往往局限于一个或几个阶层，例如戊戌变法主要局限于正从传统士绅转变来的知识分子阶层，义和团运动主要是农民阶层，而辛亥革命的主体则主要为受革命党人影响的学生、新军和会党。相比较而言，这次运动不论从参加者的人数还是身份上都有巨大的进步。值得一提的是在五四运动中，女学生也积极地参加了游行，这应该是女性群体性参加政治运动的第一次或者说开始的标志。五四运动也是工人、商人以及教师等阶层自觉地参与民族主义运动的开始，他们在此后的民族主义运动中表现出的积极精神和所做的贡献都是极其宝贵的。

其次，此次民族自决运动思想深度是前所未有的。"一战"特别是巴黎和会的召开，使国人在政治、外交等诸多方面经受了一场洗礼，从而在反对政府的"秘密外交"和外国列强压迫的民族自决运动中表现得比以前更成熟、更理性。戴季陶认为，"这一次民族自决的风潮，比起以前，有许多的'进步'，有许多'深刻的意思'，有许多'彻底的觉悟'……所以我从文明的真意义上细细地审查起来，认定这一次国民自决的运动，是合理的，是觉醒的，是深刻的，是纯粹的"。② 此次运动"深刻"的表现之一是更具"现代性"，像"民族自决""人权""自由""正义"等概念第一次或高频率地出现在报纸杂志上。其原因，一方面是留学日本、欧美的学生或学者对其所做的宣传，另一方面是时势的催生，战后在处理国内"南北和平"和"巴黎和会"问题上需要人们有更加现代、科学的观念。在以往的民族主义运动或斗争中，人们反对的主要是外国列强对中国的侵略和掠夺，没有把反对外国列强的斗争与反对国内封建统治者的斗争结合起来。此次人们明确地表明"内除国贼"，政事"不准政府独断，要让公众裁夺"。③ 五四运动中，政府打压学生的行为更加伤害了民众的感情，也使人们进一步认识到对内改革的紧迫性，"惟此次军警蹂躏教育，破坏司法，侵犯人权，篾弃人道，种种不法行为，皆政府纵使之"，④ 因此，人们

---

① 戴季陶：《中国人的组织能力》，《星期评论》第1号，1919年6月8日。
② 戴季陶：《中国人的组织能力》，《星期评论》第1号，1919年6月8日。
③ 涵庐：《市民运动的研究》，《晨报》第143号，1919年5月6日。
④ 《国内大事述评》，《每周评论》第25号，1919年6月8日。

要求政府给予言论、出版等基本自由,要求建立一个民主、作为的政府,"我们爱的是人们拿出爱国心抵抗被人压迫的国家,不是政府利用人民爱国心压迫别人的国家。我们爱的是为人民谋幸福的国家,不是人民为国家作牺牲的国家"。① 可见,"一战"后人们对政府批评已具有明显的近代民族主义的属性。

最后,此次民族自决思潮的影响和意义深远。五四前后兴起和发展的民族自决思潮无论在政治参与面上还是思想深度上都是空前的,这促进了中国全民民族主义意识的觉醒,加速了中国现代化的进程。在此次民族自决思潮中其实包含着诸多不同阶层的不同政治主张,对于某一特定阶层来说,或许通过单独行动达到目标是相当困难的,而通过不同阶层的共同斗争,效果会明显不同。在以五四运动为主体的民族自决风潮中,激进的革命思潮、温和的自由主义思潮以及保守主义思潮均在此时找到了兴起的契机并得到发展,不论其主张的现实操作性有多大,它们都是对如何谋求民族独立富强的一种回答。受民族自决思潮影响的不仅是学生、商人、城市平民、农民等,政府官员亦然,"爱国!爱国!这种声浪,今年以来几乎吹满了我们中国的各种社会。就是腐败官僚蛮横军人,口头上也常常挂着爱国的字样,就是卖国党也不敢公然说出不必爱国的话。从自山东问题发生,爱国的声浪更陡然高出十万八千丈,似乎'爱国'这两字,竟是天经地义,不容讨论的了"②。虽然这不能说明政府已经被人民思想所控制,但统治层为民众舆论所影响是明显的。此间,一些以民族自决思想为主旨的团体如"国民自决会""外交救济会"等纷纷建立,它们也为民族自决思想的深入发展做出了努力与贡献。

如果说清末民初民族主义的理论主要是围绕建立一个什么样的民族国家而建构的话,那么,五四前后民族主义的理论主要是围绕民族自决以及由此而引起的反帝与反封、民族主义与世界主义的关系而建构的。五四时期的民族自决权理论主要有两种,一是列宁提出的"民族自决权"理论,一是威尔逊提出的"民族自决权"理论。列宁提出的"民族自决权"理论中又包括两种"自决"思想:一是俄国国内被压迫民族对于大俄罗斯民族的自决,二是殖民地半殖民地民族对于帝国主义的自决;威尔逊提出的

---

① 只眼(陈独秀):《我们究竟应当不应当爱国》,《每周评论》第25号,1919年6月8日。
② 同上。

"民族自决权"主要指的是殖民地半殖民地民族对于帝国主义尤其是欧洲老牌帝国主义的自决。这两种"民族自决权"理论传入中国后,尤其是列宁的"民族自决权"理论传入中国后,则表述为中华民族对于帝国主义的自决和中华民族内部"各弱小民族"对于汉族的自决。这后一种民族自决,有时又被引申为"不准政府独断,要让公众裁夺,这就叫自决",[①] 当时的进步知识分子对政府、国家、人民三者之间的关系有了更深刻的认识,主张对政府实行社会制裁,"在这无法律政治可言的时候,要想中国有转机,非实行社会制裁不可"。[②] 但我们以往在讲"民族自决权"时,对引申的这一面则较为忽视。

2. 经济民族主义的兴起和发展

关于经济民族主义,国内学者没有明确的定义。在第一次世界大战期间及战后,人们也没有使用这一话语,所以这里讨论它只能说是一研究理念上的借用。在研究20世纪初拉丁美洲经济独立问题时一些西方学者开始运用这一概念,认为"那些尚未取得'现代化'或'发达'地位的国家,对于控制本国自然资源和经济命运越来越警觉,并认识到这种必然性,这一现象的特点就是'经济民族主义',它直接反映了这些国家经常抱怨的那种看法:它们虽然取得了政治主权和独立,但是经济上仍然是殖民地"。[③] 这与中国当时的情况既有相似之处又有一些不同,相似之处表现为"一战"及战后中国兴起了实业救国思潮与提倡国货运动;不同处则在于中国宣传经济民族主义时,尚未摆脱不平等条约体系的枷锁,中国还有很多举借外债等行为。如果把经济作为一种工具,那么举借外债以发展本国经济也应该说是一种经济民族主义的表现。因此,对于中国民族主义在经济方面的表现有必要采取谨慎的态度与方法进行考察。

提倡国货、排斥日货是"一战"期间及战后经济民族主义最明显的一个表现。1915年,日本向中国提出"二十一条",全国爆发了大规模的爱国运动和抵制日货运动,"国人切齿扼腕,民气达于沸度"。[④] 3月23日,

---

[①] 涵庐:《市民运动的研究》,《晨报》第143号,1919年5月6日。
[②] 毅:《五四运动的精神》,《每周评论》第23号,1919年5月26日。
[③] 〔美〕肖夏娜·B. 坦塞:《拉丁美洲的经济民族主义》,涂光楠等译,商务印书馆,1980,第8页。
[④] 梁启超:《外交失败之原因及今后国民之觉悟》,《晨报》第202号,1919年7月7日。

上海成立"爱用国货会",4月运动扩展到长江一带,给日货以沉重的打击。而巴黎和会上中国外交的失败更使排斥日货运动达到高潮,学生是此运动的先锋。1919年5月15日的一电报云:"自北京各校提倡实行抵制日货以来,各铺商所代售之日本货物无论为药品、化妆品、布料、玩物等莫不大受影响,据商家云,所有日货本星期均未往内地运输。"① 商、学两界也实现了密切的联合,"北京商学界拟于本日(二十四)举行恳亲会筹商维持国货价目办法,闻到者有五十余帮",清华学生则"拟于西郊海淀设立国货贩卖所"。② 另外,九江、安庆、开封等地的商学界纷纷发起组织国货维持会,抵制日货运动。③ 面对此激烈的民族情绪,一艘派华日舰亦不得不中途撤回,"因各埠各国领事多提出反对之议,谓有碍中国主权且足以激迫其他风潮"。④ 五四学生运动后一个多月内排斥日货运动即取得了巨大的成绩,"东京电云据日本当局报告,本月上旬对华贸易输入为1119万元,输出为547万元",可见日本对华贸易锐减。⑤ 7月21日《晨报》载一买办对记者的谈话:"中国抵制日货风潮不但未见平息且大有日益扩张之势,日本对华输出量已减少百分之七八十。在抵制风潮未起以前每月输入中国之日货平均价值四千万元,目下已减至一千万元以下。棉纺、机器、化妆品、啤酒、药料、牛乳、饼干、草帽、肥皂、木料、皮革、钟表、陶器、橡皮等已完全抵制,至纸料、煤料、玩具、洋火、文具之类虽尚未绝迹,行销亦已有限。"⑥

商人在此间的积极表现值得重视。美籍华裔学者周策纵认为"一战"中排斥日货是工商阶层参与政治的开始,无论周氏的观点是否正确,但考察当时商人的民族主义表现对于把握民族资产阶级在整个现代史上的表现及特点是大有裨益的。巴黎和会上山东问题的要求遭拒绝的消息传出后,商人义愤填膺,全国总商会电告巴黎专使:"今闻五国会议将青岛问题及铁路问题交与日本,国权丧失,全国惊骇,人心激愤,万难承认。祈速向

---

① 《日货大受影响》,《晨报》第152号,1919年5月15日。
② 《晨报》第161号,1919年5月24日。
③ 《晨报》第164号,1919年5月27日。
④ 《派华日舰中途撤回之原因》,《晨报》第178号,1919年6月11日。
⑤ 《日本对华贸易锐减》,《晨报》第183号,1919年6月17日。
⑥ 《日货输入之减少》,《晨报》第216号,1919年7月21日。

和平，坚持斗争，务企直接交还我国，万勿签订。"① 虞洽卿则到北京，"除关于中国银行保全则例晋谒大总统外并谒田农商总长请维持上海交易所合办原案而免沪上信托事业操之外人之手"。② 商人朱致和"为提倡国货起见集合同志在商务总会组织国货团厘定章程具呈警察厅立案"，③ 该厅于5月18日接受此要求。作为全国总商会领袖的上海总商会面对军阀割据多次向全国通电，提出自己的政治主张。1922年，它发起组织裁兵制宪理财委员会，还通电呼吁全国各金融机关一致拒绝北洋军阀的一切公债。在曹锟发动政变时，它又在社会各界支持组织民治委员会，宣布与中央政府断绝关系，由"商人政府"负责国家外交，管理财政，解决国内纠纷，监督各省行政，依法重新组织国会。尽管这一"商人政府"失败了，却表明了商人在战后积极的政治参与性。

值得一提的是，在民众抵制日货的运动中，政府并没有担当主持者的身份，有时在日本的压力下它还禁止此运动或者赔偿日方的损失，这种局面是很值得深思的。尽管如此，"一战"后政府感于当时的不利形势也实施了诸多经济民族主义的行为，这些行为对于维护国家主权、增强国家经济实力起到了一定的积极作用。例如，农商部鉴于"欧战告终商战必日趋剧，我国土货输出向无一定机关转运以致铁路不畅，兹拟内部筹集资本于天津、大连、上海、汉口等大商埠创设贸易机关"④，"劝导华侨巨子程祖安等回国办理实业，本部特别优待并担任保护一切责任"⑤。

经济利益不仅仅是目标，也可以作为一种工具，举借外债如用于修筑铁路等利于民族大局的事业亦应算作经济民族主义的表现。在近代中国，内政与外交、外交与外债联为一体，互联互动，是时代一大特征，外债所体现的近代中国的依附性特征，使策略性、功利性运用民族主义成为可能。就此种经济民族主义的动机而言，其目标并非放弃国家独立主权，而是主张开放、利用外资，依赖外国力量，掌握国内经济发展的主动权。同时，以引进各国资本实现列强在华势力达到某种平衡的手段，也是近代中

---

① 《全国总商会力保山东》，《晨报》第143号，1919年5月6日。
② 《虞洽卿来京之任务》，《晨报》第142号，1919年5月5日。
③ 《组织国货团体》，《晨报》第157号，1919年5月20日。
④ 《晨报》第162号，1919年5月25日。
⑤ 《晨报》第174号，1919年6月7日。

国经济民族主义工具性特征的延展。[①] 早在1909年，锡良继徐世昌任东三省总督时便拟筑锦瑷铁路以削弱东清铁路的影响，但借款计划在日俄的抵制下破产。1919年7月19日《晨报》载"中国政府为连山湾及修筑锦瑷铁路向美国所借五千万元，借款刻已成立"。[②] 与政府行为相反的是民间或地方上的排拒铁路外债、自筑铁路，对于日本人包办洛潼路，国人认为"洛潼路自及观音堂至潼关归日商包办事属侵我利权，人民异常愤慨，誓不承认，恳迅与日使严重交涉以维主权"[③]。笔者认为后者是20世纪初年中国展现经济民族主义的主要形式，但这也并不能否认政府借外债以削弱外国对铁路控制的积极目的。

在积极排斥日货的同时，振兴国货也是当时中国经济民族主义的主要任务。国货不兴，即使日货完全被排斥出中国市场，中国也不能最终实现独立富强的民族主义目标，因为除日本外，欧美国家的产品在中国市场占有大量份额。当时中国工艺水平是相当落后的，因"中国制造业向恃日本接济原料或半成之货也，例如洋袜及衬衫厂"，所以抵制日货后细纱等原料及机器缺乏，导致产品生产受阻。[④] 这无疑刺激了中国机器制造业，此从上海美典公司耕种机的广告词中可见一斑："发达工业必先有精良机械，挽回利权首当兴本国制造。"[⑤] 另外银行业的重要性也深为人们所注意，"发展实业其最重要之一事无过于银行业之便利，中国商人无银行之便利实为工商业之大敌。故今者上海商人已多觉悟如虞洽卿等于此重大计划均有极注意，拟创办一实业银行，其目的在于中国制造家及商人以商业上之便利"。[⑥]

3. 文化民族主义的兴起和发展

文化民族主义，是指表现在文化领域内的一种强调本民族共同文化认同，维护本民族文化独立性的民族主义倾向。但对于这一概念的外延，国内不同的学者有不同的见解，其中两种颇具代表性：一种强调近代文化民族主义与文化保守主义的一致性，认为在中国"文化民族主义与文化保守

---

① 参阅马陵合《近代中国经济民族主义的多质性》，《史学理论研究》2005年第2期。
② 《晨报》第213号，1919年7月19日。
③ 《晨报》第213号，1919年7月19日。
④ 《抵制日货与中国工艺之关系》，《晨报》第215号，1919年7月20日。
⑤ 《晨报》第247号，1919年7月29日。
⑥ 《抵制日货与中国工艺之关系》，《晨报》第215号，1919年7月20日。

主义基本上是一个东西,文化保守主义者一般也就是文化民族主义者";①另一种观点认为"所谓文化民族主义者,应当具有以下两层含义:其一,以传统文化为效忠的对象,视传统文化为民族国家的象征和根本命脉。我国传统民族主义和新儒家都可归于此类。其二,不论是发扬还是攻击传统文化,他们都认为只有从思想文化入手才能解决民族问题。这种被称为'以思想为根本来解决迫切的社会政治问题'的方法,具有以文化为工具的民族主义性质,或者说是采用文化的进路来解决民族问题。在这个范畴内,西化派和文化保守主义者都可划入"。②

对于上述两种观点笔者都不太赞成。就第一种观点而言,文化民族主义主张抵御外来文化冲击,维护民族文化自尊与自立,关注的是本土化问题;而文化保守主义强调从传统文化到现代文化的承续与创造性转换,关注的是本土文化的延续性问题。这二者之间是有差异的,文化民族主义不能等同于文化保守主义,后者不能取代前者。第二种观点把传统民族主义、"全盘西化"论都归于近代文化民族主义则混淆了二者之间的根本区别。为避免这种定义上的尴尬,笔者把文化保守主义与文化民族主义的关系放在另一文中加以考察,这里考察的是人们在面对外来文化侵略时是怎样维护民族文化自尊与自立的。

第一次世界大战对中国政治经济文化的影响是深远的,它改变了列强在中国的力量对比,而传入中国的众多思潮也瓦解了传统的文化结构与心理,非基督教运动就是在此影响下兴起的民族主义运动。对宗教的批判在新文化运动前期即已开始,但当时仅限于学理层面,随着战后民族主义思潮的兴起和发展,反教人士的言论亦渐趋激烈。1922年初,当世界基督教学生同盟将于4月4日在北京清华学校召开第十一次大会的消息传出后,非基督教思潮勃然兴起。这年2月6日上海学生决定成立非基督教学生同盟,并发布《非基督教学生同盟宣言》,同时北京学生组成"非宗教大同盟"。在之后短短10天的时间里,天津、广东、福建、湖南、湖北、直隶、山西、江西、浙江、江苏、四川等省相继成立了类似的同盟或同盟支部,《先驱》《晨报》《申报》《民国日报》《时事新报》《新青年》等报纸

---

① 陶东风:《现代中国的民族主义》,载《东方丛刊》第3辑,广西师大出版社,1995。
② 徐锦中、曹跃明:《中国近代民族主义之路》,《天津社会科学》1996年第5期。

杂志也加大了对此运动的舆论宣传。

此次非基督教运动的兴起与"一战"后中国所处的国际关系有着密切的联系。当时一种普遍的看法是，基督教的传播是帝国主义经济侵略的一种策略。1922年3月9日标志非基督教运动开端的《非基督教学生同盟宣言》，即把矛头对准了基督教与资本主义经济侵略的联系，它指出现代资本主义制度是不合理的，而教会"助纣为虐"，是世界资本主义对中国进行经济侵略的"先锋队"，所以它是"我们的仇敌"。[①] 此后不久发表的《非基督教同盟武汉支部宣言》同样把基督教与帝国主义的经济侵略联系了起来："基督教所拥护的各资本主义国家，在这回大战里面，疲惫的疲惫了，发财的发财了，疲惫的要图恢复，发财的要找市场，但世界上弱小国家久已为他们占领完了，世界的财富区域早已为他们掠夺完了，可以供他们恢复做市场的，就只有一个物产丰富的老大中国。他们能够不来么。太平洋会议是为什么开的，中国在太平洋会议得的是什么，除了门户开放机会均等八个大字外还有什么。这就是太平洋会议的目的。太平洋会议是这样，世界基督教同盟也是这样。要了解太平洋会议之后在中国开会是为什么，基督教的历史已经告诉我们了。"[②] 从以上这两份宣言可以见出，国人对基督教的反感很大程度上是由"一战"后中国不利局势引起的，它和经济民族主义、政治民族主义紧密融合在一起。

第一次世界大战后，中国民族主义斗争向俄国革命模式的转化是非基督教运动兴起的另一重要原因。前文已经提到在十月革命和列宁"民族自决"理论的影响下，国人构建民族国家的目标、策略等发生了巨大变化。具体地说，阶级斗争、压迫民族与被压迫民族的斗争等这些马克思列宁主义政治理论在中国得到重视与实践。在非基督教运动中的宣言与电报中，我们会发现当时无论学生还是其他阶层都把基督教的活动看成是西方民族压迫中国这样的弱小民族的工具，把基督教的目的看成是泯灭中华民族精神，"他的使徒是强大民族征服弱小民族的先锋队，他的使徒有自由出入内地的特权，能够为其所拥护者调查大小的事情，能够为其所拥护者麻痹弱小民族的良知良能，能够为其所拥护者制造驯良的走狗"，"基督教对于

[①] 转引自陶飞亚《边缘的历史：基督教与近代中国》，上海古籍出版社，2005，第104页。
[②] 《非基督教同盟武汉支部宣言》，《晨报》第1129号，1922年4月3日。

中国所贡献的除了民族耻辱压迫，还有什么"①。作为"民族自决"运动在文化上的表现，非基督教运动的指导理论更具现代性。这种现代性不仅使它与此前的反洋教和义和团的排外运动完全区别开来，同时也使它具有了十分明显的近代民族主义的意义。

陶飞亚认为此次非基督教运动与共产国际有密切的关系，是共产国际推动下的中共与青年团有计划有组织的政治运动。至于共产国际要发起这场运动的原因，陶氏认为是美国主导的基督教活动已成为中国"走俄国人的路"的障碍。②很多学者指出20世纪最初20年是基督教在中国发展的一个"黄金"时期，③无论信徒规模、高等教育及医疗事业的发展均是如此。而在中国20年代以来的新教越来越美国化，基督教在中国影响的扩大就是美国生活方式与社会制度在中国影响的扩大，早期中国共产党的活动分子中留美归国者凤毛麟角可能就是这种影响的表现之一。青年学生倾向美国文化，想走美国人的路，这与刚成立不久的中国共产党主张走俄国社会主义道路背道而驰，因而，基督教成为中国共产党在青年学生活动中的一个对手。④从这个角度看，非基督教运动也是"一战"后中国反对以美国为主的文化侵略的民族主义斗争。"一战"后，美国在世界的地位迅速提升，但由于中国主要被英国、日本、法国等势力所控制，所以美国在打造华盛顿体系的同时加大了对中国的教育医疗事业的投入，欲以此达到控制中国的目的。但"一战"后对于中国民族主义来讲，最具吸引力的是苏俄模式。整个20年代，是俄国反宗教活动不断强化的时代。对于一心想把俄国革命经验搬到中国来的俄共来说，寻找时机发动一场打击以美国为主的基督教会的运动几乎是顺理成章的。共产国际驻华全权代表利金在给共产国际远东部的报告中认为，非基督教运动表面上是反对在北京举行的世界青年基督教同盟代表大会，实际上"非基督教运动的基本因素是对外国人的民族抗议运动，这个因素把最大量的同情者，即政治上不成熟，但具有民族主义情绪的广大青年阶层吸引到运动中来"。事实也是如此，非基督教运动在打击西方在华宗教势力的同时，也扩大了苏俄和中国共产党对

---

① 《反基督教同盟武汉支部宣言》，《晨报》第1130号，1922年4月4日。
② 参阅陶飞亚《边缘的历史：基督教与近代中国》，上海古籍出版社，2005，第70~74页。
③ 参见杨天宏《基督教与近代中国》第二章第四节，四川人民出版社，1994，第294页。
④ 参阅陶飞亚《边缘的历史：基督教与近代中国》，上海古籍出版社，2005，第75页。

青年学生的影响。曾来中国工作的共产国际人士达林报告说,非基督教学生运动期间,社会主义青年得到迅速发展,其团员人数超过了3000人,在17个城市中建立了组织。①

  与非基督教运动同时进行或者说互为表里的(至少在教育领域)是收回教育权运动。1921年7月,"少年中国学会"在南京年会上提出了"反对丧失民族性的教会教育"的主张。3月,全国学生联合会第六次代表大会决定开展收回教育权的运动。10月,全国教育联合会在开封举行的年会上通过了"教育实行与宗教分离"和"取缔外人在国内办理教育事业"的议决案。各地教会学校的学生纷起响应。1924年,广州圣三一学校学生不愿受奴隶式教育,要求收回教育主权。圣三一学校是英国基督教圣公会所办的学校,该校不向中国政府备案,而向英国领事馆备案;不挂中国国旗,而挂英国国旗;其学制、课程也不依照中国教育部门的规定。1924年3月下旬,学生梁福文等3人发起组织学生会,校长(英国人)加以阻止,说什么"这是英国人的学校,是受英国管理的,断不能任你们来搞"。② 并将梁福文等3人开除学籍。这激起了不少青年学生的义愤。7月,广州学生会收回教育权运动委员会发表宣言,提出收回教育权的办法:"(一)所有外国人在华所办学校,须向中国政府注册;(二)所有课程及编制,须受中国教育机关之支配;(三)外国人在华所办之学校,不许其在课程正式编入《圣经》教授及宣传宗教,同时也不许其强迫学生赴礼拜堂念经;(四)不许剥夺学生之集会、结社、言论、出版等自由。"③ 由广州首先发起的此次收回教育权运动迅速传遍全国,也对政府和一些社会团体的决策产生了影响,"教育改进社今年在南京年会上所通过的各议案,算是收回教育权案有点历史的价值","无数在外国教会学校诱惑锢蔽之下的中国青年,受了土耳其封闭美国人所办学校的刺激,'收回教育权'的呼声,首由广州学生喊将出来,不期而应者几遍全国"。④ 五卅运动爆发以后,教会学校学生的退学风潮遍及全国,帝国主义文化侵略的机关几乎为之破产。北京政府教育部被迫颁布了取缔教会学校的命令。

---

① 转引自陶飞亚《边缘的历史:基督教与近代中国》,上海古籍出版社,2005,第79页。
② 《广州反抗文化侵略青年团通电》,《向导周报》第70期,1924年6月11日。
③ 《广州学生会收回教育权运动委员会宣言》,《向导周报》第72期,1924年7月2日。
④ 独秀:《收回教育权》,《向导周报》第75期,1924年7月23日。

收回教育权运动和非基督教运动一样具有显明的近代民族主义色彩。"一战"后人们的民族意识以及思想水平有了提高，认识到西方教会学校的文化侵略性，"帝国主义者侵略弱小民族和半殖民地的国家，最高明最狠毒的方式，不在乎政治上以亡人国家，而在乎用无形的文化侵略之手段，以达其有形的经济侵略之目的"。① 因此，人们强烈反对"学校课程中正式编入《圣经》一科来教授，强迫学生堂念圣经"，认为这样会"使学生忘了种族、国家、历史、政治、经济、社会的观念，不复有自己的大中华民国"。② 对本民族文化的忠诚与热爱和维护本国文化独立性的愿望反映了时人强烈的文化民族主义情绪。同时，我们也看到在中国特殊的国情下，收回教育权等不仅具有文化民族主义色彩，而且具有强烈的政治色彩，正如《向导周刊》1925年的一篇文章所言："国民会议促成会要求完全收回教育权，推翻教会学校之奴隶式的教育，这的确很显然表示出反基督教运动与反帝国主义运动已经混合了。"③

除非基督教运动和收回教育权运动外，这一时期的文化民族主义还在诸多方面有所表现。例如，据1922年4月3日京沪各报载，清室打算将宝和殿所藏之《四库全书》售卖于日本，以作清帝溥仪秋间举行婚礼所用。对此，北大教授沈兼士等"以四库全书为国民国家之公产，不能资卖，曾于四月一月发生通告，以促国人注意"。通告内容是，"'四库全书'乃民国国家之公产……今爱新觉罗溥仪竟胆敢私行盗卖与外国人，不但毁弃宝书，贻民国之耻辱，抑且盗窃公产，干刑律之条文"。④ 从这则通告可以看出，民族文化对于加强国人的民族认同有着极其重要的意义。安东尼·史密斯就曾指出："现代文化民族主义者们需要从过去存在着的族群的象征、神话和记忆的保留节目中作选择，如果他们想要动员'人民'从事民族的再生运动。"⑤

---

① 《广州学生会收回教育权运动委员会宣言》，《向导周报》第72期，1924年7月2日。
② 同上。
③ 魏琴：《帝国主义与反基督教运动》，《向导周报》第98期，1925年1月7日。
④ 《晨报》第1131号，1922年4月5日。
⑤ 〔英〕安东尼·史密斯：《民族主义：理论，意识形态，历史》，叶江译，上海世纪出版集团，2006，第80页。

三 民族主义思潮兴起和发展的特点

与清末民初时期的民族主义比较，五四前后的民族主义体现出了以下一些新的特点。

1. 民族主义与世界主义之互动

世界主义的历史最早可以追溯到古希腊斯多葛派，此派提倡人类乃一整体，主张建立一个以理性为基础的世界国家，世界乃每一个人的祖国。后经文艺复兴、新航路开辟等重大历史事件的推动，世界主义思想已日臻成熟，到了近代已经形成比较完整的思想体系。世界主义传入中国是在20世纪初，梁启超、蔡元培和一些无政府主义者在一定程度上接受过世界主义的思想影响，但囿于当时国际上因政治经济发展不平衡，民族国家间竞争激烈，人们很少从人类的立场观察世界。"一战"的爆发及造成的灾难引发了人们对竞争、国家主义、军国主义等的反思，世界主义得以伸张。尽管如此，不同时代、不同人物对世界主义的理解不尽相同。有些人的世界主义是追求世界大同的乌托邦；有些人的世界主义是对人类普世价值的追求；还有些人的世界主义则是对建立一种世界制度的向往，如此等等。不考察其话语的具体语境而草率地定义它难免会对历史文本产生误读，无法厘清五四运动前后的世界主义与民族主义的关系。从"一战"后中国思想界的具体语境来看，世界主义的含义主要是强调人类的普世价值，反对狭隘民族主义引起的战争。具体地说，"一战"后的世界主义与民族主义有以下几层关系：

首先，世界主义与民族主义有着不同的侧重面，"民族主义强调'历史'的概念，强调文化的个性，在特定意义上偏重'集体理性'；而世界主义则与一种具有普通意义的'理性'概念相联系，强调人类在'理性'的旗帜下的普世同一性，在特定意义上，偏重'个人'的意志和权利"。[①] 由于侧重面的不同，因此在直观上世界主义与民族主义是相矛盾的。但这只是问题的一方面，问题的另一方面，它们各自又有着不同的语境和对立面，人们对它们可以有多种认同而不彼此冲突。比如胡适就认为，"世界主义者，爱国主义而柔之以人道主义也。世界主义并不排斥爱国主义。"

---

① 河清：《民族主义与世界主义》，《知识分子立场：民族主义与转型期中国的命运》，时代文艺出版社，2000，第69页。

他在读丁尼生诗句"彼爱其祖国最挚者,乃真世界公民也"时,表示"深喜其言与吾暗合"。① "一战"的爆发及其给人类带来的空前灾难让世人看到了人性丑恶的一面与国家间竞争的悲剧,因此世人对善良、平等的向往增强。傅斯年在《新潮之回顾与前瞻》中写道,"我只承认大的方面有人类,小的方面'我'是真实的,'我'和人类之间的一切阶级,若家庭、地方、国家等等都是偶像。我们要为人类的缘故,培养一个真我"。② 这说明了当时人们对普世价值的景仰与对个性自由的追求,但这丝毫不能说明傅斯年等就主张把国家取消了而建立一个国际政府,也不证明他就反对民族主义。李大钊也曾说:"我们现在所要求的,是一个解放自由的我,和一个人人相爱的世界,介在我与世界之间的家国、阶级、族界,都是进化的阻碍,生界的烦累,应该逐渐废除。"③ 从此话表面意思看,李大钊对民族主义是持否定态度的,但如分析中国当时被列强欺凌的局势便能发现,他此时反对的只是西方列强实行的那种进攻性的狭隘的非正义的民族主义,而对于非进攻性的正义的民族主义他不仅不反对,相反他的革命实践还说明他是一个地地道道的民族主义者。

"一战"后国人对国际联盟的期望也是相当大的,但这一期望与民族主义并不矛盾。比如张君劢虽然在《国际联盟条约略释》一文中赞扬国际联盟的出现"打破了国家为最高团体之观念,乃人道之基础",但从他对国家的领土主权的强调可以看出,他并没有否认国家存在的合法性,"所谓主权者,当属于强制性质,此同盟权力乎,曰未也。然属于同盟之各国不得擅自宣战,凡有争议,应以应付行政会议公断或审查,此则各国主权之唯一制限"。由此可见,张氏肯定的只是国联的国际仲裁等部分权力。张氏赞同国联之成立还有以其为工具的目的,"世界而有理可讲,有法可言,即中国必有利而无害也"。张氏最后也提醒国人,理论虽好,现实又是另一回事:"吾愿勿以国际联盟中之发生为害,而以国之不能自治为可悲。盖此大同盟明明白白规定曰:为国体是者,以能完全自治之国为限。吾能治兵乎,能治财乎?凡此类者,皆不能自治之明证也。今虽滥厕同盟之列,均属于不可知之数。吾故曰吾希望同胞亟图所以自治,勿以同盟之

---

① 《胡适日记》(上),安徽教育出版社,1999,第118页。
② 傅斯年:《新潮之回顾与前瞻》,《新潮》第2卷第1号,1919年10月。
③ 守常:《随感录》,《每周评论》第29号,1919年7月23日。

发生为从此可以高枕无忧也。"① 张氏在对国际联盟的积极作用予以希望的同时，丝毫没有忽视民族主义存在的必要性。

中国民族主义的诉求是建立独立的民族国家，它与狭隘的世界主义对照来讲更符合当时语境，也更容易让我们理解。狭隘的世界主义实际上是帝国主义国家为了自己利益而提出的一种殖民口号。对此，中国的思想界十分清楚。1924年孙中山在《三民主义·民族主义》演讲中说："他们（指帝国主义——引者注）想永远维持这种垄断的地位，再不准弱小民族复兴，所以天天鼓吹世界主义，谓民族主义的范围太狭隘。其实他们主张的世界主义，就是变相的帝国主义与变相的侵略主义。"② 这里需要指出的是，孙中山虽然反对狭隘的世界主义，但对于具有普世价值的世界主义，亦即偏重个人意志和权利的世界主义是持认同态度的。就此而言，孙中山等人既是民族主义者，同时又是不折不扣的世界主义者。用孙中山自己的话说："我们今日要把中国失去了的民族主义恢复起来，用此四万万人的力量为世界上的人打不平，这才算是我们四万万人的天职"。③ 孙中山在追求民族独立的同时，亦怀有人类平等自由的情怀。

其次，民族主义与世界主义在实践与逻辑上表现出相互促进性，这也是"一战"前的民族主义所没有的。"一战"的残酷是世界主义在"一战"后高涨的主要原因，同时通过凡尔赛—华盛顿会议的内容，人们认识到世界上政治经济的不平等仍然存在，民族主义存在的理据也依然充分。正如上文所分析的，民族主义与世界主义分别偏重于"集体"与"个人"，因此，他们并不冲突，民族独立为追求个人的自由平等奠定了外部条件，而对世界主义的向往则有利于使民族主义的内涵与话语更富有开放性与现代性。当时中国还是一个半殖民地的国家，人们首先面对的不是争取自身的自由与权利，而是摆脱民族压迫，这也是西方的自由主义之所以不能为多数国民所认同的一个重要原因。孙中山说："我们要发达世界主义，先要民族主义巩固才行。"④ 没有民族的独立，片面讲求个人的自由与权利有背于当时的世界情势，反会为列强所吞食。具有世界主义思想的胡适也不

---

① 张君劢：《国际大联盟条约略释》，《晨报》第123号，1919年4月17日。
② 孙中山：《孙中山全集》第9卷，中华书局，1986，第223~224页。
③ 同上，第226页。
④ 同上，第226页。

否认民族主义,"今日之世界主义者,非复如古代哲学所持之说,彼等不特知有世界而不知有国家,甚至深恶国家之说,其所期望在于世界之人,而不认为某国之人,今人所持之世界主义则大异于是。今日稍有知识之人,莫不知爱国"。① 在近代中国,爱国主义可以理解为民族主义,笔者把胡适的"爱国"理解为爱自己的"民族"应不为错,从其话语中我们也可了解到,当时的世界主义者已不同于中国传统的大同主义者。作为创造"国际的"(international)一词的西方自由主义大师边沁也不否认民族主义的存在,"他认为新式的国际主义者应当成为一个良好的民族主义者,才能实现一个更好的世界制度。世界的政治版图应当根据民族的界限重画,而新兴的民族国家应该互相竞争,彼此合作,去干有利于全人类的事业"。②

战后,世界主义情结也为中国民族主义增添了更多的开放性与现代性。强调民族平等、团结、人类解放,反对压迫、战争的世界主义意识高涨,在中国的主要民族主义力量中,包括孙中山新三民主义中的民族主义、共产党的民族主义等,它们都认识到中国革命与其他国家革命的关系并且强调中国革命对世界的影响。俄国十月革命的胜利促进了马克思主义在中国的广泛传播及共产党的成立,也促进了孙中山的与时俱进,对三民主义进行新的解释,并实现了国共第一次合作。

最后,从某种角度看,战后人们所主张的世界主义是民族主义发展的高级阶段,民族主义与世界主义属于同一范畴,而不是二元对立的。他们把民族作为世界的一个单位,把民族主义作为世界主义的一个步骤,恰如中国共产党的"最低纲领"与"最高纲领",而对这两个纲领的关系没有人认为是矛盾的。笔者认为胡适所言的"世界的国家主义"和"世界主义的国家"很贴切地说明了此种关系。孙中山将世界主义视为人类社会发展的目标,以民族主义为实现这一目标的工具,他主张联合世界上所有弱小民族共同用公理打破强权,"强权打破以后,世界上没有野心家,到了那个时候,我们便可以讲世界主义",他很明显地将民族主义视为世界主义的基础,"像俄国的一万万五千万人是欧洲世界主义的基础,中国四万万

---

① 《胡适日记》(上),安徽教育出版社,1999,第 117~118 页。
② 〔美〕卡尔顿·海斯:《现代民族主义演进史》,帕米尔译,华东师范大学出版社,2005,第 101 页。

人是亚洲世界主义的基础,有了基础,然后才能扩充。所以我们以后要讲世界主义,一定要先讲民族主义,所谓欲平天下先治其国。把从前失去了的民族主义从新恢复起来,更要从而发扬光大之,然后再去谈世界主义,乃有实际"。[1] 孙中山此话明显是把民族主义作为工具和步骤,这不同于当时很多人把民族主义作为目的的做法,也纠正了当时将民族主义与世界主义对立的观点。蔡元培后来评价其思想时说:"持国家主义的往往反对大同,持世界主义的又往往蔑视国界,这是两端的见解。而孙氏的民族主义既谋民族的独立,又谋各民族的平等,是为国家主义与民族主义的折中。"[2] 中国的马克思主义者把中国革命定义为世界革命的一部分,陈独秀说中国的民族运动"是一个国际的民族运动,而是和全世界被压迫的无产阶级及被压迫的弱小民族共同起来推翻帝国主义的世界革命的一部分",[3] 共产党的民族主义在时间区域上明显表现为世界主义的一部分,只是其世界主义的含义与孙中山和胡适的世界主义的含义有所不同而已。

综上所述,世界主义是"一战"后世界范围内反思西方现代性弊端及帝国主义罪恶的一股思潮,它对批判西方的狭隘民族主义、阐扬"公理"大有裨益;但如果因此而把它与民族主义对立起来则是错误且危险的,相反,它有利于帮助弱小的被压迫民族确立现代开放的民族主义观,从而推动人类社会的进步。同时正确地理解这两者的关系也有利于当下的人们正确地思考中国在全球化声浪中如何保持自己的民族性,处理复杂的国际关系等问题。

2. 民族主义的现代性拓展

对于近代中国(或说现代中国)的发展动力,柯文早已著文批评了在西方盛行的冲击-回应模式、传统-近代模式和帝国主义模式等,因此笔者在此用现代性话语来考察民族主义时难免战战兢兢,但任何范式实际上都是人们解释现象、追求真理的工具,况且20世纪三四十年代的现代化道路之争以及现在的人们对现代、后现代话语的热衷也似乎暗示了现代性在人们潜意识中的地位,所以笔者不揣冒昧欲借现代性这一话语体系来对"一战"后民族主义的新特点做一阐述。

---

[1] 孙中山:《三民主义·民族主义》,《孙中山全集》第9卷,中华书局,1986,第231页。
[2] 高平叔编《蔡元培全集》第5卷,中华书局,1984,第485页。
[3] 任建树等编《陈独秀著作选》第2卷,上海人民出版社,1993,第869页。

确切地说，中国的现代化以及由此产生的现代性并非始自第一次世界大战，实际上早在维新变法时期，康有为、梁启超等人便开始了构建现代民族国家的努力，然而无论从民族主义的目标、类型、民族认同还是社会参与面看，"一战"后民族主义的现代化水平都远远超出了战前的民族主义。从长时段角度进行考察的话，我们也会发现"一战"后形成的中国共产党人的民族主义与孙中山新三民主义的民族主义等是中国最终获得独立的关键因素，而它们现代性的获得或增强则是肇始于"一战"。对于"一战"后爆发的五四运动，杜威认为其意义相当于"民族/国家的诞生（the birth of a nation）"，他在1919年6月1日的信中说："我们正目睹一个民族/国家的诞生，而出生总是艰难的。"① 徐中约赞同杜威的看法，也认为五四运动标志着作为一种"新力量"的民族主义在中国的"出现"。② 从经济上来讲，工业资本主义、阶级斗争、区域不平等都是新型现代社会的权力话语，传统中的种族主义、族群主义中是没有这些概念的。根据汤姆·奈恩和迈克尔·赫克特的观点，现代国家中不同地区之间、跨国家之间相关的贫困与剥夺，不发达的边缘与发达的核心地区之间的剥夺与被剥夺，以及核心区域的精英与由边缘地区新近动员起来的"群众"所支持的边缘精英之间的剥夺与被剥夺唤醒了民族的情感与理想。③ "一战"是人类规模空前的一场帝国主义战争，它改变了国际格局，给被压迫民族以契机，因此战后民族主义思想的兴起和发展是必然的。但用阶级分析理论来指导反帝运动却是前所未有的。至于原因，盖尔纳的理论有一定参考价值，他认为在"农业—文化"社会没有必要也用不着民族与民族主义，一小部分精英统治着这样的社会，而统治者不与他们之下的生产食物的大众分享文化。反过来，后者在被分割成一大群语言文化交叉的等级，结果是他们的不平不公不会导致民族形式（民族斗争）的形成。④ "一战"后，中国马克思主义者恰以阶级分析理论来整合民众力量，其民族主义思想中

---

① "John Dewey from Peking", June 1, 1919, in John Dewey and Alice Chipman Dewey, "Letters From China and Japan", ed. by Evelyn Dewey, New York, 1920, p. 209.
② Immannel C. Y. Hsu, "The Rise of Modern China", 2dned, New York：Oxford University Press, 1975, p. 605.
③ 参阅〔英〕安东尼·史密斯《民族主义：理论，意识形态，历史》，上海世纪出版集团，2006，第50页。
④ 〔英〕安东尼·史密斯：《民族主义：理论，意识形态，历史》，第68页。

反对资本帝国主义、阶级冲突的话语随处可见,如"我中华民族为被压迫的民族自卫计,势不得不起来反抗国际帝国主义的侵略,努力把中国造成一个完全的真正独立的国家",①"中国的反帝国主义的运动也一定要并入全世界被压迫的民族革命潮流中,再与世界无产阶级革命运动结合起来,才能迅速的打倒共同的压迫者——国际资本帝国主义"。② 像这种标准的现代性民族主义话语在"一战"前是没有的。孙中山的民族主义在"一战"后从旧民族主义发展为新民族主义,苏俄的影响是其制定"联俄、联共、扶助农工"三大政策的重要原因,其反帝反封建的民族主义思想更富现代性和科学性。从经济现代化的角度对中国当时的国情进行解读使马克思主义者的民族主义、孙中山的民族主义等更能准确地把握住现实。当然,这里的经济现代化要放在当时世界的语境内。

"一战"后中国民族主义现代性的另一个重要表现是以民族自决、民族统一和民族认同为主要内容的民族主义意识的觉醒。我们前面已经提到,民族自决是"一战"后世界范围内被压迫民族的共同呼声,中国也不例外,如前所述,"一战"后中国人民的民族自决思潮十分高涨,用戴季陶的话说,"这一次'民族自决'的风潮,真是疾风怒潮的一样,弥漫到全国了。……比起以前,有许多的'进步',有许多'深刻'的意思,有许多'彻底'的觉悟……所以我从文明的真意义上细细的审查起来,认定这一次民族自决的运动,是合理的,是觉醒的,是深刻的,是纯粹的"。③ 与"一战"之前比较,民众的民族自决意识有了显著提高。民族自决已成为五四时期民族主义的理论建构。关于民族统一,从当时国内知识分子都对南北和谈给予关注可见一斑,他们深刻认识到疆域的统一是社会文化统一的重要因素。另外,战后民族主义意识觉醒的一个很重要表现是对民族文化认同的强烈诉求。这主要表现为文化民族主义的兴起,一些学者文人从历史学、语言学、人类学、社会学等学科来追寻民族的"根源""特性",而这些为回答"我们是谁""我们从何时起源""我们如何成长"及"我们将往何处去"等问题提供了工具与概念的框架。"一战"结束前无论

---

① 《本报宣言》,《向导》发刊词,1922年9月13日。
② 《中国共产党第二次全国大会宣言》,《六大以前——党的历史材料》,人民出版社,1980,第7页。
③ 戴季陶:《中国人的组织能力》,《星期评论》第1号,1919年6月8日。

改革派、革命派还是新文化派对西方文化采取的都是认同、肯定的态度，从认同、肯定西方的物质文化，到认同、肯定西方的制度文化，最后到认同、肯定西方的精神文化，西化或全盘西化似乎成了中国文化出路的唯一选择。但"一战"使国人对西方文化产生了怀疑，开始关注本土文化，知识界也发生了东西文化之争，文化取向开始趋向多元化。杜亚泉、李大钊曾指出东西文明有"静""动"之别，梁漱溟发表《东西文化及其哲学》后更是引起知识界的强烈反响。通过争论，人们对中国固有文化有了更好更深刻的理解和定位。文化民族主义在战后的高涨对于民族认同意义重大，这就像西方赫尔德、费希特等人的文化民族主义对德国的现代民族国家构建做出的贡献一样。

五四运动前后民族主义现代性的另一个表现是斗争工具的现代化，具体表现有白话文的推广、现代汉语的出现等。语言或文字在民族整合上的重要性是不言自明的，这可从秦始皇的"书同文"到当代的规范汉字、普通话的推广中看出。盖尔纳认为："要实现现代民族主义的高涨，人们还必须能够通过使用不带个人感情的、不依据语境的、就事论事的书面信息进行交流。因此，这些交流必须使用共通的标准的语言媒介和书写体。"[①]虽然在戊戌前后就有人提倡使用白话文，并进行过一些实践，但与五四时期胡适等人倡导的白话文改革是不可同日而语的，"一、前者是用古文翻白话，后者是话怎么说就怎么写。二、是态度不同，前者是二元的，古文为老爷用，白话为听差的用，目的是为传播思想改良政治。后者是一元的，一律用白话"。[②]五四时期白话文运动对于传播新知、唤醒国人的民族主义意识居功至伟。对此，台湾中研院的王汎森指出："如果我们翻看当时全中国各地风起云涌的各种白话刊物，或各种新兴社团之间讨论的话题，便可以看出这几个领导刊物所激起的涟漪之大，各地方的青年往往捡拾《新青年》或《新潮》中的几个观念或几个名词，便冲泡成一大桶饮料。这几个大刊物中的文章，往往一出版，就在各地造成翻天巨浪了，而且文调愈激越，主张愈决绝，影响愈大。"[③] 当时与白话文一起进行的语言

[①] 〔英〕厄内斯特·盖尔纳：《民族与民族主义》，韩红译，中央编译出版社，2002，第47页。

[②] 周作人编选《中国新文学大系》第6集，上海良友图书印刷公司，1935，导言第1页。

[③] 参见 http://media.people.com.cn/GB/40606/3701757.html。

改革还有标点符号的应用以及拼音符号的使用，这两项改革一般不为人注意，但笔者认为其对文化的传播以及唤起国人的民族主义意识有重大的推动作用。钱玄同曾主张用拉丁字母代替汉字，其理由是前者作为表音文字比表意的后者更容易学，更有利于文化的普及。尽管其观点颇遭非议，但其欲以此开启民智促进民族认同的初衷是不能抹杀的。而标点符号这一基本缘自西方的语言工具也的确便于普通民众阅读文章。通过费正清对中国文字的一段精辟分析我们可以更准确地认识语言改革的意义："中国的书写并不是每个小学生在准备应付生活中的种种问题时，可以随手学到并使用的一种很方便的工具。它本身就是生活中遇到的各种问题之一……因此，中国的书面语并不是一扇敞开的大门，通过它，中国农民可以发现真理与光明，而是一种阻碍他们向上发展并要求他们付出辛勤代价加以克服的巨大阻力——不是学习的助力而是学习的障碍。"[①] 另外，正如美国学者 B. 安德森在其《相象的共同体：民族主义的起源与流变》对"印刷-共同体"所强调的，印刷对现代民族主义的高涨亦具有相当大的促进作用，即民族以阅读本地语印刷品——主要是小说和报纸的阅读公众为基础，这就以社会学上生动和容易认同的方式描绘出想象的政治共同体。在"一战"后的几年中，占据《晨报》头版广告栏第一位的一直是明明印刷局的广告，加上"一战"后大量报刊杂志的出现（据胡适估计仅 1919 年新增的报刊就有 400 种），可以说"一战"后宣传的方式与效果较"一战"前已有了质的不同。

有学者认为中国近代民族主义的发展过程就是中国现代化的过程，因为在现代世界要争取或维持民族独立并有所发展必须融入现代化的大潮。中国近代民族主义在 20 世纪初开始形成，但囿于情感层面，"如果要上升到理性的层面，还必须对该共同体所特有的价值体系、社会制度以及行为规范做进一步的建构。也就是说，原始形态的情感认同，仅仅为现代民族主义提供了一个形式的外壳，更重要的工作是使这样一个外壳充实起来，在其内部有实在性的内容"。[②] 在五四运动前后，受第一次世界大战的影响，中国近代民族主义的现代性内涵不论在形式上还是在实质上都得到了极大的充实。这也是我们把中国近代民族主义的发展确定在五四运动前后

---

① 转引自〔美〕柯文《在中国发现历史》，林同奇译，中华书局，2002，第 189 页。
② 许纪霖：《中国的民族主义：一个巨大而空洞的符号》，转引自乐山主编《潜流：对狭隘民族主义的批判与反思》，华东师范大学出版社，2004，第 41 页。

的重要原因。

3. 参与民族主义运动的阶级和阶层更加广泛

正所谓哪里有压迫哪里就有反抗,自鸦片战争以降,中国人反对外来压迫的斗争就一刻也没有停止,而且斗争的目标、纲领、规模及参加斗争的阶级等也是异彩纷呈。第一次世界大战前发生的比较大的斗争有太平天国运动、义和团运动和辛亥革命等,一方面这些斗争有明显的反侵略反封建倾向,另一方面它们又局限于部分阶级,且往往是自发的,没有明确地提出反帝反封建的纲领,尚未上升到理性高度。这种状况是造成改革和革命等斗争失败的重要原因。梁启超就认为战前的立宪党、革命党没有和国民互动,与"民主主义运动的原则背道而驰,二十年来种种失败,都是为此",因此他主张,"从国民全体下工夫,不从一部分可以供我利用的下工夫,才是真爱国,才是救国的不二法门。把从前做的一部分的政治醒转过来,那全民政治才有机会发生哩"。① 第一次世界大战的爆发及其所引发的一系列事件对中国政治、文化等产生了深刻影响,参与民族主义运动的阶级和阶层更加广泛。

第一次世界大战前,民族主义斗争之所以表现出农民或资产阶级等"单兵作战"现象,原因是多方面的,如全民识字率低、经济结构水平差、王权思想的存在等,而第一次世界大战使这些因素发生了重大变化,从而促进了农民、资产阶级、商人等民族主义意识的高涨。从经济上讲,第一次世界大战期间列强侵略中国的格局发生重大调整,民族资本主义得到了迅速发展,"自辛亥至1920年,外国在华产业投资因欧战影响进入颓势,增长率仅有4.5%;官僚资本的增长率更跌为3.8%;惟民族产业资本的增长仍保持两位数,为10.5%"。② 无疑,民族资本的发展使工商业者深得其惠,战争中及战后,他们抵制日货的积极性高涨,周策纵在其《五四运动史》中说,抵制日货是向来对政治淡漠的商人积极地参与政治运动的第一次。"二十一条"签订后,抵制日货斗争高涨,1915年3月23日,上海成立"爱用国货会",4月运动扩展到长江一带。这年6月8日,天津《日日新闻》(日本报纸)总理宴请当地政界和商界代表,席间华商投箸离席者

---

① 梁启超:《欧游心影录》,《饮冰室合集》第7册,专集之二十三,中华书局,1989,第23页。
② 吴承明:《吴承明集》,中国社会科学出版社,1999,第68页。

甚多。当日本人"贩卖"其中日亲善老调,要求中国方面不要"误会"日本美意时,中国代表当场予以批驳,而后集体离席。① 到1919年,全国商会实存数已增加到1238个,商会在地域上的覆盖面扩大了,各地商会的实力也因资本主义工商业的发展而增强了。② 另外,商会也从原来的封建色彩转变为初步具有现代色彩的同业团体,五四运动爆发后,全国商会致电巴黎公使万勿签字。③ 上海总商会等则积极发起救国储金,为救国尽力。

尽管民族资本主义有了长足发展,但工人的境遇却并未相应的得到改善,甚至恶化了。因为当时"南方的大米,北方的小麦和杂粮是构成工人工资的主要内容,用粮价代表工资变动是比较可靠的。在大城市,政府当局和资本家都力求抑制粮价,以节省支出和安定社会秩序……也就是说,大战时期资本主义的高额利润和迅速发展,也是靠工人的利益,工人的实际工资下降了"④。这种状况自然加深了工人阶级对军阀政府、资本家以及外国资本的反感,其反帝反封建的民族主义情绪随之高涨。第一次世界大战后,队伍得到壮大的工人阶级成为中国共产党民族主义运动的领导者。

农民占全国人口的90%多,如果得不到他们的支持,中国的民族主义运动很难在根本上取得成功。其实,农民对封建主义、帝国主义的压迫仇恨已久,从太平天国运动、义和团运动中可见一斑,尽管那时的运动具有盲目性和自发性,还不能称之为现代民族主义运动,但是其被帝国主义、封建主义压迫的生存体验为农民向现代民族主义的转换奠定了基础。第一次世界大战后,农民在共产党的领导下开始了新的觉醒,成为国民革命运动的参与者和主力军。

教育界的进步则是战后民族主义高涨的催化剂。第一次世界大战期间,国内媒体以及学校的发展迅速,《申报》估计此间新增媒体1134家,胡适估计仅1919年就增加了400家;全国邮递报纸的投递数从1915年的922万份上升到1922年的13746万份。⑤ 而新兴媒体宣传的思想内容迥异

---

① 《申报》1915年6月9日。
② 李新、李宗一编《中华民国史》第2编第1卷上册,中华书局,1987,第371~172页。
③ 《晨报》第143号,1919年5月6日。
④ 许涤新、吴承明主编《中国资本主义发展史》第2卷下,人民出版社,2003,第868页。
⑤ 戈公振:《中国报业史》,商务印书馆,1928,第241页。

于以往，其更重于民主自由等现代观念。① 知识阶层还在一些重大国事上采取联合行动，如1920年在江苏教育会会长黄炎培与上海总商会会长聂云台共同支持下，教商两界召开联席会议，发起了八团体国事会议制定立法草案，对国是大计提出自己的主张。② 同时新式学校的建立对于培养具有现代民族主义意识的学生意义重大。五四运动中，学生以民族主义运动的先锋姿态震动了世人，正如霍布斯包姆所言："学校和大学的进展是衡量民族主义的尺度，正如学校，尤其大学，是民族主义最有意识的斗士。"③ 除游行示威外，学生还组织演讲团等进行更细致的社会工作。

除了上述阶层外，其他身份民众的民族主义情绪也不断高涨，他们包括车夫、学徒、女仆、乞丐、妓女等。对五四运动，高一涵言："据报纸传说是'学生界的运动'，其实据我亲眼看见，参与其事的有许多工人、许多商人和许多须发浩然的老青年。说一句实话，这完全是市民的运动，并不单是学生运动。"④ 虽不能据此便否认五四运动中学生的先锋作用，但其他阶层积极地参与则是肯定的。对于车夫等阶层，或许现在的人很难想象他们能有什么作为，发挥多大的影响，但在当时的历史条件下，他们的参与在传播资讯、加快城乡与不同阶层间的沟通等方面是有益于民族主义的。另需说明的是，对于普通民众的民族主义，我们应从其对外国列强的抵触情绪和对本国政府合法性的不信任角度考量，他们没有像精英阶层那样提出确切的政治主张与理论建构，但却为后来国民革命尤其是北伐战争等激烈的政治斗争积聚着力量。正如盖尔纳所言："虽然参与者几乎都不理解自己在做什么，这场运动（即民族主义运动——引者注）却是政体与文化之间的关系必然进行的深刻调整的外在表现。"⑤

4. 反帝与反封的结合

第一次世界大战前，在报纸杂志上鲜能看见讨论帝国主义、封建主义的话语，而第一次世界大战爆发后特别是十月革命胜利后，讨论帝国主义

---

① 参阅张灏《幽暗意识与民主传统》，北京新星出版社，2006，第134页。
② 参阅许纪霖《寻求意义：现代化变迁与文化批判》，上海三联书店，1997，第9页。
③ 转引自 B. 安德森《想象的共同体：民族主义的起源与散布》，吴睿人译，上海人民出版社，2005，第89页。
④ 涵庐：《市民运动的研究》，《晨报》第143号，1919年5月6日。
⑤ 〔英〕厄内斯特·盖尔纳：《民族与民族主义》，韩红译，中央编译出版社，2002，第47页。

封建主义的文章迅速增多,反帝反封建的民族主义由"感性"上升到"理性"层面,由"被动"上升到"主动"。人们开始认识到,帝国主义和封建军阀是导致中国内乱原因的一币两面,"即使中国现在能出现一个所谓统一政府,但列强的压迫不去,军阀的势力不除,中国是万难实现统一的,而内乱还会不止呢","真正的统一民族主义国家和国内的和平,非打倒军阀和国际帝国主义的压迫是永远建设不成功","所以中国人民应当反对割据式的联省自治和大一统的武力统一,首先推翻一切军阀,由人民统一中国本部,建立一个真正民主共和国"。① 从中国的特殊国情看,中国人民的反军阀的革命既是民主主义斗争,又是民族主义斗争,"军阀自身究竟没有什么真实力量,他们的屡次战争的背后都伏有列强间势力竞争的意义"。② 打倒军阀的民主主义背后是反对列强的民族主义,这正如霍布斯鲍姆所说,"在群众运动中,往往会同时展现两种互相排斥的意识形态。而且,史实证明,以社会革命为诉求的运动,最后反而成为带领民众投入民族运动的急先锋"。③

第二节 国家主义与民族主义:国家主义派对"一战"后"民族自决"思潮的回应

第一次世界大战结束后,世界范围内盛行的民族自决思潮波及于中国,对中国政治产生了正、反两方面的影响。民族自决思潮客观上促进了中华民族解放意识的高涨。但"'民族自决'不但容易引起误会,也容易为帝国主义干涉别国内政所利用"。④ "一战"后,英国、日本等帝国主义国家正是打着"民族自决"的旗号,借"同情""援助"弱小民族之名,公然鼓动中国边疆地区少数民族独立建国,先后制造了所谓"蒙古独立运动""西藏独立运动",试图达到分裂中国的目的。学术界关于民族自决思潮的研究成果较为丰富,但对"一战"后民族自决思潮在中国所产生的影

---

① 《中国共产党第二次全国大会宣言》,《六大以前——党的历史材料》,第 7~8 页。
② 陈独秀:《怎样打倒军阀》,《向导周报》第 21 期,1923 年 4 月 18 日。
③ 〔英〕霍布斯鲍姆:《民族与民族主义》,李金梅译,上海世纪出版集团,2006,第 121 页。
④ 纪大椿:《民族自决和中华民族的自决》,《民族研究》2000 年第 2 期。

响尤其是负面影响以及中国知识界对此做出的回应,少有关注。① 本节选取国家主义派作个案分析,探讨它对民族自决思潮的应对,并揭示此中透露出的国家主义与民族主义之间的某种关系。

一 非殖民地化:民族自决的模式

民族自决思想是近代西方民族主义思潮的重要理论基石之一。"一个民族一个国家",是近代西方民族主义思潮的经典表述,民族自决思想传达的是这样一个信条:"相信每一个民族都有权建立一个独立的国家并决定自己的政府。"② 就其实践主体而言,民族自决思想具有两种不同的践行模式,即"族群化模式"与"非殖民化模式"。族群化模式所理解的"民族"是具有共同血缘、共同语言等"原生性联结纽带"的"族群"(ethnic group),其基本理念是"族群的同质性是国家存在的前提",主张建立以单一民族为基础的国家。非殖民化模式所理解的"民族"是与国家主权紧密相连的"国族"(state-nation),其核心诉求是领土的完整与主权的独立。③

世界范围内民族自决思潮最早兴起于17、18世纪资产阶级革命时代,"英吉利、法兰西、西班牙、意大利的nation相继在资产阶级国家统一中形成。西欧的资产阶级在这一过程中认识到,实行nation的统一,建立单一制的民族国家,对于资产阶级革命具有决定性的意义"。④ 如果说西欧民族国家的创建体现了"族群化模式"的基本理念,那么1775~1783年美国独立战争以及美利坚民族国家的诞生则具有典型的"非殖民化模式"

---

① 敖光旭《1920年代国内蒙古问题之争——以中俄交涉最后阶段之论争为中心》(《近代史研究》2007年第4期)探索了各政治派别(中共、国民党、国家主义派、研究系)在"民族自决"及其基本范畴问题上的论争,具有重要参考价值,但似尚有深化研究的空间。郑大华《论中国近代民族主义的理论建构及其过程》[《华东师范大学学报》(哲社版)2010年第5期]指出民族自决思潮传入中国后引发了知识界对反帝反封建问题的新认识,但未注意到民族自决思潮的负面影响。
② Alfred Cobban, The Nation State and National Self-Determination, rev. Ed., London: Collins Fontana Library, 1969, p.39. 转引自〔英〕莫迪默、法恩主编,刘泓、黄海慧译《人民·民族·国家——族性与民族主义的含义》,中央民族大学出版社,2009,第105页。
③ 参阅茹莹《民族自决的两种模式:种族化与非殖民化》,《二十一世纪》(香港)2003年总第75期。
④ 潘志平主编《民族自决,还是民族分裂》,新疆人民出版社,1999,第155页。

特征。

西方近代民族主义是在 19 世纪末 20 世纪初传入中国的，并与中国传统民族主义相结合，成为辛亥革命时期以孙中山为代表的革命派和以梁启超为代表的立宪派建构其近代民族国家理论的重要思想资源。我们在本书第一章第四节中对此做过分析：从中国传统的种族民族主义（即"非我族类、其心必异"思想）和西方近代民族主义以血统为主划分民族、建立单一民族国家这两种思想资源出发，以孙中山为代表的革命派提出了"排满"和建立单一的汉民族的近代民族国家的主张；从中国传统的文化民族主义（即"诸侯用夷礼则夷之，进于中国则中国之"思想）和西方近代民族主义以文化为主划分民族、建立多民族国家这两种思想资源出发，以梁启超为代表的立宪派提出了"合满"和建立包括满族在内的多民族的近代民族国家的主张。如果将这两种"民族建国"主张转换成"民族自决"模式，那么，革命派的"民族建国"主张更接近于族群化模式，而立宪派的"民族建国"主张则与非殖民化模式有更多的相似性。

第一次世界大战期间及战后，在列宁与威尔逊的倡导下，民族自决思潮再次兴起并登上国际政治舞台，有力地推动了世界范围内民族解放运动的高涨。中国各派政治势力敏锐地观察到民族自决的世界潮流及其影响。国民党的缔造者孙中山指出："自欧战告终，世界局面一变，潮流所趋，都注重民族自决"。[①] 世界民族解放运动的兴起也让共产党的缔造者之一的陈独秀欢欣鼓舞不已，他感慨道："欧洲停战以来，各国的属地，受了民族自决主义的影响，狠想发展他们民族活动的光荣。所以爱尔兰、朝鲜、印度、埃及均已经发生过革命的事情。近来菲律宾实也极力想早早脱离美国的关系，自己去组织一个菲律宾独立国家。"[②] 如本章第一节所指出的那样，当时传入中国的民族自决理论主要有两种，一是列宁提出的"民族自决权"理论，二是威尔逊提出的"民族自决权"理论。列宁提出的"民族自决权"理论中又包括两种"自决"：一是俄国国内被压迫民族对于大俄罗斯民族的自决，二是殖民地半殖民地民族对于帝国主义的自决。威尔逊提出的"民族自决权"主要指的是殖民地

[①] 孙中山：《在中国国民党本部特设驻粤办事处的演说》，《孙中山全集》第 5 卷，中华书局，1981，第 473 页。

[②] 陈独秀：《菲律宾独立运动》，《每周评论》第 20 号，1919 年 5 月 4 日。

半殖民地民族对于帝国主义尤其是欧洲老牌帝国主义的自决。列宁主张的第一种自决理论，即俄国国内被压迫民族对于大俄罗斯民族的自决，传入中国后，在共产国际的主导下，转化成为中华民族内部"各弱小民族"对于汉族的自决；列宁的第二种民族自决理论和威尔逊的民族自决理论传入中国后，转化为中华民族对于帝国主义的自决。如果套用此前所形成的民族自决模式来表述，中华民族内部"各弱小民族"对于汉族的自决，属于族群化模式，中华民族对于帝国主义的自决，属于非殖民地化模式。当时受共产国际领导的中国共产党，是这两种民族自决模式的主张者：既主张中华民族对于帝国主义的自决，同时也主张中华民族内部"各弱小民族"对于汉族的自决，而孙中山则只主张中华民族对于帝国主义自决，反对至少是不赞成中华民族内部"各弱小民族"对于汉族的自决，换言之，他只主张非殖民地化模式，反对至少是不赞成族群化模式。关于这一问题，我们将在本章的第四节中加以详细分析。

除国、共两党外，五四时期，以曾琦、李璜等人为骨干的国家主义派同样注意到了民族自决的世界趋势及其影响。他们盛情礼赞民族自决思潮是解救弱小国家的"杨枝露水"，并对土耳其、埃及、朝鲜、印度等被压迫民族和国家挣脱殖民统治的斗争与胜利而欢呼。在拥护民族自决潮流的同时，国家主义派对民族自决权理论进行了较为深入的研究，并提出了他们的主张。和孙中山一样，他们也只主张中华民族对于帝国主义的自决，亦即民族自决的"非殖民化模式"，而反对中华民族内部"各弱小民族"对于汉族的自决，亦即民族自决的"族群化模式"。

胡国伟指出，"'民族自决'的意义，决不是教各国中的各种民族分裂，互相携贰；他的意义是：凡备有历史和地理上的关系，而同受外力压迫的各民族，应该本国性的要求，同化于同一的政治和文化之下，造成一个带国性的大民族，尽力摆脱外来的羁绊，实行自决，保全固有的主权"。中国境内的汉、满、蒙、回、藏等族群在长期的历史发展进程中，经过彼此之间政治、经济、文化的互动，已经融合成了一个整体，即大中华民族，"所以我们国家主义者极端主张合汉、满、蒙、回、藏五族而成的'大中华民族自决'"。这里提到的"大中华民族"，无疑属于近代"国族"的范畴，具有民族、国家互为表里的政治意涵。胡国伟反对蒙古独立建国，"试看提倡'民族自决'的威尔逊，他并不教美国各民族分立自决，便可证明此说之非虚"。① 李璜也反对民族分裂,表示"我们今日言救国,不只是救汉族,是连满、蒙、回、藏各族一齐要救"。②

对于国家主义派而言,民族自决的非殖民化模式较之族群模式,更适合于中国的历史与现实。国家主义派对族群模式的基本理念进行了批驳。族群模式强调族群的同质性对于建国的重要性,但"近代国家的内容不是民族两个字所能包含,所能代表的……并且在近代国家的构成上面,在实质上言之,所谓领土主权之意很是重要;在精神上言之,信仰与共通历史的回忆也大有关系的。"③ 19世纪以后,建国的要素"便不止限于单纯的民族,其他政治上,经济上,文化上种种原素更是要紧的。"④ 族群模式的国家观是一种前近代的国家观,带有很强的落后性与狭隘性。余家菊使用"国家观念"与"民族观念"这对范畴,对此作了深入揭示。他指出,国家观念与民族观念是很不一样的。国家观念的组成要素之一是同类意识,"必具此同类意识然后国人一体之感可生,而休戚与同、利害与共之情亦可起矣;必具此同类意识,然后相扶相助以抵抗外侮保存本国之行为,始有发现之可能也。故同类意识为国家观念之重大要素"。但"仅有此同类意识,尚不足以产生国家观念"。因为"同类意识之所可产生者,充其量不过民族观念而已。民族观念者,同种族之人觉与其全民族皆为同类之意思也,其所觉者仅种族的相同,血统的一致而已,尚未足以云乎国家观念也"。而"国家观念之根本要素为主权意识,为独立意识;换言之,即觉悟其同类之人有独立处理其自己的事务而不受异类的干涉之权力也"。余家菊进而对"民族观念"与"国家观念"做出了区分:"有政治的觉悟,方得型成国家观念;仅有血统的觉悟,则只足以型成民族观念。"可见,民族观念乃基于共同血缘而产生,国家观念虽不排斥血缘因素,甚至还以血缘因素为天然依据,但国家观念,首先是一种政治观念。在余家菊眼中,这种政治观念的核心要素是"主权",即一个国家不受他国干涉的、自主处理本国事务的能力。余家菊透露出一种"自然"相对于"有意识"

---

① 胡国伟:《民族自决与蒙国独立》,《醒狮周报》第41期,1925年7月18日。
② 李璜:《国家主义正名》,《醒狮周报》第3期,1924年10月25日。
③ 李璜:《国家主义正名》,《醒狮周报》第3期,1924年10月25日。
④ 常乃德:《十九世纪以来国家主义在学理上之发展》,《醒狮周报》第138期,1927年7月2日。

的思维：以血缘为基础的民族处于"自然"状态，而组成一个现代国家则必须是"有意识"的建设的工作。他指出，"民族观念发达较易，故亦较为原始的；国家观念发达较难，故仅较为进步之人始有之"。①

国家主义派对族群化模式的批判，已经被历史证明是富有前瞻性的。"一战"后，族群化模式在欧洲中、南部和中东地区得到实行，"众多的国家在俄罗斯、德国、奥匈帝国和奥斯曼帝国的废墟上沿广泛的种族线建立起来"。② 某些族群在创建民族国家的过程中，顽固地追求纯而又纯的族群同质性，不惜对其他族群进行大规模的驱逐、清洗，甚至屠杀，表现出一种非常褊狭的心理，由此造成的族群之间的仇恨、隔阂直到今天仍没有消失。埃里克·霍布斯鲍姆对此评论道："要使民族疆界与国界合二为一，恐怕只有野蛮人才做得到，或者说，只有靠野蛮人的做法才可能付诸实现。"③

李璜提醒人们注意族群化模式的危险："近代国家组织虽是已经进化的人群社会，但是在一个国家里所谓血统一体的观念还是很深地保存着，由他而有的主张还是时常地生出力量，所以虽则他不是近代国家存在的必要条件，但是我们也不可过于忽略了他。"④ "一战"后，英、日以及苏俄等国借以鼓动中国边疆民族独立建国的"民族自决"口号，正是属于族群化模式。国家主义派敏锐地觉察到，英、日以及苏俄等国打出"民族自决"的旗号，目的是利用民族问题分裂中国。以苏俄为例，"苏俄之欲兼并蒙古久矣。先以民族自决之说使之与吾国分离，继以赤化为名，使与苏俄联合。此其谋人土地，与日本之谋朝鲜何异"。⑤ 而中国边疆民族的一些上层人士只认同于本族群，无视甚至侵犯国家领土主权的完整，则为英、日以及苏俄等国提供了可乘之机。国家主义派针锋相对地指出，即使承认蒙古具有自决权，苏俄也没有为蒙古独立建国提供所谓军事、政治援助的

---

① 余家菊：《国家主义之心理的基础》，《醒狮周报》第118期，1927年1月8日。
② 茹莹：《民族自决的两种模式：种族化与非殖民化》，《二十一世纪》（香港）总第75期，2003年。
③ 〔英〕埃里克·霍布斯鲍姆：《民族与民族主义》，李金梅译，上海人民出版社，2000，第161页。
④ 李璜：《国家存在论》，中国书局，1929，第13、14页。
⑤ 李醴泉：《俄游之感想》，《醒狮周报》第54期，1925年10月17日。

合法性。① 并郑重告诫蒙古同胞:"知其族而不知有国者,祇可曰某一种族之人,不可谓之曰中国人矣。非卖国则通贼。"②

如何改变蒙、藏的一些人只认同于本族群而不认同于国家的情况?国家主义派提出两种方案。

其一,在蒙、藏地区推行国民教育。余家菊认为,"同类意识之发展,必沿政治的方向以进行,而使国民觉悟彼此皆生存于同一政治团体之中,而相与同其忧戚,共其苦乐","我国亦以种族复杂著名之国也,宜发展人民之政治的同类意识以消泯各民族间之异见离心"。③ "政治的同类意识"指的是国民身份。李璜在《国家主义正名》一文中说得很清楚:国民是一种超乎血缘与民族属性的政治身份,满族人是中华民国的国民,回族人也是中华民国的国民。④ 化周强调说,"组成一国家的国民,由单一民族结合而成的固然不少;而大多数的国家,则多包有二种以上民族血统的复合民族结合而成,所以民族和国民,绝对不能混为一谈"。国民是一个政治身份,不论属于哪一个族群,只要"受一个政治组织的支配,其同为一国的国民则无异"。⑤ 通过国民教育,增强中国边疆民族的国民意识,使之由以血缘关系为连接纽带的族群式的社群,跨入到以政治关系为连接纽带的国家式的社群;使之由"族民"演变为"国民",再借这些"国民"的联合,超越血缘、族群的界限,共同组成一个强有力的国家。显然,国家主义派所倡导的国民观,其关注的焦点是国家认同以及如何组成一个现代的民族国家,而不是强调国民应享有哪些人身的、政治的以及社会的权利。根据 Rogers Brubakerd 的理论,国家主义派侧重的是"形式公民权"(formal citizenship),而非"实质公民权"(substantive citizenship)。⑥

其二,推行五族同化政策。虽然杨先钧强调说"所谓五族同化绝非以某族为本位,而使其他四族同化于彼,实为采各族之长,而去各族之短,以求得一最好结果",但"今试观蒙藏回等民族,其文化尚在游牧时

---

① 胡国伟:《民族自决与蒙国独立》,《醒狮周报》第 41 期,1925 年 7 月 18 日。
② 许质彬:《冯玉祥卖国与苏俄侵略中国之阴谋》,《醒狮周报》第 65 期,1926 年 1 月 2 日。
③ 余家菊:《国家主义之心理的基础》,《醒狮周报》第 118 期,1927 年 1 月 8 日。
④ 李璜:《国家主义正名》,《醒狮周报》第 31 期,1924 年 10 月 25 日。
⑤ 化周:《国民的特质与国家的运命》,《醒狮周报》第 174 期,1928 年 2 月 11 日。
⑥ 关于 Rogers Brubakerd 的理论,参阅沈松侨《国权与民权:晚清的"国民"论述,1895~1911》,《中央研究院历史语言研究所集刊》,2002,第 73 本。

代……则先进之汉族,努力使其他各族文化智识能力之增高,以改进其地位,为无可避免之责任"。① 五族同化实际上就是汉化。余家菊主张将汉族的某些文化特质打造成"共同文化"。比如,在语言上以汉语为国语,然后在蒙、藏等地区推行国语运动,让"汉满蒙回藏五族,有一共同的言语,以求感情思想容易相同。"②

国家主义派似乎没有觉察到,上述两种方案之间存在内在的冲突。国民教育旨在消弭族群意识,在理论上当然包括消弭汉族的族群意识在内;以汉族为主导的五族同化,则多多少少带有一些"大汉族主义"的意味。国家主义派前脚将"族群"踢出去,后脚却又将它迎了回来。

民族自决思潮在中国所激起的回响,其实是一个多重声音彼此论争的混杂话语,其中既涉及中华民族与帝国主义之间的关系,也涉及中华民族内部汉族与少数民族之间的关系。对于国家主义派而言,民族自决原则不是一项绝对的、最高的原则,它必须从属于国家主权原则。由于中国是一个多民族国家,中国适合采用民族自决的非殖民化模式,即寻求作为整体的中华民族对于帝国主义的"自决",而不宜采用民族自决的族群化模式,即中华民族内部"各弱小民族"对于汉族的自决,并据此而允许蒙古、西藏等少数民族地区的独立建国。国家主义派对民族自决主体的辨析,有力地反驳了国内外民族分裂势力的谬论,具有维护民族团结与国家统一的积极意义。

二 外抗强权,内除国贼:民族自决的目标

上文讲到,在民族自决的主体上,国家主义派反对中华民族内部蒙、藏等某个族群对于汉族的"自决",而倡导整个中华民族对于帝国主义的"自决"。在民族自决的目标上,国家主义派则提出了"外抗强权,内除国贼"的主张。"外抗强权"系指反抗西方列强的侵略,实现中华民族的独立。同时,国家主义派注意到国内民族问题实质上是政治问题,只有推翻北洋军阀的专制统治("内除国贼"),"把恶政府推倒,建设全民福利的国家,使良好的政治,普及于五族,这样一来,五族自然同化于政治和文

---

① 杨先钧:《国家主义之口号问题》,《自强杂志》第1卷第1期,1925年。
② 余家菊:《国家主义释疑》,《醒狮周报》第51期,1925年9月26日。

化之下，国性也自然明显，而'大中华民族'于此确定"①。

国家主义派之登上民国政治舞台肇端于1918年的留日学生归国运动。1918年初，日本寺内内阁诱使北洋军阀段祺瑞就中日军事问题进行谈判，企图达到独占中国的目的。5月，双方签订了《中日军事密约》。中日军事谈判是在秘密状态下进行的，但其部分内幕仍被中外报刊所探知。事情败露后，时在日本留学的曾琦与张梦九等人策动留日学生罢学归国，以示抗议。归国后的学生群体在上海设立了"留日学生救国团"，发行了鼓吹抵制日货、排日的《救国日报》。曾琦为《救国日报》撰写《中国之青年与共和之前途》的主题论文，后集结成《国体与青年》单行本。《国体与青年》一书痛切地指出，近代以来中国国家主权的完整不断遭受破坏，中国在国际上其实是一个"不完全独立之国家"；废除不平等条约、收回国家主权以及光大中华文化是广大青年学生义不容辞的使命。②曾琦事后回忆说："予当时所以毅然辍学归国，尚非仅为一时之外交问题，而实重在重振中原之士流，以期外抗强权，内除国贼，故留日学生救国团发起之初，予即立主归国运动之目标，宜特别注重于学界；一则以学生连络学生，其势顺而易。二则以纯洁无染之青年，容易激发其良知也。"③"外抗强权，内除国贼"的民族自决目标于此初定。

在1920年代的大规模社会运动，如收回教育权运动、收回关税权运动中，都能看到国家主义派的身影。爆发于1922~1927年的收回教育权运动，是一场旨在收回教会学校管理权的社会运动。1840年鸦片战争以后，由西方教会势力资助创办的教会学校在中国遍地开花。根据不平等条约，教会学校的创办可以不向中国政府立案注册，其日常事务的组织管理亦不受中国政府的干预控制。至1920年，教会学校已成为游离于中国教育体制之外的一股强大势力。由各党派与社会团体共同发起的收回教育权运动最终促使北京政府颁发了收回教会学校管理权的法令，取得了运动的胜利。值得注意的是，国家主义派在这场运动中发挥了重要作用。从运动的准备阶段来看，1922~1923年，余家菊、陈启天、李璜等国家主义教育学者率

---

① 胡国伟：《民族自决与蒙国独立》，《醒狮周报》第41期，1925年7月18日。
② 曾琦：《国体与青年》，《曾琦先生文集》，"中研院"近代史研究所，1993，第42、43页。
③ 曾琦：《悼王希天君并勖留日学生救国团同志》，《孤军杂志》第2卷第3期，1924年。

先提出了"教育主权"的概念,阐明了教育与国家主权的关系,为收回教育权运动的兴起作了理论上的准备。从舆论宣传来看,曾琦、陈启天、余家菊等人所把持的《醒狮周报》《中华教育界》以及《国家与教育》,都是鼓吹收回教育权最有力的报刊。通过这些报刊,曾琦等人揭露了教会学校对中国教育主权的危害,同时提出了收回教育权的操作办法与具体方案,而且积极推动"中华教育改进社""全国省教育会联合会"等有关教育团体通过了收回教育权的决议,为政府最后出台有关教会学校的严格管理规定奠定了基础。①

1925年10月,按照华盛顿会议的协定,以中国关税问题为主要论题的关税特别会议在北京召开。会议前后,国内掀起了声势浩大的收回关税权运动。1925年11月28日,在由北京各界人士发起的"关税自主的国民运动"中,李璜领导国家主义青年团北京团部与国魂社同志约50人冲向段祺瑞政府官邸,后遭军警鸣枪而折回。②国家主义刊物《醒狮周报》及时发行了"收回关税权问题"专号,详细介绍中国丧失关税自主权的历史过程。谭联镳撰文感慨道,关税自主权的丧失直接导致了中国经济的衰败,"我国地大物博,原料丰富,人力低廉,照理国内产业应能得充分之发展,但卒不甚发达者,此中原因,虽甚复杂,但我国的协定关税之为害,实一大主因"③。胡国伟对这次关税特别会议寄予希望,他认为"这回关税会议,虽是根据'华会条约'而来,但我们尽可利用这个时机,提出最正当的要求,完全收回海关主权"。④曾琦则表示,如果此次关税会议失败,国人应直接采取以下方法收回关税权:"(一)为激烈的方法,即整顿本国军事,预备对外作战,如土耳其之一战而完全取消不平等条约,恢复已失主权是也;(二)为和平的方法,即历来所用以对付英日之'排货运动'与'不合作主义',普遍施于反对我国自定税率之诸国是也。"⑤

从国家主义派的社会活动实践来看,其民族自决的侧重点放在"外抗强权"。《醒狮周报》的出版宣言对此做出了解释:"夫能安内而后能御外,

---

① 杨思信:《国、共、青三党与收回教育权运动》,《甘肃社会科学》2010年第2期。
② 李璜:《学钝室回忆录》,明报月刊社,1979,第194、195页。
③ 谭联镳:《关税自主与中国前途》,《醒狮周报》第60期,1925年11月28日。
④ 胡国伟:《收回海关主权问题》,《醒狮周报》第56期,1925年10月31日。
⑤ 曾琦:《收回关税权之两种方法》,《醒狮周报》第56期,1925年10月31日。

在吾人亦有同感。惟同人之意,以为对外应重于对内,不幸而有内乱发生,有扫荡廓清之必要时,亦当以对内为手段,而对外为目的……况夫太平洋之风云日亟,日美间之暗斗方殷,一旦远东战祸爆发,终不免以我国为战场,有不容国人之酣睡也哉?"1921~1922年的华盛顿会议并未调和帝国主义之间的利益冲突,此后美、日在远东地区的矛盾愈演愈烈。在这种时代背景下,国家主义派将民族自决的重点放在对外,试图通过一系列反抗强权的活动,"使西人咸知'睡狮'之已醒而不可复侮,因以戢其'侵略野心'而共保'国际和平'耳"①。

表面上看,"外抗强权"与国、共两党提出的"打倒帝国主义"似无多少差别,但后者实为马克思列宁主义"世界革命"话语体系的标志性口号。曾琦曾敏锐地指出,"所谓'打倒帝国主义',严格言之,必须推翻资本制度,改变社会组织……是故'打倒帝国主义'乃'世界革命''共产革命'之口号,非'国民革命'与'民族革命'之所宜采也。"② 值得注意的是,国家主义派也并非以实现中华民族的独立为终极目标,而同样具有相当程度的世界意识,且不时流露出对"世界大同"的向往。他们认为,中国在取得独立后,应该本着"己立而立人""国治而天下平"的文化传统,帮助其他弱小国家取得独立,共同建立一个平等、和平的国际秩序。国家主义派宣称:"方今世界各国,强凌弱、众暴寡者多矣。而我们之所以提倡国家主义者,正抱着一种对于世界的使命。诚以我民族性爱和平,好讲公理,将来国基奠定,外患永绝,则吾人将数千年固有和平之精神,推而及之四海,使世界之不爱和平者爱和平,不谈公理者谈公理,此固吾人最后之目的也。"③ 但国家主义派反对那种绕过本国的独立自由而径直实现世界大同的主张,认为应先实行国家主义,等国家实现独立和自由之后,再来讲世界大同和世界主义,否则"在本国未能完全独立自由以前,而日日侈谈和平,梦想大同,则未免近于向黄巾讲孝经,对虎豹谈仁义,徒为识者所窃笑耳"。④ 他们的世界意识由于受到了国家主义的约束,

---

① 《本报出版宣言》,《醒狮周报》第1期,1924年10月10日。
② 曾琦:《对于开除共产党后的国民党之三大忠告》,《醒狮周报》第65期,1926年1月2日。
③ 竞之:《答徐宝谦的〈敬告今之提倡国家主义者〉》,《醒狮周报》第25期,1925年3月28日。
④ 曾琦:《中华民族之使命与中国青年之责任》,《醒狮周报》第66期,1926年1月9日。

而具有理性的思想色彩。

三 对外战争：民族自决的道路

如何实现"外抗强权"的目标？国家主义派大胆地设想出"对外战争"的民族自决道路。"对外战争"是一个综合的构想，它包括以下几个步骤。

第一步：国家主义教育运动。国家主义教育运动旨在养成合乎国民资格的国民。中国有四万万同胞，"但合乎'国民资格'的人，实在居少"。划定"国民资格"的标准主要有三条：一是认定"祖国高于一切"；二是以爱国为最高道德；三是对国家尽到义务，"而服兵役尤为义务中之最重要"。① 与此相应，国家主义教育的宗旨主要有三点："一曰教育宗旨须能唤起国民对于国家之自觉心，与夫国民对于国家之责任心，然后可以养成能除内忧抗外患之国民。二曰教育宗旨须能激励国民对于国家之感情，以养成扶危戡乱之热诚，然后能对国家尽维护之责。三曰教育宗旨须能涵盖立国之各要素，而无所偏倚与遗漏，然后施措得宜，利多害少。"②

在具体的教育方法上，国家主义者提出了三种方法。第一种方法：曾琦根据传统儒家的修身工夫，为青年学生制定出一套养成爱国心的程序。第一步是"正观念"，即树立"民胞物与""人生自古谁无死，留取丹心照汗青"之类的人生观。第二步是"定志趣"。曾琦特别强调"立志"的重要性，呼吁青年立志成为国之栋梁。他引用清儒张尔岐的话："学者一日之志，天下治乱之源，生民忧乐之本。"第三步是"炼精神"，即通过参加社会活动，养成积极、刚毅、坚忍以及勇于牺牲的精神。③ 第二种方法：对国民进行国耻教育。余家菊指出，国耻"乃各个国民之耻心所相摩相荡而产生之国民所共有之耻感也。是故就主观言之，国耻乃全国民所共感之耻；就客观言之，国耻乃全国民所有可耻之事"，并强调"真知耻者必努力扫除其可耻之事，而决不安于现状"。④ 曾琦将"鸦片战争""圆明园焚

---

① 胡国伟：《国家主义通释》，《醒狮周报》第 183 期，1928 年 4 月 14 日。
② 陈启天：《中国教育宗旨问题》，《醒狮周报》第 6 期，1924 年 11 月 15 日。
③ 曾琦：《国体与青年》，《曾琦先生文集》，"中研院"近代史研究所，1993，第 17~20 页。
④ 余家菊：《国耻的教育》，《醒狮周报》第 37 期，1925 年 6 月 20 日。

烧""胶州湾占领""甲午战争"等列为国耻,希望国人效仿吴王勾践卧薪尝胆的精神,忍辱负重,等待时机,洗刷国耻。第三种方法:树立爱国的榜样。古史上的岳武穆、文天祥,辛亥革命时期的七十二烈士、徐锡麟、赵声、吴禄贞、宋教仁、黄兴、蔡锷,都是富含爱国思想的民族英雄,都是值得国民效法的榜样。国家主义派引用曾国藩"风俗之厚薄视乎一二人心之所向"的名言,鼓励少数青年学生做国民的榜样,如此国家才有希望。①

第二步:整顿国防运动。整顿国防运动的提倡,是基于"假想敌"的考量,"当今强国,如英,如日,如法,如美,如俄,固无一而非吾之敌国"。②整顿国防运动的目的是使国家的军事实力超过假想敌,具体措施包括:置办飞机、潜艇、战舰;扩充兵工厂;修筑要塞炮台;实行征兵制,精练国防军;各级学校实行军事教育;等等。③

第三步:对外作战。在国防整顿运动成功后,"准备对外作战,举一切已失之权利,收回而保障之"。④曾琦一直怀有对日作战的决心,有诗云:"普恩嘉宾是吾师,克烈门梭更不疑。他日政权若在手,要当横海制倭夷。"并表示"世有以'狭义的国家主义'相讥者,予固不之计也"。⑤"五卅惨案"后,国家主义派萌生出对英作战的决心,他们提出的反英主张是"我们要马上武装起来,统一我们的武力,备好对外作战"。⑥ 1927年4月国、共分裂后,国家主义派主张趁苏俄"内政之崩坏""外交之孤立"时,向苏俄绝交、宣战,以收复失地。⑦

强调军事实力、军事战争的重要性,是国家主义派民族自决思想中一个很显著的特征。"对外战争"路线基本上是一条军国民主义路线,它号召国民由"耻感""仇恨"而蕴积力量,牺牲一己短暂之生命,当对帝国主义作战取得胜利之时,不但实现了中华民族的自决,个人也在"中华民族"这个大我之中获得尊严与复仇的快感。值得注意的是,国家主义的教

---

① 杨铨:《人格教育与民德》,《醒狮周报》第16期,1925年1月24日。
② 余家菊:《学校军事教育问题发端》,《醒狮周报》第13期,1925年5月1日。
③ 曾琦:《国防日与国耻日》,《醒狮周报》第31期,1925年5月9日。
④ 《风起云涌之国家主义团体》,《醒狮周报》第59期,1925年11月21日。
⑤ 曾琦:《感事书怀偶成数绝》,《醒狮周报》第35期,1925年6月6日。
⑥ 胡国伟:《五卅爱国运动的回顾与前瞻》,《醒狮周报》第91期,1926年7月11日。
⑦ 靳荣禄:《外交救国论》,《新国家杂志》第1卷第10期,1927年。

育方法体现了传统儒家的一些基本观念。如国耻教育"把'羞耻之心'视为转化外在环境的动力,隐涵了儒家另一项基本假定:普遍性的'性善'观念,对个人与生俱来的道德原动力的信念"。① 从中反映出儒家思想与近代中国民族主义之间的互融关系,即使以塑造"新民"为职志的国家主义者,也难以摆脱传统先入为主的局限。不过,这种"局限"似乎也不能过分夸大。因为传统儒家所谓"知耻而后勇"有其特定的意涵,那就是勇于改过、赤地新立,成就圣贤君子的人格。国家主义派所呼吁的则是一种勇于牺牲的精神。他们只是借鉴了儒家修身论的一些表面形式,而抛弃了其实质层面。

"全民革命"路线的哲学基础则是所谓社会达尔文主义。1919 年,巴黎和会上中国外交的失败,击碎了国人"公理战胜强权"的幻想。对于国家主义派来说,"一战"后支配国际社会的仍然是"弱肉强食"的法则,"'和平''公理'这些美名词,不过是列强利用为侵略的护符。帝国主义者一面高唱着什么'正义''人道',一面却秣马厉兵向着弱小民族宰割"。② 复旦国家主义青年团的成立宣言上赫然写着:"天演万态,逆境者亡,生存万理,背律者灭。物竞天择,适者生存之训不仅为生物学界之宗仰,举凡宇宙有机之类,其生灭荣衰之关系,曾不能幸逃此公例。"③ 国家主义派虽痛恨强者,但又崇拜强者——只有强者才能在优胜劣汰的竞争环境中生存下来。在以强凌弱的"公例"之下,弱国只能整顿国防,奋力一搏。国家主义派几乎不曾质疑帝国主义扩充军备的正当性;相反,战后德、法之间复仇式的军备竞赛,却得到了他们的激赏。

国家主义派的"强者哲学"却受到了读者的质疑:中国强大后会不会走向对外侵略扩张的道路?国家主义派对此予以否定。反之,他们认为中国强大后将援助弱小国家摆脱帝国主义的压迫。国家主义派似乎没有觉察到,他们已经陷入了理论上的困境:按照社会达尔文主义,强者压迫弱者才是合理的,强者去扶助弱者反而有违"优胜劣汰"的进化原则。在军国民主义与世界主义之间,国家主义派似乎很难做出选择:他们在道义上倾

---

① 沈松侨:《五四时期章士钊的保守思想》,《"中研院"近代史研究所集刊》第 15 期,1986 年。
② 《风起云涌之国家主义团体》,《醒狮周报》第 94 期,1926 年 7 月 31 日。
③ 《复旦国家主义青年团宣言》,《醒狮周报》第 58 期,1925 年 11 月 14 日。

向于世界主义，在现实上却倾向于军国民主义。从中看出，经过第一次世界大战，"强权法则"已经失去了道德合法性，即使鼓吹对外战争的国家主义派，也要援引世界主义以为辩护。然而，他们既然在现实上选择了国家主义，也就将世界主义搁置在了遥远的未来。

四 "国家主义"与"民族主义"之间的关系

"国家主义"系国家主义派对英文 nationalism 的翻译。nationalism 在中文里的常见译名是"民族主义"。国家主义派之所以放弃"民族主义"，而使用"国家主义"的译名，是由于他们对 nationalism 做出了动态的、历史性的考察。常乃德指出，19 世纪以前，"国家组织尚未发达"，"一民族一国家的国家观念是非常发达的"，用民族主义来翻译 nationalism 符合时代的特征。但是，19 世纪以后人类的国家组织发生了巨大的变化，即"把单纯的以民族为基础的国家，变为以政治的、经济的、文化的、民族的各原素共同组成的国家"，用民族主义来对应 nationalism 就不能体现出时代的变化了。[①] 也就是说，nationalism 是一个历史的范畴，它在不同的历史阶段具有不同的意涵，nationalism 的中文译名应该体现出这种变化。可见，"国家主义"是被用来指称民族主义在 19 世纪以来的表现形态，仍在民族主义的范畴之内。那么，19 世纪以来民族主义呈现出一种什么样的动态呢？

从民族主义在西方产生、发展的历史来看，民族主义基本上是现代性的产物，"在现代性引发的'祛魅'（disenchantment）之后，以上帝信仰为中心的神学宇宙观及基督教共同体被瓦解，世俗生活需要'想象'或'重构'一个新的共同体——'nation'，以解决现代化进程中所产生的政治、文化、心理等各种功能性的需要"。[②] 19 世纪是西方工业化突飞猛进的时代，发达的社会分工、频繁的人口流动，使得血缘、地域、语言等原生性标识日趋淡化。与此同时，靠国家力量推行的公共教育塑造出同质的公民。公民与公民之间由共享自由、人权、正义等普世性观念，而形成一

[①] 常乃德：《十九世纪以来国家主义在学理上之发展》，《醒狮周报》第 138 期，1927 年 7 月 2 日。

[②] 翁贺凯：《现代中国的自由民族主义：张君劢民族建国思想评传》，法律出版社，2010，第 6~7 页。

种休戚与共的集体归属感。这种基于公民价值观念而产生的认同心理特征，一般被称为"公民民族主义"（civic nationalism）。与之相对的民族主义类型，则是所谓"族群民族主义"（ethnic nationalism）。

国家主义派所观察到的民族主义在 19 世纪的发展动态，基本上就是族群民族主义与公民民族主义之间此消彼长的态势。因此，他们用"国家主义"来指代的大致上就是公民民族主义。

"国家主义大致上就是公民民族主义"这一观点有思想史的线索作支撑。国家主义派的文字里征引过不少公民民族主义的著述，尤其是多次、多处引用了公民民族主义之集大成者厄内斯特·勒南的著作。厄内斯特·勒南（Ernest Renan，1823—1892）是 19 世纪法国著名的哲学家，一生著述丰富，《何谓国家》是其最为脍炙人口的著作。1928 年，李璜将这本书译成中文，于《醒狮周报》第 197、198、199 期连载，后集结成书由中国书局出版。

勒南国家思想的特点在于，他认为"国家"与其说是建立在人种、语言、宗教、经济、地理等客观条件之上的客观存在物，毋宁说是一个主观范畴——它只存在于人们的历史回忆和政治意愿当中。他在《何谓国家》中写道："一个国家是一个灵魂，是一种精神的原则。有两种东西，在意义上其实是相同的，能够造成这个灵魂。这种精神的原则，一种是在过去的，一种是在现在的。前一种是一些公同所有对于过去很丰富的纪念；后一种是对于现在彼此的承诺，愿意共同生活的承诺，愿意发挥光大前人遗业的承诺。……曾共有在过去的光荣，而又共有在现今的志愿；曾共作了一些大事业，而尚愿意再作一些，这便是成为一个国家的主要条件。"[①]

研究表明，勒南《何谓国家》的创作，有着深刻的历史背景。1871 年 5 月，法国被普鲁士打败，被迫签订《法兰克福和约》，割让阿尔萨斯全境。军事上的阿尔萨斯问题是结束了，但学术上的阿尔萨斯问题依然存在。从人种学上来说，阿尔萨斯人是日耳曼人种的一个分支；从语言学上来说，阿尔萨斯属于德语地区。另外，在宗教、经济、地理等方面，阿尔萨斯与德国都有着亲密的联系。这是德国知识界力争阿尔萨斯归属德国的学理根据。勒南在《何谓国家》中，对这些根据一一加以否定，认为阿尔

[①] 李璜：《国家存在论》，中国书局，1929，第 33 页。

萨斯的归属问题应该由阿尔萨斯人按照自己的政治意愿决定。勒南打的"如意算盘"是：阿尔萨斯人是法国公民，他们的政治意愿一定是倾向于法国。这种呼吁公民摆脱种族、语言、地域等限制，以国家为最高认同对象的思想，被后世史家称为公民民族主义。①

国家主义派照搬了勒南的思维方式。他们之所以反复批驳"血缘的统一""族群的同质"并不是建立国家的必要条件，同样是出于强烈的现实关怀，那就是反对蒙古、西藏打着"民族自决"旗号的独立建国。

然而，国家主义派对"公民"的理解却不甚符合公民民族主义的精义。公民民族主义所理解的"公民"，是原子式的、独立的个体，符合自由主义的价值预设。而国家主义派所理解的"公民"，则是一个与国家互为表里的集体概念：作为整体的"公民"就是国家，作为个体的"公民"则没有任何自足的意义。无怪乎他们惯常使用"国民"一词来翻译"Citizen"。对于他们而言，公民不就是"国之子民"吗？但实际上，正如我们在本书第一章第二和第三节指出的那样，"国民"不等于"公民"，国民是以国家为本位，公民是以个人为本位，二者有着质的不同。

"一战"后的民族自决思潮包含了双重声音，其主旋律是殖民地、半殖民地人民挣脱殖民统治、创建独立主权国家的合理诉求。帝国主义利用民族问题干涉他国内政则是其中的不和谐音符。民族自决原则具有双重效应——既能建国，又能分国，而产生何种效应端赖乎对民族自决主体的不同界定。国家主义派仔细辨别了民族自决的两种模式，并设计出中国所应采取的自决方案。在他们看来，民族自决的唯一出路是各族人民武装起来求得整个中华民族对于帝国主义的自决，而不是中华民族内部"各弱小民族"对于汉族的自决，更不是蒙、藏地区的独立建国。这条道路虽然具有强烈的军国民主义色彩，但反对民族分裂、维护国家统一以及反对帝国主义压迫的积极意义是不容否定的。其理论困境则是在军国民主义与世界主义、"国家"与"国民"之间存在深度紧张。透过国家主义派的民族自决论述，可以发现其所鼓吹的"国家主义"接近于"公民民族主义"。

通过研究国家主义派对民族自决思潮的回应，有助于学术界重新审视近代思想史上的国家主义。将国家主义与封闭、排外、好斗等形象等同起

---

① 关于勒南民族主义思想的详细内容，参见黎英亮的博士学位论文《普法战争与厄内斯特·勒南的民族主义思想》，华东师范大学历史学系，2008。

来的观点在学术界比较流行，而忽略了国家主义"建设"的一面，即与主权意识、国家统一、民族建国等现代性变迁相联系的一面。清末民初时期，以梁启超为代表的启蒙知识分子，便注意到国家主义可以用来启迪民智，将"但知有朝廷，不知有国家"的皇朝子民，塑造成为具备近代民族国家意识的"国民"。同时，传统的大同思想、"仁爱和平"的观念，也限制了近代中国的国家主义不至滑向黩武的军国主义。

民族自决思潮并没有退出历史舞台，当今民族分离主义最常用的旗号正是"民族自决"。国家主义派"国家至上"的呼喊以及对"民族自决"的"族群化模式"的批判，仍不乏一定的启示意义。

第三节 民族主义与世界主义："一战"后知识界对建立国际联盟的思考

国际联盟（以下简称国联）成立于1920年，1946年正式解散，有63个国家参加，是世界上第一个以维护和平与安全为宗旨的国际性组织。学术界对于国际联盟已有不少研究，但这些研究基本上是就国联而研究国联，研究的主要是国联的起源、威尔逊与国联的关系、国联的性质和作用、国联和联合国的比较等问题，而很少涉及国联建立前后中国知识界对建立国联的思考。[①] 实际上，自威尔逊发表"十四点原则"，倡导建立一国际性的联盟组织起，中国知识界出于对国家和民族命运关心，就给予了极大的关注，纷纷在报刊上发表文章，表达对国联建立的态度和看法，展望国联成立后可能给世界和中国带来的影响，并从各个方面提出了自己的建议，这些建议也体现了民族主义与世界主义的互动关系。有鉴于此，本节拟以《太平洋》杂志为中心，[②] 就1918年威尔逊发表"十四点演说"提出建立一个国际性组织到1920年国联正式成立前后这一时期内，中国知识界

---

① 参见毛锐《近10年来国际联盟问题研究的新进展》，《山东师范大学学报》2002年第1期。
② 《太平洋》杂志创刊于1917年3月1日，终刊于1925年6月，是五四时期一份重要的思想学术刊物，其作者大多是留欧学生或有过留欧经历的知识分子。自国联被提出之日起，《太平洋》就十分关注，先后发表过不少评论性文章，并于第二卷组织了一个"万国联盟专号"，就国联的有关问题进行集中讨论，内容涉及国联的形成史、联盟约法、强制仲裁、国际劳动等问题，这在当时的中国知识界很有代表性。

对建立国联的思考作一考察。

一 为何成立国联？

自1918年威尔逊的"十四点原则"提出后，成立一个国际性的组织引起了世界的广泛关注，作为思想最为活跃的知识分子则更是积极地发表自己的看法。为何成立国联？中国知识界从直接原因和历史原因这两个方面对此进行了分析。

第一次世界大战的影响是成立国联的直接原因。具体来说，第一次世界大战产生了两个方面的影响。第一个影响，是平和主义思想得到了长足的发展。当时人们的一个普遍看法，是认为第一次世界大战是民族主义、种族主义和军国主义的极度膨胀从而压倒一切平和思想的结果。《国际战争的原因》一文就专门讨论了"一战"爆发的根本原因，作者认为盲目的民族主义使得各国政府和人们成了战争狂热拥抱者。[1]《大隈伯之回转时代论》一文也认为大战乱之由来，"可一言以蔽之，因各民族的国家膨胀无已，"如果民族的国家不停止其膨胀运动，则世界的平和就无望。有人甚至把战争爆发的原因直接归于种族的战争。《平和与战争》一文就认为："此次欧洲之战，亦不过斯拉夫人种与日耳曼人种之生存竞争所致者也。"[2] 不管战争爆发的原因是民族的竞争还是种族的竞争，在知识界眼里，这些都有违于平和的基本原则，是对平和的极大破坏。当然，战争的发生虽然使得平和的呼声暂时被湮没，但平和思想仍存在于人们心中；"今日欧罗巴大陆，方当战云弥漫之际，平素盛倡之平和论，至是乃不得不一守静默之态度。然此决不足以邃证平和主义之无力也。"即使面对民族主义的推动下各交战国举国一致行动的局面，人们也认为这并不代表平和就被所谓的民族主义和国家主义压制了下去。"盖今之列强，虽举国一致，以从事于战场，然而大多数之国民，断未有致疑于平和之说者。"[3] "大战争开始以来，交战国中，表面上国家主义之势力大张，平和主义稍受顿挫，然实

---

[1] 松子：《国际战争的原因》，《太平洋杂志》第4卷第4号，1923年12月5日。
[2] 《平和与战争》（录《大共和日报》译论），《东方杂志》第11卷第6号，1914年12月1日。
[3] 章锡琛：《大战争后之平和运动》，《东方杂志》第11卷第6号，1914年12月1日。

则潜滋暗长于社会之里面。"① 由此可见，在当时整个大战的局势下，时人仍对平和充满了希望。

当然，并不是所有人都笼统地认为第一次世界大战的爆发是民族主义的推动，从而对民族主义持彻底否定的态度。在《民族主义与国际主义》一文中，作者周鲠生就理智地提醒国人：民族主义并不是国际主义的仇敌。"今后民族主义是否能继续其功用？民族主义是否是和国际主义相辅而行？"这是一个非常重要的问题。作者在这里列举了一些人的观点："有人说'民族主义是世界平和的仇敌'，又有人说'国际主义是一种理想'。但是据我看来，民族主义和国际主义都是重要的政治因素，是一种活势力。"② 作者之所以会把国际主义同民族主义放在一起论述，是因为欧战以后，人们开始认识到国际联合的趋势，尤其是国际联盟的倡导成立，更是国际主义的一种体现。"欧战以后，世界政说是进于国际主义的时代。"因此在当时很多人针对战争与民族主义的关系，开始反对民族主义在战后的存在，认为民族主义是世界平和的仇敌。作者便是在这种情况下理智地提出：民族主义和国际主义可以相辅相行，共同促进国际组织的发展。作者首先论述了欧战的发生的确是民族主义的膨胀所致，但这种民族主义并不是我们通常所讲的民族主义，而是一种狭隘的丢失了世界主义精神的民族主义的膨胀。我们不能因为这个就反对民族主义，因为："第一，民族主义现已成为当今世界潮流，逆潮流而动是不利于国际社会的，即不利于国际和平秩序的建立。"反之，满足民族思想是减少国际冲突的一个条件。第二，民族主义曾在历史上履行过它的使命，使许多国家走上独立发展道路，它在十九世纪时候曾经打破了许多不平等条约，推倒许多的专制帝国。从民族国家方面生发出来的利益，于世界国家组织上也是很好的。因为民族国家"是很自然的结合，不是勉强的凑合"。虽然这里作者所指的国际组织并不只是针对国联而言，但他却明确指出了民族主义的保留是有利于国际组织的发展的。接着，他进一步指出，民族主义与国际主义是可以而且也应该同时发展。因为，"第一，国际组织是要建设于民族国家之上的"。既然国际组织是以国家为单位的，那么民族主义的存在就保证了

---

① 《国家主义与平和主义之冲突》，《东方杂志》，第12卷第1号，1915年1月。
② 周鲠生：《民族主义与国际主义》，《太平洋杂志》第4卷第8号，1924年9月5日。

一国国家的独立性。"因为要国际社会能确定国境,要国家带有永久性,都要有自然的、可了解的原则,不能靠着征服之偶然的事项"。第二,国际主义于完成民族主义为必要的条件。"民族主义如其不辅之以国际主义,国际社会则不会安全,不会平和。"人们都是有着连带相依的关系,为谋自身的发展就必须互助,同时也必须与其他民族互助合作,如果没有了国际主义精神,则会相互倾轧而不利于国际社会的发展。另外,国际主义还可以补救民族主义的不足,比如战争的爆发便是民族主义的极度膨胀的结果。再者,国际主义可以发达国际精神。如果以国际主义为基础,去处理国际关系,那么就可以避免民族间的冲突,进而增进世界和平。由此,作者认为国联这个新的国际组织的成立"是国际主义的大进步",一旦国联组织起来了,那么国际主义得到体现的同时,民族主义也将会得到更好的发展。[①] 通过这篇文章的论述可以看出:第一次世界大战的爆发,使人们对于和平充满了向往和渴望,而国联的提出和成立则正是平和思想的体现,是维持战后和平秩序的重要希望。人们认为,平和思想是国联成立的重要推动力,而国联的成立又将对和平思想产生巨大的促进作用。《国际战争的原因》一文的作者就指出,避免战争需有两个要件:一是创立司法的行政的国际组织,一是具有一个新的眼界和政策,而且这两者必须相辅相行。国联的成立便是第一个要件的完成。如果所有的国家都被纳入这个国联中来的话,那么世界范围内的和平则有实现的可能。[②]

第一次世界大战产生的第二个影响,是世界主义意识的形成。"一战"的爆发,使得人们争取国家安全、社会平和的观念发生变化,人们开始从"世界的视角"来审视对外政策,开始有了"世界主义"的意识和"国际主义"的精神。一些人于是从世界主义意识的角度来分析国联成立,认为世界潮流的涌动激发了战后人们对世界秩序建立的思考,由此促成了世界性组织的产生。这里所指的"世界的视角",在当时人们看来是与"国际主义"对等的,也可以说是同一个概念。周鲠生就认为,第一次世界大战的发生是丢失世界主义精神的民族主义膨胀的结果,"民族主义最初的意志是为人类全体谋利益,而非现在的狭隘的种族观念,实在是带有世界主

---

① 周鲠生:《民族主义与国际主义》,《太平洋》第4卷第8号,1924年9月5日。
② 松子:《国际战争的原因》,《太平洋》第4卷第4号,1923年12月5日。

义的色彩的"。① 他还套用了英国权威国际法学家俄滨罕（Oppenheim，今译奥本海，1858~1919）的话以证明国联作为一个新的国际组织成立的正当性和合理性。"国际法家俄滨罕说：国际主义是世人之一种观念，信文明人类虽因民族各具不同的因素彼此分立，但全世界人类实构成一社会；信一切国家民族的共同利害关系很密切，所以世界上就应该有国际组织以管理共同的事件，使世界企于永久平和。"② 在讨论欧战究竟应该有怎样的结局时就呼吁到：各交战国不分胜负，主动休兵退让，"惟存世界利益世界人皆享受之想，俾各国之商船，自为贸易；各国之兵船，自为保护；得以游行于大地而无所阻"。文章呼吁各交战国要以和平结束战争，从世界主义的视角来审视对外政策。"以公平理法绳之……，则各国之野心由是箴。"这样才有了"世界和平之始基也"。③ 有人甚至提出了在战后建立一个"世界性联邦组织"和"世界联邦政府"的主张。李大钊在《联治主义与世界组织》一文中就认为，战后的世界将走上联治主义，联治主义能够保持各个国家、民族"个性自由，不受他方侵犯"；同时又在共性的基础上"结成一种平等的组织，"亦即世界联邦组织，"达他们互助的目的"。他并由此预测："只要和平会议变成了世界的议会，仲裁裁判变成了世界的法庭，国际警察如能实现，再变成了世界的行政机关，那时世界的联合政府，就正式成立了。"因此，成立"这国际组织（即国联）、世界组织，是刻不容缓的了。"④ "君实"在论述战后维持世界和平之策时，也提出要成立一个"国际联邦政府"，并驳斥了有关以武装和平来维持战后世界的观点，认为那是"本末倒置"的"伪和平"，而真正之和平是"不可不解除各自之武装。而付诸有组织之世界联邦或世界同盟。"⑤ 尽管在当时的历史背景下，要建立一个世界性的联邦政府是不可能的，但中国知识界提倡在世界主义的视角下组织国际性的组织以处理各国间的问题与纠纷，并要求每个国家乃至每个人都应该有一国为世界之一员的认识和觉悟的思想是

---

① 周鲠生：《民族主义与国际主义》，《太平洋杂志》第 4 卷第 8 号，1924 年 9 月 5 日。
② 周鲠生：《民族主义与国际主义》，《太平洋杂志》第 4 卷第 8 号，1924 年 9 月 5 日。
③ 《美博士李佳白论欧洲战局终了后之影响于中国》，《东方杂志》第 11 卷第 6 号，1914 年 12 月 1 日。
④ 李大钊：《联治主义与世界组织》（1919 年 2 月 1 日），《李大钊全集》第 2 卷，人民出版社，2006，第 284、286 页。
⑤ 君实：《论战后之世界和平耐久策》，《东方杂志》第 14 卷第 8 号，1917 年 8 月。

进步并符合历史潮流的,也是时代发展的需要。高劳在《世界人之世界主义》一文中就明确提出,"我等今后不宜但就中国而唱门户开放机会均等主义。我等当确信世界者,世界人之世界,因之而为世界之人开辟世界之门户,以图世界之进步,则人类之融合与亲和,将日益加厚焉。"① 以世界主义的眼光,将世界看作为一个不容分割的整体,相互开放,相互融合,以达到共同进步。

如果说第一次世界大战的影响是国联成立的直接动因,那么,历史发展的必然则是国联成立的根本动力。用周鲠生的话说:"万国联盟何为而成立也?曰,历史之进化也,政局之要求也,思潮之趋势使然也。"② 他在《万国联盟之三大意义》一文中,开篇即提出国联的成立并不是少数国家一时的兴致所致,而是历史进化、政局发展的必然要求,是历史潮流发展的结果。"同盟组织,究非陡然发自少数政家一时之用心,而里中实大有历史上、政治上、思想上之重要意义。"首先,国联是在国际性的组织越来越多并日趋成熟的背景下被提上日程的。因为国联存在必须满足两个要件:(1)"须有多数独立国家并立";(2)"此等国家之相互交通,须发达至一定程度。"这一点可以从历史发展阶段看出。上古时期也就是"普天之下,莫非王土"之时代,各个国家之间是彼此隔世独立的,并没有共同之利害观念。那么这个时期没有联盟思想并不奇怪。到了中古时代,罗马帝国瓦解之后欧洲社会是一片混沌状态,统一的国家并没有形成,因此这个时期也是没有联盟思想的;而到了中世纪末,独立国家渐渐形成,由于商业的发展和交通的发达,联盟思想开始萌芽,人们逐渐意识到,人类不仅仅是以一国家一家庭而存在的,并随着交往的日益密切,各国家之间问题的出现与解决使得法治观念与共同利害观念也开始形成。"欧洲自入近世纪以来,国际社会,与日演进。自范围言,则扩张渐大;自内容言,则关系益深。法治维系之主义,与共同利害之观念,日益固植其基。"到了17、18世纪的时候,已经有了处理一般关系的国际公会之类的机关,如1648年维斯特伐利亚会议、1713年托列希特大会和19世纪召开的一些国际公会的职能就不仅仅限于政治纠纷的解决,而且更着手国际立法的事业。随着19世纪以来科学的进步、经济的发展,国际共同关系也愈加复杂

---

① 高劳:《世界人之世界主义》,《东方杂志》第14卷第12期,1917年12月15日。
② 周鲠生:《万国联盟之三大意义》,《太平洋杂志》第2卷第1号,1919年11月5日。

起来，涉及交通运输、货币、劳工以及卫生等方面的国际性组织，如"万国电政同盟""万国邮政同盟"等纷纷成立；尤其是1899年第一次海牙和平会议的召开，使"国际关系为之大改，大同联治之想，于此渐露实现之机微"。因此，周鲠生断言，即使没有第一次世界大战的爆发，成立国际组织也迟早会提上议事日程，而第一次世界大战的爆发及影响则促进了这一天的早日到来。其次，均势政策的破产给国联的成立提供了政治上的可能性。国人大都认为，各欧洲大国在一定程度上形成的某种均势的打破是第一次世界大战爆发的重要原因。因此，均势不仅不能维持长久的和平反而更容易埋下祸根。周鲠生就指出：第一次世界大战之前，欧洲各大国为了谋求所谓的均势，"竞相扩张军备，军备愈张，杀气愈炽，一朝爆发，不可收拾，此古人所谓迟发祸大者也。半世纪来维持一贯之均势主义，至千九百十四年八月，而宣告破产。远识之士，幡然醒悟，知均势之不足保持平和，而反留战祸之种子也，于是国际政治革新之说以倡。代表斯说者，为美总统威尔逊"。[①] 陶履恭（孟和）也指出，均势是依靠军备来维持的，但这种军备"若就一时一国看起来，仿佛是保证和平最稳当的方法（军国主义一派的人，常说军备是人民的保险费）。但若用远大的眼光，从世界全体上着想，军备实在是一种大祸害。因为有了军备就可以为所欲为，这样一来，各国皆唯恐他国武力胜过自己，便都设法扩张军备，由此便有了军备的竞争。而有了军备竞争，人类世界就没有了平和，现在世界各国，既然是一个关系密切的团体了，这种武力的竞争，岂不是人类自戕方法吗？"既然军备的竞争导致了战争的发生，那么要防止战争，就应该废除至少限制军备，但是面对各国都有军备的事实，谁又敢贸然独自去掉军备而使本国处于危险呢？因此，由军备的废除或限制便有了成立国联的提议。"万国联盟，就是使世界废战争用公理裁判曲直的唯一方法。"因为世界上每个国家都有其不同的文化政治、历史习惯，要调节各国之间冲突就需要有一个国际组织的存在。"今日国际最困难，也最根本之问题，即在调和各国家之利益，规范各国家之野心，综合各民族之精神，使悉有利于公共的善。换言之，即不承认世界上有'完全独立'、独自发展而侵害他国的国家。世界上所有的民族，要成一种有组织的团体。维持这个国际

[①] 周鲠生：《万国联盟之三大意义》，《太平洋杂志》第2卷第1号，1919年11月5日。

组织的，就是万国联盟。"① 历史和现实都告诉我们：只有加强国家间的互助合作，将国家间纠纷置于国际公认的机关以和平协商方式解决，才有可能避免战争的爆发，重蹈第一次世界大战的覆辙。因此，在这种情形下，"除少数头脑太旧之政家，尚守传习的均势主义，执迷不悟以外，凡静察时局，希望平和之士，未有不归依万国联盟计划书者。"②

总之，中国知识界认为，万国联盟也就是国联的成立，"并非偶然的运动，孤立的现象，而实历史、政局、思潮诸种因素凑合以成"。③ 换言之，万国联盟是在国际联系日益密切繁杂、共同利害观念得到发展的历史要求下，是在均势主义失去效用而代之以国际主义的大背景下建立起来的。

二 如何建设国联？

既然国联的成立不仅仅是第一次世界大战影响的结果，而且更是历史发展的必然，那么，我们应当如何建设国联才能符合历史发展的要求，充分发挥其处理战后国际事务和维护战后世界和平的职能呢？在建立国联的建议被提出到巴黎和会前后很长一段时间里，如何建设国联一直是中国知识界不断考虑和讨论的重要话题。这些讨论大致可以归纳为四个方面。

一是对国联所确立的"委任治理"制度的讨论。《万国联盟与委托治理》一文认为，"万国联盟对于欧战中脱离故国主权之土地，设有委托治理之制，在国际关系上成立一种新关系，问题颇复杂，有析论之必要"。"委托治理"之原则详细规定在联盟规约第二十二条中，其委托制度有三种。第一种是委托土地有自治权，而委托国只给予行政上之忠告及帮助即可；第二种是给委托国以地方治理之全权，不过禁止贩卖奴隶、买卖军器、不得练兵等；第三种委托则是将土地全然并入委托国领土内，但是由于所委托之土地为原协约国的，因此其委托权不归国联而为原协约国家共同组成的"最高委员会"，国联对其唯有审查之职责。时人认为这种委托治理制度在当时是国际关系史上一种特别的制度，它的存在是由于当时国

---

① 陶履恭（陶孟和）：《万国联盟及其存在之理由》，《太平洋杂志》第2卷第2号，1919年12月5日。
② 周鲠生：《万国联盟之三大意义》，《太平洋杂志》第2卷第1号，1919年11月5日。
③ 周鲠生：《万国联盟之三大意义》，《太平洋杂志》第2卷第1号，1919年11月5日。

际形势的需要。"万国联盟所以创设此制度，为应国际情况之要求，纯出于政治上的理由。"① 对于战败国即旧属德国、土耳其之土地，它既不能作为战胜国之间的战利品瓜分，因为这不仅会引起战胜国之间的矛盾，甚至重新爆发战争，而且更为重要的是它不符合国联的根本精神，即加强战后国家间的和平与平等，况且美国所提出的"不兼并土地、不索赔偿"的原则早已深得各国人心。② 所以，"委托统治是国际政治上之创举"，不失为一个两全其美的办法。③

制度虽好，但要取得理想的效果，关键还在实行。由此，人们认为国联应该严格地监督委托国，使其不违背委托治理的最初精神，即不能以委托治理之土地来谋求本国的发展，而忽视其委托治理之土地的发展，甚至造成强行干涉。有人建议应该设立一个专门的管理监督机构。因为联盟规约上仅规定委托国家每年交一份书面报告，这既不能保证委托国报告的真实性，也不能保证监督是否有效的执行。因而设立一个专门的监督机构并给予一定的制裁权是制度实行的关键。④ 还有人提出监督之有效执行应遵循以下几个原则：（1）委托国如违背委托条件，则不能改选责任，得由联盟决议取消委托状；（2）常任委员会得随时调查委管土地治理情状，如遇有重大弊害事实发生，得随时报告，附以意见，提出于执行部；（3）委管土地内之居民，对于委托之治理政策，认为有压制或违背委托的条件时，得经常任委员会向联盟陈诉；（4）委托治理作为国际上的一个新制度，应在运用中不断进行改革进化。⑤ 中国知识界之所以会对委托治理产生兴趣，原因就在于他们认为，委托治理能有效地解决战后旧属殖民地问题。但后来的事实证明，国联并不能对委托进行有效的控制和管理，它的常任委员会的设立也是形同虚设，第一次世界大战后各帝国主义对殖民地的分赃不均是引起第二次世界大战爆发的一个重要原因。

二是对国际法院之建设的讨论。1920年国联执行部通过了建立国际裁判院组织法草案，使得世人渴望之国际司法机关被提上建设日程；1922年

---

① 周鲠生：《万国联盟与委托治理》，《太平洋杂志》第3卷第8号，1922年12月。
② 周鲠生：《伦敦不单独讲和宣言论》，《太平洋杂志》第1卷第6号，1917年8月15日。
③ 周鲠生：《万国联盟与委托治理》，《太平洋杂志》第3卷第8号，1922年12月。
④ 君实：《战后之国际联盟》，《东方杂志》第16卷第2号，1919年2月。
⑤ 周鲠生：《万国联盟与委托治理》，《太平洋杂志》第3卷第8号，1922年12月。

12月，常任国际裁判院在海牙正式宣告成立。国际裁判院成立前后，中国知识界就有关问题展开了讨论。

第一，是对裁判院法官的选任和任命方法的建议。知识界认为，法官对于裁判院有至关重要的影响，因此法官应该从德望极高且在本国有任最高司法机关之资格或以精通国际法而闻名的法学家中推选产生。① 有人认为国联设立专任法官，依司法的方式处决争议事件，这符合世界和平主义所期望的有由专门司法人员组成之常设法院的要求。也有人认为国联设立专任法官虽然值得肯定，但也应看到它还存在着一些可以改善的不足之处。周鲠生就对法官的选举执行部与代议会居于同等地位这项规定颇不满意。在他看来，法官的选举与候补人员的选定由国际裁判院与海牙判官团提出并不违反国家平等原则，反而更可以脱离政治动机之嫌，由专门人员选举也更为专业；因为如果由代议会与海牙判官团提出人选的话，那么投票自然会集中在世界上素有声望的法官学者。而国联规定代议会投票后还要再经过执行部投一次票，这无疑加重了掌握执行部大部分席位的英、美、法、意、日等强国的投票权，有失国家平等的原则，所以这个规定有绝对更正的必要，即法官的选任由代议会专任而执行部不可以参与。另外，对于盟约规定争议当事国有任命属于本国法官的权力，他认为这也有失偏颇。因为，裁判院的法官是超于本国之外的构成世界公共之司法机关的一分子，是属于国际的、世界的而非某一国家的，所以当事国就没有另设法官之必要，否则，"则直漠视裁判所之国际的独立的性质，而示对于判官之公心，无充分之信任矣。此毋乃复还于从来组织仲裁法庭之原则，而与新建真正国际裁判所之精神有抵触乎？"所以应该对其规定作必要的修改，以符合逻辑和国际法之精神。②

第二，是对于国际裁判院权限之规定的建议。裁判院草案规定，只受理国家与国家之间的案件，其他一切案件都不在其受理范围。不少人认为，这一规定将个人或团体与一国家间的争议排斥于法院之外，不太妥当。因为，随着国际交往的日益增多，常常会有个人、团体与一国之间发生争议并极易酿成国际问题。上述规定不仅不利于国际之间的和平，也不利于国际司法之精神在世界的传播。所以国际裁判院不应以国家作为是否

---

① 周鲠生：《国际裁判院草案评议》，《太平洋》第2卷第20号，1921年3月5日。
② 同上。

受理的对象,而应以个人、团体以及包括自治领和殖民地在内的所有盟约国家为受理的对象,这样才不至于与联盟约法精神相抵触。①

第三,是对其诉讼程序的建议。法院草案规定,对于正在发生或即将发生的行为,在诉讼过程中应"指示暂时手段,保全任何一方之权利",也就通告各当事国与联盟执行部。对这种通告所产生的效力与手段,知识界持的是怀疑的态度。"此通告是否具有命令之效力?指示之手段,是否一定执行?无严明之规定,以供吾人以解答也。"所以,他们建议,应采纳美国万国联盟案第七十五项的规定,即联盟国在争议问题未判决之中,应停止不当之行为;为了保证此项禁令能得以有效实行,联盟的成员国有共同义务采取经济或军事的手段,这样才能够使国际正义得到保护,才不至于使受害国家造成无法挽回的损失。"今之草案如改采如斯规定,吾以为国际裁判院具有直接发禁令之权,其保障国际权利正义,当益大也。"②

第四,是对其执行方式的建议。对于战后的国际争议,很多文章认为应以组织常任国际裁判院以仲裁的方式来解决,其中《万国联盟与强制仲裁》一文对仲裁方式的讨论最为详细,作者周鲠生认为强制仲裁是联盟约法的精髓,并就强制仲裁的有关问题提出了一些建议。首先,国联应有独立判断某一事件是否适用仲裁的权力,而不受当事国意见的干扰。因此,应该删除约法中有关当事国双方同意才能仲裁的规定,"而以事件属于仲裁性质与否之先决问题,委诸仲裁法庭解决,或交将来设立之国际裁判所解释,较为适当。"其次,应明白规定对于判决执行的制裁力。这主要是针对国联约法虽有国际争议适用强制仲裁之方式的规定,但对于不执行强制仲裁之决定的一方则没有其强制制裁的规定,因为"强制执行虽非强制仲裁之要件,然欲求仲裁判决之效力确定,究以明白规定判决执行之制裁为宜。"③

除了上述问题外,中国知识界还讨论过国际法院立法的内容与范围。他们认为成立万国联盟的目的不仅仅是为了解决和处理盟员之间发生的争端,而且更为重要的是要积极寻求有利于发展各国经济的措施,只有经济发展了,世界才有发展。因此,国际法院立法应该重视经济方面的立法,

---

① 周鲠生:《国际裁判院草案评议》,《太平洋》第 2 卷第 20 号,1921 年 3 月 5 日。
② 同上。
③ 周鲠生:《万国联盟与强制仲裁》,《太平洋》第 2 卷第 2 号,1919 年 12 月 5 日。

如有关自由贸易、势力范围、不正当贸易等方面的立法。为此，他们建议，首先要在国联内设立立法征集委员会，征集各种专门知识，为国际法院立法提供立法依据。"万国联盟就应设种种之委员会，专为征集各专门之智识，筹备国际之立法。正如国会之委员会，专为征集事项，审查得失，然后起草法案，供立法总机关之讨论通过。"这其中最重要的又是经济立法。因为在和平时期，各国最为重视的是经济的发展，而一些大国、强国常常人为地设立各种限制，比如税制方面的限制，以此来扩张本国经济势力，排挤他国经济势力，以达到独霸世界经济的野心。"近年欧洲列强冲突之暗潮，多伏于此。巴尔干半岛之风云，也皆可于经济竞争中溯其源。"所以，国际法院首先要就自由贸易立法，以此来防备不合理的经济竞争，凡是不利于自由贸易、影响他国经济发展的政策都应予以取消。比如，列强在中国、印度、波斯湾等国划分的经济势力范围，因影响了这些国家经济的独立发展，国际法院就应给予否定和取消。其次要就贸易通路立法，不承认一些大国、强国对一些小国、弱国的港口、商埠和商道的强占，如英国对中国香港的强占，俄国、日本对中国旅顺、大连的强占，德国对莱茵河口的强占，开放各贸易通路于各国。最后，要取缔不正当贸易。如一些经济发达国家常常凭借其强大的经济势力或政府实力，将本国所制造的产品以低价的方式在一些落后的国家中倾销，从而严重打击了这些国家的民族工业，不利于这些国家的经济发展，这就是一种不正当的贸易，国际法院应该立法加以取缔。①

三是对如何保障国联发挥作用的讨论。为了维护世界和平和政治、经济新秩序，国联制定了种种条约和法规。如何保障这些条约和法规得以正确、公正的执行，也就是如何使国联有效地发挥其重要作用就成为中国知识界思考的又一重要问题。借用《万国联盟及其存在之理由》一文的作者陶孟和的话说："如何乃能使诸条件发生效力，如何乃能使万国联盟之意旨为列国所遵奉，实为吾人所当讨究。"② 这些讨论主要涉及以下几方面内容。

---

① 陶履恭（陶孟和）：《万国联盟及其存在之理由》，《太平洋杂志》第 2 卷第 2 号，1919 年 12 月 5 日。

② 陶履恭（陶孟和）：《万国联盟及其存在之理由》，《太平洋杂志》第 2 卷第 2 号，1919 年 12 月 5 日。

第一是关于废除军备与限制军备的讨论。人们认为战前各国在所谓"武装和平"的旗帜下进行的军备竞争与扩张是引发大战的重大原因。因此,要维持世界和平,避免大战的再次发生,就应反对军备竞争和扩张。但究竟是废除军备还是限制军备呢?知识界对此的意见不一。主张"废除军备说"的人认为,与其说限制军备,还不如废除军备更为彻底。"窃以为与其不顾各国古来之历史与情实,而日言限制军备,不若竟将军备完全撤废为尤胜。"① 如果把军备比为美酒的话,那么,扩张军备的国家则是迷醉于美酒的酒鬼,而要酒鬼在喝酒时少喝一些是不可能的,只有不让他们喝酒才会逐渐把他们的酒瘾戒掉。所以,废除军备才是国联维护世界和平最有效的方法。"此次大战之错,实军备竞争铸之。以后求永久和平之首,惟以解除武装为正鹄。苟有逾越,即逐出国际团体,认为化外,合力抵制之。"② 但主张"限制军备说"的人认为,废除军备将会使得各国无军队"以维治安而御外祸"。因此,与其说废除军备,还不如限制军备更切实可行。至于军备应该限制到何种水平,人们的看法并不一致。《万国联盟约法评注》作者认为,应该以"保护国内治安"和"共同执行国际任务"的需要为标准。③ 而《解除武装之新均势》的作者则认为,各国之所以扩张军备,主要是出于对两种根本上的恐惧。"即粮食与原料之供给问题及敌人突击问题是也。自十九世纪以来,鲜有不抱此两种恐惧者。"因此,"吾人欲限止列国之军备,首当谋所以去此根本上之恐怖也"。具体而言,一方面"协力以谋海上之自由以去食品及原料问题之恐慌,斯扩张军备之竞争可以稍止,世界和平之希望,其在此乎";另一方面各国应相互协议,保留以自卫之军队,自卫之军队的标准则以瑞士国家的军队编制法为榜样。瑞士作为"中立国","无侵略之野心,无凌人之阴谋",军队平时只为维持本国治安之用,但全国之壮丁又都必须服兵役若干年,这样一旦国家受到外来的入侵,就可以全民抵抗。④

第二是关于武力后援与经济封锁的讨论。"国际处分,向来缺执行效

---

① 章锡琛:《大战争后之平和运动》,《东方杂志》第11卷第6号,1914年12月1日。
② 罗家伦:《解除武装之新均势》,《东方杂志》第15卷第12号,1918年12月。
③ 雪艇(王世杰):《万国联盟约法评注》,《太平洋杂志》第2卷第2号,1919年12月5日。
④ 罗家伦:《解除武装之新均势》,《东方杂志》第15卷第12号,1918年12月。

力；海牙平和条约之不能十分成功，原因大半伏于此缺点。此次万国联盟组织，识者莫不主张有强制执行之必要。"① 但具体到采用何种强制方式，人们的主张又存在差异。有人认为，只有建立一支国际共有的军队，才能使国际的裁决得以在实行。否则，"徒有共同之机关，而无共同之军力，则其判决势难强制执行。故国际裁判所与国际军力相连带也。"② 第一次世界大战之前一些国家间的条约之所以遭到破坏，一个重要原因，就是没有一支国际军队作为执行的保障。但这一主张遭到了一些人的批评。在批评者看来，以武力为执行之保障，不仅又会激发各国的"军备竞争"，③ 而且在军队的组成和指挥、军费的承担和分配等问题上，各国会产生很大的分歧，其结果又会牺牲弱小国家的利益。所以，与其以武力作为执行之保障，还不如采用经济封锁的手段更好一些。因为随着各国间交往的加深，经济上的联系与依赖必将日益增长，这使得经济上的全面封锁与制裁就有了可能性和可行性，"经济的压力，如停止贸易，停止交通，停止金融之流通，诸种方法，皆足以制服违犯之国家。"④

第三是关于禁止独裁政治和秘密外交的讨论。当时人们的一个普遍观点，是认为"独裁政治与秘密外交"是"欧洲平和之所以破坏"的"两大祸根"。所以，"欲保世界永久之和平，而谋人类之幸福，则吾敢倡言之曰，独裁政治不可不废除，秘密外交不可不戒用"。⑤ 而要废除独裁政治，首先，就必须改独裁政治为民主政治。这里讲的民主政治实际上包含有两层意义：第一指的是各国国内实行民主政治，第二则是指成立世界民主政府。"实行各国民主政体外，且须实行世界民主政体。首先，要以国内民主政体消灭少数执行之间野心而防止战祸。设有不能奏效者，则尚有世界民主政府为之防止也。"而世界民主政府与国内民主政府的关系应该就像是美国中央政府对各邦的关系，这样即使"天异色，地异气，民异种，而均可赖民主政治以相安。故吾以民主政治为消减战祸之利器，而世界大共

---

① 松子：《万国同盟约法草案》，《太平洋杂志》第1卷第12号，1919年7月15日。
② 章锡琛：《大战争后之平和运动》，《东方杂志》第11卷第6号，1914年12月1日。
③ 陶履恭（陶孟和）：《万国联盟及其存在之理由》，《太平洋杂志》第2卷第2号，1919年12月5日。
④ 陶履恭（陶孟和）：《万国联盟及其存在之理由》，《太平洋杂志》第2卷第2号，1919年12月5日。
⑤ 章锡琛：《大战争后之平和动运》，《东方杂志》第11卷第6号，1914年12月1日。

和国之组织实当今扼要之图也。"① 其次，要赋予各国人民以投票表决权，这不仅包括表决是否战争，还应包括表决国家每年军费权，禁止少数国家秘密协定，以达到限制军备、避免战争的目的。最后，对于战败国应设立选举监察会。

第四是关于营造和平的国际氛围的讨论。如前所述，知识界普遍认为民族主义的过度膨胀是战争爆发的重要原因，盲目的民族主义使得各国政府、人民包括一向以和平为标榜者皆为战争所狂热，不顾国家战争的性质，在所谓爱国心的驱使下形成全民战争的局面。因此，要消除战争，就必须改造国民心理，营造一种和平的国际精神氛围，树立国民的国际心理，"现今文明世界的国民如果不能以国际的眼光来看待国际事情，那么虽有国际组织如万国联盟、国际法院之存在，也不见得能减除战事，维持平和。"② 除此之外，有人还提出各国国民应该认清个人、国家与世界之间是部分与整体的关系，一荣俱荣，一损俱损。陶履恭（孟和）在《万国联盟及其存在之理由》中就认为，人们如果要了解万国联盟为何必须成立的原因，就要具有心想全世界、全人类，不要只心想一个国家，或人类的一部分的心理。"我们就觉得自身家族或国家的利益最为切要，自身家族或国家以外无足轻重，一般人的思想大都是这样。但是这种想法是误谬的：我与世界相联系的。""我们现在详细考察时势的变迁和周围的情形，总觉得已经出了闭关自守的时代，入了国际大通的时代。我们的思想，也就不得不出了我们乡村、州县、国家的小范围，进到国际的大社会了"。③ 周鲠生也要求人们改变那种"盲目的民族主义"的心理，"要把世界看作一家，要以人类为单位；我们是人类一分子，要谋人类全体利益，爱本族同时要爱人类全体；我们尽可爱我们的国，但不必即要仇视他人的国，牺牲他人的国；我们的幸福，不必求之于争夺，要求之于通力合作。"④ 还有的作者借用狄肯生的观点，认为国际主义应当与帝国主义在人心上进行竞争，而竞争的手段就是教育，如学校的教育、新闻、演说、著书立说等，通过教

---

① 罗家伦：《解除武装之新均势》，《东方杂志》第 15 卷第 12 号，1918 年 12 月。
② 松子：《国际战争的原因》，《太平洋杂志》第 4 卷第 4 号，1923 年 12 月 5 日。
③ 陶履恭（陶孟和）：《万国联盟及其存在之理由》，《太平洋杂志》第 2 卷第 2 号，1919 年 12 月 5 日。
④ 周鲠生：《战前战后的国际政局》，《太平洋杂志》第 2 卷第 5 号，1920 年 6 月 5 日。

育,"改变国民心理,造出一种国际精神,如欧洲平和主义者之所谓 international mind 者,文明世界的国民如果终不能以国际的眼光来看待国际事情,那末,虽有国际组织如万国联盟、国际法院之存在,也不见得能够减除战事,维持平和。"①

上述就是中国知识界在当时的条件下,对国联的建立和建设提出的一些建议和设想。其中有不少是中肯和合理的,如对国际法院建设中法官的选择与任命方法;应明白规定判决执行的执行力;应重视经济立法;应采取措施限制军备;采用经济封锁与国际军力为保障国联的有力后盾;必须营造一个和平的国际氛围,改变"盲目的民族心理"等。尽管这些建议和设想并没有被国联所采纳,但是他们的这种关注国际事务、爱好世界和平的态度和为国际新组织建设出一份力的精神则是值得充分肯定的。这也从另一方面说明,中国知识界对国联的成立充满了期待。

三 怎样看待国联?

自威尔逊提出"十四点原则"到巴黎和会召开之前,中国知识界对巴黎和会和国联的成立充满了期待,认为"维持世界平和唯一之策,莫如建立国际联盟"。②希望巴黎和会以及计划成立中的国联能主持公道,公平处理山东问题、二十一条问题及修改不平等条约的问题,从而使公理能战胜强权。汪精卫曾充满信心地宣布:中国外交问题可恃国联的公理以战胜强权,"故公理之必伸,强权之必黜,大势沛然莫能御之者,苟其御之,适见其败辱而已。万国联盟之主张,既以公理为准则,其效力之与日俱进,无可疑者。"③但在巴黎和会召开之后,由于美国的拒绝加入,更由于中国在和会上的外交失败,不能不使一些人对国联的前途产生某些悲观情绪,认为巴黎和会就是恃强凌弱的代名词,而由此产生的国联也必将如此。"持悲观之论者曰:今日之现象,不惟强凌弱,抑且众暴寡。巴黎和平会议如此,万国联盟可知,流弊所极,世界诸弱小国,恐悉将献其生命,操于数强之手而惟所宰割。"④他们认为国联的"约章虽然可为世界和平发一

---

① 松子:《国际战争的原因》,《太平洋》第4卷第4号,1923年12月5日。
② 君实:《论战后之世界平和耐久策》,《东方》第14卷第8期,1917年8月。
③ 汪精卫:《中国对于万国联盟之希望》,《太平洋》第2卷第2号,1919年12月5日。
④ 汪精卫:《中国对于万国联盟之希望》,《太平洋》第2卷第2号,1919年12月5日。

线曙光，但是他的背后还有一个暗影，这暗影是什么？就是 Great Power 两个字，这两个字在国际上的根蒂太深了"。在"强权"阴影的笼罩之下，国联的约章是根本无法实现的梦想，世界仍然不会太平。① 有人甚至对国联彻底失去了信心。罗家伦在《国际联盟与华盛顿会议》一文中写道："回忆一年前，第一届议会尚未开会，吾人对此未生儿，具有无穷之希望，方以为见屈于凡尔赛者，必将见伸于日内瓦。庸讵知此初生之国际联盟，乃为一畸形儿，不特吾人所热望之山东问题，无从提起，且联盟本身，亦几无活动之实力。曾几何时，吾人对于曩昔脍炙人口和国际联盟，竟全失其信仰之心。"② 而对社会主义情有独钟的彭一湖更是对国联的反社会主义的性质提出了严厉批评：参加巴黎和会各国政府代表的都是资本家阶级。代表资本家阶级的政府，没有不反对社会主义。所以在巴黎和会上由代表资本家阶级的政府所发起成立的国际联盟，是一个"反社会主义的国际联盟"。列宁领导的社会主义苏联政府，"是不能加入的，因为他若加入国联联盟，就要加入劳动联盟，加入劳动联盟，就要破坏他的主义"。③

但就当时中国知识界的大多数人来看，他们是乐观论者，对国联依然充满着期待。沧海曾引威尔逊的"新生儿"比喻来说明他对国联的态度："他很有长起来的希望，威尔逊总统说，他是一个有生命的物件，现在才生出来。我们看着他就要穿起衣服来的，现在纵然有些不满足的地方，将来穿些衣服上去，时而又换些新衣服给他穿，就可以使大家满足了"。④ 周鲠生也同样指出，国联虽然有这样或那样的欠缺或不足，如它的约法并不完全否认战争，国际共同利益也缺乏具体的组织保证，"然联盟之活动，至少可以助长国际互助之精神，此吾人承认联盟组织有缺憾，对于联盟职务不满足之余，同时仍不能不承认联盟之国际的擗大作用，而对于其前途，抱无限之祝望也"。⑤ 他们中的不少人将对巴黎和会的失望转而寄情于国联的建立。"不幸巴黎和平会议，犹非公理伸张之时，遂使中国之主张，归于无效。于是失望于巴黎和平会议者，不得不属望于万国联盟。"⑥ 乐观

---

① 沧海：《国际联合约章》，《太平洋》第 1 卷第 11 号，1919 年 4 月 15 日。
② 罗罗：《国际联盟与华盛顿会议》，《东方杂志》第 18 卷第 17 号，1921 年 9 月 10 日。
③ 一湖：《国际联盟与社会主义》，《太平洋》第 2 卷第 2 号，1919 年 12 月 5 日。
④ 沧海：《国际联合约章》，《太平洋》第 1 卷第 11 号，1919 年 4 月 15 日。
⑤ 周鲠生：《万国联盟之组织及职务》，《太平洋》第 3 卷第 4 号，1922 年 2 月。
⑥ 汪精卫：《中国对于万国联盟之希望》，《太平洋》第 2 卷第 2 号，1919 年 12 月 5 日。

论者之所以如此期待，是因为在他们看来，万国联盟与巴黎和会在性质上是不同的，其作用也就根本不同。其一，巴黎会议的主要目的在于追究德国战争责任，而万国联盟"则在合万国为一体，以谋永久之平和。"宗旨的不同就决定了它们的作用也将不同。其二，巴黎和会时期正是战后各国喘息未定、国内生态凋敝的时候，因此各国只会想到关乎自身利益的事情；但等到国联成立后，人们开始从战争中恢复过来，他们所关注的就不仅是本国，而且还有世界范围内长远的事情，即国际和平的建设。具体而言，乐观论者认为，国联将在以下两个方面发挥重要作用。

第一是在经济方面。《经济上之万国联盟观》的作者就断定，国联的建立将使得各国独自的经济政策以及国与国之间的相互猜忌和竞争的经济政策，变为以世界为单位、各国互助合作的经济政策，以实现资源共享，分工合作，而由此引起的经济革命与社会进步，比历史上商品经济代替自给自足的个体经济所引起的经济革命与社会进步还要大得多。比如，他举例道：要是真的实现了国际和平，那么从前占一国预算一半至少1/3的军费就可以用来改良教育、讲究国民卫生、兴修铁路、振兴工商业等事业，从而促进各国的经济的发展与个人购买力的增加。所以，"万国联盟的主义，倘能诚心诚意奉行无阻，我们人类精神上与物质上，实受赐无穷的"。[1] 就中国而言，作者认为，中国虽然国力不强，但地大物博，资源丰富，如果加入万国联盟，那么对于世界生产力的贡献是非常大的。作者由此想到了中国在外交上所受的种种不平等待遇，这既不符合国联的条约和原则，也不利于国联的发展和世界和平。因此，作者提出应根据联盟宪章第23条第5项规定，撤去中国所受的种种不平等待遇。这表达了国人期望借万国联盟来改变中国外交地位的愿望。《万国联盟与中国农工商业之前途》的作者同样从经济的角度论述了国联的建立将带给中国发展的机会：中国以其天然人力和物力的充实，若得以借国联而与世界沟通，中国的农工商业将得到极大的发展，且不久便可与其他先进国并驾齐驱。作者还着重从国联主旨方面论述了国联的成立有利于中国的经济发展。其一，国联对于军备的限制有利于农工商业的发展。一个国家军备的多寡，是视其他国家尤其是邻国的军备情况而定。如果世界各国军备皆增加，那么中国即

---

[1] 皓白：《经济上之万国联盟观》，《太平洋》第2卷第2号，1919年12月5日。

使再穷，也会穷尽所有人力与财力去扩张军备，如此则农工商业便缺乏发展的基础以及发展空间与时间。而国联此次对于世界各国军备的限制，使中国有可能将用于军备的人力物力用于经济建设。其二，无论国联是否能秉持公道对待中国，但国联的成立所形成的世界公论至少会让一些强国有所顾忌，这或多或少会有利于中国安全的保障，从而为农工商的发展提供有利的国际环境。其三，国联关于自由贸易的规定，既可消除中国商业上所受之不平等待遇，又能给中国农工商的发展带来机会。总而言之，"即以机遇言，国内之安宁秩序，与世界安宁秩序并重，万国联盟，在维持世界之安宁秩序。中国国民，果能利用世界和平之机会，以发展吾国之农工商业与否，在此国民自决之，他国无与焉。然就世界方面观之，万国联盟，实与中国以特殊之机会也。"①

第二是在维护世界和平方面。有作者指出："万国联盟主张各国均承认不使用武力，主张国家间的关系要光明正大，主张确定国际法的解释以为各国政府遵行的法规。凡此种种，都是为谋增进国际的联络，与国际的和平安宁起见"②因此，它必将在维护世界和平方面发挥重大的作用，做出巨大的贡献。国联盟约被视为国联的根本大法，它一经公布就一直受到人们的极大关注，成为人们评价国联的重要依据。《万国同盟约法草案》一文的作者，将人们对国联盟约的批评，分为守旧派与进步派，认为守旧派因不赞成国联的成立，故他们的批评言论并无多大价值，唯有进步派之批评对国联的建立与完善才有借鉴的意义。因为进步派虽然指出了国联盟约所存在的这样或那样的缺点或问题，但从历史的角度来看，从国际法发展的角度来看，国联盟约的存在无疑是一种进步，正是从国联盟约开始，战争作为一种解决国家间争端的手段被明文禁止，代之的是"促进国际间合作，保持国际和平与安宁"的宗旨，这符合世界人民的愿望。所以，作者希望国联能正确对待进步派的批评，"改良内容，正式采决，见诸实行，不诚世界平和之曙光乎？吾甚冀守旧派之莫为之阻力也。"③周鲠生明确表示自己对于联盟约法"大体可谓满足。"因为：（1）联盟思想进步神速，

---

① 赣父：《万国联盟与中国农工商业之前途》，《太平洋杂志》第2卷第2号，1919年12月5日。
② 皓白：《经济上之万国联盟观》，《太平洋杂志》第2卷第2号，1919年12月5日。
③ 松子：《万国同盟约法草案》，《太平洋杂志》第1卷第12号，1919年7月15日。

深入人心。十二年以前(即第一次海牙会议,1907年——引者)军备限制只提出过,而今却被定为一主要原则,强制仲裁被极力反对,而今得一致同意,不可不谓神速也;(2)各国军备有明确的规定与限制,强制仲裁则视为一般的义务,维持世界和平已进入法制程度;(3)联盟管辖的职责与范围较广,除了防止战争之外,还涉及殖民地监护、经济交通、国际行政及各社会问题方面,并确立了多项原则。一句话,国际联盟能够维护战后的世界和平。他因此号召人们为国联前途努力奋斗,"世人对兹新世界组织计划之前途,其可不持乐观态度,为之奋斗乎?"①《东方杂志》上发表了一篇译自日本《国家学会》上的文章。文章总结了五个关于"国联能否成立、成立之后,其包含之地域及权力如何"的要点后指出:(1)主权限制(国家为绝对主权说将让步于国联)不足覆(颠覆)国联。(2)国家的利害冲突不足覆国联。(3)理想与现实之对照不足覆国联。当然,文章也承认,国联的建立与完善不是一蹴而就的,需要时间。所以,人们对于国联既不要抱过大之希望,也不要失望,而应站在"声援"的立场上,积极参与国联的建立和建设。②

1920年1月10日,国联正式宣告成立。国联成立后,尤其是在国联召开两次代议会后,知识界中尽管有人对其作用有些失望,但总的来看大多数人持的仍是肯定态度。"万国联盟成立,代议会开会已两次,其势力虽不如创立者预期之伟大,然其成绩仍有可稽。得世人与以充分之精神上助力,万国联盟之前途,正多望也。"③ 这里值得一提的是中国知识界对中国退出国联的态度。在国联第四次大会执行部的非常任部员改选上,此前曾连续三年被选任为非常任部员的中国落选,国内外因此而开始盛传中国由于在国联地位的下降欲退出国联的舆论。但以《太平洋杂志》作者为代表的一些人则认为,中国虽有退出国联的自由,然而无论是从法律上看还是从政治和外交上来看中国退出国联都是不明智之举。《中国可以退出万国联盟吗?》一文就指出,"这一次联盟大会独不选出中国,在中国国民自然失望,而认为国家所受的委屈,然究竟不能以此为中国应退出联盟的理

---

① 周鲠生:《万国联盟问题之历史的考察》,《太平洋杂志》第2卷第2号,1919年12月5日。
② 君实:《战后之国际联盟续》,《东方杂志》第16卷第2号,1919年2月。
③ 周鲠生:《华盛顿会议结果》,《太平洋杂志》第3卷第5号,1922年4月。

由"。因为，首先，联盟大会具有一定的公平性。"所谓联盟大会或代议会，是代表联盟中全体国家之机关，任何盟员都在该议会享有同等之权利。这是应用着国家平等原则的组织，不受少数强国支配的。"其次，中国落选必定有其自身的原因，中国内乱不断、国事每况愈下的事实损害了自己的国际地位。"一国加入万国联盟的执行部，一方面固是取得一种特权，同时也就是负有一种国际责任。联盟执行部，具有处理一般国际事务之职权；若是一国自己的内部既然是糟糕，他又何配加入执行部，共担那样重大的国际责任？我们以为这次中国在日内瓦联盟大会落选，正可以给我国民一个大的教训，使我们知道国内政治紊乱，立时可以影响到中国的国际地位。今后中国是否能增进他的国际地位，再入联盟执行部，这不是联盟大会选举公平不公平之问题，而是要看我国民争气不争气。"最后，中国今日若轻率地退出联盟，无论在政治上还是在外交关系上都得不偿失。作为一种新的国际组织，国联已容纳了世界上大多数国家，一些还没有加入的国家都想急切地加入。中国若以原始会员的资格国轻易地退出，那必然会使自己在国际上陷于孤立。"中国以一原在联盟之国家，若乃如此的轻于脱离联盟，是在国际关系上自陷于孤立，可断言其为极坏的政策。"况且中国也无退出之后盾力量。阿根廷决定退出国联是因为有美国的支持；意大利决定退出国联是因为自恃为强国。而中国呢？"中国今何所恃而可冒昧出此激烈的举动，以自外于国际组织而甘于孤立呢？"因此，他们希望广大国民"审清事实，不要为那些政府代表所误"。①

  国联作为第一个普遍性的国际组织，它的成立既是特殊时代特殊环境下的产物，又是历史潮流向前发展的必然要求。第一次世界大战带来的巨大灾难使欧洲国际体系的脆弱暴露得一览无余，这促使不同国家和不同阶层的人们纷纷在大战末期和战后初期就如何处理国际关系尤其是战争与和平问题，从各自不同立场出发提出不同的理论和政策，以及由此引发的思考与讨论。国联就是在这种世界迫切需要建立一个以维护战后世界国际和平与安全为宗旨的集体安全体制的大背景下被提上日程的。从被提出的第一天起到其解散后的今天，它一直是人们关注、讨论和评价的对象，既有肯定和赞赏的，也有否定与批评的。有的认为国联是几

---

① 松子：《中国可以退出万国联盟吗？》，《太平洋杂志》第 4 卷第 4 号，1923 年 12 月 5 日。

个帝国主义大国相互妥协的产物,是帝国主义推行侵略的工具。列宁就说过国联是战争的工具,不是和平的工具,是"一群你抢我夺的强盗联盟"。[1] 的确,作为一个以保障世界和平安全为宗旨的国际组织,国联对世界和平安全的保障让人倍感无力,用时人的话说:"从诞生之日起便是软弱无力的"。但这只是问题的一方面;问题的另一方面,我们也应看到,国联成立后在维护世界和平方面还是或多或少地做了一些工作或努力,诸如对侵略者道义上的谴责,对被侵略者的舆论和法律上的援助。当然,第二次世界大战爆发的客观事实又让我们不无遗憾地接受它的失败这一悲剧性的结局。尽管如此,站在当时特殊历史的环境下,以及当时中国所处的国际社会地位的来看,国联的建立无疑给世界也包括中国带来了一线新的曙光,这一提议也因而得到了世界大多数国家的认同和支持。无论它的过程与结局怎样,它存在的本身就具有了极大的意义。华尔脱斯就曾说过:"国联的意义从一开始就超过了盟约所宣布的道德和政治信仰;并且超过了盟约所建立的一些伟大的政治和法律机关。"[2] 因此,成立国联的建议一经被提出,就立即引起了中国知识界的兴趣,他们纷纷发表意见,就国联的成立和建设提出自己的建议。

本书以国联从被提出到建立的先后顺序,论述了以《太平洋》作者为代表的中国知识分子对国联的思考,即由开始的对为什么建立国联的思考,到思考如何建设国联,再思考国联的作用。不论国联后来的成立与建设是否如他们所期望的那样,也不论国联最后的结局如何,有什么样的失败纪录,我们都不能因此贬低中国知识界的思考,否定他们关注世界的热情。这里尤需指出的是,以《太平洋》作者为代表的中国知识分子在思考国联的成立与建设的问题时,其出发点和落脚点,是中国民族国家的建构问题,换言之,在他们的国际主义或世界主义的言辞中,表达的是民族主义的政治诉求。周鲠生在《民族主义与国际主义》一文中就明确指出:中国人在处理本国与国联的关系时,不能盲目追求国际主义而忽略了本民族问题的解决与发展,而应该是在促进其发展和完美中以求得自身的发展。"所以对于万国联盟之组织,中国国民也应当赞助而促进之,改善之。在国际主义组织工作下,也不无助于中国民族之

---

[1] 《列宁全集》,第 31 卷,人民出版社,1957,第 289 页。
[2] 〔英〕华尔脱斯:《国际联盟史》,封振声译,商务印书馆,1964,第 4 页。

生存发达"。① 杨瑞六在《国际政局之重要发展》一文中也写道:"吾人对于世界和平之前途与中国自由发展之命运,实抱有无穷之希望……今日最重要之任务,即在解除我国自己之军备,须知我国之前途,首在自成一团,以并立于国际会议之堂上,《国际联盟约章》谓会员国家须为'有组织之民族'。吾人若不先解吾军备,不足以表示吾民族确具有组织之能力"。② 他希望能利用加入国联的机会,以解除国内军阀武装,使中国真正成为一个民主的民族国家。

第二次世界大战结束后,尤其是冷战结束后成立的国际性组织,无论从理论建设上还是从机构设置看,皆日趋合理与成熟,也日益发挥着巨大的影响和作用。这正如第一次世界大战结束前后中国知识界所思考的那样,国际性组织的成立和建设乃历史潮流发展之必然要求。但不可否认的是,如同国际联盟的成立和建设一样,第二次世界大战后,尤其是冷战结束后成立的国际性组织也不乏阻碍其发展因素的存在,如霸权主义与强权政治,符合人类根本利益的新的政治经济秩序并没有完全建立起来。

第四节 晚年孙中山与中国共产党在"民族自决权"上的同与异

长期以来,学术界在谈到晚年孙中山与中国共产党的关系时,往往强调的是二者之间的团结和合作,如孙中山在苏俄和中国共产党的帮助下对国民党进行改造,实行联俄、联共和扶助农工的三大政策,召开国民党第一次全国代表大会,重新解释三民主义,实现国共第一次合作,共同领导国民革命,等等,而很少提到二者之间的思想分歧,就是提到也是轻描淡写的一笔带过。然而实际上,晚年孙中山与中国共产党既有团结和合作,也有矛盾和分歧,尽管团结和合作是二者关系的主要方面,矛盾和分歧是二者关系的次要方面,但矛盾和分歧的存在则是客观事实,我们不能回避也不应回避,而应实事求是地分析其产生矛盾和分歧的原因、表现及其影响,给予客观公正的评价。基于以上认识,本节不揣冒昧,拟对晚年孙中

---

① 周鲠生:《民族主义与国际主义》,《太平洋杂志》第 4 卷第 8 号,1924 年 9 月 5 日。
② (杨)端六:《国际政局之重要发展》,《东方杂志》第 18 卷第 13 期,1921 年 7 月 10 日。

山与中国共产党在"民族自决权"上的同异作一探讨。

查阅知网，目前学术界没有人对晚年孙中山与中国共产党的"民族自决权"做过比较研究，研究中国共产党"民族自决权"的文章有好几篇，[①] 研究孙中山"民族自决权"的文章有一篇，这就是熊芳亮发表在《中国民族报》2012年7月21日"第七版"上的《孙中山为什么反对"民族自决"——国民党一大宣言及其对民国民族政治的影响（三）》。从文章的标题便可看出，作者认为孙中山是反对"民族自决"的。我不太同意作者的这一观点。因为自决权有两种，一是列宁提出的"民族自决权"，一是威尔逊提出的"民族自决权"。列宁提出的"民族自决权"又包括两种"自决"：一是俄国国内被压迫民族对于大俄罗斯民族的自决，二是殖民地半殖民地民族对于帝国主义的自决；威尔逊提出的"民族自决权"主要指的是殖民地半殖民地民族对于帝国主义尤其是欧洲老牌帝国主义的自决。孙中山反对的是依据列宁提出的俄国国内被压迫民族对于大俄罗斯民族的自决而引申出的中华民族内部"各弱小民族"对于汉族的自决权，而对于另一种自决权，也就是中华民族对于帝国主义的自决权，孙中山不仅不反对，相反是积极的主张者。如果将晚年孙中山与中国共产党的"民族自决权"进行比较，那么，在中华民族对于帝国主义的自决权上，他们是同中有异；在中华民族内部"各弱小民族"对于汉族的自决权上，他们是异中有同。这种同中有异、异中有同现象的发生，反映的正是晚年孙中山与中国共产党关系的复杂性。

一 两种"民族自决权"

"民族自决权"最初是由资产阶级和小资产阶级于17、18世纪提出的，原属资产阶级民主主义世界革命的一个要求。马克思、恩格斯从支持资产阶级民主革命和争取社会主义的利益出发，对"民族自决权"一向持的是赞成的态度。到了帝国主义和无产阶级革命时代，列宁在领导俄国无

[①] 主要有钟桂明的《中国共产党"民族自决权"和"联邦制"政策发展演变研究》，《广西民族学院学报》1988年第2期；许彬、谢忠的《论中共二大提出"民族自决"的历史原因》，《民族研究》2007年第2期；许彬的《中国共产党最早提出民族自决主张的时间考证》，《中共党史研究》2009年第7期；曾成贵的《民族自决与民族区域自治：中共民族政策的历史考察》，《绍兴文理学院学报》2007年第1期；周靖程的《中国共产党早期的联邦制主张和民族自决权思想》，《长江师范学院学报》2011年第5期。

产阶级进行反对沙皇专制制度、十月革命和共产国际的斗争中，继承和发展了马克思、恩格斯的"民族自决权"思想。除列宁外，20 世纪 10 年代，提出并积极主张"民族自决权"的还有美国总统威尔逊。

学术界对于列宁和威尔逊的民族自决权思想已有不少研究成果，[①] 也有学者对列宁和威尔逊的民族自决权思想进行过比较。比如，欧阳杰的《比较史学视野下的列宁和威尔逊的"民族自决权"思想》一文就系统比较了列宁和威尔逊提出"民族自决权"思想的目的，认为"由于政治文化背景和各自代表的阶级利益的不同，列宁和威尔逊对'民族自决权'原则阐发的目的大相径庭，前者为了统一思想，领导并取得无产阶级革命和建设的胜利；后者则为了实现自己的世界霸权利益，遏制苏俄的影响"。[②] 魏圆圆的《列宁和威尔逊民族自决权思想差异之研究》一文基于国际关系理论，从国际关系思想传统、历史使命、实现方式、产生的国际政治影响等方面比较了列宁和威尔逊"民族自决权"思想之差异。[③]

除学者们所比较的这些差异外，我认为列宁和威尔逊"民族自决权"

[①] 如研究列宁"民族自决权"思想的主要有：梁守德的《论列宁关于社会主义制度下的民族自决权原则》(《民族研究》1980 年第 6 期)、陈联璧的《列宁的民族自决权思想新议》(《俄罗斯东欧中亚研究》1989 年第 4 期)、黄学贤的《试论列宁的民族自决权思想》(《江苏社会科学》1992 年第 3 期)，张祥云的《对列宁自决权思想的再认识》(《理论导刊》1997 年第 5 期)、《列宁"民族自决权"思想缘起探析》(《当代世界社会主义问题》2010 年第 4 期)、《关于列宁民族自决权理论的几个问题》(《当代世界与社会主义》2011 年第 1 期) 和《列宁民族自决权理论的思想内涵》(《东岳论丛》2012 年第 2 期)，陈波、边塞的《列宁的民族自决权思想及其人权意义》(《理论月刊》2006 年第 1 期)，欧阳杰的《列宁的"民族自决权"思想及其贡献——以政治社会学为研读新视角》(《江西社会科学》2006 年第 7 期)，谢忠、许彬的《论列宁民族自决权的基本特点》(《求索》2007 年第 7 期)，申建敏的《列宁"民族自决权"思想探析》(《辽宁省社会主义学院学报》2012 年第 2 期)，尚伟的《列宁的"民族自决权"理论及其意义》(《中国社会科学报》2018 年 1 月 27 日)；研究威尔逊"民族自决权"思想的主要有：张澜的《从威尔逊的民族自决思想看美国的政治扩张》(《华东师范大学学报》2003 年第 5 期) 和《伍德罗·威尔逊的民族自决思想》(《江西师范大学学报》200 年第 3 期)，史晓红的《威尔逊民族自决与西伯利亚远征》(《历史教学》2004 年第 12 期) 和《威尔逊民族自决原则研究综论》(《河南大学学报》2010 年第 2 期)，储昭根、于英红的《"一战"后民族自决原则的公认现效应》(《世界民族》2007 年第 4 期)，马建标的《塑造救世主："一战"后期"威尔逊主义"在中国的传播》(《学术月刊》2017 年第 6 期)。

[②] 欧阳杰：《比较史学视野下的列宁和威尔逊的"民族自决权"思想》，《俄罗斯中亚东欧研究》2006 年第 5 期，第 63 页。

[③] 魏圆圆：《列宁和威尔逊民族自决权思想差异之研究》，《江南社会学院学报》第 9 卷第 3 期 (2007 年 9 月)，第 33~36 页。

思想的最大不同主要体现在两个方面：第一，包括的范围不同：列宁的"民族自决权"，既包括殖民地半殖民地的民族对于帝国主义的自决，也包括俄国内部被压迫民族对于大俄罗斯民族的自决，这两种自决在十月革命后都付诸了实践；而威尔逊的"民族自决权"仅限于殖民地半殖民地的民族对于宗主国亦即帝国主义的自决，它不涉及美国的国内民族。第二，思想来源不同：列宁提出"民族自决权"，是基于无产阶级革命的需要，其思想来源是马克思主义的阶级斗争学说；而威尔逊提出"民族自决权"，是基于扩张美国势力和抵制苏俄影响的需要，其思想来源是资产阶级的自由平等学说。

实际上，列宁的"民族自决权"首先是针对俄国国内被压迫民族对于大俄罗斯民族提出来的。早在1902年，列宁在《俄国社会民主工党纲领草案》中就"承认国内各民族都有自决权。"1903年秋，在列宁的坚持下，这一原则被写进党纲第9条。从此，"民族自决权"原则正式成为俄国无产阶级政党的纲领性口号。1913年，他在《民族问题提纲》中写道："承认国内各民族都有自决权"，这"对俄国社会民主党人是绝对必要的"，因为"在俄国境内，尤其是在它的边疆有许多民族，这些民族在经济、生活习惯等方面的条件差别很大，而且这些民族（除大俄罗斯人以外，也同俄国其他民族一样）都受着沙皇君主制的难以置信的压迫"。① 1914年，他在《关于民族问题的报告提纲》中强调："沙皇制度是最反动的国家制度。因而民族运动特别不可避免并要求大俄罗斯人承认自决权。"② 同年，他在《论民族自决权》中又指出："俄国是以一个民族即以大俄罗斯民族为中心的国家……正是俄国民族问题的具体的历史特点，才使得目前时代承认民族自决权对我们具有特别迫切的意义。"③ 1915年，他在《革命的无产阶级和民族自决权》中再次重申："俄国是各族人民的监狱"，因而"我们要求民族有自决自由，即被压迫民族有独立自由、分离自由"。④ 到了十月革命前后，列宁又多次强调承认俄国国内被压迫民族的民族自决权

---

① 列宁：《民族问题提纲》，《列宁论民族问题》，民族出版社，1987，第194页。
② 列宁：《关于民族问题的报告提纲》，《列宁论民族问题》，民族出版社，1987，第287页。
③ 列宁：《论民族自决权》，《列宁论民族问题》，民族出版社，1987，第322页。
④ 列宁：《革命的无产阶级和民族自决权》，《列宁论民族问题》，民族出版社，1987，第494页。

的重要意义,并加以付诸实践。1917年,俄国社会民主工党(布)第七次全国代表会议(四月代表会议)通过决议:"民族压迫政策是专制制度和君主制度的遗产。"俄国社会民主工党(布)"必须承认俄国境内一切民族有自由分离和成立独立国家的权利"。① 同年,列宁在修改《党纲》时再次重申:俄国"国内各民族都有自由分离和建立自己的国家的权利"。② 这年11月8日召开的全俄苏维埃代表大会通过的第一份立法文件《告工人、士兵、农民书》即明确表示:将保证俄国境内各民族都享有真正的自决权。接着颁布的《俄罗斯各族人民权利宣言》和《告俄罗斯和东方全体穆斯林劳动人民书》又重申了这一原则。12月16日,苏俄政府承认了乌克兰人民共和国的独立,之后又承认了白俄罗斯、阿塞拜疆、亚美尼亚和格鲁吉亚的独立。1922年12月30日,在列宁的关心和亲自指导下,由俄罗斯苏维埃联邦共和国、乌克兰苏维埃共和国、白俄罗斯苏维埃共和国、南高加索苏维埃联邦共和国联合组成统一的苏维社会主义共和国联盟(简称苏联),其成立宣言明确规定,各加盟共和国享有自由退出联盟的权利。

在提出俄国国内被压迫民族对于大俄罗斯民族的民族自决权的过程中,列宁又提出了殖民地半殖民地被压迫民族对于帝国主义的民族自决权。他在1914年写成的《论民族自决权》一文中指出:"对于东欧和亚洲来说,在资产阶级民主革命已经开始的时代,在民族运动兴起和加剧的时代,在独立的无产阶级政党产生的时代,这些政党在民族政策上的任务应当是两方面的:一方面是承认一切民族都有自决权,……另一方面是主张该国各民族的无产者建立最密切的、不可分割的阶级斗争联盟。"③ 不久在《社会主义与战争》一文中,他更进一步把殖民地半殖民地被压迫民族的民族自决权作为无产阶级社会主义世界革命的一个武器提了出来:马克思主义者"绝对要求各压迫之所在国家(特别是所谓'大'国)的社会民主党承认和捍卫被压迫民族的自决权",因为"帝国主义是少数'大'国不断加紧压迫世界各民族的时代,因此,不承认民族自决权,就不可能为反帝的国际社会主义革命而斗争,'压迫其他民族的民族是不能获得解放

---

① 列宁:《俄国社会民主工党(布)第七次全国代表会议(四月代表会议)》,《列宁论民族问题》,民族出版社,1987,第686页。
② 列宁:《修改党纲的材料》,《列宁论民族问题》,民族出版社,1987,第688页。
③ 列宁:《论民族自决权》,《列宁论民族问题》,民族出版社,1987,第346~347页。

的'。(马克思恩格斯语)无产阶级如果允许'本'民族对其他民族采取一点点暴力行为,它就不称其为社会主义的无产阶级"。① 民族自决权的基本内容也因此而成为殖民地半殖民地人民从帝国主义压迫下实现民族独立、民族解放的问题。1916 年,他在《社会主义革命和民族自决权》一文中又反复强调:"帝国主义是资本主义发展的最高阶段。"在这一阶段所进行的社会主义革命取得胜利以后,"必须实行充分的民主,因此,不但要使各民族完全平等,而且要实现被压迫民族的自决权","宣布和实行一切被压迫民族的自由(也就是它们的自决权)是非常迫切需要的"。② 正是基于对殖民地半殖民地被压迫民族之"民族自决权"的上述认识,十月革命后,列宁领导的苏维埃政府单方面宣布废除或中止沙皇俄国与中国以及其他周边国家订立的一系列不平等条约,并先后承认芬兰、波兰以及立陶宛、爱沙尼亚、拉脱维亚等被沙皇俄国武力吞并的民族和国家的独立。

与列宁提出的"民族自决权"不同,威尔逊的"民族自决权"的适应范围只包括殖民地半殖民地国家,而不包括美国国内,尽管当时的美国种族问题十分严重,与白人比较,黑人以及其他有色人种缺少自由和平等,但威尔逊在他的一系列有关"民族自决权"的演说和文章中都只字未提美国国内各民族或种族的自由与平等问题。1915 年 1 月,他在阐述美国的新墨西哥政策时,首次公开承认"每个民族有权决定自己政府的形式是一项基本原则"。1916 年 5 月,他提出了"再造世界和平"的"三项原则",即:"(1)每个民族有权选择生活其中的国家";"(2)世界上的小国和大国同样有权享有大国所期望并坚持的对其主权和领土完整的尊重";"(3)世界有权免遭源于侵略和对国家与民族权利的蔑视而导致的任何对和平的破坏"。③ 1917 年 1 月在《没有胜利的和平》的演说中,他对"民族自决权"的含义又作了解释,即"每个民族都有权决定自己的政治制度和发展道路的自由"。④ 1918 年 1 月 8 日,他在美国重建战后世界秩序的纲

---

① 列宁:《社会主义与战争》,《列宁论民族问题》,民族出版社,1987,第 477 页。
② 列宁:《社会主义革命和民族自决权》,《列宁论民族问题》,民族出版社,1987,第 504 页。
③ 转引自欧阳杰《比较史学视野下的列宁与威尔逊的"民族自决权"思想》,《俄罗斯中亚东欧研究》2006 年第 5 期,第 61 页。
④ 转引自张澜《伍德罗·威尔逊的民族自决权思想》,载《江西师范大学学报》(哲学社会科学版)2000 年第 3 期,第 169 页。

领性文件《十四点计划》中,不仅承认奥匈帝国、巴尔干半岛各民族的自决权,同时主张建立一个具有特定盟约性质的国际联盟,以确保"大小国家都能相互保证政治独立和领土完整"。① 威尔逊以上讲的"每个民族",并不包括美国国内的民族或种族在内。就是他所讲的殖民地半殖民地,针对的也主要是欧洲一些老牌帝国主义国家,虽然威尔逊一再声称,他1918年1月提出的《十四点计划》始终"案贯穿着一条明确的原则,它是对所有人民和民族的公正原则,每个民族无论强弱,都享有自由和安全的平等生活权利",但实际上正如研究者所指出的那样,威尔逊在《十四点计划》中提出的"民族自决权"原则仍大致局限于欧洲,而且只针对战败的同盟国,甚至可以说只针对奥斯曼帝国。②

列宁是基于无产阶级革命的需要而提出"民族自决权"的,其思想来源是马克思主义的阶级斗争学说。首先,他依据马克思主义的阶级分析方法,认为帝国主义时代的一切民族已被区分为压迫民族和被压迫民族,而且"这种区分是由帝国主义的本质决定的"。③ "帝国主义时代基本的、极其重要的和必然发生的问题:民族已经分成压迫民族和被压迫民族。"④ 既然帝国主义时代的一切民族已经被分成压迫民族和被压迫民族,那么我们要进行无产阶级革命,"压迫民族的无产阶级……应当要求受'它的'民族压迫的殖民地和民族有政治分离的自由。不这样,无产阶级的国际主义就仍然是一句空话"。⑤ "无产阶级只有承认民族分离权,才能保证各民族工人的充分团结,才能促进各民族真正民主的接近。"⑥ 其次,他强调,承认被压迫民族的民族自决权固然重要,但"对无产阶级来说,民族要求应服从阶级斗争的利益"。马克思主义者"承认各民族平等,承认各民族都有成立民族国家的平等权利,但它把各民族无产者之间的联合看得高于一

---

① 〔英〕埃里·凯杜里:《民族主义》,张明明译,中央编译出版社,2002,第124页。
② 时殷弘:《新趋势·新格局·新规范》,法律出版社,2000,第302页。
③ 列宁:《革命的无产阶级和民族自决权》,《列宁论民族问题》,民族出版社,1987,第491页。
④ 列宁:《社会主义革命和民族自决权》,《列宁论民族问题》,民族出版社,1987,第504页。
⑤ 列宁:《社会主义革命和民族自决权》,《列宁论民族问题》,民族出版社,1987,第504页。
⑥ 列宁:《俄国社会民主工党(布)第七次全国代表会议(四月代表会议)》,《列宁论民族问题》,民族出版社,1987,第686页。

切，提得高于一切，并从工人的阶级斗争的角度来评价一切民族要求，一切民族分离"。① 马克思主义者在承认民族自决权时，"不但要考虑到资本主义发展的条件和联合起来的各民族的资产阶级对各民族的无产阶级压迫的条件，而且还要考虑到民主主义共同的任务，首先是而且主要是无产阶级争取社会主义的阶级斗争的利益"。② 承认民族自决权的根本目的，是为了"促进各民族的无产阶级的自决"，③ 使各民族的无产阶级能够"不顾资产阶级使民族隔绝的倾向而极度紧密地融合起来"，④ 从而取得社会主义革命的胜利。最后，他反对无条件的民族自决要求，不笼统主张国家分裂，认为民族融合才是民族自决的最终归宿。他一再强调："社会民主党承认和捍卫被压迫民族的自决权"，但"捍卫这种权利不但不是鼓励成立小国家，恰恰相反，这会促使更自由更大胆地因而也是更广泛更普遍地成为更有利于群众和更符合经济发展的大国家的国家联盟"。⑤ "我们要求民族有自决自由，即被压迫民族有独立自由、分离自由，并不是因为我们想实行经济分裂，或者想建立小国，恰恰相反，我们是想建立大国，使各民族在真正民主和真正国际主义的基础上相互接近乃至相互融合。"⑥ 他尤其反对外部势力用暴力或非正义手段影响民族自决，认为民族自决权的行使必须遵循被压迫民族的自由自愿原则。⑦

和列宁不同，威尔逊是基于扩张美国的势力和遏制苏俄的影响而提出"民族自决权"的，其思想来源是资产阶级的自由平等学说。20世纪初，美国就已经是经济头号强国，1900年的工业产值已占世界的30%，而英国则下降至20%，新兴的德国为17%，但传统世界政治的中心却在欧洲，世界上的殖民地半殖民地亦即商品和资本市场也主要为欧洲一些传统的殖民大国所占有。这就严重影响到美国商品和资本的进一步输出，影响到美国势力的进一步扩张。因此，为满足扩大美国商品和资本市场以及争夺世界

---

① 列宁：《论民族自决权》，《列宁论民族问题》，民族出版社，1987，第324、325页。
② 列宁：《民族问题提纲》，《列宁论民族问题》，民族出版社，1987，第195页。
③ 列宁：《我们纲领中的民族问题》，《列宁论民族问题》，民族出版社，1987，第21页。
④ 列宁：《论民族自决权》，《列宁论民族问题》，民族出版社，1987，第366页。
⑤ 列宁：《社会主义与战争》，《列宁论民族问题》，民族出版社，1987，第477页。
⑥ 列宁：《革命的无产阶级和民族自决权》，《列宁论民族问题》，民族出版社，1987，第495页。
⑦ 列宁：《社会主义革命和民族自决权》，《列宁论民族问题》，民族出版社，1987，第503页。

政治霸权的需要，威尔逊找到了"民族自决权"这一锐利武器。"因为倡导民族自决不仅能削弱西欧列强的实力和既得利益，逐步将它们从广大殖民地排挤出去，而且使自己有机可乘"。① 这正如《纽约先驱论坛报》于1918年1月9日评论《十四点计划》的那样：威尔逊"只用一篇演说就改变了美国政策的全部性质，打破了它的一切传统。他把美国带回了欧洲，建立了美国的世界政策"。② 同时十月革命后，面对列宁领导的苏维埃政府发布的一系列要求结束战争、实现和平、承认殖民地半殖民地被压迫民族的民族自决权的法令、公告和宣言所产生的影响，威尔逊认识到："如果布尔什维克的呼吁继续得不到答复，如果丝毫不去抵抗它，那么它的影响就会扩大和加强起来。"③ 这显然不利于美国势力的扩张。"正是为了阻止列宁获得战后世界蓝图的垄断"，威尔逊提出了他的《十四点计划》，不仅承认奥匈帝国、巴尔干半岛各民族的自决权，同时主张建立一个具有特定盟约性质的国际联盟，以确保"大小国家都能相互保证政治独立和领土完整"，而联盟的实际领袖则是美国。④

二 孙中山和中国共产党与两种"民族自决权"

综上所述，"民族自决权"有两种，一是列宁提出的"民族自决权"，另一种是威尔逊提出的"民族自决权"。列宁提出的"民族自决权"又包括两种自决：一是俄国国内被压迫民族对于大俄罗斯民族的自决，二是殖民地半殖民地民族对于帝国主义的自决，而威尔逊提出的"民族自决权"主要指的是殖民地半殖民地民族对于帝国主义尤其是欧洲老牌帝国主义的自决。这两种"民族自决权"思想都先后传入到中国，并对晚年孙中山和中国共产党产生过重要影响。

孙中山最早使用"民族自决"一词是在1921年3月6日中国国民党本部特设驻粤办事处的演说："自欧战告终，世界局面一变，潮流所趋，

---

① 欧阳杰：《比较史学视野下的列宁和威尔逊的"民族自决权"思想》，《俄罗斯中亚东欧研究》2006年第5期，第63页。
② 转引自邓蜀生《伍德罗·威尔逊》，上海人民出版社，1982，第149页。
③ 1918年1月3日，威尔逊与卸任的英国大使赖斯的谈话，转引自王晓德《梦想与现实》，中国社会科学出版社，1995，第215页。
④ 〔英〕埃里·凯杜里：《民族主义》，第124页。

都注重到民族自决。我中国尤为世界民族中的重大问题。"① 1923 年 1 月 1 日,孙中山在《中国国民党宣言》中又写道:"欧战以还,民族自决之义,日愈昌明,吾人当仍本此精神,内以促全国民族之进化,外以谋世界民族之平等。"② 同月 17 日,他在上海各团体代表祝捷时的演说中希望国民,"不特要从民权、民生上作工夫;同时并应该发展民族自决的能力,团结起来奋斗,使中国在世界上成为一独立国家。"③ 1924 年初,亦即国民党第一次全国代表闭幕不久,孙中山在"三民主义·民族主义"演讲的"第四讲"中,重点讲了"民族自决":当欧战进行时,有一个大言论最受人欢迎,这就是美国威尔逊所主张的"民族自决"。因为德国用武力压迫欧洲协商国的民族,威尔逊主张打灭德国的强权,令世界上各弱小民族以后都有自主的机会,于是这种主张便被世界所欢迎,无论欧洲、亚洲一切被压迫民族,都联合起来去帮助协商国去打以德国为首的同盟国。当时威尔逊主张维持以后世界的和平,提出了"十四条",其中最要紧的是让各民族自决。在战事未分胜负的时候,英国、法国都很赞成。到了战胜之后开和议的时候,英国、法国和意大利觉得威尔逊所主张的民族开放和帝国主义利益的冲突太大,便不去采用威尔逊的主张,弄到和议结局所定出的条件最不公平,世界上的弱小民族不但不能自决,不但不能自由,而且以后所受的压迫比以前更要厉害。但是威尔逊的主张提出以后,就不能收回了,因为各弱小民族帮助协商国打倒同盟国,是希望战胜之后可以自由的。后来和议所得的结果令他们大为失望,所以安南、缅甸、爪哇、印度、南洋群岛以及土耳其、波斯、阿富汗、埃及以及欧洲的几十个弱小民族都大大的觉悟,知道当日列强所主张的民族自决完全是骗他们的。他们便不约而同的自己去实行民族自决。俄国本来也是协商国,但后来俄国发生了革命,俄国人有了新的觉悟,知道平日所受的痛苦完全是帝国主义造成的,现在要解除痛苦,就不能不除去帝国主义,主张民族自决。俄国的主张和威尔逊的主张可以说是不约而同,即都主张世界上的弱小民族能够

---

① 孙中山:《在中国国民党本部特设驻粤办事处的演说》,《孙中山全集》第 5 卷,中华书局,1985,第 473 页。
② 孙中山:《中国国民党宣言》,《孙中山全集》第 7 卷,中华书局,1985,第 3 页。
③ 孙中山:《在上海各团体代表祝捷时的演说》,《孙中山全集》第 7 卷,中华书局,1985,第 33~34 页。

自决,都能够自由。俄国这种主义传出以后,世界上各弱小民族都很赞成,共同来求自决。"欧洲经过这次大战的灾害,就帝国主义一方面讲,本没有什么大利益;但是因此有了俄国革命,世界人类便生出一个大希望。"①

从上述这些材料来看,孙中山对威尔逊的"民族自决权"思想和列宁的"民族自决权"思想都有所接触和了解。他在演讲中就提到了威尔逊的"十四条",提到了俄国革命后俄国人的"新觉悟"。但就威尔逊的"民族自决权"思想和列宁的"民族自决权"思想的影响而言,至少到了国民党第一次全国代表大会前后,列宁的"民族自决权"思想对孙中山的影响更大一些。因为,第一,孙中山接受了列宁的帝国主义时代的一切民族已被区分为压迫民族和被压迫民族的思想。比如,他在"三民主义·民族主义"演讲的"第三讲"中讲到:昨天有一位俄国人说,列宁为什么受世界列强的攻击呢?因为他敢说一句话,他说世界上有两种人,一种是十二万万五千万人,一种是二万万五千万人,这十二万万五千万人,是受那二万万五千万人的压迫。那些压迫人的人,是逆天行道,不是顺天行道。我们去抵抗强权,才是顺天行道。② 此后,孙中山又多次提到世界已被区分为受人压迫的十二万万五千万人和压迫人的二万万五千万人。第二,孙中山接受了列宁的被压迫民族团结起来、建立反帝联合战线的思想。1924 年 1 月 6 日,孙中山发表《关于建立反帝联合战线宣言》,号召世界上的各弱小民族,"为反抗帝国主义国家之掠夺与压迫",赶快团结起来,"形成反帝国主义联合战线"。③ 1 月 23 日,他在《对于中国国民党宣言旨趣之说明》中强调:国民党的对外责任,"是要反抗帝国侵略主义,将世界受帝国主义所压迫的人民来联络一致,共同动作,互相扶助,将全世界受压迫的人民都来解放。"④ 不久在"三民主义·民族主义"演讲的"第三讲"中他再次重申:"我们要能够抵抗强权,就要我们四万万人和十二万万五

---

① 孙中山:《民族主义·第四讲》,《孙中山全集》第 9 卷,中华书局,1986,第 223~225 页。
② 孙中山:《三民主义·民族主义》,《孙中山全集》第 9 卷,中华书局,1986,第 220 页。
③ 孙中山:《关于建立反帝联合战线宣言》,《孙中山全集》第 9 卷,中华书局,1986,第 23、24 页。
④ 孙中山:《对于中国国民党宣言旨趣之说明》,《孙中山全集》第 9 卷,中华书局,1986,第 126 页。

千万人联合起来。我们要能够联合十二万万五千万人,就要提倡民族主义,自己先联合起来,推己及人,再把各弱小民族都联合起来,共同去打破二万万五千万人,共同用公理去打破强权。"① 第三,孙中山接受了列宁的阶级和阶级斗争的思想。他认为以后的战争,不是人种之间的战争,而是阶级之间的战争,是被压迫阶级和压迫阶级之间的战争。他在"三民主义·民族主义"演讲的"第一讲"中指出:欧洲以前常常发生国际战争,最后的一次欧战便是德、奥、土(土耳其)、保(保加利亚)诸同盟国和英、法、俄、日、意、美诸协约国的战争。经过四年的大战,双方都筋疲力尽,人民的生命财产损失极大。经过这次大战之后,世界上先知先觉的人,认为将来没有热点可以引起别种国际战争,所不能免的或是一场人种战争,如黄种人和白种人之间的战争。"但自俄国新变动发生之后,就我个人观察已往的大事,逆料将来的潮流,国际间大战是免不了的。但是那种战争,不是起于不同种之间,是起于同种之间,白种与白种分开来战,黄种与黄种分开来战。那种战争是阶级战争,是被压迫者和横暴者的战争,是公理和强权的战争。"②

这里需要指出的是,孙中山虽然在国民党第一次全国代表大会召开前后受列宁的"民族自决权"思想的影响更大一些,但他接受的主要是列宁"民族自决权"思想中殖民地半殖民地民族对于帝国主义自决的思想,而对于列宁"民族自决权"思想中俄国国内被压迫民族对于大俄罗斯民族自决的思想并不赞同,因而他只主张中华民族对于帝国主义的自决,反对至少是不赞成中国各少数民族对于汉族的自决。这也是他在"三民主义·民族主义"演讲的"第四讲"中只提及列宁"民族自决权"思想中殖民地半殖民地民族对于帝国主义自决的思想,并一再强调列宁的"民族自决权"思想和威尔逊的"民族自决权"思想的相同性的重要原因。我们查阅《孙中山全集》就会发现,晚年他多次发表过反对帝国主义、主张中华民族对于帝国主义自决的言论,但他从来没有提到过中国各少数民族对于汉族的自决权的问题。也正因为孙中山从来不提中国各少数民族对于汉族的自决权问题,共产国际和中国共产党才多次对他循循善诱,甚至表示不

---

① 孙中山:《三民主义·民族主义》,《孙中山全集》第九卷,中华书局,1986,第220页。
② 孙中山:《三民主义·民族主义》,《孙中山全集》第九卷,中华书局,1986,第191~192页。

满，提出要求，希望他能有所表态。比如，1923年12月4日，亦即国民党第一次全国代表大会开幕前夕，苏俄外交人民委员契切林在《致孙中山的信中》写道："我们认为国民党的根本目的在于开展中国人民的伟大的强有力运动，所以国民党首先需要的是进行最广泛的宣传和组织工作……整个中华民族一定看到国民党——这个广泛而有组织的政党同中国各个地区军事专政之间的区别。国内各民族，如蒙古族、藏族以及中国西部各民族，需要清楚地知道国民党是支持他们自决权的。所以，你们不许在这些地域使用武力。这就是我在这些问题上所考虑到的一些想法。我们一定要继续交换意见和进一步讨论问题，当我们达成圆满协议时，一切事情将会进行得更好。"① 由此信可见，直到国民党第一全国代表大会开幕前夕，国民党并没有明确表态支持过"国内各民族，如蒙古族、藏族以及中国西部各民族"的自决权，所以契切林要和孙中山"继续交换意见和进一步讨论问题"。

当然也有人会说，《中国国民党第一次全国代表大会宣言》中有"国民党敢郑重宣言，承认中国以内各民族之自决权，于反对帝国主义及军阀之革命获得胜利以后，当组织自由统一的（各民族自由联合的）中华民国"的内容，这说明在国民党第一次全国代表大会召开后，孙中山已改变态度，从原来的反对或不赞成变成了"承认中国以内各民族之自决权"。我以为这种观点值得商榷。因为，第一，《中国国民党第一次全国代表大会宣言》是苏俄顾问鲍罗廷受孙中山委托起草的，虽然经过孙中山和国民党的同意，但它是孙中山、国民党和共产党、共产国际相互妥协的产物，既不能完全代表孙中山和国民党的思想和主张，也不能完全代表共产党和共产国际的思想和主张。1924年1月，也就是国民党"一大"开会期间，鲍罗廷在向中共党团通报有关情况时对此有过说明："我们都同意在自由的中华民国境内赋予少数民族以自决权。"但是，"'统一的'或者'自由的'中华民国的提法不完全符合共产国际关于联邦制原则的提纲。既然国民党同意少数民族自决，那么现在我就不再坚持我们的提法。随着时间的推移，国民党自己会明白这里有矛盾，不能说在统一的或自由的中华民国范围内的自决。共产党人应该揭示这个矛盾，争取在国民党的下一次代表

---

① 中共中央党史研究室第一研究部译《联共（布）、共产国际与中国革命档案资料丛书》（第二卷），北京图书馆出版社，1997，第550~551页。

大会上采用另一种提法"。① 鲍罗廷的这段文字表明，由于孙中山和国民党没有再坚持他们原来反对或不赞成的立场，而改为"同意在自由的中华民国境内赋予少数民族以自决权"，共产党和共产国际也就没有再坚持"共产国际关于联邦制原则的提纲"，亦即 1923 年 11 月 28 日，共产国际执行委员会主席团通过的《关于中国民族解放运动和国民党问题的决议》，该《决议》要求国民党"应公开提出国内各民族自决的原则，以便在反对外国帝国主义、本国封建主义和军阀制度的中国革命取得胜利以后，这个原则能体现在由以前的中华帝国各民族组成的自由的中华联邦共和国上"。② 也正因为《中国国民党第一次全国代表大会宣言》关于民族自决权的那段文字是双方妥协结果，所以在表述上，是"承认"国内各民族有"民族之自决权"，而非如共产国际和中国共产党在一系列文件中所使用的"主张""提倡"和"支持"国内各民族的"自决权"。第二，同样是《中国国民党第一次全国代表大会宣言》，在解释孙中山的"民族主义"的"两方面之意义"时，用的是"中国境内各民族一律平等"，而不是"承认中国以内各民族之自决权"："国民党之民族主义，有两方面之意义：一则中国民族自求解放；二则中国境内各民族一律平等。第一方面，国民党之民族主义，其目的在使中国民族得自由独立于世界……第二方面……国内诸民族宜可得平等之结合，国民党之民族主义所要求者即在于此。"③ 这"两方面之意义"，对应的正是列宁的两种"自决权"："中国民族自求解放"，完全符合列宁的殖民地半殖民地民族对于帝国主义自决的思想，而"中国境内各民族一律平等"，则是对依据列宁的俄国国内被压迫民族对于大俄罗斯民族自决而提出的中国其他民族对于汉族自决的思想的修正。实际上，除了"承认中国以内各民族之自决权"这一处外，《中国国民党第一次全国代表大会宣言》没有第二处使用过类似的表述。第三，《中国国民党第一次全国代表大会宣言》通过后，孙中山发表《对于中国国民党宣言旨趣之说明》的演讲，提到了"反抗帝国主义侵略"，但只字未提"承认中国

---

① 中共中央党史研究室第一研究部：《联共（布）、共产国际与中国革命档案资料丛书》（第一卷）北京图书馆出版社，1997，第 466 页。
② 中共中央党史研究室第一研究部：《共产国际、联共（布）与中国革命档案资料丛书》（第二卷），北京图书馆出版社，1997，第 548 页。
③ 《中国国民党第一次全国代表大会宣言》，《孙中山全集》第 9 卷，中华书局，1986，第 118~119 页。

以内各民族之自决权"。1924年初，亦即中国国民党第一次全国代表大会闭幕后不久，孙中山在国立广东高等师范学校礼堂作"三民主义"的系列演讲，他在演讲中也没有提及"一大"《宣言》有关"承认中国以内各民族之自决权"的内容，以及依据"民族自决权"而提出的"于反对帝国主义及军阀之革命获得胜利以后，当组织自由统一的（各民族自由联合的）中华民国"这一"民族建国"的主张，他讲得最多的是如何利用中国传统的家族与家族观念和宗族与宗族观念，联合成"一个极大中华民国的国族"，然后在"国族主义"的基础上，恢复"中国固有的民族精神"，建立一个近代的"民族国家"，以实现国家的富强和民族的复兴。孙中山之所以在演讲中没有提及，是因为他根本就不赞成中国各少数民族对于汉族的自决权。

中共早期领导人陈独秀、李大钊、毛泽东等在成为马克思主义者以前，他们受威尔逊的"民族自决权"思想的影响较大，在成为马克思主义者以后，尤其是中国共产党成立以后，他们接受的主要是列宁的"民族自决权"思想。[①] 与孙中山不同，他们不仅接受了列宁"民族自决权"思想中殖民地半殖民地民族对于帝国主义的自决的思想，而且同时也接受了列宁"民族自决权"思想中俄国国内被压迫民族对于大俄罗斯民族的自决的思想，加上受共产国际的领导和影响，他们既主张中华民族对于帝国主义的自决，同时也主张中华民族内部各少数民族对于汉族的自决。1922年7月召开的中国共产党第二次全国代表大会所通过的《关于"国际帝国主义与中国和中国共产党"的决议案》和《大会宣言》就体现了这两种民族自决权思想。就第一层意义的民族自决权而言，《决议案》和《宣言》提出要"推翻国际帝国主义的压迫，达到中华民族的完全独立"；从第二层意义的民族自决权来看，他们主张，"统一中国本部（东三省在内）为真正民主共和国"，"蒙古、西藏、回疆三部实行自治，成为民主自治邦"，"用自由联邦制，统一中国本部、蒙古、西藏、回疆，建立中华联

[①] 可参见周忠瑜的《浅谈李大钊的民族平等和民族自决思想》，《青海民族学院学报》1989年第3期；蔡秉颂的《李大钊的民族自决权思想》，《历史教学》1995年第8期；李珍：《毛泽东关于"民族自决"的思想认识探索》，《中共中央文献研究室个人课题成果集》（2014年）。

邦共和国"。① 1923 年 6 月召开的中国共产党第三次全国代表大会通过的《中国共产党党纲草案》提出了 12 项要求,其中包括"取消帝国主义的列强与中国所订一切不平等的条约"和"西藏、蒙古、新疆、青海等地和中国本部的关系由各该民族自决"这样两条体现两种民族自决权的内容。②

三 同中有异与异中有同及其评价

我们在引言中提到,晚年孙中山与中国共产党在中华民族对于帝国主义的自决权上是同中有异。概而言之,他们的"同"主要体现在三个方面。

首先,他们对中国所处殖民地半殖民地的地位之认识大致相同。1923年 1 月 1 日发表的《中国国民党宣言》在谈到三民主义的民族主义时写道:"前清专制,持其'宁赠友邦,不与家奴'之政策,屡牺牲我民族之权利,与各国立不平等之条约。至今清廷虽覆,而我竟陷于为列强殖民地之地位矣。"③《宣言》发表后的第二天(1 月 2 日),孙中山在上海国民党改进大会上发表演说。演说进行的当中,张起白起身问孙中山,说《宣言》中有"殖民地"三字,似乎不太妥当,可否改为"共治地"? 孙中山回答说:"此句是我加的。因为中国地位,在国际间实在比亡国不上,比高丽、安南对于他的上国所保有的权利还少。"④ 不久(1 月 17 日),孙中山又在上海各团体代表祝捷时的演说中说道:"满清已经推倒,民族主义总算告了成功。但是,中国现在仍处处被外人支配为鱼肉,同我们是有条约的二十余国,就是我们中国二十余位主人翁。他们只知道掠夺中国权利,并不为中国尽些微义务。……所以,中国形式上是独立国家,实际上

---

① 《中国共产党第二次全国大会宣言》,《中共中央文件选集》第 1 册,中共中央党校出版社,1989,第 115 页。
② 《中国共产党党纲草案》,《中共中央文件选集》第 1 册,中共中央党校出版社,1989,第 141~142 页。
③ 孙中山:《中国国民党宣言》,《孙中山全集》第 7 卷,中华书局,1985,第 3 页。
④ 孙中山:《在上海中国国民党改进大会的演说》,《孙中山全集》第 7 卷,中华书局,1985,第 7 页。

比亡了国的高丽还不如。"① 这年的 8 月 15 日，孙中山在广州全国评议会的演说中再次指出："我们要争回领土，要争回主权。刚才你们的宣言上说，中国是'半独立国'，其实错了。中国那里是半独立国，竟（简）直是殖民地罢了。安南是法国人的，高丽是日本人的，但是伊们都只服侍一个主人，我们主人多着哩。凡是从前订有约的，都是我们的主人，我们是伊们的奴隶。"② 为此，他认为叫中国为"半殖民地"是不对的，应该叫"次殖民地"，"次殖民地"比"殖民地"的地位还要更低些。用他在"三民主义·民族主义"的演说"第二讲"中的话说："这个'次'字，是由于化学名词中得来的，如次亚（磷）便是。药品中有属（磷）质而低一等者为亚（磷），更低一等者名为次亚（磷）。又如各部官制，总长之下低一级的，就叫做次长一样。中国人从前只知道是半殖民地，便以为很耻辱，殊不知实在的地位，还要低过高丽、安南。故我们不能说是半殖民地，应该要叫做次殖民地。"③ 1922 年中国共产党第二次全国代表大会通过的《关于"民主的联合战线"的决议案》、《关于议会行动的决议》和《宣言》指出，中国虽然名为国家，但实际上已成为"国际帝国主义势力所支配的半独立国家"④"国际资本帝国主义的掠夺场和半殖民地"⑤ 帝国主义列强的"共同殖民地"。⑥

其次，他们对帝国主义给中国带来的灾难之认识大致相同。概括孙中山的观点，他认为帝国主义给中国带来了以下三个灾难。第一，帝国主义以武力侵略和瓜分中国，破坏了中国的领土和主权的完整。他在《"九七"国耻纪念宣言》中指出："自从鸦片战争以来，我们的藩属安南、缅甸等等，次第被他割去，我们的海口胶州湾、旅顺、大连、威海卫、广州湾、九龙、香港等等，次第被他抢去，各省势力范围，次第被他划定"，帝国

---

① 孙中山：《在上海各团体代表祝捷时的演说》，《孙中山全集》第 7 卷，中华书局，1985，第 33 页。
② 孙中山：《在广州全国学生评议会的演说》，《孙中山全集》第 8 卷，中华书局，1986，第 118～119 页。
③ 孙中山：《民族主义·第二讲》，《孙中山全集》第 9 卷，中华书局，1986，第 202 页。
④ 关于《"民主的联合战线"的决议案》，《中共中央文件选集》第 1 册，中共中央党校出版社，1989，第 65 页。
⑤ 《关于议会行动的决议》，《中共中央文件选集》第 1 册，第 74 页。
⑥ 《中国共产党第二次全国大会宣言》，《中共中央文件选集》第 1 册，中共中央党校出版社，1989，第 102 页。

主义瓜分中国可谓"到了极盛的时代"。①《在广州庆祝十月革命节的演说》中他又讲道:"中国自与外国通商以来,同外国立了种种不平等条约,将中国主权、领土送与外国。所以,中国与外人订立通商条约之日,即中国亡国之日。此等通商条约即系我们卖身契约。今日中国地位是半殖民地的地位,所有中国地方都为外国的殖民地,中国人民都成为外人的奴隶。"② 第二,帝国主义对中国的"经济之压迫",使中国面临着"国亡种灭"的现实危险。帝国主义对中国的"经济之压迫"主要表现在六个方面:"其一,洋货之侵入,每年夺我权利(应为利权——引者)的五万万元;其二,银行之纸票侵入我市场,与汇兑之扣折、存款之转借等事,夺我利权者或至一万万元;其三,出入口货物运费之增加,夺我利权者约数千万至一万万元;其四,租界与割地之赋税、地租、地价三桩,夺我利权者总在四五万万元;其五,特权营业一万万元;其六,投机事业及其他种种之剥夺者当在几千万元。这六项之经济压迫,令我们所受的损失总共不下十二万万元。此每年十二万万元之大损失,如果无法挽救,以后只有年年加多",其结果必然是"国亡种灭而后已!"③ 第三,帝国主义与中国军阀相勾结,妨碍中国的统一。"庚子、辛丑以后,中国人的脾气,被帝国主义者认识清楚了些,知道一味的强硬手段,还不济事;必须用些柔和方法,才能将爱和平讲礼貌的中国人压服得住",于是帝国主义改变侵略策略,寻求在中国的代理人,实行"共管","留心的寻着一个傀儡,颠之倒之,无不如意"。帝国主义的"代理人"和"傀儡"便是大大小小的军阀。所以,"中国现在祸乱的根本,就是在军阀和那援助军阀的帝国"。④中国共产党第二次全国代表大会通过的《宣言》写道:帝国主义掠取了中国辽阔的边疆领土、岛屿和附属国,做他们新式的殖民地,还夺去许多重要口岸,做他们的租界,并自行把中国划成他们各自的势力范围。在中国的领土内,1/3 的铁路为外国资本家所占有,其他的铁路也直接或简接由

---

① 孙中山:《"九七"国耻纪念宣言》,陈旭麓、郝盛潮主编《孙中山集外集》,上海人民出版社,1990,第 531 页。
② 孙中山:《在广州庆祝十月革命节的演说》,《孙中山全集》第 11 卷,中华书局,1986,第 287 页。
③ 孙中山:《三民主义》,《孙中山全集》第 9 卷,中华书局,1985,第 208~209 页。
④ 孙中山:《在上海招待新闻记者的演说》,《孙中山全集》第 11 卷,中华书局,1986,第 338 页。

外国债权人管理,外国的商船可以在中国的海口和内河里面自由航行,中国邮电受帝国主义严密监督,关税也不能自主,是由外国帝国主义者协订和管理的。"这样,不但便利于他们的资本输入和原产的吸收,而且是中国经济生命的神经系已落在帝国主义的巨掌之中了。"①

最后,他们都主张推翻帝国主义的压迫,实现中华民族的独立、平等与自由。1921年12月10日,孙中山在桂林对滇赣粤军的演说中指出:"今则满族虽去,而中华民国国家,尚不免成为半独立国",因此,"第一种主义",即"种族革命"的目的,就是要"排除他种民族,发扬自己民族,组织一完全独立之民族国家"。② 1923年1月29日,孙中山在《中国革命史》中阐述自己的民族主义就是要推翻帝国主义的压迫,"对于世界诸民族,务保持吾族之独立地位,发扬吾国固有之文化,且吸收世界之文化而光大之,以期与诸民族并驱于世界"。③ 这年9月16日,他复电加拉罕,希望中俄采取同一政策,"俾吾人得与列强平等相处,及脱离国际帝国主义之政治、经济的压迫"。④《国民党第一次全国代表大会宣言》反复强调:国民党的民族主义之"目的"之一,是"使中国民族得自由独立于世界"。⑤ 1924年3月2日,孙中山在《致全党同志书中》又再次重申:国民党的"民族主义亦不止推翻满清而已",更是要推翻帝国主义的压迫,"凡夫一切帝国主义之侵略,悉当祛除解放,使中华民族与世界所有各民族同立于自由平等之地,而后可告完成"。⑥ 不久(4月4日),他在广东第一女子师范学校校庆纪念会的演说中告诉听众:国民党的民族主义,就是"中国和外国平等的主义",而要实现"中国和英国、法国、美国那些强盛国家都一律平等",就必须"废除一切不平等的条约",推翻帝国主义

---

① 《中国共产党第二次全国大会宣言》,《中共中央文件选集》第1册,中共中央党校出版社,1989,第102~103页。
② 孙中山:《在桂林对滇赣粤军的演说》,《孙中山全集》第6卷,中华书局,1985,第24、11页。
③ 孙中山:《中国革命史》,《孙中山全集》第7卷,中华书局,1985,第60页。
④ 孙中山:《复加拉罕电》,《孙中山全集》第8卷,中华书局,1986,第216页。
⑤ 孙中山:《国民党第一次全国代表大会宣言》,《孙中山全集》第9卷,中华书局,1986,第118页。
⑥ 孙中山:《致全党同志书》,《孙中山全集》第9卷,中华书局,1986,第541页。

的压迫。① 1922年召开的中国共产党第二次全国代表大会通过的《关于"国际帝国主义与中国和中国共产党"的决议案》和《大会宣言》提出,"推翻国际帝国主义压迫,达到中华民族完全独立",是中国共产党奋斗的目标之一。②

以上是在中华民族对于帝国主义的自决上,孙中山与中国共产党的相同之处。而他们之异,主要体现在如何实现中华民族自决的途径或方式上,孙中山希望通过列强的援助来实现中华民族的自决,而中国共产党自成立之日起则把动员和领导工农运动放在了非常重要的地位。

早在辛亥革命时期,孙中山就对帝国主义抱有不切实际的幻想,希望获得列强的援助,来实现推翻清王朝统治、建立资产阶级民主共和国的目的。所以,当他在美国得知武昌起义的消息后,并没有立即起程回国,而是继续留在国外,游说美、英、法等国政要,希望他们能支持中国革命,他甚至幻想以承认列强在华的各项既得利益,来换他们对中国革命的理解和援助。但结果是帝国主义不仅没有像孙中山所期望的那样理解和支持中国革命,相反是对中国革命进行干预,这也是导致辛亥革命失败的一个重要原因。然而孙中山并没有从辛亥革命的失败中吸取教训,他后来在领导护国战争和护法运动时,乃至晚年在致力于中华民族的自决时,同样把希望寄托在帝国主义的身上,孜孜不倦地寻求列强的援助和支持。1923年召开的中国共产党第三次全国代表大会的《宣言》就批评国民党有两个错误的观念:"(一)希望帝国主义的列强援助中国国民革命,这种求救于敌的办法,不但失去了国民革命的面目,而且引导国民依懒外力,减少国民独立自信之精神。(二)集中全力于军事行动,忽视了对于民众的政治宣传。"③

大概是受了威尔逊提出的"民族自决权"思想的影响,晚年的孙中山对美国充满了好感,他曾一再表示:"此时各国对我,惟美国意最诚挚,

---

① 孙中山:《在广东第一女子师范学校校庆纪念会的演说》,《孙中山全集》第10卷,中华书局,1986,第20页。
② 《中国共产党第二次全国大会宣言》,《中共中央文件选集》第1册,中共中央党校出版社,1989,第115页。
③ 孙中山:《中国共产党第三次全国大会宣言》,《中共中央文件选集》第1册,中共中央党校出版社,1989,第165~166页。

有确实助我之热忱",① "美国自来对于中国毫无攫取土地之野心,亦未利用中国衰弱之营私利",② "中国形式上是独立国家,实际上比亡了国的高丽还不如,幸友邦中尚有美国为我国鸣不平"。③ 因而在最终决定联俄之前,他一直把争取美国的援助作为谋求民族自决的一项重要工作。1921 年 4 月哈定宣誓就任美国第 29 任总统,孙中山即指示他在华盛顿的代表马素致电祝贺,表示希望"今后共和的美国和共和的中国彼此之间能更加紧密地携手"。④ 不久,孙中山又亲自致函哈定,希望美国能支持他和他领导的广州政府:"中国的国内局势越来越坏,除非美国,中国传统的朋友和支持者在这危急时刻前来伸出援助之手,我们将违心地屈从于日本的二十一条。因此,我通过阁下向贵国政府发出这一特别呼吁,再一次拯救中国。"⑤ 孙中山虽然对美国充满了期望,但美国政府则认为孙中山是"狂妄自大的麻烦制造者"和妨碍中国统一安全的主要因素,根本没有考虑过对他和广州政府的援助,甚至连他和马素写给哈定的信都没有交到哈定的手中。1921 年 11 月 12 日至 1922 年 2 月 6 日,为重新瓜分远东和太平洋地区的殖民地和势力范围,由美国建议召开的有美、英、法、意、日、比、荷、葡和中国北京政府参加的国际会议在美国华盛顿举行,亦称华盛顿会议。会议筹备期间,孙中山曾多次发表声明,认为北京政府不能代表中国,他领导的广州政府才是中国唯一合法的民意政府,应该由广州政府而不是北京政府代表中国出席华盛顿会议,他还派遣特使携带他的亲笔信到美国首都华盛顿,希望面见哈定总统,得到哈定对广州政府的承认,然而结果则大出意外:哈定不仅没有接见孙中山的特使,"不给予孙中山的政府以外交承认,且不止一次的阻挠美国私人或团体与广州政府间的合作行为"⑥。

---

① 孙中山:《致唐继尧函》,《孙中山全集》第 5 卷,中华书局,1985,第 6 页。
② 孙中山:《与美国〈华盛顿邮报〉记者的谈话》,《孙中山全集》第 6 卷,中华书局,1985,第 102 页。
③ 孙中山:《在上海各团体代表祝捷时的演说》,《孙中山全集》第 7 卷,中华书局,1985,第 33 页。
④ 韦慕廷著、杨慎之译《孙中山——壮志未酬的爱国者》,中山大学出版社,1986,第 113 页。
⑤ 郝盛潮:《孙中山集外集补编》,上海人民出版社,1994,第 262~263 页。
⑥ 陈三井:《论孙中山晚年与美国关系》,《广东社会科学》2005 年第 3 期,第 85 页。

第二章 五四时期：中国近代民族主义的发展 —— 189

尽管孙中山的努力一再受挫，但他还是初衷不改，一厢情愿地与美国套近乎，拉关系，希望得到美国支持。1924年1月6日，亦即国民党第一次全国代表大会召开前夜，孙中山在大元帅府接见为处理关余问题而到广州的美国驻华公使舒尔曼。在与舒尔曼的交谈中他建议，由美国出面"在上海或其他中立地点，召集一华人为主而列强代表得参与之会议"，讨论中国裁军、和平等问题。他告诉舒尔曼："吾对此会议必躬亲列席。他人苟以国福为先者，亦必与吾同。此种会议之建议而出诸美国，列强及中国人民必皆重视之。"因为美国的"地位足以左右他国，又得中国人民信任"。针对舒尔曼"美国向来对中国及他国内政取不干涉政策"、由美国发起此会议"恐美人舆论不赞成"的插话，他表示此次会议"亦可由中国人民声请，如是更无美国或他国干涉中国内政之嫌。中国人民既知此项会议有召集之可能，则请求之声必遍于国中矣"。① 可以说孙中山是费尽了口舌，要舒尔曼相信由美国召集讨论中国裁军、和平等问题的会议是可行的，能够得到列强和中国人民的支持，但舒尔曼根本就没把他的建议当回事，甚至在给美国国务院的报告中都没有详细提及，陪同参加会见的美国总领事詹金斯更是讥评孙中山这一建议"完全不切实际"，"因为孙先生只管辖极小一部分的领土，根本没法使得北方强而有力的军事首领接受他所提的任何措施"。②

除了美国，孙中山还努力争取过德国、英国等国的支持与援助。1921年5月25日，德国副领事威廉·瓦格纳到广州拜会孙中山，孙中山请求瓦格纳转告德国政府："德意志民族是唯一能给予我国政府援助的民族，我们期待德国对我国的政治、经济生活等领域进行广泛的援助。"③ 德国政府则以"援孙"有违凡尔赛和约，将引发与其他列强冲突为由拒绝了孙中山的请求。1923年2月，孙中山途经香港时，派孙科、傅秉常等人积极与香港总督接触。据傅秉常事后回忆，当时"中山先生与港督两次商谈港粤合作，均极融洽，并应邀莅临香港大学发表演说，中山先生深觉如能与英合

---

① 孙中山：《与美使舒尔曼的谈话》，《孙中山全集》第9卷，中华书局，1986，第25页。
② 李云汉：《中山先生护法时期的对美交涉（1917—1923）》，转引自陈三井《论孙中山晚年与美国关系》，《广东社会科学》2005年第3期，第89页。
③ 〔日〕田岛信雄：《孙中山与德国——兼论"中德苏联盟的构想"》，《南京大学学报》2009年第3期，第80页。

作，实为上策"。① 所以香港总督愿意与广州政府合作的表态，使孙中山大喜过望。2月21日，他在广州滇桂军欢迎宴会上发表演说："革命的成功与否，就古今中外的历史看起来，一靠武力，一靠外交力。外交力帮助武力，好像左手帮助右手一样。从前美国独立，革英国的命，所以成功的原因，一半固然由于本国武力的血战，但一半可以说是法国外交力的帮助。如果专靠武力，决计是难于成功的。"譬如洪秀全的革命，而终不能成功的原因，大半是由于外交失败，没有外交力的帮助。所以革命的成功与否，外交的关系是很重大的。"我们现在既得了香港外交力的帮助，又有诸君武力的基础，以后要想革命成功，统一很快。"② 他在广东各界人士欢迎会上的演说中又告诉听众："前者港澳政府，对于民党虽多误会，然自陈炯明背叛后，英人已有觉悟，知将来中国必系民党势力。故近来港督方针亦为之一变。此为吾人最好之机会也。"③ 实际上香港总督所谓愿意与广州政府合作的表态，只是出于礼貌的虚以应付，根本就没有想过要付诸实行，英国政府也从来没有打算要援助孙中山和他的广州政府。1924年1月，麦克唐纳率领英国工党获得组阁权，成为英国历史上首位工党籍的首相。获悉这一消息，孙中山认为争取英国援助的机会已经到来，便立即以中国国民党第一次全国代表大会主席的身份致电麦克唐纳，"庆贺其成功及其党之成功，并希望此后英国之对华政策，不复援助军阀及反动派，而能予中国之民治主义及解放运动以自由发展之一切机会焉"。④ 此后的一系列事件证明，麦克唐纳领导的工党政府，"对华政策仍然是坚持帝国主义的干涉行动，以及支持反革命活动以反对旨在建立一个强大的、独立的中国的国民运动"。⑤

后来的关余事件，尤其是商团叛乱事件，虽然使孙中山逐渐认识到

---

① 沈云龙、谢文孙：《傅秉常先生访问纪录》，转引自潘星《孙中山晚年对外观念的转变及其原因探析》，《理论界》2014年第7期，第126页。
② 孙中山：《在广州滇桂军欢迎宴会的演说》，《孙中山全集》第7卷，中华书局，1985，第121页。
③ 孙中山：《在广东各界人士欢迎会上的演说》，《孙中山全集》第7卷，中华书局，1985，第151页。
④ 孙中山：《致麦克唐纳电》，《孙中山全集》第9卷，中华书局，1986，第163页。
⑤ 孙中山：《致莫达电》，《孙中山全集》第11卷，中华书局，1986，第104页。

"对列强的现政府期待很多,是不大有希望的";① 认识到中华民族的自决,"与帝国主义如水火之不相容";② 认识到"帝国主义不仅是中国达到民族独立的主要障碍,同时又是反革命势力最强大的部分",从而促使并坚定了他联俄联共以及与帝国主义决裂的决心,于是有国共合作的建立和国共合作领导反帝运动的进行,但这只是问题的一方面,或主要方面;问题的另一方面,或次要方面,孙中山始终都没有放弃争取列强援助的努力。比如,1924年11月12日他北上途中曾致电日人泽村幸夫:"今者,中国问题已非单纯中国一国之问题,实际已成为世界问题而受到重视。余对此一时局深深痛感。无论如何,如不与日本提携合作,则决不可能解决问题。而此种说法,更不可仅仅成为外交辞令中之中日提携合作。中日两国人民必须在真正了解之下救中国,确立东亚之和平,同时巩固黄色人种之团结,藉以对抗列强不法之压迫。"③ 为了获得日本的援助,他甚至表示,"余尚未考虑要求'二十一条'条约之废除与旅顺、大连之收回",④ "日本在东三省之地位……与香港澳门相同,目下并不要求归还"。⑤ 可以说直到1925年去世,孙中山对帝国主义都还存在着一些不切实际的幻想。

与孙中山不同,中国共产党自成立第一天起,甚至在成立之前的共产主义小组时期,就把动员和领导工农运动放在了非常重要的地位。比如,北京共产主义组织在向中共第一次全国代表大会提交的报告中就提出,"怎样使工人和贫民阶级对政治感兴趣,怎样用暴动精神教育他们,怎样组织他们和促使群众从事革命工作",是"我们面临着需要立即着手解决的两个重要问题"之一;"我们必须利用每一个机会,推动群众举行游行示威和罢工"。⑥ 中国共产党成立后,仅1922年就先后发动和领导了香港海员大罢工、安源路矿工人大罢工、开滦煤矿工人大罢工、京汉铁路工人大罢工等工人运动。

---

① 孙中山:《致福特函》,《孙中山全集》第10卷,中华书局,1986,第270页。
② 孙中山:《告广东民众书》,《孙中山全集》第11卷,中华书局,1986,第36页。
③ 孙中山:《致泽村幸夫电》,《孙中山全集》第11卷,中华书局,1986,第310页。
④ 孙中山:《致泽村幸夫电》,《孙中山全集》第11卷,中华书局,1986,第310页。
⑤ 孙中山:《与〈告知报〉记者的谈话》,《孙中山全集》第11卷,中华书局,1986,第420页。
⑥ 《北京共产主义组织的报告》,《中共中央文件选集》第1册,中共中央党校出版社,1989,第15、35页。

如果说在中华民族对帝国主义自决上,孙中山与中国共产党是同中有异的话,那么,在中华民族内部各少数民族对汉族自决上,孙中山与中国共产党是异中有同。孙中山晚年是反对或不赞成中华民族内部各少数民族对汉族自决的,而中国共产党则主张中华民族内部各少数民族对汉族的自决。这是他们的根本之异。但他们又都主张中华民族内部各民族的平等。1921年2月1日,孙中山在国民党粤省支部成立会上的演说中指出:"民族主义非推翻满族主权便了,须使各民族都平等。"[①] 1923年1月1日,他在《中国国民党宣言》中宣布:"故吾党所持之民族主义,消极的为除去民族间之不平等,积极的为团结国内各民族,完成一大中华民族。"[②] 不久(1月29日),他在《中国革命史》中又写道:"余之民族主义,特就先民所遗留者,发挥而光大之;且改良其缺点,对于满洲,不以复仇为事,而务与之平等共处于中国之内,此为以民族主义对国内之诸民族也。"[③] 这年(1923年)10月18日,孙中山派出的以蒋介石为团长的国民党代表团在给共产国际《关于中国国民运动和党内状况的书面报告》中更明确表示,国民党"民族主义纲领"的含义是:"所有民族一律平等,一方面,我们应该捍卫我们的独立而同外国帝国主义作斗争;另一方面,我们应该帮助弱小民族发展他们的经济和文化。"[④] 1924年初召开的中国国民党第一次全国代表大会发表的《宣言》在解释"国民党之民族主义"的"两方面意义"时,其一方面意义便是"中国境内各民族一律平等"。"中国境内各民族一律平等",可以说是晚年孙中山的一贯思想和主张。至于中国共产党,自成立那天起,便是"中国境内各民族一律平等"的主张者和倡导者。

我们应该如何评价孙中山与中国共产党在"民族自决权"上的同中之异与异中之同呢?实际上,评价孙中山与中国共产党在"民族自决权"上的同中之异与异中之同,其关键在于他们之异的评价上。在中华民族对于帝国主义的自决权上,孙中山与中国共产党之异主要体现在如何实现中华

---

① 孙中山:《在国民党粤省支部成立会上的演说》,《孙中山全集》第5卷,中华书局,1985,第460页。
② 孙中山:《中国国民党宣言》,《孙中山全集》第7卷,中华书局,1985,第3页。
③ 孙中山:《中国革命史》,《孙中山全集》第7卷,中华书局,1985,第60页。
④ 中共中央党史研究室第一研究部译《联共(布)、共产国际与中国革命档案资料丛书》(第一卷),北京图书馆出版社,1997,第301页。

民族自决的方式或途径上，孙中山希望通过获得列强援助来实现中华民族的自决，而中国共产党则把实现自决的希望放在了工农运动上，所以自成立第一天起，中国共产党便积极从事于动员和领导工农运动。事实一再证明，希望通过获得列强援助来实现中华民族的自决只是孙中山的一厢情愿，帝国主义列强从来没有也根本不可能支持和援助中华民族的自决的。就此而言，在如何实现中华民族自决的方式或途径上，中国共产党的主张是正确的。

如果说在中华民族对于帝国主义的自决权之异上，中国共产党的主张是正确的，那么，在中华民族内部各少数民族对于汉族的自决权之异上，由于当时还处于幼年时期的中国共产党"对解决中国民族问题的具体历史条件还缺乏深入的了解，还不能把马克思列宁主义关于解决民族问题的原理同中国的具体历史条件正确地恰当地结合起来"，[1] 加上共产国际的错误指导和影响，从而导致了中国共产党对于列宁有关"民族自决权"理论的教条主义理解。

到了遵义会议之后，随着毛泽东在全党领导地位的确立，中国共产党开始从幼年走向成熟，开始自觉地把马克思列宁主义的普遍原理与中国革命的具体实践结合起来，便不再讲中华民族内部各少数民族的"民族自决"了，而讲"民族区域自治"，讲国内各民族的团结和国家的统一对于实现国家独立、民族复兴的重要意义。[2]

---

[1] 江平：《民族问题文献汇编·前言》，中共中央统战部：《民族问题文献汇编》，第4页。
[2] 参见郑大华《论杨松对民主革命时期中共民族理论的重要贡献》，《民族研究》2015年第5期。

第三章 "九一八"后：中国近代民族主义的高涨

"九一八"后是中国近代民族主义的高涨阶段。推动这一时期民族主义走向高涨的根本原因，是日本帝国主义的侵略所造成的空前严重的民族危机。这正如迈克尔·弗里登所指出："民族主义只有在短暂的时段内变得极为重要，即在民族建构、征服、外部威胁、领土争议或内部受到敌对族群或文化群体的主宰等危机时，民族主义才显得极为重要。"所以"九一八"后，人们最关心的是对日的"和"与"战"问题。正是在"九一八"后民族危机的日益严重的背景下，张君劢摘译并发表和出版了德国哲学家费希特的《对德意志国民的演讲》，这对推动"九一八"后民族主义的高涨和民族复兴思潮的形成有它的积极意义。与此同时，中国近代的民族主义理论建构也发生了新的变化，即从五四时期的"民族自决"转变为"民族复兴"，自清末萌发的民族复兴思想最终形成并发展成为一种具有广泛影响力的社会思潮，当时的知识界围绕中华民族能否复兴和如何复兴展开了热烈讨论。七七事变后亡国灭种的现实危险，继续推动着民族主义思潮走向高涨，其表现之一，便是"抗战建国"迅速成为全面抗战时期的主流话语，以及学术界在"抗战建国"话语下对"学术建国"问题的思考。

第一节 "九一八"后知识界对"战"与"和"的不同抉择——以《东方杂志》《独立评论》和《大公报》为中心

九一八事变后，面对日本的侵略，中国是"战"还是"和"？摆在了每一个中国人的面前。知识界也不例外。但长期以来,由于种种原因,还没有人系统考察过"九一八"后知识界对"战"与"和"的选择,尤其是没有人探讨过知识界对"战"与"和"选择的不同及其原因。有鉴于此,本节拟以《东方杂志》、《独立评论》和《大公报》为中心,就"九一八"后(具体来说从九一八事变到1933年5月31日塘沽协定的签订)知识界对"战"与"和"的抉择做一考察。我们之所以选择以《东方杂志》、《独立评论》和《大公报》为中心,主要基于三个方面的考虑。一、这三种报刊在知识界的影响力。《东方杂志》自1904年创刊,到1948年底终刊,共历45年,基本上伴随了20世纪上半叶的中国社会历程,被学术界公认为是1949年前中国期刊界寿命最长、影响最大的一份综合性刊物。《独立评论》创刊于1932年5月,1937年七七事变后停刊,存在的时间虽然不长,但创刊不久就成了"全国人的公共刊物"和"舆论中心",发行量最高时达到一万三四千份,在知识界尤其是大学教授、青年学生和政府职员中影响很大。《大公报》1902年由英敛之创办于天津法租界。1926年9月吴鼎昌、张季鸾、胡政之合组新记公司,接办《大公报》,吴鼎昌任社长,胡政之任经理兼副总编辑,张季鸾任总编辑兼副经理,并提出"不党、不卖、不私、不盲"的"四不主义"的办报方针,所谓"不党",即不依附于任何党派;"不卖",即不为金钱从事利益交换;"不私",即不为一己为一小团体的私利;"不盲",即不盲从,不附和,有自己的独立立场,从此成为民国时期影响最大的报刊之一。二、这三种报刊的政治倾向。《东方杂志》的政治倾向向来稳健,但在"九一八"前后,尤其是胡愈之任主编之后表现较为激进。1931年8月,胡愈之正式接受王云五聘请担任《东方杂志》主编,并且与王约定采取承包的办法,即由商务印书馆拨给胡愈之一定的编辑费用,胡愈之自己找房子,请编辑,定内容,商务方面均不干涉。胡愈之是左倾知识分子的代表人物,他之所以要采用承包的方法来主编《东方杂志》,就是想把这一老牌并有重要影响的刊物办成宣扬抗日救亡、创造民族新生的舆论阵地。[①] 因此,在他周围很快聚集了一批思想同样左倾的知识分子,如叶作舟、史国纲、张梓生、张明养、郑允恭、良辅等,他们成了这一时期《东方杂志》的主要作者。和

[①] 张新华.《拓展言论空间传播进步文化——胡愈之的办刊艺术之一》,《中国出版》2001年10期。

"九一八"后的《东方杂志》不同,《独立评论》的思想取向则是自由主义,其主要作者是自欧美回国的留学生,信仰并长期追求、宣扬过民主和自由,用钱端升的话说,"是受过民主政治极久的熏陶的"自由主义者,①尤其是胡适更是中国近代史上自由主义的代表人物。《大公报》的吴鼎昌、胡政之和张季鸾与国民党尤其是蒋介石的关系较为密切,发表过不少拥护国民党统治、极力为蒋介石辩护的言论,因而长期以来,人们在研究和评价《大公报》时,把它定性为政治上反动,就是它所发表的一些批评国民党的言论,也被批评是对国民党的"小骂大帮忙"。但实际上,九一八事变后,在对待日本侵略、国联调停、废止内战等事关中华民族生死存亡的重大问题上,《大公报》都不赞成国民党的所作所为,基本上坚持了"不党、不卖、不私、不盲"的"四不主义"的办报方针。三、这三种报刊对九一八后"战"与"和"的抉择不同且具有代表性。概而言之,《东方杂志》主战,《独立评论》主和,《大公报》在战和之间,即主张抵抗,但反对"一战"(宣战)。分析"九一八"后知识界对"战"与"和"的态度,大致不外这三种。

一 《东方杂志》:主战

《东方杂志》是"九一八"后主战论的主要代表。九一八事变后,蒋介石主导下的南京国民政府将东北事件诉诸国联,希望国联主持正义。然而国联却敷衍塞责,延宕不决。1931年9月19日亦即事变发生后的第二天,国联在日内瓦召开非常理事会,22日决定劝告中日两国(1)防止事件扩大,(2)于可能范围内撤兵。日本对国联的此次决议置若罔闻,会后,继续扩兵攻击锦州。情急之下,国联不得不于10月14日再次在日内瓦召集理事会,要求日本撤兵,同时要求中国保护日本侨民。然而由于日本的反对,此次会议最终做出了一个被国联主席白里安称为"只有道德的价值而无法律的价值"的决议案。作者朱偰指出,法国明白地袒护日本,英国则态度暧昧,意大利虽然保持中立,有时则不免冷嘲热讽,幸灾乐祸,这都是由各国的自身利益决定的,"所谓正义、公理等名词,仅能为

---

① 钱端升:《民主政治乎?极权国家否?》,《东方杂志》第31卷第1号,1934年7月1日。

强暴作为点缀，不足为弱国谋生存"，国人对此要有充分的认识。① 胡愈之更是一针见血地指出，在帝国主义主宰下的国际关系是以自身利害为前提的，绝无所谓公道正义，即使"我国政府已请国际联盟及非战条约签字国干涉援助，但也决不会得到什么结果"。现今"国联理事会出面调停，至多不过把争执事件延宕下去，决不能有利于我国"。② 他认为对付日本最有效的办法，一是武力，二是外交。就外交而言，现在最紧急的行动是立即向日本政府提出限期撤退辽吉两省占领日军的最后通牒，如到期未撤退，便立即宣告对日断绝外交关系。他告诫政府和国人，对国联不要再存任何希望。国联能做到的事情只有两样：一是迫令两国直接交涉，自然是在日本武力威胁下开始直接交涉；二是设法把事件延宕（如派调查团之类）下去，耽搁了二三个月，使事势缓和，然后让中日直接去解决。除此之外，国联别无他法。"中国望国联伸理，望国联保障中国利益，望国联迫令日本强占东省的重大任务，这在事实上，法律上，是断无实现的可能"。③

随后在1931年12月10日巴黎会议的决议案中，英、法态度急遽转变，置日本侵略中国的事实于不顾，由讨论日本撤兵转到中日条约的研究上，谋求有利于日方的五项原则了结此事，④ 并决定接受日本的建议派中立国调查团来调停中日之间的争端。对此，张梓生悲愤地指出："总之，目前的中国已不战而败了，马占山的尽忠守土，施肇基（中国的国联代表）的努力坛坫，天津保安队的含泪奉令撤退，各地学生的一批批赴京请愿，以致全面人民的义愤填胸一致抗日，不过在这失败史上作点缀品罢了！"国联不顾中国的民族利益而对日本姑息养奸，它"已促成中国人民真正的觉悟。最近全中国已都明白东北事件的解决，非由中国自己去走应

---

① 朱偰：《日本强占辽吉在欧美之反响》，《东方杂志》第28卷第24号，1931年12月25日。
② 胡愈之：《尚欲维持中日邦交乎？》，《胡愈之文集》第2卷，三联出版社，1996，第443页。
③ 胡愈之：《对于日内瓦还能希望什么》，《胡愈之文集》第2卷，三联出版社，1996，第457页。
④ 日本提出的五项原则为：一、中日相互担保各不侵略并保障彼此之土地完整；二、中国境内各种排日形式连抵制在内，须永远取消；三、保障中国境内日人生命财产之安全；四、偿付用以敷造满洲各铁路日款并承认满洲敷造铁路之现有条约；五、承认现有之条约权利，连日人在满租地之问题在内。

走的途径；明白些说，即非以武力决一胜负不可"。① 于育才则提醒国人说："本来帝国主义所谓'国际法''正义''国际道德'是二重的，在帝国主义者相互间适用平等的国际法与道德正义；在帝国主义与殖民地或次殖民地间，却用另一种说法，这次日内瓦与巴黎会议的结果，应该使我们受了又一次的有益教训"，这就是依赖国联是没有用的，只有依靠我们自己的力量，和侵略者做拼死的斗争。②《东方杂志》记者认为：巴黎会议的结果显示出帝国主义者内部妥协的成功，同时也是中国依赖帝国主义外交的根本失败，它说明国际联盟已成为帝国主义用来压迫弱小民族的工具。"调查团的派遣，与其说是为了调解争端，不如说是为了帝国主义者联合宰割中国"。因此，"今后中国自然只有一条出路，就是以民众力量打倒帝国主义，中国唯一可信赖的是人民大众的力量，中国唯一的生机，是在于和帝国主义做殊死战"。③ 胡愈之也指出，中国唯有"大无畏地向前斗争"，"以牙还牙，以眼还眼"，以武力抵抗来对待日本的武力侵略，"方才能找出一条活路"。④

1931年12月16日，《东方杂志》就"《国联巴黎决议案》的批评及国民对于调查委员团应取的态度"致信京（南京）津（天津）平（北平）汉（武汉）的"研究政治、法律、外交之各大学教授及专家"，要他们就这两个问题"发表意见"，到12月28日，共收到答案23件，结果成一边倒的趋势。武汉大学教授周鲠生认为，国联"目的在维持平和，（但）常不免为平和而牺牲正义"。东北大学教授李景泌指出："东北事件，完全是日本要侵略我东北省的非法行为。自从九月十八日日军占据我辽宁以后，迄今凡日军的一切行为，世界各国无不知之，又何必再派人调查"。所以，此次调查团来华"不但与我无益，且其自身亦难有成绩可言"。"中研院"的陈翰笙提醒国民：决议案不仅不能使盘踞在东北的日军退兵，相反还阻碍了中国增加兵力做正当的防卫，就此而言，调查团只不过提供了列强瓜分中国的机会，"由此决议案所产生之调查委员会团，消极方面将使国联卸除其应负之责任；积极方面将使中国加紧的殖民地化！"光华大学教授

---

① 张梓生：《巴黎会议中的东北事件》，《东方杂志》第28卷第23号，1931年12月10日。
② 于育才：《东省事件在盖陀赛》，《东方杂志》第29卷第2号，1932年1月1日。
③ 记者：《〈巴黎决议案〉的实际》，《东方杂志》第29卷第2号，1932年1月16日。
④ 胡愈之：《现代的危机》，《东方杂志》第29卷第1号，1932年1月1日。

王造时更是针对国联的不公正立场，要求全国各界人民一致起来，反对国联决议，督促政府武力抵抗日本进攻，并实行收回失地。他在回信中写道："简而言之，我主张战。我自始至终主张战。战是唯一路线；战，可以促成国家统一；战，可以激起爱国精神；战，可以保存民族人格；战，可以引起国际干涉；战，可以促成日本革命。我自始至终主张破釜沉舟的战！"① 正如王造时自己所说的那样，他始终是坚定的主战派。九一八事变发生不久，他即和罗隆基、邹韬奋等人一起创办了一份《抗战旬刊》，在创刊号上他发表了一篇题为《中国存亡在此两举》的文章，认为今天的中国只有两条路可走，"一是接受日本的条件，是为屈服，是为卖国；一是拒绝日本的条件，那么，非准备战斗不可，除此之外，别无他路"。②

国民党的不抵抗政策，进一步刺激了日本的侵略野心。1932年1月28日，日军突然向中国的经济中心上海发动进攻，遭到中国驻军第十九路军的顽强抵抗，著名的淞沪抗战由此爆发。1月29日，地处闸北的商务印书馆总厂被日机炸毁。作为商务印书馆一事业的《东方杂志》因而被迫停刊，直到这年的10月16日才复刊。复刊后，《东方杂志》的抗战主张更为强烈。就在复刊号上，胡愈之发表了《乐观论与悲观论》一文，认为中国军事尽管比日本落后，但在国联不可能主持所谓正义的情况下，中国人民"只有孤注一掷"，与日军开战，才有可能挽救民族危机，他并充分肯定了十九路军和东北义勇军的抗敌行为，称赞他们"替民族争得了无穷光荣，替民族留下了一线生命"。③ 不久，他在《寇深矣！》一文中又写道："帝国主义的武装部队已深入腹地了。平津热河青岛已陷入险境，华北将继东北而沦亡，这真是中国民族的最后的生死关头啊。为了挽救这最后的危局，为了全民族的解放，为了中国领土的独立与完整，最后为了不辜负十九路军、东北义勇军与华北抗日将士的壮烈牺牲，我们要求集中力量，一致步骤，以全民族的整个结合，和日本帝国主义作最后殊死的战争"。④

就在《东方杂志》复刊的前夕（10月2日），国联调查团经过近7个

---

① 《国联巴黎决议案的批评及国民对于调查委员会应取的态度》，《东方杂志》第29卷第3号，1932年2月1日。
② 王造时：《中国存亡在此两举》，《抗战旬刊》第1期，1931年9月。
③ 仲逸（胡愈之）：《乐观论与悲观论》，《东方杂志》第29卷第4号，1932年10月16日。
④ 仲逸（胡愈之）：《寇深矣！》，《东方杂志》第30卷第2号，1933年1月16日。

月的调查,在日内瓦、南京、东京三地同时公布了《国联调查团报告书》(以下简称《报告书》)。《报告书》公布后,引起世界舆论的关注,"无论何国之报纸,苟稍稍留心远东问题者,殆无不对此报告书有所表示,或抒其感想,或加以批评,虽方式不一,而注意此报告书之态度,则无或二致也。我国是为争论国之一,则我国国民对此报告书,必较世界上任何一国国民,更为注意"。① 《东方杂志》的胡愈之等人也不例外。胡愈之先是在自己主编的《生活周刊》上连续发表《评国联调查团〈报告书〉》和《国联调查团〈报告书〉发表以后》等文,认为《报告书》既要迁就日本,又要貌似公允,所以处处自相矛盾。比如《报告书》一再声明解决中日争端的方法需"遵照国联公约的规定",但它提出的所谓"满洲自治"又明显地违反了国联公约与《九国条约》中尊重领土主权的规定;它希望谋求东三省的对外安全,"防止外来的侵略",但又不允许中国在当地设置国防军队;它主张尊重中国主权与领土完整,但又要求"扩大"满洲的"自治"范围,中国政府不仅不能管理收税,而且还不能派遣驻兵。实际上,《报告书》的根本用意,是要把东三省乃至整个中国造成国际共管,由国际帝国主义平均分肥,而不是被日本独占。② 因此,《报告书》并不像欧美报刊所认为的那样是解决中日争端的十二分公平的方案,相反,它是帝国主义的一张供状,彻底暴露了国际帝国主义掩蔽着的意志,即:要瓜分和国际共管中国。就此而言,《报告书》的"公平",是帝国主义的"公平","在帝国主义看来,把中国整个东三省抢劫了去,把中国的主权利益偷盗了去,这都不算是不'公平'。应该把日本所独占的东三省,乃至从中国所抢劫去的一切赃物,用梁山泊'大秤分金银'那样的方法,来平均分配,这便是《报告书》的所谓的公平"。③ 《东方杂志》复刊后,胡愈之即在复刊号上(第29卷第4号)发表《李顿报告书的分析和批评》一文,他在逐章分析了《报告书》的内容后指出,《报告书》存在着两大"缺点":一是不顾一切法律原则和国际义务,一味地迁就日本,迁就事实,其所谓的调查带有浓厚的主观色彩,并没有做到调查团所标榜的"中

---

① 孙畿伊:《调查团报告书及各方批评之总研究》,《复兴月刊》1卷3期,1932年11月1日。
② 胡愈之:《评国联调查团〈报告书〉》,《生活周刊》1932年10月2日。
③ 《国联调查团〈报告书〉发表以后》,《生活周刊》1932年10月9日。

立";二是发表了许多批评中国内政的言论,甚至认为东三省问题的起因与中国内政不修有关,这不仅是对中国内政的粗暴干涉,而且也为列强共管中国提供了口实。他因而反对国际上一些人提出的以《李顿报告书》为基础来解决中日争端的建议,认为"希望以此报告书作为解决中日事件的基础,却只有一个可能:就是当中国民众甘心全部屈服,让国际殖民化的趋势从东三省开始,蔓延到中国全部,以及日本受列强的联合压迫,不得不放弃大陆独占政策,让列强势力伸入的那个时候。"① 接着,胡愈之在下一期的《东方杂志》上又刊出《报告书与世界公论》的文章,认为《报告书》不但主张"满洲自治",而且更主张"国际合作以谋中国的改造",在允许日本在满洲享有特殊经济利益的同时,也允许其他列强援引最惠国待遇的规定享有同样特殊的经济利益。所以,《报告书》建议的中国"不是一个'联邦式的统一的国家',而是'国际化的外国殖民地'"。② 平鸣在《国联调查团报告书之研究》一文中更是一针见血地指出,《报告书》的内容可以用一句话来概括,"就是这是'列强在说话'"。③

1933年1月,得寸进尺的日本帝国主义又悍然攻占山海关,并继续向热河进犯,华北形势危急。在此紧要关头,《东方杂志》连续发表《日本帝国主义挑战》《抗日斗争的一年》《抗日的决心》等文,反对与日妥协,主张抗战到底。《日本帝国主义挑战》一文对"败北主义"进行了批判。文章指出,国内主张"败北主义"的人,以为日本的目的只是满洲,那就让它占领满洲好了,因为中国领土广大,东北没了,还有西北,关外没了,还有关内,只要能维持偏安之局,就不要抵抗,在目前敌强我弱的情况下,抵抗是没有用的,主战论只能导致国家的灭亡,是发疯之论,国联《报告书》是最公道的解决中日争端的办法。但最近几个月的事实,尤其是日军向山海关和热河的进攻证明,日本的目的不仅仅是满洲,而且还在热河和整个中国。所以要维持偏安之局是不可能的,除非将中国的整个领土都让给日本,否则日本就不会停止其侵略脚步的。"到了这个地步,除了作民族反帝斗争",和日本帝国主义拼个你死我活外,是没有其他什么

---

① 胡愈之:《李顿报告书的分析和批评》,《东方杂志》第29卷4号,1932年10月16日。
② 仲逸(胡愈之):《报告书与世界公论》,《东方杂志》第29卷5号,1932年11月1日。
③ 平鸣:《国联调查团报告书之研究》,《东方杂志》第29卷6号,1932年11月16日

办法的。①《抗日斗争的一年》充分肯定了上海一二八抗战的意义,认为一二八抗战虽因当局的妥协而"以一个不死不活的停战协定而告终","但是因了十九路军及上海民众的奋勇斗争,至少已表示民族解放斗争的开始。帝国主义者从此更不敢轻视中国民众的力量"。所以,只有我们"继续'一二八'英勇斗争的精神",坚决抵抗日本帝国主义的侵略,不投降,不妥协,中华民族就有"出路",抗日斗争就会取得最后胜利。②《抗日的决心》一文开宗明义便指出,跑上帝国主义之路的日本早已变成中国及东方其他被压迫民族的共同敌人了,"对待敌人只有用铁和血,用不到老学究似的搬出那么多的历史及掌故,证明东三省为中国之属;用不到名为维持世界和平、实则瓜分世界上弱者利益的国际联盟在那里屡次起草并讨论废纸似的报告书和决议;更用不到利用帝国主义在太平洋方面的均势来维持偏安局面。如果民族的解放可依历史证明、依制造废纸报告书、依利用均等方法以求得,那么,我们不知道为什么英国要统治与她没有历史关系的印度?为什么过去一切关于保障中国领土完整的条约不曾发生一毫效力?为什么李鸿章的'以夷制夷'政策会招来光绪年间重要海口与各港之瓜分?"总之,一切历史,尤其是近代以来的中国历史告诉我们,只有坚决抵抗,"向敌人作勇敢的奋斗,才是民族谋生的唯一途径"。③

尽管《东方杂志》呼吁抵抗,但实际上,国民党当局并没有做好抵抗的准备,也没有准备认真的抵抗。其结果,驻守热河和长城一带的几十万国民党军一触即溃,日军很快就占领了热河全境。热河失陷后,《东方杂志》发表《热河失陷后的严重形势》一文,对国民党当局高喊抵抗,而实不抵抗,致使"未逾旬而六十万方里的热河又告失陷"进行了猛烈的抨击,指出当时的中国只有两条路走,"一为屈服于暴日强力之下,而为其殖民地,中国亡;一为抵抗到底,于死中求生存。现在中华民族的生存就只有抵抗这一条路,我们不容再有丝毫迟疑"。为此,文章提出了两条建议:一是建立抗日统一阵线,凡是主张抗日的,就是我们的朋友,反之,凡是反对或阻碍抗日的,便是我们的仇敌;二是绝不与日妥协。因为日本的一贯伎俩,就是在军事进攻并占领了中国的领土之后,放出缓和空

---

① 愈之:《日本帝国主义的挑战》,《东方杂志》第30卷第3号,1933年2月1日。
② 仲逸(胡愈之):《抗日斗争的一年》,《东方杂志》第30卷第3号,1933年2月1日。
③ 有心:《抗日的决心》,《东方杂志》第30卷第6号,1933年3月16日。

气,一方面借以麻痹和欺骗中国政府,另一方面便于争取时间,以为下一次发动更大规模的军事进攻做好必要的准备。这次也不例外,日军在占领热河全境后,提出与中国政府直接议和。文章认为,在日本企图占领平津,进而占领整个中国的野心已暴露无遗的情况下,"我们即欲求片刻的和平已不复可得,苟有妥协之念,即堕万劫不复之境"。①

然而,国民党统治当局则不作如是观。依据蒋介石提出的"攘外先必安内"的立国方针,他们把主要精力放在了军事围剿中国共产党领导的红军上,而对日本的侵略采取的是不抵抗主义政策。因此,热河失陷不久,他们便和日本开始了秘密和谈。5月31日,中日停战协定在河北塘沽正式签字。由于协定以保全平津为代价,默认了日本帝国主义侵占东三省和热河的事实,将冀东辟为"非武装区",使整个华北门户洞开,因而遭到了包括《东方杂志》作者在内的广大知识分子和社会舆论的广泛批评。胡愈之在《"停战"以后》一文中就沉痛指出:"塘沽协定的签字,表示日本帝国主义的全盘胜利。把东北四省拱手让人,把华北全部作帝国主义的保护地域,把政治经济的反帝的手肢捆缚了起来。在二十个月中间断送了中国三分之一领土,这是中国失地史上的一个新纪录,连北洋军阀和媚外求荣的清廷都望尘莫及"。他承认当时中国民众的反帝运动还处于低潮,但他相信这只是短时期的现象,华北事件的屈辱,必将促进广大民众的觉醒和反帝抗日运动的高涨。② 国纲的《华北停战》一文在逐条分析了停战协定的内容后也写道:"自己的军队在自己的国土内撤退,还有受着对方的监视,自己的军队在自己的国土以内,还有禁止扰敌的必要,真是创闻。对于中立区域,没有明文规定,恐怕就算有面子的了,在目今的情形之下,谁还有奢望?"③

二 《独立评论》:主和

与《东方杂志》的主战不同,《独立评论》则主和。《独立评论》的原始社员蒋廷黻曾批评主战者的"逻辑是很简单的"。④ 因为在他看来,中

---

① 作舟:《热河失陷后的严重形势》,《东方杂志》第30卷第7号,1933年4月1日。
② 胡愈之:《"停战"以后》,《生活周刊》1933年6月4日。
③ 国纲:《华北停战》,《东方杂志》第30卷第12号,1933年6月16日。
④ 蒋廷黻:《蒋廷黻回忆录》,岳麓书社,2003,第143页。

日完全可以通过交涉来解决彼此争端,避免冲突的进一步升级。九一八事变前,日本币原政府曾多次谋求与中国谈判的机会,都因"我们的政府措置失当",才最终酿成大祸,导致九一八事变的发生。徐炳昶谈到1931的冬,他与胡适就对日的"战和"问题作过交谈,胡适认为中国"战必败,战败的牺牲必异常的巨大,并且比任何一次的牺牲全要巨大"。因而反对与日交战,而主张与日直接交涉。① 实际上早在九一八事变发生不久,胡适即致信宋子文,认为国民政府应该接受日本在国联提出的五项基本原则,与日直接交涉。② 此后胡适又不断重提前议。1932年初,他在与美公使 N. TJohnson(N. T. 约翰逊)和英代理公使 Ingram(英格拉姆)的谈话中,表示对中日问题并不感到非常悲观,而"以为(中日)直接交涉可以挽救不少"。③ 丁文江也认为,中国在军事、政治和经济各方面都没有做好准备的条件下,不能贸然与日开战,而应与日交涉,"不惜代价",换得和平。④ 因此,他对于胡适提出的与日直接交涉的主张,完全表示支持。几年后在《再论民治与独裁》一文中他谈道:"九一八事变刚发生的时候,有一位反对国民党的朋友对我说:'蒋介石一定和日本人妥协,国民党一定要卖国了!'我回答他道,'我希望你这话是真的,但是我恐怕事实上做不到的!'二十年(1931年——引者)十一月胡适之先生写了一长信给宋子文先生,主张及早和日本人交涉。我告诉他道,'我是赞成你的主张的,可是国民党的首领就是赞成也不敢做,不能做的,因为他们的专政是假的'"。⑤

1932年5月20日,《独立评论》创刊。筹办过程中,蒋廷黻在为《独立评论》拟定编辑方针时,就有这样一条规定:"倘国际大战不发生,则东北问题之解决如上次宣言,二三十年内,中国需以亲日为用,自强为体。仇日派只可在野活动,且不可过烈"。⑥ 从其内容可知,九一八事变后,胡适等人曾发表或参与发表过一份主张对日妥协、以和平解决中日争

---

① 徐炳昶:《和与战》,《独立评论》第52号。
② 胡不归等编《胡适传记三种》,安徽教育出版社,2002,第224页。
③ 1932年1月28日的胡适日记,见《胡适日记》(六)安徽教育出版社,2001,第175页。
④ 蒋廷黻:《蒋廷黻回忆录》,岳麓书社,2003,第148页。
⑤ 丁文江:《再论民治与独裁》,《独立评论》第137号,1935年1月。
⑥ 《〈独立评论〉编辑方针(稿)》,中国社会科学院近代史研究所民国史组编《胡适来往书信选》(下册),第574~575页。

第三章 "九一八"后：中国近代民族主义的高涨　　　205

端的宣言。此后的相当长的时期内，至少在1933年热河事变之前，在对日问题上，《独立评论》基本上是按照这一方针行事的。据蒋廷黻回忆：《独立评论》创刊后，"自然其中会有许多讨论到和战以及国联是否可以信赖的文章。《独立评论》同人中没有人主张立即对日作战的。在这一点上，大家的主张是一致的。当时天津《益世报》编辑罗隆基，发表了一篇轰传一时的文章，题目是'枪口朝外，不可对内'。文中大意是主张停止内战，一致抗日。我在《独立评论》上为文答复罗氏，略谓：仓促对日作战将遭失败，现代化的战争需要长期准备，然后全国总动员。社中同人对我的主张均未表示异议"。① 应该说蒋的回忆是正确的。以胡适为例。在《独立评论》的创刊号上，他发表有《上海战事的结束》一文，强调"政府应该利用激昂的民气和国际舆论来争取外交上的胜利"，通过与日本的直接交涉来结束冲突，解决问题。② 后来在《论对日外交方针》一文中，胡适更进一步提出了与日直接交涉的九点具体建议。③

　　然而，迫于九一八事变后全国人民抗日呼声的高涨，国民党不敢公然与日本言和，所以对胡适等人提出的与日直接交涉的主张不感兴趣，而实行"不绝交，不宣战，不讲和，不订约"的所谓"四不"政策。1932年9月，胡适致信时任国民政府外交部部长的罗文干："此时如果有人敢做直接交涉，其所得之条件必较任何国际处理所得之条件为更优"。但罗文干答复说："你来函反复争论直接交涉的问题，我以为此办法是对的，惜去年初出事未办，现在日本正在得意的时候，我们亦不必着急。总要在国际有些变化的时候，或日满更倒霉，则交涉尚易开口，彼此尚有价可讲。"④ 对国民党的所谓"四不"政策，胡适是不赞成的，认为"这种不战不和又不交涉的外交，不能不说是政府的大罪过"。⑤ 他甚至认为九一八事变后"政府当局不肯与日本交涉"，"无人敢负外交的责任，事事推诿，日日拖延"，才把"东三省送在日本人手里"。⑥

　　1932年10月国联调查团的报告书公布后，与《东方杂志》的胡愈之

---

① 蒋廷黻：《蒋廷黻回忆录》，岳麓书社，2003，第148页。
② 胡适：《上海战事的结束》，《独立评论》第1号，1932年5月20日。
③ 胡适：《论对日外交方针》，《独立评论》第5号，1932年6月19日。
④ 胡适：《致罗文干》，《胡适来往书信选》（中），中华书局1979，第135页。
⑤ 胡适：《上海战事的结束》，《独立评论》第1号，1932年5月22日。
⑥ 胡适：《论对日外交方针》，《独立评论》第5号，1932年6月19日。

等人对报告书的严厉批评不同，《独立评论》的胡适等人则对报告书持的则是基本肯定的态度。胡适发表在《独立评论》第 21 号上的《一个代表世界公论的报告》一文，就对《报告书》给予了"十二分"的肯定评价。对于《报告书》提出的解决方案，即满洲自治、东三省解除武装、自治政府可以雇用相当数额的外国顾问等问题，胡适也不顾国人的普遍反对，持赞同的意见。① 蒋廷黻虽然对国联报告书有所保留，但总体上他"对于调查团的方案是佩服的"，"主张不问日本接收与否，我们除一点应保留，一点待考虑外，应完全接受调查团所拟的方案"。他承认他之所以如此主张并不是他"不知道这方案之含有若干矛盾及其有不利于我国者"，而是"调查团向我们也指出一条新路。概而言之，这条路就是中日合作"。因为"我国当前最急最要的事业，无疑是国家整个的现代化。为完成这事业，无疑的，我们需要'日本政府之友善态度'。为获得这友善态度——万一尚有方法能获得——更无疑的，惟有承认日本在东省的经济利益及中日经济合作这一条路。无论我们对国联调查团所指的路是如何悲观，我们不能不竭力竭诚一试。因为失败的责任，无论如何，不可落在我们的身上"。② 从蒋廷黻的这段文字中可以看出，胡适等人之所以在九一八事变后对日主和，一个重要原因，就是他们认为中国的当务之急是尽快实现现代化，只有实现了现代化，中国的经济发展了，国防强大了，中国才有可能收复失地，抵御日本的侵略。而要实现现代化，就需要与日本妥协，实现"中日合作"，以便为现代化提供一个必需的和平环境。

尽管《独立评论》对国联报告书所指出的"中日合作"的"新路"充满了期待，但日本军国主义分子对此却不屑一顾，他们按照既定方针，于 1933 年 1 月，在派兵攻占山海关后，继续向热河进犯。日军进犯热河，无疑是对《独立评论》"主和"的当头棒喝。在残酷的现实面前，《独立评论》的胡适等人终于认识到，妥协退让政策"表面上可以得一时的苟安"，实际上却进一步刺激了日本的侵略气焰，"如果每次日本只要牺牲一百二十个官兵就可以占领我们一大片的土地。我们变成一大块肥肉被日本人从从容容的一刀一刀的割去，慢慢的、一口一口的吞下舒舒服服的消化掉，这样便宜的事日本人岂有不来？这样没出息的国家还有谁来援助？"

---

① 胡适：《一个代表世界公论的报告》，《独立评论》第 21 号，1932 年 10 月 4 日。
② 蒋廷黻：《国联调查团所指的路》，《独立评论》第 22 号，1932 年 10 月 16 日。

"我们若是把热河拱手让给了我们的敌人,我们能保全察哈尔、绥远吗?我们能坚守河北省吗?"① 他们因而要求国民党蒋介石以国家民族利益为重,放弃不抵抗政策,积极组织抗战。他们自己也为热河抗战积极出谋划策,四处奔走。

但热河抗战的结果却是中国军队的溃败。这对《独立评论》的胡适等人无疑是一沉重打击。他们认为,经过了准备和计划的热河抗战还是失败了,这样的失败比起九一八国难还要惨痛,它证明中国军队的腐败,根本没有抵抗日本的能力。胡适在《全国震惊以后》一文中就这样沉痛地写道:"这回的事件足够证明前年东三省二十万大兵的不抵抗是实在没有能力抵抗。在一年零五个月的整理与补充还不能抵抗,热河的绝好的天险地利还不能抵抗,可以证明这种腐败军队遇着现代式的敌军势必如枯叶之遇劲风,朽木之遇利斧,无有不崩溃之理"。② 蒋廷黻在《热河失守之后》一文中也认为,"热河这样的失败,其精神上的损失还过于东北三省不抵抗而失败",因为它证明腐败的中国军队根本就没有抵抗日本侵略的能力。③ 基于上述认识,以胡适为代表的《独立评论》作者曾一度振作起来的抗战热情很快便熄灭了,他们又回到了以前反战的立场。

热河抗战失败后,国民党爱国官兵与日军在长城一线苦战。由于敌我力量悬殊,冀东20余县均被日本占领。平津再次危急。当时平津地区的社会舆论大多主张死守平津,抗战到底。《大公报》发表《彻底牺牲》的"社评",认为"中国今日,只有一条路可走,即彻底牺牲是也!……在现状之下,只有彻底牺牲,尚不失为心安理得之办法"。④《世界日报》的文章号召青壮年组成自卫军,与平津共存亡。北平的《人民评论》提出了"毁弃都市"的主张:"平津是帝国主义的发源地,我们大可利用平津血战,使之成了焦土,……和中日大战同归于尽。"⑤ 但和大多数的社会舆论相反,蒋廷黻希望广大国民"经过这一次的大失望以后",需认清这样一个"基本事实",即"武力的收复失地是绝不可能的。……目前我们的工

---

① 丁文江:《假如我是蒋介石》,《独立评论》第35号,1933年1月15日。
② 胡适:《全国震惊以后》,《独立评论》第41号,1933年3月12日。
③ 蒋廷黻:《热河失守之后》,《独立评论》第43号,1933年3月26日。
④ 《彻底牺牲》,《大公报》1933年4月15日"社评"。
⑤ 梦华:《平津焦土与黄郛北来》,《人民评论》第6号,1933年5月20日。

作惟有在国内造成有收复失地的能力和资格,在国际上造成有收复失地可能的形势"。① "热河未失之前,努力抗日尚有一线之望;热河失守以后,这一线之望都没有了。愈集中精力来抗日,未失的疆土愈要糜烂。我们不要唱高调唱到日本人或英美人来替我们发表的日子"。② 胡适则反复强调:由于中国"上上下下整个的没有现代化,整个的没有走上科学工业的路",是"不能抵抗一个受过现代科学工业文化的洗礼的民族"的。③ 当时有一位叫徐炳昶的读者给胡适写信,"希望《独立评论》的几个朋友联合起来出个宣言'主张坚决的战争'",并特别询问胡适"近来的意见如何?"为此,胡适写了《我的意见也不过如此》一文发表在《独立评论》第46号上,他明确地告诉徐炳昶和广大读者:"我不能昧着我的良心出来主张作战。这不是说凡主张的都是昧着良心的,这只是要说,我自己的理智与训练都不许我主张作战。我极端敬仰那些曾为祖国冒死拼命作战的英雄,但我的良心不许我用我的笔锋不责备人人都得用他的血肉去和那最惨烈酷残的现代武器拼命"。④

虽然《独立评论》的胡适等人又回到了以前反战的立场,但他们也对与日交涉失去了信心,反对以屈服为代价的对日主和。胡适在《我们可以等候五十年》一文中写道,"我在这一年半之中,曾经主张在某种条件之下中国政府应该表示可以和日本开始交涉"。但"在最近几个月之中,事实的昭示使我们明白这种交涉的原则已经完全没有希望了"。因为日本拒绝取消满洲国、恢复中国在东三省和热河的主权,"在这种情形之下,我们决没有和日本交涉的可能"。⑤ 翁文灏更是明确指出,"叫我们承认失地,再把全国送给日本一个附庸国,这是无论何人不肯的。即使日本将中国全国都武力占据了,我们还不肯签字承认,何况他们也还不能"。所以,屈服为代价的主和,"事实上不可能,空说是白说的"。⑥

战不能战,和不能和,那么中国的出路究竟在哪里?《独立评论》提出了"未失的疆土是我们的出路"的主张。蒋廷黻指出,在中国还没有实

---

① 蒋廷黻:《热河失守之后》,《独立评论》第43号,1933年3月26日。
② 蒋廷黻:《未失的疆土是我们的出路》,《独立评论》第47号,1933年4月23日。
③ 胡适:《全国震惊以后》,《独立评论》第41号,1933年3月12日。
④ 胡适:《我的意见也不过如此》,《独立评论》第46号,1933年4月16日。
⑤ 胡适:《我们可以等候五十年》,《独立评论》第44号,1933年4月2日。
⑥ (言十永)霓:《我们还有别的路么》,《独立评论》第47号,1933年4月23日。

现现代化、没有做好军事准备的情况下,"以武力收复失地这条路,我看是走不通,是死路。""我们唯一的出路在于未失的疆土的整理"。① 翁文灏也强调,"绝对的战——武力战争收回失地——或绝对的和——签字承认屈服——这两条路都是不可能的","但未失的土地应该如何保守勿失,这是不能不急速设法的"。② 任鸿隽认为"未失的疆土是我们的出路"的主张"是积极的,是乐观的",我们"没有什么非反对不可的理由"。因为这一主张的目的,是要使"我们的政府当局得到一点舒息的机会",以便"做一点稳健建设"工作。③

尽管胡适等人认为,在日本拒绝取消满洲国、恢复中国在东三省和热河的主权的情况下,中国不可能与日本议和平,谋求中日问题的整个解决,但为了保全"未失的疆土",他们主张局部的与日妥协,达成某种和平协议。蒋廷黻就明确指出,就当时的国际国内形势来看,与日本"局部的妥协是不能不有的;全部的解决此非其时"。④ 胡适非常赞同蒋廷黻的观点,当华北危机日益严重之时,他支持华北军政当局就华北的停战问题与日本进行谈判,"暂时谋局部的华北停战",以便"保全华北,减轻国家损失"。针对当时社会舆论对华北停战的反对,他指出:"如果此时的停战办法可以保全平津与华北,这就是为国家减轻了一桩绝大的损失,是我们应该谅解的"。⑤ 1933 年 5 月 31 日《塘沽协定》签定。与《东方杂志》对协议的批评不同,《独立评论》对协定持的则是支持和同情的态度。任鸿隽认为:"在敌人的军队一只脚已踏进了平津大门的时候,忽然成立了一个停战协定,使势如迅雷的战事,暂时得以戛然中止",这值得肯定。"对于政府当局的这种积极负责而又不偏于悲观的态度,也未尝不可表示我们的赞许与同情"。⑥

三 《大公报》:在战和之间

既与《东方杂志》的主战不同,也与《独立评论》的主和有别,《大

---

① 蒋廷黻:《未失的疆土是我们的出路》,《独立评论》第 47 号,1933 年 4 月 23 日。
② (言十永)霓:《我们还有别的路么》,《独立评论》第 47 号,1933 年 4 月 23 日。
③ 叔永:《中国的出路》,《独立评论》第 56 号,1933 年 6 月 25 日。
④ 蒋廷黻:《美国外交目前的困难》,《独立评论》第 52、53 号合刊,1933 年 6 月 4 日。
⑤ 胡适:《保全华北的重要》,《独立评论》第 52、53 号合刊,1933 年 6 月 4 日。
⑥ 叔永:《中国的出路》,《独立评论》第 56 号,1933 年 6 月 25 日。

公报》则在战和之间，即反对"一战"，亦就是中国对日宣战，但主张抵抗。九一八事变发生后，蒋介石掌控下的南京国民政府采取妥协退让政策，数十万东北军一枪未放即将东三省拱手让给了日本。日本军国主义的侵略，尤其是南京国民政府的对日妥协退让政策，激起了中国人民特别是青年学生的愤慨和不满。他们发动大规模的抗议示威活动，北平、天津、济南、上海等地的学生还组成请愿团到南京向国民政府请愿，要求南京国民政府变对日妥协退让为积极抵抗，有的提出要"与日绝交"，甚至不惜"与日一战"。但在《大公报》看来，"'一战'二字，不能适用"。因为"现代战争，其发动为全国之动员，其目的为最后之胜利。故一旦宣战，须战至最后，须决心战一二年或数年……如此大战，当然须准备，既未准备于事前，当然须亟准备于事发之后"。所以"'一战'二字之观念，须亟纠正"。① 中国的当务之急，不是对日宣战，而是认认真真地做好战争的准备，加强国防和物质建设，以提高中国的军事实力和经济实力，同时对全国民众进行"明耻教战"的教育，一方面通过揭露日本侵略中国的历史，使全国民众能对国耻发生的原因、过程、结果有一全面的了解，从而"振起民族之精神"，"人人怀抱为国家争存亡之心理"，万众一心，保家卫国；另一方面向全国民众传授最基本的军事知识，包括武器的使用、伤员的护理，以及防空、自救等知识，以期任何人在任何时候都能负起保家卫国的责任。实际上，中国在未做好战争准备的情况下，如果不顾一切地对日宣战，扩大战争规模，则正中日本军国主义者的下怀。"日阀何以战而不宣？以不愿负战争责任故。何以不愿负战争责任，以顾虑国际故。充日阀之野心，岂不愿大举侵犯我江海之域哉？怵于国际间可能的变化，而不敢轻发耳。中国之诉诸国联，诉诸华府条约，简言之，为一种外交战。日阀近月所最萦心者，亦为此外交战"。② 就日本军国主义者而言，他们最希望的就是中国主动对日宣战，这样他们便可以把战争的责任推给中国，从而"乘世界之不备，及中国军事上财政经济上种种致命的缺陷，在最短的期间，集中兵力，破坏我都市，摧残我行政，然后到处制造伪政权，置彼卵翼之下，使中国社会优秀分子失其存在，而扶植顽钝无耻之少数人，以谋精神

---

① 《转祸为福在共同努力》，《大公报》1931年11月26日"社评"。
② 《转祸为福在共同努力》，《大公报》1931年11月26日"社评"。

的灭亡中国"。① 所以,表面上看"与日一战"是爱国,但实际结果可能是害国,置中华民族于更危险的境地。

基于上述认识,九一八事变后,《大公报》发表了不少"反战"言论。如九一八事变后第三天即9月20日的《日军占领沈阳长春营口等处》"社评",在记述了《大公报》对东北外交的危机"数年来亦曾屡有所指",但未引起当局和国民的应有重视后,突然笔锋一转,开始为甲午战争中李鸿章的反战行为辩解:"犹记前清光绪二十年中日之役,举国主战,李鸿章独请持重。国贼之谤,积毁销骨。洎夫一战而败,忍辱请战,马关一击,几以生命殉国"。后来在《明耻教战》、《国家真到严重关头》以及《转祸为福在共同努力》等"社评"中更明确的反对与日"一战",说什么"近来民气悲愤,争欲一战。吾人每读学生青年等之宣言,实不胜悲痛"。②

不仅反对与日一战,对于九一八事变后广大爱国学生发动的大规模的抗议示威活动,尤其是到南京的请愿活动,《大公报》也是不赞成的,认为学生到南京请愿,强行无票乘车,不仅阻塞了交通,造成铁路运输秩序的混乱,而且就实际结果来看,"断不足以增长国家之实力,唤起与国之同情,以左右政府之大计",除了"重父兄师长之忧,贻地方治安之累,坏对外抗争之壁垒,供别有用心者之利用"外,③"不过喊口号数声,得报纸上新闻一段,事等机械,别无效用,甚无谓也"。④ 因此,《大公报》希望学生能"勉抑感情,诉之理智",认识到对日问题的复杂性,赶快回校复课,不再做这种"违反民族利益,断送国家命运之事"。其"社评"写道:"天下兴亡,匹夫有责,青年抱负,应为救国之人才,勿分亡国之责任,鞭策政府,尽有多途,处变失常,自处已误,须知国不自亡,谁能亡我?身已自杀,遑言救国?吾人重爱青年,故不觉其言之质实而沉痛,请愿团之学生诸君,幸共鉴之"。⑤《大公报》虽然不赞成爱国学生的请愿行为,但它也反对当局对请愿学生的镇压。在《上海之严重学潮》的"社

---

① 《国家真到严重关头》,《大公报》1931年11月22日"社评"。
② 《国家真到严重关头》,《大公报》1931年11月22日"社评"。
③ 《愿青年勉抑感情诉之理智》,《大公报》1931年12月7日"社评"。
④ 《学生请愿》,《大公报》1931年12月5日"社评"。
⑤ 《愿青年勉抑感情诉之理智》,《大公报》1931年12月7日"社评"。

评"中他们警告当局,对于学生请愿"无论如何,勿使成流血惨祸!此政府当局之绝对的责任者也"。①

显而易见,《大公报》的上述言论,与九一八事变后全国日益高涨的抗日激情是不相吻合的,因此,也就理所当然地引起了一些爱国民众的不满。1931年10月10日的《大公报》刊登了一封来自东北留平(北京)同乡反日救国会的《警告天津〈大公报〉》的信。信中说:"国难方殷,时机日迫,有希图个体利益而罔顾国权者,即为全国民之公敌;有为威势所胁而隐忍屈服者,则为民族之莫大卑辱。凡此皆全国民众之所难容者,尚请贵报善惜今誉,为国家争正气,为民族伸气节"。个别激愤者甚至向《大公报》报馆投放过炸弹,邮寄过装有炸弹的包裹,以示对它发表"反战"言论的抗议。但《大公报》主办者不为所动,他们"宁肯牺牲报纸销路,也不向社会空气低头",继续发表"反战"言论。据时为《大公报》总经理的胡政之1947年7月21日对天津馆编辑部同人的讲话中称:面对爱国民众的不满和抗议,他曾与总编辑张季鸾"绕室彷徨,再三考虑,最后始作决定:估计全国力量,时机尚未成熟,为国家前途计,绝不作孤注一掷,所以仍旧主张保持和平,培养国力,而不取激烈态度,虽遭国人之不满,亦不惜'自我创之,自我毁之'"。②

九一八事变后,《大公报》虽然反对"与日一战",并冒天下之大不韪,发表了一些"反战"言论,但它也不赞成国民党的不抵抗政策。九一八事变发生后的第6天(9月24日),它便在《国联发言后辽吉被占事件》的"社评"中,对国民党的不抵抗政策进行了猛烈抨击:"夫养兵百余万,而外患之来,专以不抵抗为标榜,世界之有历史以来,应断无如此无耻之国民"。实际上,《大公报》反对的是中国主动地对日宣战,而非站在自卫的立场上对日军侵略的抵抗,它曾在《大公报》"社评"中多次呼吁全国军民,"为国家争人格,绝对牺牲,守土御暴";③"疆土受侵,当然抗御",并且要有"超越于胜败计算之外"的决心。④ 认为"中国必须由

---

① 《上海之严重学潮》,《大公报》1931年12月11日"社评"。
② 周雨:《大公报史》,江苏古籍出版社,1993,第370页。
③ 《中国失疆土国联失存在》,《大公报》1931年11月19日"社评"。
④ 《国家真到严重关头》,《大公报》1931年11月22日"社评"。

自卫中求出路，能自卫而后能得兴国，而后能求胜利"。① 1931年11月，代理黑龙江省主席马占山置国民党的不抵抗命令于不顾，多次拒绝日军的威胁利诱，率领疲弱之军在嫩江桥与进犯日军激战半月，打死打伤日军近千人，最后因寡不敌众，被迫撤退，省府齐齐哈尔沦陷。马占山嫩江桥抗战，极大地鼓舞了中国人民抗战的士气。为此，《大公报》特发《马占山之教忠!》的"社评"，表彰马占山及其部下将士，"重守土之职责，宁战而亡，不为所屈，当零下数十度之严寒，率疲弱之孤军，竭其最后之力，以拒敌守土，前仆后继，苦战恶斗，以迄最后之一弹为止"，其"苦节忠心，则已永共民族生命以不朽矣!"。该"社评"认为，马占山及其部下将士之所以能够如此，就在于他们都是忠于国家、忠于民族、忠于职守的"忠义之士"，其所作所为，完全符合"忠节之义"。所谓"忠节之义非他，重职守，尽责任，虽牺牲生命而不辞，职在守土，则唯知守土，不但一己之利害在所不计，即结果战败亦所不问，如此方为忠，方为牺牲，自古以来，忠臣烈士之行动，皆如是也"。这种"忠节之义"对于"任何时代任何政体下立国图存"都是必需的，否则，其民族"必衰以亡"。"忠节之义"虽然如此重要，但中国自"近世以来，道德衰颓，教化不行，忠节大义，不彰于官吏间。统兵军官之不肖者，仿佛其职业专在作威作福，弄政权，搜民财，享逸乐，此辈遇外患则逃耳"。这也是"中国之坐受侵凌污辱""国家人格横遭蹂躏"的重要原因。因此，"社评"希望全国军民能向马占山及其部下将士学习，以"忠节之义"为立身之本，"忠于职守，忠于国家"，如此"则中国必有大兴之一日"。② 此后，它又多次在"社评"中希望中国军队能守土有责，不怕牺牲，勇敢抵御日军的侵略。

正由于《大公报》反对的只是"与日一战"，亦即公开对日宣战，而对日军的侵略则主张站在自卫的立场上坚决进行抵抗，因此，当"一二八"淞沪抗战打响后，它即发表系列《社评》，旗帜鲜明地主张抵抗到底。如1932年1月30日《为公理人道抗议》的"社评"，对日军的凶残暴戾表示出了极大的愤慨，反对当局对日本最后通牒的屈服，认为日本军国主义的终极目的是要灭亡中国，所以"即使一切屈服，亦终无以善后"，只

---

① 《转祸为福在共同努力》，《大公报》1931年11月26日"社评"。
② 《马占山之教忠!》《大公报》1931年11月20日"社评"。

有坚决抵抗，中国才有可能死里求生。2月2日"社评"的标题就叫《全国同胞只有一条路》，认为日军对上海的进攻已充分证明：第一，日本的最终目的是要灭亡中国，"整个摧毁现在中国之政治经济组织，至少使中国成半亡国无政府状态"；第二，目前的情况下日本不会接受中国提出的"屈辱的解决办法"，它一定要使中国"步步屈服"，以至最后彻底投降；第三，日本在实现灭亡中国这一最终目的之前，会对中国经济中心东南一带"加以长期的威胁或破坏"，从而使中国"无暇亦无力索还满洲"，以实现它对东三省的长期占领。所以，中华民族"整个的危亡即在目前，平和的希望，全付泡影。中国民族至此，除整个决心死里求生以外，已别无途路"。所谓"死里求生"，亦就是坚决抵抗。2月20日的"社评"《兴亡歧路生死关头》进一步指出："今日中国，已被迫置于无可选择政策之地位，因已无利害轻重之可衡。屈服则亡国已耳，故惟有死里求生"。而要死里求生，就不可避免会有重大人员和财产损失。"然而今日之事，一切乃不可避免，苟图避免，牺牲更大，且不可复兴。是以今日军民之牺牲，乃为国家争人格，为子孙保基础，其事惨烈，而终获伟大的代价者也"。"社评"还一再强调："中国一旦被迫自卫，则无论如何，必须抵抗至最后之日！非将中国自日本侵略征服主义完全解放，对日无平和之可求。此非主张也，事实如是也"。它并且要人们相信：由于有十九路军的英勇抗战，有上海市民和全国人民的热烈支持，淞沪抗战"当然绝不至有辱国之结果"。

当然，《大公报》虽然积极支持淞沪抗战，但从反对"与日一战"的立场出发，又不赞成一些个人、团体和社会舆论受十九路军英勇抗战的鼓舞而提出的对日宣战甚至决战的主张，相反一再声明淞沪抗战只是自卫，是战斗而非战争。如2月9日的"社评"《上海战事之重要性》便强调："夫中国立场为自卫的，防守的，不特无意正式与日宣战，尤不愿见世界和平之局因中国而破裂"。因此"社评"呼吁国际社会加以干涉，以制止日本的侵略行为。"社评"写道："中日相持，演进至此，在势惟依国际有力之干涉，乃有和平解决之希望。中国之奋勇自卫，实即唤起同情，打破外交僵局之必要手段。故吾人认定上海战事直接影响东北外交、间接影响世界大局者，理由在此"。不久，在《对于沪战之认识》的"社评"中，它又希望国民能对淞沪抗战的性质有正确的认识："淞沪之战，惨矣烈矣，然由纯军事上言,则虽为战斗而非战争。我军坚守善战,使全国民气发扬,此好现象也,然勿认为此便是正式战争。盖倘为正式战争,则彼我之作战规模,绝不止此,亦绝不仅在上海,而中国亦绝不将以上海为决战地。是以现在之沪战,只为局部战斗,而非正式战争。此役也,日本为行凶,为逞暴,为无理由、无结果,而中国始终为被动,为不得已,为无可躲避之自卫行为,然同时非战争,亦非决战"。①

尽管《大公报》对淞沪抗战充满信心,并要人们相信,淞沪抗战"绝不至有辱国之结果",但实际上,由于国民政府不仅不给十九路军强有力的支持,相反停发十九路军军饷,截留全国人民支援十九路军的捐款和物质,再加上日军的不断增援,淞沪抗战最后失败。1932年5月5日,国民政府与日本签订有损国家主权的《淞沪停战协定》。

四 对抉择不同的原因分析及其评价

《东方杂志》、《独立评论》和《大公报》之所以对九一八事变后"战"与"和"的抉择不同,其原因就在于它们的作者或主办者对国联及国际法的认识不同、对中日两国实力的认识不同以及与国民党的关系不同。

第一,对国联及国际法的认识不同。我们前面已经提到,《东方杂志》的主编胡愈之是中国左翼知识分子的代表。和其他左翼知识分子一样,胡愈之相信"国际联盟是帝国主义的御用工具,而帝国主义都是蒙着羊皮的狼,没有一个可以倚靠"。② 他批评那种认为国际联盟是"国际和平的组织"和"维持公理的机关"的观点,是自欺欺人的"说笑"。在他看来,"国际联盟只是现实世界帝国主义的集团,除了是帝国主义集团以外,再没有别的"。③ 这可以从以下三个方面得到说明:一是国联盟约的来由。第一次世界大战后,因苏俄革命的成功,反帝运动的高涨,帝国主义者知道不是内部妥协,就是立即覆亡。为了促成帝国主义的内部妥协,保持战胜国所劫得赃物起见,所以有国联的创立。二是国联盟约的任务。国联盟约

---

① 《对于沪战之认识》,《大公报》1932年2月14日"社评"。
② 胡愈之:《抗日斗争的一年》,《东方杂志》第30卷第3号,1933年2月1日。
③ 胡愈之:《日内瓦的分裂》,《生活周刊》1933年3月25日。

是消灭或缓和帝国主义的相互对立关系,以共同镇压革命及殖民地解放运动。① 三是国联盟约所依据的法律。国联调解中日事件所依据的是国联盟约约章、巴黎非战公约、华盛顿九国公约等国际法,就像"国内法如宪法、刑法、民法,大半是为了保障统治阶级的特殊利益而设的"一样,"国际法也只是为了保障强国既得权益而设。国际法到现在为止,还不曾产出普遍适用的法典,现在国际公法所用做根据的只是现行条约和国际惯例。直到现在为止,没有一个条约有制止国际战争的绝对效力。凡一切帝国主义对弱小民族的侵略伤害,在现行国际法中,都有方法可解释作为一种合法行为。弱小民族断不能单靠了条约来保障自身;因为一切弱国和强国间互定的条约(连非战公约,国际联盟约章在内),严格地说来,全是不平等条约"。② 正因为国联和国际法的实质是为了保障帝国主义的既得利益,所以"我们有了国际联盟,有了非战条约,有了许多保障和平的国际条约,但是到了中国的领土被日本军队强占去了时,各国却都在装聋作哑,国际联盟也只是早开一个会议,晚提出一个决议案,东省炮声整天价响,而巴黎、日内瓦的外交家仍装着不知",中国成了帝国主义之内部妥协的牺牲品。③ 他要人们相信,"现代民族用以自卫的最有效的武器,应该是飞机、坦克炮、无畏舰与潜水艇,其次则为适当的外交政策;至于拿国际法来做保障,是最靠不住的"。④ 在此问题上,《东方杂志》的其他作者持的也是与胡愈之相同或相近的观点。比如于育才就认为,"帝国主义者所谓'国际法'、'正义'、'国际道德'是二重的",在帝国主义之间,是适用平等的国际法与道德正义的;但在帝国主义与殖民地或次殖民地之间,却没有什么平等的国际法与道德正义可言,有的只是帝国主义对殖民地或次殖民地人民利益的出卖以换取它们之间的相互妥协。⑤ 王造时要人们不要对国联感到过分失望,因为国联本来就不可信赖,"它的政策,是以各强国的政策为政策"。⑥

---

① 胡愈之:《日内瓦的分裂》,《生活周刊》1933 年 3 月 25 日。
② 胡愈之:《东北事变之国际观》,上海良友图书公司,1931 年 10 月版。
③ 胡愈之:《现代的危机》,《东方杂志》第 29 卷第 1 号,1932 年 1 月 1 日。
④ 胡愈之:《东北事变之国际观》,上海良友图书公司,1931 年 10 月版。
⑤ 于育才:《东省事件在盖陀赛》,《东方杂志》第 29 卷第 1 号,1932 年 1 月 1 日。
⑥ 《国联巴黎决议案的批评及国民对于调查委员会应取的态度》,《东方杂志》第 29 卷第 3 号,1932 年 2 月 1 日。

和《东方杂志》的胡愈之等人不同,《独立评论》的胡适等人则信任国联,认为国联可以调停中日争端,制止日本对中国的进一步侵略。或许是受了自己的老师杜威和诺曼·安吉尔思想的影响,胡适就特别相信由一个国际组织来防止和制止战争是可行的。他尤其迷信帝国主义国家,淡化甚至否认帝国主义侵略中国的事实。早在1922年,他发表《国际中国》一文,讥讽"中国共产党的反帝反军阀的宣言"为幼稚的奇谈怪论,认为"外国投资者的希望中国和平与统一,实在不下于中国人民的希望和平与统一。……投资者的心理,大多数是希望投资所在之国享有安宁与统一的"。所以"我们现在尽可以不去做哪怕国际侵略的噩梦"。[①] 与不相信帝国主义对中国存在着侵略相表里,胡适十分重视由帝国主义操控的国联的"所谓道德裁判的力量",相信靠"思想、信仰、习惯"和"公论"构建起来的国际秩序可以战胜强权。他一再强调:国联是建筑在"空泛的理想"和"公论的护持"之上的,"日本的侵略主义者何尝不怕这种贬抑?"因此,中国"必须做一个忠实的国联会员国",要坚信"国家的生命是国际的、世界的,不是孤立的。我们不可以因为怕一个强暴的敌人,就完全抛弃了全世界五六十个同情于我们的友邦"。[②] 在胡适看来,"今日的国联已不是几个大国所能完全操纵的了,它一面要顾到许多小国的志愿,一面又要顾到几个非会员的强国(苏俄与美国)的趋向;它为自己的生命与前途的发展,不能不维持盟约的尊严。这十八个月中,国联应付远东局面的经过,至少应该可以使我们相信它宁愿得罪一个跋扈的强国而不肯失去公论的同情的"。"列强(小国更不必说)之中至少有些国家对中国除了通商之外没有别的侵略野心。'华府会议以后,在华只图通商的国家切望中国的自强更加热烈,有时比中国人只有过而无不及。'在这一点上,这些国家的利益可说是和中国的利益相同的,因为他们知道一个富有的中国必定是他们的更大又更有益的市场。"[③] 蒋廷黻认为国联是"世界的公安局"和"世界的公益局",国际形势大部分是在国联内部表演的。所以,我们应该信任国联,依靠国联,支持国联,"无论国联提倡什么,我们都竭力合作。

---

① 《胡适文存》第二集,卷三,黄山书社,1996,第349~352页。
② 胡适:《我们可以等候五十年》,《独立评论》第44号,1933年3月27日。
③ 胡适:《跋蒋廷黻先生的论文》,《独立评论》第45号,1933年4月3日。

无论国联召集什么会,我们必派代表出席,且派国内最有资望的人去"。①"无论国联作何处置,即使有令我们失望的处置,我们绝不可放松它"。②国联不仅是我们联合世界一致对日的好工具,也是帮助我们实行现代化的一个好机关。中日问题之所以不能解决,其关键是中国无实力,而中国无实力的根由是中国欠缺现代化。如果说国联要制裁日本是心有余而力不足的话,即么,国联要帮助中国实行现代化,是心有余而力亦有余的事情。只有中国在国联的帮助下实现了现代化,中日问题也就很容易得到解决,"一个富强的中国出世之日,就是远东问题终止之日,此外别无出路"。就此而言,"国联及国际的利益完全是与中国的利益相同的"。③ 直到1933年11月国联调停中日争端因日本退出国联早已宣告失败之后,以胡适为代表的《独立评论》作者仍然固执地认为一种群体的、国际的方法能保证世界和平,中国的前途有赖于一个合理的国际组织。"我们将来必须依靠一个比较近于人类理性的国际组织,使强者不轻易侵暴弱者,使弱者也可以抬头讲道理,安稳过活……这个理想境界不是绝对不可能的事情。"④ 在以胡适为代表的《独立评论》作者心中,国联就是世界公理的代表,能够主持国际正义。

对于国联的认识,《大公报》的胡政之、张季鸾等人既与《东方杂志》的胡愈之等人不同,也与《独立评论》的胡适等人有别。早在1931年9月28日《对国际声援之认识》的"社评"中,他们即明确指出:"国联组织本来仅有国际道义的权威,原无强制执行的实力",因此,中日问题不能"完全倚赖"国联来解决,否则,便"是为不明国联之地位,且轻视自己国家之独立性"的"奢望"。"社评"在引用英国伦敦《泰晤士报》的社论关于"中国政府如误认(国联)同情为附和,不采用切实步骤,与日方获得一般的解决,将不免观察错误"的言论后进一步写道:"其说可谓深刻有味,凡我国民,不可不察。良以国际联盟之功用,在能遏制突起之危机,缓和极端之争执,其于永久的排难解纷,决绝的裁抑制止,力固有所难能"。不久,他们又进一步指出,中国如果一味地依赖国联来解决日

---

① 蒋廷黻:《长期抵抗中如何运用国联与国际》,《独立评论》第45号,1933年4月3日。
② 蒋廷黻:《热河失守之后》,《独立评论》第43号,1933年3月26日。
③ 蒋廷黻:《长期抵抗中如何运用国联与国际》,《独立评论》第45号,1933年4月3日。
④ 胡适:《世界新形势的中国外交方针》,《独立评论》第78号。

本的侵略问题，那是"自失独立之勇气，转予日本以（簧）鼓欺惑之口实，此大不可也"① 胡政之、张季鸾等人虽然认为国联的作用有限，中国不能一味地依赖国联，但他们并不反对国联介入中日争端，更不反对国民政府利用国联和国际舆论与日本进行外交斗争。1931年10月3日，他们发表《外交上应付国难之道》的"社评"，认为"两国相抗，恃理与力。理之发挥，存于外交，盖不可恃而可恃。力之寄托，依于军事，而有能又有所不能"。"吾人明夫此则当努力于理与力之因应，挈短比长，避实蹈隙，善整内部之阵营，充实使节之人才，多传友邦之好感，利国联目光之环视，图善后交涉之进行"。他们还针对日本代表在国联发布日方愿意撤军而中方拒绝谈判的声明，试图影响英、美等国调停中日争端的态度，建议国民政府立即"将日本在辽、吉最近情形，尽量通知国联行政院，同时公告各国，使知中国未尝拒绝日本之交涉，实日本不理中国之抗议，我方非无开始谈判之准备，彼方事实上使我无法开始外交交涉。且日本纵令号称撤兵，而沈、吉各城，仍在日方势力之下，煽动宣布独立，破坏中国领土之完整，试阅日方报纸，心理如见。不特此也，在乡军人，动员令并未解除，随时武装，与正式军队初无二致，故日方撤兵说，根本上应加审查。如此，真相了然，与世周知，乃可使我有可说之理，彼失强横之力，国际果得了解，同情较易唤起，以整个的国家力量，运用于国际关系，移转僵局，舍此将更无从着力，此负责当局所宜积极图之者也"。10月5日，他们在题为《国际宣传之效率》的"社评"中，又进一步阐述了加强国际宣传、争取国际舆论对于抗日斗争的积极意义："国际宣传，诚不可少，盖世界是否将受彼方（日本）蒙蔽"，其关键就看我们自己的国际宣传工作做得如何。"社评"还就如何做好国际宣传，以争取国际舆论提出了四点建议：一要真实可靠；二要问题集中；三要官方负责；四要加强与各国在华人员，尤其是各国在华的新闻记者的联系，尽量消除他们对中国的误会，使他们能理解中国，同情中国，支持中国的抗日斗争。此后，他们又在《大公报》上多次发表"社评"，认为中国在与日本进行军事斗争的同时，也应重视与日本的外交斗争，国民不能厚此薄彼，要想尽一切办法争取国联和国际舆论对中国所持立场的理解和支持。"要之，外交军事，本

---

① 《外交上应付国难之道》，《大公报》1932年10月3日"社评"。

应并重,……坫坛之战至少与疆场之战同一重要,国人弥来习于国民总动员之说,此正国民总动员参加外交战之时候,希有志之士努力图之"。①

九一八事变后,激于对日本侵华的义愤,当时有部分学人甚至个别党政要员要求国民政府与日绝交。如胡愈之就认为,中国应该立即向日本政府提出限期撤退辽、吉两省占领日军的最后通牒,如到期未撤退,便立即宣告对日绝交。但《大公报》的胡政之、张季鸾等人则不作如是观。在他们看来,绝交不只是可不可以的问题,而更是能不能够的问题,"能则必办,不能则欲办不得"。就理论而言,日本侵略中国,占领我国土,屠戮我人民,中国完全有理由宣布与日绝交。但从事实来看,"绝交之议,缺乏可能性"。因为所谓"绝交",也就是断绝与日本的一切外交关系,这必然要涉及双方互撤使领馆、中国收回日租界等系列问题,但如果日本不允许撤回使领馆、不允许收回日租界中国该怎么办?国民政府是否有能力和实力强制执行?但就当时的情况来看,国民政府根本就没有强行撤回使领馆、收回租界的能力和实力,也没有做任何这方面的准备。既然如此,那么所谓"绝交"的结果,除自取其辱,使中国"陷于不能执行自己政令之境"外,只会给日本军阀提供进一步扩大侵略战争的口实,因为绝交,即等于宣战,这样"日本得寻衅各处之便利,且诿责中国,以杜各国发言,是事实上我仍受有约之拘束,而彼转增加无约之便利,是在我为双重损害矣。是以应绝交,应为自卫而宣战,理也;不能宣战,便不能绝交者,势也"。中国在没有做好各项准备工作,尤其是没有做好应对全面战争的情况下,不要轻言"绝交",否则,只会给中国带来更大的危害。②

《大公报》的胡政之、张季鸾等人既不赞成与日绝交,同时也不赞成胡适等人提出的无条件地与日本进行直接交涉的主张。在《大公报》学人看来,与日交涉必须以日本撤兵、停止对中国的侵略为前提。1931年10月27日,他们在《撤兵真乃"基本原则"》的"社评"中就明确指出:"自中国言,非日本撤兵,决无着手交涉之可能"。不久(1931年12月2日),在《须坚守最小限度之立场》的"社论"中他们又写道:"我政府国民有必须注意者,夫以原则论,中日间之问题,当然应中日间交涉,然有前提焉,则日本必不破坏我国家完整,而后始有交涉可言"。他们并且

---

① 《疆场战与坫坛战须并重》,《大公报》1932年3月4日"社评"。
② 《论绝交》,《大公报》1932年1月17日"社评"。

警告当局,如果在"(日军)占领我三省,摧毁我政权,战事至今不停,胁诱三省脱离政府之阴谋愈进愈亟"的情况下,中国无条件地与日本进行所谓的直接交涉,那么"是等于承认放弃东三省,等于承认其攻打黑龙江为所谓对盗匪之自由行动!易言之,即等于自己取消其国家之人格矣。……日本苟不放弃割裂中国之计划,是决心与四万万中国人民为敌,中国惟有永久斗争,尚何交涉可论!"他们希望"政府诸公,务须坚守我最小限度之立场,以收回三省主权恢复行政完整为对国联对日本无可通融之根本主张,无论日本如何继续侵略,勿馁勿惧!勿为枝节之谋,勿忘根本之义"。否则,"步调一乱,则全盘尽输矣"。后来,他们又多次发表"社评",反对无条件地与日直接交涉,其中一篇"社评"的标题就叫作《辟中日直接交涉之幻想》。该"社评"认为,由于日本不顾中国政府和人民的反对,不断地扩大对中国的侵略,尤其是策划伪满洲国的成立,"在精神上渐灭我民族自尊心,在物质上吸取我小民生产力",已使中日之间的所谓交涉成为"幻想","试问在目前的情态之下,中国人谁敢想象与日本言交涉?"[1]

胡政之、张季鸾等人不赞成无条件地与日本直接交涉,而主张在国联的斡旋下,有条件地与日本进行谈判。但就对国联的态度而言,他们则经历过从希望到失望的转变过程。如前所述,尽管他们对国联的作用有较为清醒的认识,但还是希望国联能主持正义,客观公正地调停中日争端,制裁日本的侵略,支持中国的合理要求。所以,当国联绝大多数代表不顾日本反对,通过邀请美国代表出席国联行政院会议、参与调停中日争端的决议后,《大公报》即发表了《国联史上有声色之一幕》的"社评",给予充分肯定。然而,在日本的干扰和反对下,1931年9月22日国联理事会开会,除了通过两份内容相同的对中日两国各打五十打板的"紧急警告",要求中日双方立即撤兵,避免事态扩大外,并无任何实质性的举措。但后来日本以各种理由拒绝撤兵,国联虽然在9月30日、10月24日又分别作出决议,要求日本限期撤兵,但均被日本否决,国联束手无策。鉴于日本拒不从东北撤军,国联于1931年12月10日又一次召开会议。这一次会议的最后决议中没有限定日军撤兵的日期,但决定要组织国联调查团,赴中

---

[1] 《辟中日直接交涉之幻想》,《大公报》1933年1月15日"社评"。

国、日本调查九一八事变的真相，以求得解决中日问题。对此，《大公报》先后发表《中国失疆土国联失存在》（1931年11月19日）、《国联若失败世界大问题》（1931年11月24日）、《第三次国联行政院闭会》（1931年12月12日）等系列"社评"，对国联的所作所为深感失望，指出国联先是"屈于日本之武力，不能实行约章，制止战争"，复又"不能用其固有权限，对侵略国加以正当制裁"，这些都"明明白白"地"证明国联是一纸老虎，其约章规定是粉饰升平之具文"。① 经过7个月的所谓调查，1932年10月2日，国联调查团在日内瓦、南京、东京三地同时公布了《国联调查团报告书》（以下简称《报告书》）。《报告书》公布后，引起世界和中国舆论的关注。当时在中国知识界存在着两种针锋相对的观点，一是以《独立评论》的胡适为代表，对《报告书》持肯定的评价；一是以《东方杂志》的胡愈之为代表，对《报告书》持否定的评价。但在《大公报》的胡政之、张季鸾等人看来，"对于调查团报告书不必过于重视，亦不可完全抹杀"，因为"调查团本系国联之顾问性质，其所建议，不过外交材料之一种，初不含有拘束性，故报告书纵令被采纳而能实现至何种程度，要须看国联大势如何，日本真意何在？更彻底言之，终须视中国在自卫上有何决心，在外交上如何运用而已"。② 此后，他们又多次发表"社评"，批评国联屈服于日本压力，"不能执行盟约，纠正日本"，主持正义，而"坐视中国步步亡于日本"。所以，中国不能再对国联抱有任何幻想。③

第二，对中日两国实力的认识不同。《东方杂志》的胡愈之为等人相信，一个民族只要有了自信力就能图存，就能产生出民族生存斗争的决心；而有了这种决心，就能战胜日本帝国主义对中国的侵略。胡适曾在《独立评论》提出"乐观论者，悲观论者"两个名词，"乐观论者相信一切国际公约和条约，都是法律的道德的制裁力，国际联盟和美国至少总得说句公道话。日本虽然有强大的武力，但在道德舆论方面，已陷于孤立的地位，中国不必灰心失望。悲观论者，则以为一切和平公约，本来就是帝国主义玩的把戏，世界上没有一个国家，能够主持公道和正义，所以不能依赖国际联盟或英国撑腰，除了自己奋斗抵抗以外，只有亡国这一条路"。

---

① 《国联若失败世界大问题》，《大公报》1931年11月24日"社评"。
② 《读国联调查团报告书全文》，《大公报》1932年10月14日"社评"。
③ 《国联应宣布的最后一句话》，《大公报》1933年1月7日"社评"。

根据胡适对乐观论者和悲观论者的定义,胡愈之认为胡适便是一个乐观论者,因为胡适"不相信自己有什么实力,所以只能依赖国际"。而对于胡适笔下的悲观论者:东北义勇军,上海抗日的十九路军以及许多民众团体,胡愈之持的则是支持和赞赏的态度。"他们明知中国武力万不能抗日,但因为国际势力更不可靠,所以孤注一掷,以顾全民族的颜面。"事实证明,十九路军的奋勇抗敌,东北义勇军的扎硬柴、打死仗到底,"替民族争得了无穷的光荣,替民族留下了一线生命。至少是培养了中国民族的自信力"。而一个民族只要有了自信力,"便可以产出民族生存斗争的决心";有了这种生存斗争的决心,就能战胜日本的侵略,取得抗战的最后胜利。① 后来在《寇深矣!》一文中胡愈之又写道:日军向热河、平津一带的进攻,虽然使华北局势"万分危急",但中国军人和民众于"此时奋起,为国家民族作光荣的斗争",如榆关之役,何柱国旅"奋勇抵抗,安营全营殉国";面对日军的进犯,"华北将士纷纷请缨",其"忠勇激奋"不在十九路军之下;这些都说明"中国军人及民众均有坚决抗日的决心",而只要"民族抗日的精神一日未死,则帝国主义永远不会达到最后的目的,这是我们可以有十分把握的"。② 王造时认为,对日作战即使一时失败,但从长远来看中国也是胜利者。因为我们这种不畏强暴、敢于反抗的斗争勇气,"不但可以寒帝国主义之胆,并且可以激起牺牲奋斗的精神、急公好义的美德,而为全民族奠下复兴的基础"。今日的对日作战,"乃自卫之战,死里求生之战,战而后能苏已死的人心!战而后能振已颓的民气!战而后能恢复将灭未灭的民族精神!有了这种民族精神,我们的国家就不会灭亡"。

与《东方杂志》的胡愈之等人相反,《独立评论》的胡适等人则相信实力是决定战争胜败的决定性因素,在敌强我弱的现实情况下,中国是不可能取得抗战胜利的。胡适在列举了国民党军队没有科学的设备,没有现代的训练以及军官贪污堕落、地方政治贪污腐败等种种现象后指出,中国"上上下下整个的没有现代化,整个的没有走上科学工业的路","所以不能抵抗一个受过现代科学工业文化的洗礼的民族"。中国的当务之急,便是在自责与反省中发展自身的现代化,这样才有可能在现代世界里谋求自

---

① 仲逸(胡愈之):《乐观论者与悲观论》,《东方杂志》第29卷第4号,1932年10月16日。
② 仲逸(胡愈之):《寇深矣!》,《东方杂志》第30卷第2号,1933年1月16日。

由平等的地位，也才有可能对日本言抵抗。否则，"'养兵数百万，而器械窳劣，衣食不周，几等乌合'，这个国家是不能自存于这个现代世界的。没有科学，没有工业，'太古式之车辆用作运输'，这个国家是不能自存于这个现代世界的。贫到这样地步，鸦片白面害到这样地步，贪污到这样地步，人民愚昧到最高官吏至今还信念经诵咒可以救国的地步，这个国家是不能自存于这个现代世界的"。① 他非常赞同蒋廷黻提出的"远东问题，归根起来，就是中国的无力，而无力的根由就是中国之欠缺现代化"② 的观点，认为"只有一个现代化成功的中国方才可以根本解决远东的问题"。③ 在以胡适等人看来，中国在没有实力对日作战的情况下，应以充实国家的力量为先，谋求暂时的妥协与和平，委曲求全，积蓄力量，伺机再战。所以他们一再强调，中国未恢复自卫能力以前，应利用国际上的情势，来增加我们的能力，和缓我们的危急，"绝不可得罪国联，决不可失去世界的同情"，呼吁国人要"镇静"，不要盲目的主战，不切实际的呼喊"宁为玉碎，不为瓦全"的口号，因为在敌强我弱的情况下这是等于国家"自杀"。蒋廷黻在《热河失守以后》一文中就写道：热河的失败使我们认识到了这样一个事实，即："武力的收复失地是绝不可能的"，否则，将会失去更多的国土，造成更大的失败。④

第三，与国民党的关系不同。如前所述，九一八事变发生后，蒋介石主导下的国民政府坚持所谓"攘外必先安内"的立国方针，把兵力、财力主要集中在"剿共"上，而对日本的侵略采取不抵抗主义，幻想依赖国联的力量来阻止日本的进一步侵略。国民政府的对日态度，理所当然地会影响到知识分子的对日态度。一般而言，那些和国民党关系较为疏远甚至紧张的知识分子会对国民政府的政策提出异议或批评，而那些和国民党关系较为亲密，尤其是在国民政府中占有一官半职的知识分子则会采取和国民政府一致或相近的立场。九一八事变前后，《东方杂志》的胡愈之等人、《独立评论》的胡适等人和《大公报》的胡政之、张季鸾等人与国民党的关系又是怎样的呢？

---

① 胡适：《全国震惊之后》，《独立评论》第41号，1933年3月12日。
② 蒋廷黻：《长期抵抗中如何运用国联与国际》，《独立评论》第45号，1933年4月3日。
③ 胡适：《跋蒋廷黻先生的论文》，《独立评论》第45号，1933年4月3日。
④ 蒋廷黻：《热河失守之后》，《独立评论》第43号，1933年3月26日。

第三章 "九一八"后：中国近代民族主义的高涨 ——— 225

　　作为左翼知识分子的代表人物，胡愈之反蒋反国民党的斗争历史较长。1927年蒋介石发动四一二政变的第二天，胡愈之便在上海闸北目睹了国民党军队对工人群众的屠杀，他义愤填膺地写了一封给国民党的抗议信，痛斥"受三民主义洗礼的军队竟向徒手群众开枪轰击，伤毙至百余人。'三·一八'案之段祺瑞卫队无此横暴，'五卅'案之英国刽子手无此凶残，而我神圣之革命军队，乃竟忍心出之"。他要求"最高军事当局应立即交出对于此次暴行直接负责之官长兵士，组织人民审判委员会加以裁判"。抗议信除寄给几个国民党中央委员外，还公开发表在上海的《商报》上。胡愈之写信抗议四一二大屠杀，自然遭到了国民党的忌恨。他因此而被迫流亡法国，直到1931年才回到上海。在法国期间，胡愈之广泛接触和学习过马克思主义，对中国共产党有了进一步的认识。所以回国后，他便积极地向共产党靠拢，并于1933年9月在上海加入了中国共产党。出于和国民党的斗争需要，九一八事变后，共产党坚决反对国民党要求国联、美国来主持"正义"与"公道"的行为，并一再告诫中国民众，希望"国际联盟来帮助中国，无异与虎谋皮。美国也同样是帝国主义的国家，是中国民众的敌人，希望美国来反对日本，等于引狼入室"。① 中国共产党的政治立场，就不能不影响到胡愈之以及以他为代表的《东方杂志》学人。于此，我们不难理解，以胡愈之为代表的《东方杂志》学人在提出他们的对日主张时，往往要对蒋介石主导的国民政府的对日政策提出批评。比如，《东方杂志》记者在《锦州陷落以后》就批评国民政府面对日本的侵略，"不但不作武力的抵抗，而且也不作外交的抵抗，到最近为止，我们的外交只是依赖帝国主义者与帝国主义者所操纵的国际联盟"。② 叶作舟在《国府重行南迁》一文中，批评国民政府的所谓"长期抵抗"只是"徒托空言"，"东北沦陷，至今年余，政府除依赖国联外，始终未见有何等实力收复的准备"。③ 胡愈之的《寇深矣！》一文更是对国民政府"无坚决反日之表示，既未正式向日本宣战，又未准备全国动员以挽回民族灭亡的命运"提出了尖锐批评，认为这是造成十九路军、东北义勇军和救国军先后"挫

---

① 《中共中央文件选集》，中共中央党校出版社，1991，第7册，第449页。
② 记者：《锦州陷落以后》，《东方杂志》第29卷第3号，1932年2月1日。
③ 作舟：《国府重行南迁》，《东方杂志》第29第8号，1932年12月16日。

败"的重要原因,也是造成华北危机日益加深的重要原因。①

与胡愈之不同,胡适与国民党的关系经历了一个复杂的过程。1927年南京国民政府建立后,因对国民党一党独裁的不满,尤其是对国民党践踏人权的不满,胡适发起过人权运动,并因此与国民党发生了一些不愉快。但1930年10月他到南京晋谒蒋介石以后,则逐渐改变了对国民党和蒋介石的批评态度,表示要做国民党蒋介石的"诤友""诤臣"。耿云志就认为,胡适与蒋介石见面,使他"与国民党最高统治当局建立了直接联系,成为他政治态度变化的一大关键。从前是站在'外边'批评当局,此后是处身幕内为当局者献纳意见"。②"这是胡适加入统治集团营垒的第一个公开标志"。③九一八事变发生后,为了缓和日益严重的社会危机,国民党蒋介石对以胡适为代表的《独立评论》派学人采取了一些示好和拉拢的措施。比如,九一八事变后,时任国民政府行政院长的汪精卫就多次邀请胡适出任政府要职,胡虽未答应,但这无形中拉进了他与国民党当局的距离。10月,蒋介石特别召见胡适和丁文江"垂询"大局。同年11月,胡适又被蒋介石提名为财政委员会会员,并接到蒋介石致电,邀请他参加财政委员会第一次会议,被胡婉拒。几乎同时,翁文灏、蒋廷黻、钱端升、傅斯年等《独立评论》的主要成员也都先后得到蒋介石、汪精卫等国民党高层的召见,他们中的不少人甚至加入到国民政府,成了统治集团的一分子。比如,国防设计委员会首批聘任的委员中,就有四人是《独立评论》的成员,即翁文灏、丁文江、胡适和周炳琳,其中翁文灏任该会的秘书长。此后,进入政府机构的《独立评论》的成员更多。据张太原的研究,独立社的20名社员中,先后有15人参加了政府的政治活动或政府机构,其他10名主要撰稿人中,参加政府的政治活动或政府机构到达一半之多。"这表明《独立评论》周围的自由主义者参加国民党政权绝不是个别现象,而是普遍现象。更为重要的是,他们所任职的几乎全是'中央一级'的政治机构……翁文灏、蒋廷黻、陶希圣、何廉和胡适等人还身居'中央'机

---

① 仲逸(胡愈之):《寇深矣!》,《东方杂志》第30卷第2号,1933年1月16日。
② 耿云志:《胡适年谱》,香港中华书局,1986,第194页。
③ 耿云志:《胡适研究论稿》,四川人民出版社,1985,第232页。

构的要职,他们简直是进了国民党政府的'核心决策层'"。①《独立评论》的胡适等人与国民党统治当局的这种紧密关系,就不能不影响到他们的对日主张,当时就有人批评他们的有关言论是"为今之从政者张目"。②因此,与《东方杂志》不同,我们在《独立评论》中几乎看不到对国民党对日政策的批评,看到的只是对国民党对日政策的理解、辩护和正面建议。

如前所述,《大公报》的吴鼎昌、胡政之和张季鸾与国民党尤其是蒋介石的关系虽然较为密切,1928年东北易帜、1930年中原大战后期张学良通电全国拥蒋入关两大新闻,皆为《大公报》独家发布。九一八事变发生后,蒋介石曾请于佑任致电张季鸾,嘱托张对他的不抵抗政策予以支持。蒋曾多次在自己的家里宴请到南京出差的吴鼎昌、胡政之和张季鸾。据说,1934年蒋在南京励志社大宴群僚,赴宴者多为各部会的负责官员,主客则是张季鸾。蒋对张推崇备至,与席者大有"韩信拜将,一军皆惊"之概。③由此可见吴鼎昌、胡政之尤其是张季鸾与国民党蒋介石的关系非同一般。但关系归关系,在办报上,他们基本上坚持了"不党、不卖、不私、不盲"之"四不主义"的办报方针,在一些关系中华民族生死存亡的重大问题上与国民党保持了一定的距离。以废止内战为例。九一八事变后,面对严重的民族危机,全国人民要求抗日。但蒋介石掌控下的南京国民政府,则怯于外侮而勇于内战,实行所谓"攘外必先安内"政策,调动数十万军队对中共苏区发起一次又一次的围剿。与此同时,国民党内部各派系之间、国民党中央与地方实力派之间以及地方军阀之间,为争权夺利,也是政潮不断,内战连年。国民党的所作所为,理所当然地受到了人们的批评,并随着民族危机的加深,社会上要求国民党结束内战的呼声也日益高涨起来。1932年5月18日,《大公报》发表《如何打开国家出路》的"社评",第一次明确地提出了"绝对防制内战"的要求,并视之为"打开国家出路"之"第一"要义。为了"防制内战","社评"提议"由国民发起一大运动,将国内战争之祸害,自相残杀之耻辱,向士兵热烈宣

---

① 张太原:《〈独立评论〉与20世纪30年代的政治思潮》,社会科学文献出版社,2006,第209~210页。
② 树叶:《中日对调查团报告书态度的比较》,《朝晖》第12期,1932年11月22日。
③ 周雨:《大公报史》,江苏古籍出版社,1993,第79页。

传,请全国一致注意,对于迷信武力、制造内战者,防微杜渐,预事揭破,使无论政府与反政府方面,皆不取滥用兵力,强国民为无效无益之牺牲"。"社评"相信,此项运动如果能开展起来,并得到广大民众和士兵的响应,"则内战之根株绝,政客之作用失,军阀力量,自就衰颓,国民生机,得以保全",抗日斗争也就能取得最后胜利。

在社会舆论的推动下,1932年5月28日,全国商会联合会、沪市商会、沪银行业同业分会、沪钱业同业分会在上海发起组织废止内战大同盟,并发表通电,声称"鉴于内忧外患之严重,特发起废止内战大同盟会,以期安内对外"。废止内战大同盟发起组织后,得到全国各界的热烈响应。但当时包括发起组织废止内战大同盟的吴鼎昌、张公权、陈光甫、钱新之以及学术界的胡适、丁文江等在内的不少人要求废止的只是国民党内部各派系之间、国民党中央与地方实力派之间,以及地方军阀之间的内战,而对于国共之间的内战,亦即国民党军队对中共苏区进行的"围剿"则持的是支持态度。换言之,他们所谓的废止内战运动,没有将国共之间的内战包括在内。《大公报》的胡政之、张季鸾等人则认为,如果"不将共产党问题包括在内,则废战运动为不能,且不通"。因为"废止内战之解释,即如其字义,在废止一切国内之战争。然一般观念,仿佛仅指各省军队长官与中央政府间或各省与各省间而言。对于现在进行中之赤化与剿共之大战,反有熟视无睹之势。此就废战一义言,于理不通。盖分明为数十万军队之大规模内战,且延长至何时何地,直不可知;舍现实的大战不论,而只号呼中央与各省,或省与省间,将来勿有内战,是所欲废止者,仅一种性质之内战,而非一切之内战。是纵令成功,内战之进行若也"。他们因而批评吴鼎昌、张公权、陈光甫、钱新之等人既发起组织所谓的废止内战大同盟,但又不把国共之间的内战包括在废止之内的做法,是"掩耳盗铃之举"。实际上,他们指出,由于国共势不两立,国民党要消灭共产党,而共产党想推翻国民党,但"由现状态言,共党欲夺全国政权,实属做梦,政府欲消灭共党根株,亦为不能。是以此一战也,恐将绵延至亡国之日,犹不能息止!中国民族之精英,社会潜蓄之势力,将于此赤化战争中,整个消磨,同归于尽"。所以,与国民党各派系之间、国民党中央与地方实力派之间,以及地方军阀之间的内战相比,国共之间的内战"真关系国家民族之生死存亡,较之普通割据争权之战事，严重万万"。① 就此而言，废止内战运动不仅应包括国共之间的内战，而且已刻不容缓。

从废止国共内战这一要求出发，胡政之、张季鸾等人对国民党于九一八事变后提出的"剿共抗日"口号提出了异议。他们在《进一步之废止内战运动！》的"社评"中指出："自九一八以还，当轴高标剿共抗日之议，且以不剿共则不能抗日为言"。站在国民党的立场，剿共自有道理。"然而，共之坐大也非一朝，日之相逼也，又不能令我有喘息之安，故剿共虽有近功，抗日则需要急效。将欲同时并举，事实自有所不能，将欲先剿共而后抗日，而无如彼方咄咄逼人，愈迫愈紧，其军阀早成无羁之马，……直欲灭我全国，奴我全民，中国当局者，纵欲屈辱妥协，苟安旦夕，已决非日阀所许，藉曰许之，而彼曹宏图无限，血脉贲张，感情易动，夫谁得而保证其不变？由此判断，四万万中国国民，现已陷于非自救不可之运命，能抗固佳，不能抗亦当消除其所不能而力求其所以能，是则唤起民族意识，停止赤化斗争，使内顾无忧，举国一致，鞭策政府，俾得悉移剿共之兵力财力，以度此空前非常之国难，此真爱国志士所当剑及履及求其实现者也"。② 不久，在《如何结束共乱》的"社评"中他们又写道："九一八以来，支配中国政治之口号，曰抗日剿共。……自一种意义论之，殆为中国今日天经地义之国是也。虽然，此皆大问题也，仅其一端，犹虑力之不逮，况同时欲二者并行。事实上难于收功，固不待今日证明之后矣。而就二者相衡，日本侵华，志在征服而支配之，国家存亡，民族主权全系于此。中国民族，苟不甘亡国为奴隶，则必须抵抗此强邻之侵略，此诚万不得已，实逼处此者也。共党问题，则有异于是。盖人皆中国之人，事皆中国之事，自原则上言，中国人必应有以解决中国本身之事，倘其不能，是努力不足，诚意不逮，感格不行，再不然，则中国原则不配为和平统一之国家矣，无是理也"。③ 既然抗日与剿共就像鱼与熊掌一样不能兼得，而日本侵略的目的是要吞并中国，灭绝我中华民族，共产党的问题则是中国人内部的问题，与民族的存亡无关，那么，"当兹中国将整个的被日本军阀摧毁吞并之时，为民族生存计，为中山主义计"，国民党就应改变"剿共"

---

① 《再论废战运动》，《大公报》1932 年 7 月 22 日 "社评"。
② 《进一步之废止内战运动！》，《大公报》1932 年 7 月 21 日 "社评"。
③ 《如何结束共乱？》，《大公报》1933 年 4 月 2 日 "社评"。

政策,"另辟平和的解决赤祸之路"。①"与其持久内战,实力耗竭,对外失其抗拒力,而一方面又断无屈服苟免之余地,何若激发共党之良知良能,打破历史恩仇,尽捐党派情感,能抚则抚,力求团结一致,先其所急,共同自卫,打开血路,而后以整个的国家民族本身之悠久利益,谋政治经济之大改革"。②当然,《大公报》的胡政之、张季鸾等人在对国民党的"抗日剿共"政策提出异议,并希望国民党"另辟平和的解决赤祸之路"的同时,也希望共产党能以民族大义为重,放弃推翻国民党的主张,回归法律秩序,从事合法斗争。否则,他们警告共产党说:"如再一味谬执成见,以军事行动,牵制政府兵力,使国家自卫陷于不能,则结局整个民族,终为日本蛮力压倒,姑无论理想的改革,愈成梦境,即令据有若干赤化地域,一旦全局沦陷,此区区者,又且可以苟存?且日本得势,国际忌妒,则竞争发泄之途,依然不出中国,边疆领土之分割,势力范围之复活,共管瓜分,势具难免,局面至此,民族且亡,更何有于党派之得失利钝?"③总之,无论是为国家计,还是为自己计,共产党都不应该继续其武力推翻国民政府的赤色革命。

《大公报》的胡政之、张季鸾等人不仅对国民党的"剿共抗日"口号提出了异议,而且他们也不赞成国民党称共产党为"匪","剿共"便是"剿匪"的说法。因为,"匪云者,自通常言,不过武装盗贼聚众劫掠者之谓而已"。但共产党则不同,它"有知识分子之指挥,外运国际,内勾农工,且已有政治组织,蔓延数省间",所以"不得以通常之匪论也"。"通常剿匪,以枪炮毙之,或招抚而散之,已矣"。如黄巢、张献忠、李自成等势力之所以"大势一非,如鸟兽散,事过境迁,烟消雾灭",原因就在于"为匪故也"。而共产党不仅有组织,而且有确定的政治斗争之目的,"此虽为匪,而非通常之谓之匪也"。既然共产党不是通常所说的"匪",而是有组织、有"政治斗争之目的"的政党,那么,就"不能仅赖乎枪炮",用通常对付"匪"的方法来对付它,而"必须自政治上与之斗争"。④"假使中国法治修明,军政入轨,地方安谧,民生得所,则纵有共

---

① 《蒋汪入京》,《大公报》1932年1月21日"社评"。
② 《进一步之废止内战运动!》,《大公报》1932年7月21日"社评"。
③ 《进一步之废止内战运动!》,《大公报》1932年7月21日"社评"。
④ 《剿匪要义》,《大公报》1932年6月19日"社评"。

产党之勾煽，又复何惧？假使中国思想自由，有法律保障，共产学说，得精深研讨，则社会纵有生计的恐慌，又何至引是丹非素之经济理论，为鼓惑之资料？"① 所以，"剿"是不能解决共产党的问题的，只有进行政治经济改革，共产党的问题才有可能得到根本解决。

在废止一切内战的基础上，胡政之、张季鸾还提出了建立包括各阶级各党派在内的"巩固的"抗日民族"统一战线"的主张。在《拥护民族利益为一切前提》的"社评"中他们写道："自九一八之变以迄今日"，在日本军国主义的疯狂侵略下，"中国所谓各阶级，完全处同等地位，同受惨烈之摧残与破坏"。因此，中华民族要不亡国灭种，"拥护其独立自由"，其"所有阶级"，就"必须以巩固的统一战线，为长期的惨烈斗争"；"一切新旧党派"，皆要以"拥护民族利益为一切前提"，民族利益高于一切党派利益。② 为了建立包括各阶级各党派在内的"巩固的统一战线"，他们提出了两步走的策略："第一步，愿国人一致高唱民族主义，……凡军政经济各界，朝野各派，知识分子之各部门，一致先认定以拥护民族利益为一切之前提，其行动思想之不背民族利益者，政治上一概有合法活动之权，不论左右，大举包容，其惟一认为敌人者，即有反民族主义行动之人"。"第二步，应一致向政府建议开放党禁之具体办法，即无论操任何政治经济主张之党派"，只有不以武装暴动为政争的工具，就"概许其有结社之自由"。③ 他们认为，只有开放党禁，所有党派（无论左倾右倾）都能公开活动，包括各阶级各党派在内的"巩固的统一战线"才能建立起来；而只有建立起包括各阶级各党派在内的"巩固的统一战线"，中华民族的抗日斗争才有可能取得最后的胜利。

我们应该如何评价九一八后《东方杂志》、《独立评论》和《大公报》对"战"与"和"的抉择呢？就此，作者提出以下几点不成熟的意见：

第一，无论《东方杂志》的胡愈之，还是《独立评论》的胡适，抑或《大公报》的胡政之、张季鸾，他们都是爱国主义者民族主义者，他们之所以主"战"、主"和"，或在"战""和"之间，主要是出于对当时国际国内形势和敌我力量对比的认识，与他们主观上是爱国还是卖国无关，主

---

① 《剿匪善后须有根本办法》，《大公报》1932年6月5日"社评"。
② 《拥护民族利益为一切前提》，《大公报》1932年2月28日"社评"。
③ 《如何结束共乱》，《大公报》1933年4月2日"社评"。

战或主和也许有认识上的正确与错误之分,但绝无主观上的爱国与卖国之别。如前所述,以胡适为代表的《独立评论》作者之所以主和,一个重要原因,就是他们认为中国远比日本落后,中国的当务之急是尽快地实现现代化,提升中国的综合实力。而要实现现代化,目前就需要与日本妥协,从而为现代化提供一个必需的和平环境。我们可以对他们的这种认识提出这样或那样的批评,但绝不能得出他们是为了卖国的结论。实际上,《塘沽协议》签订后,尤其是1935年的"华北事件"后,以胡适为代表的《独立评论》派作者终于认识到日本的最终目的是要灭亡中国、中国的妥协并不能满足它的侵略,从而逐渐走上了全面抗战之路。但就具体主张来看,无论是《东方杂志》的主战,还是《独立评论》的主"和",在当时都不是对日"战"与"和"的正确选择,正确的对日"战"与"和"的正确选择,应该是《大公报》的主张:既不赞成国民党的"不抵抗主义",也不赞成一些左翼知识分子和青年学生提出的与日绝交宣战、反对国联介入等偏激主张,而持的是一种不偏不倚,既不激进,也不保守的"理性的民族主义",即主张抵抗,反对"一战"。我曾在一篇文章中指出:"在当时的历史条件下,这种理性的民族主义最符合中华民族的根本利益。"①

第二,就《东方杂志》和《独立评论》之所以主"战"或主"和"的原因,尤其是第一个原因("对国联及国际法的认识")和第二个原因("对中日两国实力的认识")来看,都有其正确的一面,也有其错误的一面。

首先看第一个原因。《东方杂志》的胡愈之等人虽然认识到了国联的帝国主义本质,历史也最终证明国联自我标榜的所谓公理、正义都是骗人的空话,但是作为当时有大多数国家参加的国际组织,国联又为中国提供了一个揭露日本侵略真相、争取国际舆论尤其是广大同样受帝国主义侵略和威胁的中小国家同情和支持的平台。事实上在调停过程中,国联也先后提出过要求日本撤兵的决议案,只是因为日本的反对才未能付诸实行(根据国联的有关规定,必须所有成员一致赞成,其决议案才有实施的法律效力)。1933年3月日本之所以要退出国联,也就是由于国联大会以42票赞

---

① 郑大华:《理性民族主义之一例:九一八事变后的天津〈大公报〉》,《史学月刊》2011年第2期

成,日本1票反对,暹罗1票弃权,通过了一个含有不利于日本之内容的报告书(十九国委员会报告书)。事实求是地说,国联对日本或多或少还是有一些约束力的,日本对国联也有所顾忌,所以每当国联决定开会讨论中日问题时,它都要暂停其赤裸裸的军事活动,散布自己愿意与中国和谈的谎言,以便欺骗国联和国际舆论。假如中国自始就反对国联介入,这样正中日本下怀,它就可以不受国联的任何约束而为所欲为。就此而言,《东方杂志》的胡愈之等人对利用国联和国际舆论的重要性认识不足。而《独立评论》的胡适等人虽然认识到了国联这一平台对解决中日争端的重要性,但对国联的帝国主义本质则毫无认识,因而把中日争端的解决完全寄托在国联的调停上,如胡愈之批评的那样,"自失独立之勇气",所以一旦国联不能主持正义、依据章程对日本的侵略加以制裁时,只能忍气吞声,接受现实。尤其需要指出的是,当事实已经证明国联不可能像中国所希望的那样客观公正地解决中日争端后,胡适等人依然对国联深信不疑,这就更值得反省和批评了。相比较而言,《大公报》的胡政之、张季鸾等人虽然认为国联的作用有限,中国不能一味地依赖国联,但他们并不反对国联介入中日争端,更不反对国民政府利用国联和国际舆论与日本进行外交斗争的主张,更理性也更切合实际一些。

其次看第二个原因。《东方杂志》的胡愈之等人看到了中国军民的爱国主义激情以及不畏强暴、抵抗侵略的决心和勇气,认识到民心、民气可用,广大爱国军民才是抵抗日本帝国主义侵略的中坚力量,只要把广大爱国军民发动起来,就能取得抗日战争的胜利,但对中日之间的力量对比缺少正确认识,没有认识到在中日力量对比悬殊的条件下,仅靠广大爱国军民的爱国主义激情以及不畏强暴、抵抗侵略的决心和勇气是很难打败日本侵略者的,因为决定战争胜负的是国家的综合实力。就当时中日两国的综合实力来看,中国明显落后于日本。《独立评论》的胡适等人则过分夸大了中日力量对比的悬殊,而没有看到中国军民的爱国主义激情和民心、民气可用,从而丧失了抵抗侵略的信心和勇气,企图通过承认日本既有的侵略事实,来换取暂时的和平,其结果不仅使中国签订了一个又一个丧权辱国的协定或条约,同时也进一步刺激了日本的侵略野心。我们考察九一八事变以后的历史就会发现,中国每与日本妥协一次,也就意味着日本将发动更大一次的侵略行动,以便掠取更多的侵略利益。

第二节　费希特民族主义思想的系统传入与影响

德国古典哲学家费希特（1762~1814）的民族主义思想曾对20世纪30年代的中国知识界产生过重要影响。但由于各种原因，迄今中国学术界对费希特的民族主义思想很少涉及，尤其是对费希特的民族主义思想在近代中国的传入和影响还没有人进行过系统研究，只有个别学者在研究张君劢时提到过费希特的民族主义思想对张氏思想的影响。[①] 有关费希特的研究成果主要集中在他的哲学方面，如程志民的《绝对主体的建构：费希特的哲学》（湖南教育出版社，1990）、梁志学的《费希特青年时期的哲学创作》（中国社会科学出版社，1991）和《费希特耶拿时期的思想体系》（中国社会科学出版社，1995）、谢地坤的《费希特的宗教哲学》（中国社会科学出版社，1993）、郭大为的《费希特伦理学思想研究》（中国社会科学出版社，2003）、沈真的《费希特在当代各国》（中国社会科学出版社，2006）等。

一　费希特民族主义思想的主要内容以及在中国的早期传入

在德国哲学史上，费希特居有上承康德传统、下开黑格尔先河的重要地位。但与其他哲学家不同的是，他不仅坐而言，而且起而行，并因为在国难时的挺身而出成了德国家喻户晓的爱国的民族主义者。费希特一生都坚持法国革命的理想，致力于建立理性王国，在法国入侵德国之前他主张的是世界主义。他曾表示："很显然，从现在起，只有法兰西共和国才能是正直的人的祖国，而正直的人也只能为这个共和国贡献自己的力量，因为从现在起，不仅从人类的殷切希望，而且人类的现实生活都是与这个共和国的凯旋连结在一起的。"[②] 但当拿破仑战争由正义的保卫法兰西共和国

[①] 主要有郑大华的《张君劢传》，中华书局，1997；冯兆基的《中国的民族主义、保守主义与现代性》和陈先初的《从民族意识之培养到民族国家之建立——张君劢关于中国问题的民族主义思考》，以上二文均收入郑大华、邹小站主编"中国近代思想史研究集刊"第4辑《中国近代史上的民族主义》，社会文献出版社，2007。

[②] 〔德〕费希特：《致美因茨教育管理中心弗·威·容》，转引自梁志学《光辉的爱国主义篇章——〈对德意志民族的演讲〉》，见费希特著，梁志学等译《对德意志民族的演讲》，辽宁教育出版社，2003，第1~2页。

的战争转变为非正义的侵略其他国家的战争后,尤其是当1806年拿破仑的军队侵入和占领柏林,并强迫德国签订屈辱的城下之盟后,他从一位积极的世界主义者转变成了一位爱国的民族主义者。费希特的民族主义思想集中体现在拿破仑军队占领柏林时他不顾个人安危发表的《对德意志民族的演讲》中。正如费希特的学生、波恩大学历史学教授 J. W. 吕贝尔所说:"费希特并不像他经常做的那样,是从世界公民的立场出发,而是恰恰从民族主义的立场出发,作了那次告德意志民族的演讲,以慰藉这个民族,唤醒它的希望;这次演讲是在多疑的敌人的窥视下,以激昂的热情和大丈夫的勇气作的。"[①] 概而言之,在《对德意志民族的演讲》中,费希特主要阐述了这样一些民族主义思想:

第一,力陈德意志民族的独特性与民族精神,树立民族自信心。费希特说:"在这里,我们将一如既往,也从最高、最普遍的东西开始,说明什么是德意志人——不管其目前遭遇的命运怎样——自他们存在以来本身具有的基本特点,同时也说明,正由于德意志人具有这种特点,所以他们有接受这种教育的能力,非其他一切欧洲民族所能及。"[②] 费希特认为德意志民族具有欧洲其他民族所没有的独特性和优越性。为证明德意志民族具有自我改造的能力,他提出了"原初民族"说,以说明唯有德意志人能使用活的语言,或曰纯粹德语,而不参以外族之语言元素,故能依据自己的语言,体会其语言所指示之对象,而其他日耳曼裔民族则不能。因为"(1)在具有活生生的语言的民族那里,精神文化影响着生命;在不具有这种语言的民族那里,精神文化和生命则各行其道,互不相干。(2)出于同样的理由,前一民族对所有精神文化采取真正认真的态度,并希望它能影响生命;与此相反,后一种民族则宁可把精神文化看作一种天才的游戏,除此以外,对它不再抱更多希望。后一种民族只有精神,前一种民族除了精神,还有心灵。(3)由第二点得出的结果是,前一种民族做一切事情,都很诚实、勤奋与认真,而且不辞辛苦;与此相反,后一民族则作风懒散,随遇而安。(4)由所有这一切得出的结果是,在前一种民族那里,

---

[①] 转引自〔奥〕E. 伏克斯著,张伯霖、王彤摘译《费希特思想在德国民族运动中的痕迹》,《世界哲学》1994年第2期,第79页。

[②] 〔德〕费希特著,梁志学等译《对德意志民族的演讲·第四讲》,辽宁教育出版社,2003,第48页。

广大民众都是可以教育的，而且这种民族的教育者都做出实验，将他们的发明用于民众，希望能对民众产生影响；与此相反，在第二种民族那里，有教养的阶层则与民众分离，无非是把民众视为实现他们的计划的盲目工具"。① 他认为德意志的精神文化在于德意志人信仰人本身的绝对第一位的和本原的东西，信仰自由，信仰他们族类的无限改善和永恒进步。

第二，在民族认同的基础上进行自我反省。费希特认为德国的战败是由于德意志民族利己主义充分的发展。因为"利己主义充分的发展以后，丧失了它的自我，丧失了独立地给自己设定自己的目的的能力，从而自己毁灭了自己"②。当利己主义在"首先掌握了全体被统治者以后，如果也从被统治者出发，侵袭了统治者，成为他们生活的惟一动力，那就发展到了登峰造极的程度"。其时，这种"登峰造极的"利己主义的统治，在对外方面会放弃把德意志民族联合起来的纽带，而抱有一种只要自己的疆界不受侵犯，自己就拥有和平的可悲幻想；在对内方面会表现出优柔寡断，会使管理国家的机构涣散无力，举措没有威严。其结果，就是德意志民族的"完全腐败"，"变得自私自利"，因而在遇到"外来暴力"的打击时便很快"没落"下来，丧失了自己的独立性。③ 而"独立性"的丧失，也就意味着德意志民族"丧失"了影响时代潮流的能力，使自己的生存和发展不得不受制于支配它的命运的外来暴力。所以，德意志民族不图复兴则已，要实现复兴，就必须革除这种"所有其他腐败现象的根源"的"利己主义"。④

第三，复兴德意志的唯一途径——国民教育。费希特说："我作为维护德意志民族生存的惟一手段提出建议，就是完全改变迄今的教育制度。"⑤ 他认为法国革命的理想之所以没有实现，是因为法兰西民族的教育水平和文化水准不够高，德意志民族可以也应该改变这种状况，建立起一个合乎理性的国家。而要建立起一个合乎理性的国家，"一个民族首先必须获得文化素养，教育水准必须得到提高。一个民族只有依靠脚踏实地的

---

① 〔德〕费希特著，梁志学等译《对德意志民族的演讲·第四讲》，第 61~62 页。
② 〔德〕费希特著，梁志学等译《对德意志民族的演讲·第一讲》，第 10 页。
③ 〔德〕费希特著，梁志学等译《对德意志民族的演讲·第一讲》，第 11 页。
④ 〔德〕费希特著，梁志学等译《对德意志民族的演讲·第一讲》，第 11 页。
⑤ 〔德〕费希特著，梁志学等译《对德意志民族的演讲·第一讲》，第 14~15 页。

工作，首先解决了培养全面发展的人的教育课题，然后才能解决建立完善的国家的课题。"① 费希特提倡的这种新教育不同于以往的旧教育，在他那里，受教育不再只是上层极少数人的权利，而是广大的民众都应该享有这种权利。他说："由此可见，给我们留下的惟一办法就是不折不扣地、毫无例外地把新的教养施给一切德意志人，以致这种教养不是成为一个特殊阶层的教养，而是不折不扣地成为这个民族本身的教养，并且毫无例外地成为它的一切单个成员的教养；在这种教养方面，即在使人对公正事情衷心表示满意的教养方面，各个阶层将来在其他发展部门可能发生的一切差别都会完全消失；所以，按照这种方式，就在我们当中决不会形成民众教育，而是会形成特有的、德意志的民族教育。"② 费希特认为旧教育培养的国民是言行不一的利己主义者，而新教育要培养的是言行一致的善良公民。他的新教育的实质在于世界主义与爱国主义的统一。他说："这种需要加以培养的精神本身直接体现了对祖国的高度热爱，它把它的尘世生活理解为永恒的生活，把祖国理解为这种永恒生活的载体，它如果要在德意志人当中建立起来，就会把对德意志祖国的爱理解为自己的必然组成部分，在自身直接体现出来；从这种爱中自然会产生出保卫祖国的勇士和安分守法的公民"；其"精神的本质把我们完全摆脱一切压迫我们的苦难的解救工作同我们光复民族和振兴祖国的事业不可分割地联系在了一起"。③

中国人最早知道费希特和他的《对德意志国民的演讲》是在1915年。是年梁启超在北京《大中华》上发表《菲斯的（即费希特——引者）人生天职论述评》一文。当时正值袁世凯与日本政府讨价还价，企图以签订丧权卖国的"二十一条"来换取日本对他称帝计划的支持。梁启超为揭露并批判这种阴谋，发表此文，以唤醒国人对袁世凯卖国行径和日本侵略行径的正确认识。以前学者都认为梁氏是从哲学方面对费希特进行介绍的，但笔者认为梁氏更注重的是费的民族主义思想尤其是民族主义思想所带来的现实意义。梁在文中写道：1807年拿破仑占领德国后，"当时所谓日耳曼民族者，无贫富贵贱智愚贤不肖，人人皆惟亡国是忧，惟为奴是惧，志气销沉，汲汲显影，而忽有唤醒其噩梦，蹶起其沈疴，拔诸晦盲绝望之

---

① 〔德〕费希特著，梁志学等译《对德意志民族的演讲·第六讲》，第86~87页。
② 〔德〕费希特著，梁志学等译《对德意志民族的演讲·第一讲》，第16~17页。
③ 〔德〕费希特著，梁志学等译《对德意志民族的演讲·第九讲》，第129页。

渊，而进诸缉熙光明之域者，则菲斯的其人也……菲斯的之在围城也，著一小册子曰《告德意志国民》，至今德国儿童走卒，犹人人能举其辞。盖其文章之神力，支配全德人心理者百年如一日。（此文吾只见其断片耳，常以不得视全豹为憾，容当求得而翻译之）……以菲斯的时代之德国，仅数十年而能一变为俾斯麦时代之德国，更一变为维廉第二时代之德国。而吾国人以区区目前之困心衡虑，进乃神志落寞，奄奄然若气息不属，曰吾更有何事，吾待亡而已。呜呼，其亦未闻菲斯的之教也。菲斯的所著哲学书甚富，吾学力未充，不敢妄译。今所述者，则其通俗讲演为一般人说法者也，吾以为是最适于今日中国之良策。"[1]

梁启超是最早将西方近代民族主义介绍到中国的思想家之一，也是中国最早具有近代民族主义思想的思想家之一，"中华民族"这一概念就首先是他提出来的。在《菲斯的人生天职论述评》一文中，梁启超运用自己深厚的国学功底，并结合中国传统文化，对费希特人生天职论进行述评，阐述了费希特的"知行合一"说，认为费希特的人生观以"人生实有天职为前提"，"可谓最健全者也"；论述了其建立理性王国的最高理想。尤其需要指出的是，在是文中，梁启超高度赞扬了费希特在民族危亡时积极参加反对拿破仑侵略战争，为唤醒德意志民族而置生死于度外，在法军的监视下作《对德意志国民的演讲》，"其言鞭辟近理，一字一句，皆能鼓舞人心责任心，而增长其兴会，孟子所谓奋乎百世之上，百世之下闻者莫不兴起也"。他盛赞费希特为缔造德国的"四哲"之一："四哲为谁？一曰忧特，二曰西黎尔，三曰康德，四曰菲斯的。此非兜逊一人之私言，凡稍习于欧洲国故者皆所认同也。"同时，他也为费希特的思想学说尤其是民族主义思想未能传入中国并为中国人民所接受而感到遗憾和羞愧："四哲著述，在德国家弦户诵，固无论矣。世界各国，有井水饮处，殆莫不有其全集之译本，读者无不受至大之感化。独至我国人，惟康德之名，或尚为少数学子所当耳食，自余三子，则并姓氏亦罕能举之，遑论学说。呜呼，我国之可耻可痛可怜，一至此极也。"[2]

正如梁启超所说的那样，在 20 世纪 20 年代之前中国几乎没有人知道

---

[1] 梁启超：《菲斯的人生天职论述评》，《饮冰室合集》第 4 册，文集之三十二，中华书局，1989，第 71 页。

[2] 梁启超：《菲斯的人生天职论述评》，《饮冰室合集》第 4 册，文集之三十二，第 70 页。

费希特,他的民族主义思想对当时的中国也没有产生过任何影响。但进入20年代后这种状况有了改变。1926年5月,曾留学德国、师从倭伊铿学习哲学的张君劢在《东方杂志》上发表《爱国的哲学家——菲希德(即费希特——引者)》一文,介绍费希特的生平和思想。他开宗明义便写道:"现在的中国,是在很严重的时期:国内四分五裂,军阀横行;国外受列强政治的压迫,和不平等条约的牵制。在这时候,稍有良心的人都想替国家开一条新路,同时也想自己以后应采什么方针,怎样做人。"而费希特所处时代的德国的情形"比我们现在恐怕还要差几十倍罢",但费希特并未因此而失去信心,相反承担起了觉醒国民,一致对外的重任。在生命受到威胁的情况下,费希特不畏艰险,作《对德意志国民的演讲》,积极宣传救国主张,建立民族自信,开展教育救国精神救国,最终成就了德意志的复兴。"一八七〇年俾士麦统一德国的成功,就在这时立下基础"。因此,他极力呼吁以费希特作为中国的指导者:"我们今后应遵行的途径如何,菲氏不是一个极好的指导者吗?所以我希望诸君对于菲氏的言行加以深思!"在文中,张君劢较多地介绍了费希特的《对德意志国民的演讲》,认为费氏的演讲主要有三个要点:(1)自责:费氏推论1806年德国败亡的原因,在国民的自私自利,因为自私自利,才受外人的压迫,而不能自由独立。因此,德国不想救亡,不想复兴则已,要想救亡,要想复兴,就必须深刻地自我反省。(2)道德的再造:费氏认为既然德国败亡的原因,在于道德的堕落,所以救亡的方法就在道德的革新,建立一种新的民族精神,否则,"是无法可以救亡的"。(3)爱国的原理:费氏认为国民所以爱国,不是为了个人利益,而是为了一国的文化,为了国民性的永久保存。"这种爱国之念,发于求国家的天长地久而来,实含有宗教的神秘性,决不是股东合组公司,只为谋利的,所可同日而语"。[1]他并依据这三点对"现在我们国内学界上所谓救亡方略"提出了批评。就目前我们收集到的资料来看,张君劢的这篇文章,是国内第一篇相对来说较为全面介绍费希特及其民族主义思想的文字。

除张君劢外,在20年代,介绍费希特及其民族主义思想并受其影响的还有以曾琦、李璜等为领导的中国青年党人。众所周知,中国青年党自称

---

[1] 张君劢:《爱国的哲学家——菲希德》,《东方杂志》第23卷第10号,1926年1月25日,第74~75页。

"国家主义派",信奉的是国家主义理论,但为什么他们在信奉国家主义理论的同时又会介绍费希特的民族主义思想并接受其影响的呢?这就牵涉民族主义与国家主义的关系问题。实际上,在英文里,民族主义与国家主义并没有区别,都是 Nationalism。如费希特,就既被人称为民族主义的思想家,也被人称为国家主义的创始人。用徐迅的话说:在西方的"政治语境里,爱国主义和民族主义往往可以互换,或者是同义词,要区别爱国主义和民族主义并没有实际的意义。因为两者的核心问题是对国家的集体忠诚和集体忠诚作用下的集体行动"。[1] 受其影响,在中国近代史上,民族主义和国家主义也常常是混在一起使用的。有研究者就认为:"在中国,民族主义与国家主义是一体化的,是同一思潮的两个方面。民族主义是国家主义存在的理由,国家主义是民族主义的归宿。自民族主义诞生之日,就伴生了国家主义。"[2] 换言之,无论国家主义还是民族主义,其政治诉求都在于挽救民族危亡,建立一个独立的、现代化的民族国家。但是国家主义并不等同于民族主义,国家主义强调"国家至上""国家高于一切";而民族主义的出发点是民族,它强调的是民族认同、民族精神、民族建国。

和张君劢一样,中国青年党的许多领导人和骨干都在法国、德国或欧洲其他国家留过学,对费希特的民族主义思想有或多或少的接触和了解。但和张君劢不同的是,中国青年党人介绍和接受影响的主要是费希特通过国民教育来实现国家复兴的民族主义思想。费希特认为在法国的侵略之下,实现民族复兴的唯一途径就是教育,他说:"能够拯救德意志的独立性的,绝对仅仅是教育,而不是其他可能的手段。"[3] 费氏的这一思想得到了青年党的高度认同。该党的机关刊物《醒狮》周报上曾发表过《追怀德意志民族的先觉者:菲希特与席勒》一文,作者"驾生"在文中写道:"试看周围!在全国境不是充满了豺狼的军队吗?况且在德意志特有什么武力!德意志复兴的唯一途径,就是得依仗教育:费希特像这样的高叫了。(《告德意志国民》第九、十一讲)唯有教育才是拿破仑遗留给德意志

---

[1] 徐迅:《解构民族主义:权力、社会运动、意识形态和价值观念》,乐山编《潜流——对狭隘民族主义的批判与反思》,华东师范大学出版社,2004 版,第 259 页。
[2] 杨春时:《中国现代化进程中的民族主义和国家主义》,《海南师范学院学报》2002 年第 1 期,第 20 页。
[3] 〔德〕费希特著,梁志学等译《对德意志民族的演讲·第九讲》,第 127 页。

的唯一的自由的领域;我们得从这个教育之下,要更生全德意志的自由的。教育是什么?教育是给人以灵感,使着人们感激,就是能在人的精神方面点火的。"① 青年党的其他人也普遍赞同这种观点,认为救国的主要手段即是国家主义的教育,并有《国家主义的教育》一书出版。余家菊说:"在国家受大创之后,思以教育之力求国民复苏者,则为德国之菲希的(即费希特——引者)氏。氏当德国大败于法之后,见国家穷困人民沮丧,乃大唱新教育论而极力宣传教育救国之说"。② 陈启天在《国家主义与教育》一文中写道:"当一八〇七年普败于法,菲斯的(即费希特——引者)欲以教育上的国家主义再兴德国,而普国国家学校制度完全成立,教育经费由国家担任,学校事物由国家经营,以求教育可完全普及。"③

实际上,思想界探求教育救国早已有之,而国家主义教育在清末民初就已初见端倪。早在维新变法时期,康、梁就特别注重国民意识的培养。1898年康有为在《请开学校折》中分析了中西教育的异同,认为"百业千器万技,皆出于学",西方各国"分途教成国民之才",而中国"乃鞭一国之民以从事八股枯困搭截之题",故其"才不足立国也"。为此,他主张应效法"普之先王大非特力",兴办"国民学"。"令乡皆立小学,限举国之民,自七岁以上必入之",如"其不入学者,罚其父母。"④ 梁启超在《与林迪臣太守书》中指出,泰西各国特别重视国民素质尤其是政治素质的提高,"其为学也,以公理公法为经,以希腊罗马古史为纬,以近政近事为用,其学成者授之以政,此为立国基第一义"。明治维新后的日本"所以不三十年而崛起于东瀛",也是由于它"变法则独先学校,学校则独重政治",重视对国民素质的培养。中国要想实现富强,就应向西方和日本学习,"以振兴学校为第一义",培养出更多的"中西兼举,政艺并进"的国民来。⑤ 在1902年发表的《新民说》中,梁启超更进一步丰富了他的国家主义教育思想,认为培养具有自由思想、权利思想、义务思想、国家

---

① 驾生:《追怀德意志民族的先觉者:菲希特与席勒》,陈正茂编《醒狮》周报,台北"国史馆"1993,第33页。
② 余家菊:《教育建国论发微》,陈正茂编《醒狮》周报,第59页。
③ 陈启天:《国家主义与教育》《国家主义论文集》,中华书局,1926,第155页。
④ 康有为:《请开学校折》,《康有为政论集》(上),中华书局,1981,第305页。
⑤ 梁启超:《与林迪臣太守书》,《饮冰室合集》第1册,文集之三,中华书局,1989,第2~4页。

思想、利群思想、生利思想、合群思想、尚武精神以及自利自尊、自治自立观念的新国民，是中国的立国之本和解决"内治""外交"的"当务之急"。① "国家主义教育"一词最早见于我国教育界是 1906 年，那一年梁启超主编的《新民丛报》发表了一篇题为《国家主义教育》的译文，该文阐述了国家主义教育的起源、发展和变迁。从此，国家主义教育也就渐为国人所知晓。到了 20 年代，由于青年党的主要领导人大多从事的是教育事业，如曾琦回国后在大夏大学教书，并在同济、政法、学艺等大学兼任讲席，余家菊回国先后担任国立武昌师范大学（后改为武昌大学）哲学系主任、东南大学教授、金陵军官学校总教授（后任监督）、冯庸大学教授、河南大学教育系主任等，陈启天曾任教于文华大学、长沙第一师范学校、成都大学，担任过上海知行学院院长，他们也就很自然地接受了费希特的从教育着手来复兴国家的民族主义思想，把国民教育作为救国的主要手段而加以积极的宣传和实践。

二 "九一八"后费希特民族主义思想的系统传入及原因分析

虽然早在 20 年代，张君劢以及青年党的李璜、左舜生等人对费希特的民族主义思想作过一些介绍，但这些介绍还是零星的，不成系统的，其影响也十分有限。只是到了九一八事变后，费希特的民族主义思想才被系统地介绍到中国并产生了广泛的社会影响。最早系统地介绍费氏之民族主义思想的是我们前面提到的那位现代新儒家的代表人物张君劢。九一八事变后不久，刚从德国回来的他即着手翻译费希特的《对德意志国民的演讲》之摘要本，在译稿前面的引言中张君劢写道："有人于'国难期中应读何书'之标题下，首列黑格尔氏之大伦理学两册；黑氏书名曰伦理学，与国难若风马牛之不相及。"然后他笔锋一转："数千年之历史中，大声疾呼于敌兵压境之际，胪举国民之受病处，而告以今后自救之法，如菲希德氏之《对德意志国民之演讲》，可谓人间正气之文字也。菲氏目的在提高德民族之自信心，文中多夸奖德人之语，吾侪外国人读之者，原不求必之一字一句之中，故取倭伊铿氏关于菲氏演讲之摘要本译之，繁重处虽删，而绝不影响于菲氏真面目……呜呼！菲氏之言，既已药亡国破家之德国而大收其

---

① 梁启超：《新民说·论新民为今日中国第一急务》，《饮冰室合集》第 6 册，专集之四，第 2~5 页。

效矣，吾国人诚有意于求苦口之良药，其在斯乎。"[1] 他认为费氏在演讲中阐述了民族主义的三个重要原则：第一，在民族大受惩创之日，必须痛自检讨过失；第二，民族复兴，应以内心改造为重要途径；第三，发扬光大民族在历史上的成绩，以提高民族的自信力。"此三原则者，亦即吾国家今后自救之方策也。世有爱国之同志乎！推广其意而移用之于吾国，此则菲氏书之所译也。"[2] 1932年7月20日起译稿开始分五期（即从第一卷第三期到第一卷第七期）在《再生》月刊上连载，并于年底集结成书，由《再生》杂志社正式出版。张君劢的好友、教育家瞿菊农和哲学家林志钧分别为该书作序。《菲希德对德意志国民讲演节本》出版后"颇受人们欢迎，不久即销售一空。翌年春夏，又两次再版。"[3]

除张君劢外，另一位现代新儒家的代表人物贺麟也对费希特民族主义思想的系统传入做出过重要贡献。贺麟曾长期留学欧美，九一八事变前夕才回到国内。九一八事变发生后，面对日本帝国主义的凶残侵略，他不顾旅途劳顿，开始着手撰写《德国三大哲人处国难时之态度》一长文，向中国读者介绍歌德、黑格尔和费希特的爱国主义事迹，表彰他们的爱国主义精神，并号召国人向他们学习，积极投身于抗日救亡的斗争行列。比如，贺麟在谈到费希特1807年8月底返回柏林，拟作《对德意志国民的演讲》时写道："他这次一回到被敌人占领的柏林，就好像被什么天神鼓舞着似的，一心一意想献身国家，寻一死所。眼见得前不几天德国有位出版家因发行一本爱国的小册子，甘犯法军忌讳，被拿破仑枪毙，他也毫不畏惧。""当他演讲时，空气异常紧张，法军派有侦探多人侦察，外间虽不时传出他被捕的消息，但他仍本着大无畏的精神与视死如归的决心，镇静地将他全部激昂的爱国讲演完。"普法战争爆发后，费氏又大声疾呼地号召广大爱国学生参加战事，为国效力，而他本人在申请当随军宣讲员没有得到当局的批准后，"复加入军事训练，躬自到场操练"，到大学向学生公开演讲，"力言此次战争不是为一人一姓而战，乃是为全民族而战，为德国之

---

[1] 张君劢：《菲希特〈对德意志国民演讲〉摘要》，《再生》第1卷第3期，1932年7月20日，第1页。
[2] 张君劢：《菲希特〈对德意志国民演讲〉摘要》，《再生》第1卷第3期，1932年7月20日，第13页。
[3] 郑大华：《张君劢传》，中华书局，1997，第233页。

自由而战"。贺麟尤其对费希特的民族主义思想作了较为详尽的介绍和高度评价,认为费氏《对德意志国民的演讲》"句句话差不多都是从他的全部哲学思想出发,而且他认为发展自己的民族性,光大自己的文化,以求精神的与道德的复兴,为复兴德意志民族的根本要图"。"费希特的全部演说可以说是在发扬民族精神,定新教育的根本方针以培养新道德,而为德意志复兴建立精神的根基"。1931 年 10 月 21 日起该文开始在天津《大公报·文学副刊》上连载,该刊主编、著名学者吴宓在其按语中写道:"按此次日本攻占吉辽,节节逼进,当此国难横来,民族屈辱之际,凡为中国国民者,无分男女老少,应当憬然知所以自处。百年前之德国,蹂躏于拿破仑铁蹄之下,其时文士哲人,莫不痛愤警策。惟以各人性情境遇不同,故其态度亦异,而歌德(1749~1832),费希特(1762~1814),黑格尔(1770~1831)之行事,壮烈诚挚,尤足以发聋振聩,为吾侪之所取法。故特约请北京大学哲学系讲师贺麟君撰述此篇。"《德国三大哲人处国难时之态度》文笔生动,资料丰富,将传主的生平思想和爱国主义品格有机地结合起来,并对费希特的民族主义思想做了较为详尽的介绍,颇受读者好评。张岱年回忆自己当年读该文的感受:"九一八事件以后,贺麟先生在《大公报·文学副刊》上发表一篇重要文章,题为《德国三大哲人处国难时之态度》,其中着重叙述了费希特的爱国行动。此作情文并茂,表达了贺先生自己热爱祖国、热爱民族的诚挚感情,令人感动。我读后,非常钦佩。"[①] 1934 年《德国三大哲人处国难时之态度》一文由大学出版社以小册子出版,人们争相购读,一时造成洛阳纸贵,产生过较大的社会影响,

继张君劢、贺麟之后,知识界的其他一些人也先后加入到了引介费希特民族主义思想的行列。《国闻周报》第 9 卷第 12 期发表"奋勇"的《费希德演说什么叫爱国心》,该文系费希特的《对德意志国民的演讲》中的"第八讲"的翻译。在"译者导言"中,"奋勇"在介绍了费希特的生平以及他发表《对德意志国民的演讲》的背景后写道:"译者深感费氏自省精神和新教育的功效,实为中国今日救亡的良药,故不揣谫陋,特将其最

[①] 宋祖良、范进编《会通集:贺麟生平与学术》,生活·读书·新知三联书店,1993,第 39 页。

关重要且极适合于中国目前环境的选译第八讲介绍于国人之前,俾作借鉴。"① 雷震发表在《时代公论》第 29 号的《救国应先恢复民族精神》,虽然不是译介费希特的《对德意志国民的演讲》的专文,但其中也以大量的篇幅介绍了他的民族主义思想,并得出结论:"德国之复兴,实菲氏鼓励民族精神之力也。"② 清华大学教授浦薛凤撰写的讲稿《西洋近代政治思潮》,用近三万字的篇幅对费希特的著作尤其是《对德意志国民的演讲》做了介绍。在薛氏看来,"具有历史意义,最能脍炙人口的政治思想大抵为时势环境所造成,而且为改变环境推动时势的一种无形大力量。菲希特之《向德意志民族讲话》即属此类"。薛氏认为,"族国主义与教育理想"是费希特演讲的精义。族国主义的要点在以民族和国家为本位,坚持"吾人爱人类必先爱祖国,谋世界和平必先谋族国独立"的基本原则;而教育理想之精神"在养成一般国民为公而不为私,为整个而不为部分,为久远而不为短暂,为理想而不为物质"的品格。③ 在介绍完费氏所有著作之后他写道:"以言情感之浓厚,影响之远大,或就思想与事实之关系而论,则《向德意志民族讲话》远在其他之上。无论《讲话》举行之际,在场听众是否踊跃,法国当局曾否注意,讲者生命有无危险,此实法国革命后族国主义之第一本经典而含有划分时代之重要意义。"④ 初步统计,九一八事变后,仅《东方杂志》、《国闻周报》、《时代公论》、《复兴月刊》、《教育杂志》、《再生杂志》和《大公报》等报刊发表的费希特《对德意志国民的演讲》之译文(节译或摘译)或介绍费希特之民族主义思想的文章就达 23 篇之多。其中《教育杂志》和《再生杂志》各 5 篇,《国闻周报》、《时代公论》和《复兴月刊》各 3 篇,《东方杂志》2 篇,《国论月刊》和《大公报》各 1 篇。此外,还有一些西方哲学史、政治史、教育史和文化史著作,如加田哲二著、周承福译的《德意志经济思想史》(神州国光社,1932)、陈明志、唐毂译的《近代西洋教育发达史》(商务印书馆,1934)、庄则宣、陈学恒著的《民族性与教育》(新民主出版社,1939)等也对费

---

① 奋勇:《费希德演说什么叫爱国心》,《国闻周报》第 9 卷第 12 期,1932 年 3 月 28 日,第 2 页。
② 雷震:《救国应先恢复民族精神》,《时代公论》第 29 号,1932 年 10 月 14 日,第 32 页。
③ 浦薛凤:《西洋近代政治思潮》,北京大学出版社,2007,第 397、401 页。
④ 浦薛凤:《西洋近代政治思潮》,北京大学出版社,2007,第 406 页。

希特在《演讲》中提出的民族复兴思想作过介绍。特别需要指出的是,费希特的《对德意志国民的演讲》之节本,还被收入进了 1934 年出版的《中学国文特种课本》第二册(高中用书)。该课本的文后"题解"写道:"普鲁士之抵抗强敌,复仇雪耻,端赖以是(指费氏的《菲希德对德意志国民演讲》——引者)。全书凡十四讲,纵论日耳曼民族之特质,自精神方面所见民族与祖国爱之意义,新国民教育之出发点,达到目的之方法等,极其透辟详尽。"而"现在日寇夺去我东北四省之地,我所受之耻辱,不减当年普鲁士之败,我爱国青年,读斯文其亦将有所感动于中而毅然兴起乎?"

费希特的民族主义思想之所以于九一八事变后被系统地引介到中国,分析起来,大致有以下三个方面的原因。

第一,费希特提出民族主义思想时的德国处境与 20 世纪 30 年代时的中国处境十分相似。概而言之,费希特提出民族主义思想时的德国四分五裂,没有一个统一的强有力的中央政府,1806 年又遭到拿破仑的法国军队的入侵,法军并于 1807 年攻陷柏林,德意志民族面临着亡国灭种的现实危机。同样,20 世纪 30 年代的中国,蒋介石虽然凭借其掌控中央政权的有利地位,经过数次战争先后打败了桂系、冯玉祥、阎锡山等地方实力派,但国家并没有实现真正的统一,除华东、华中外,其他地区仍然控制在地方实力派手中。与此同时,日本于 1931 年制造了举世震惊的九一八事变,并于 1932 年初占领了中国东北全境。1932 年 1 月 28 日,日本侵略者又在上海制造一二八事变,尽管中国守军英勇抗敌,但以避战为目的的南京国民政府却与日本签订《淞沪停战协定》,撤退中国守军而允许日军驻留上海。国民政府的避战政策不仅没有使日本侵略者停止侵略,相反还进一步刺激了日本的侵略胃口。1933 年 1 月,日军又向山海关发起进攻,相继侵占山海关、承德,并攻占长城各口,5 月 31 日中日之间签订《塘沽协定》,协定实际上承认了日本对东三省以及热河的占领,并将绥东、察北和冀东置于日军的监视之下。之后,日本又把侵略魔爪伸向华北,中华民族所面临的民族危机进一步加深。相同的历史处境,使费希特所提出的民族主义思想容易在中国知识界中产生共鸣。这正如瞿世英为张君劢的《菲希德〈对德意志国民讲演〉节本》所写的序言指出的那样:"菲氏的演讲,可以认为不仅是对德国人的演讲,而是对人类的演讲,尤其是国家危险与他当时的普鲁士相仿佛的国家,应当在他的讲演里得到感动,得到安慰,得到努力的方向。他的演讲,'对于惨败者,鼓其勇气与希望;对于愁苦者,予以欢欣;对于悲不自胜者,有所以慰藉之。各人不至因惨痛而抑郁无聊,各人有追求事物真相之热心,且有应付当前之难问题之勇气。'"①

第二,费希特身体力行,在国难时为复兴民族而置生死于度外的精神极大地体现了爱国主义情怀,这与近代中国知识界对于民族主义的爱国主义理解有异曲同工之处。早在20世纪初,蒋智由在《〈中国民族权力消长史〉序》中就认为爱国主义就是民族主义,他说:"今之昌时论者,曰爱国,又曰民族主义,二者其言皆是也。欲拯中国,舍是道其奚由也?或者谓国家之义,与民族不同。民族者,一种族之称;而国家或兼合数民族而成。若是,则言爱国,与夫言民族主义,二者得毋有相冲突者乎?余曰:夫国家之于民族,固不同物,虽然,此二主义实可并施于中国而无碍。何则?中国之所谓国家者,数千年历史以来,即我民族所创建之一物也。故就中国而言,非民族则无所谓国家……我之所谓国者,我民族所创建之一国是也。然则今日尚得谓之有国乎?曰:呜呼!其谁不知我早为亡国之民矣。然则既无国,曷言爱国?曰:我所谓爱国者,爱吾祖宗之故国,惟爱之,故欲新造之。如是,故言民族主义即为爱国主义,其根本固相通也。"进而,他提出"民族爱国主义"的口号:"会稽先生抱民族爱国主义,其热如火,著是书也,盖欲伸其志也。"② 进入30年代后,由于民族危机的空前严重,人们在高呼"爱国""救亡"口号的同时,也使民族主义与爱国主义的含义更进一步等同起来。因此,费希特那蕴含有强烈爱国主义情怀的民族主义思想极易得到30年代中国知识界的认同。从介绍费希特的文章可以看出,大都是从他的爱国心出发,如奋勇的《费希德演说什么叫爱国心》等,这些文章无一例外地是把费氏作为一个爱国救国的实例进行介绍,以此激励国人,希望国人尤其是像费希特那样的作为社会精英的知识分子能成为爱国主义的表率,为民族复兴贡献自己的力量。姜蕴刚在《论大学教授》一文中就指出,大学教授在社会上占有非常重要之位置,负有

---

① 瞿世英:《菲希德〈对德意志国民讲演〉节本序》,《再生》第1卷第7期,1932年11月20日,第6~7页。
② 蒋智由:《〈中国民族权力消长史〉序》,见《陶成章集》,中华书局,1986,第447~448页。

非常重大之责任,但是如今的中国大学教授是否担负起了该担负的责任呢?文章举了人们所"熟知的"两个人物处国难时的态度:一个是黑格尔,一个是费希特。在拿破仑的军队打到柏林之时,黑格尔"抱着他的哲学著作就跑……他觉得有他的哲学著作,德国是终不会亡的"。而费希特则大声疾呼,"出来号召全德意志的人民起来为国家之存亡而奋斗,这便是今日所留下的有名的一本充满热力的告德意志国民书。这个热力果然影响了全德意志人民的心灵,于是德意志一再失败,而一再复兴了"。他觉得这两种态度值得中国人思考。"大学教授与一般人相比,自然是具着极有组织与系统的头脑,认识事情也较深刻,而且国家社会所盼望于大学教授者,也希望随时予以高明的见解及贡献",因此遇到重要的事情一般人民总是先看大学教授是如何表态的,如果大学教授都"噤若寒蝉,则其他无知识的人们消沉,便无足怪了"。[①]《中学国文特种读本》上对费希特的《对德意志国民的演讲》的节录偏重的也是他的爱国主义思想和情怀。

第三,近代中国,不仅仅是政治、经济、军事不如人,更让人担忧的是民族意识与民族凝聚力的缺乏。而费希特在《对德意志国民的演讲》中阐发的民族主义思想就是在德国政治、经济、军事各方面都不如人的情况下,通过自我反省、树立民族自信心和实施新式教育来实现民族的复兴。因此他的民族主义思想更适合中国的国情,也最能得到中国人的青睐。用奋勇的话说:"世界的思潮,日益变迁,虽今日德国的学术界,多目费氏《告德意志民族》的演说辞为'老古董',然而费氏所论列的社会情形和他所深悲隐痛的外侮,正与中国今日的情形深相吻合;他又以自省的要旨,劝告国人,认明自身的过失,亦系中国目前所最急切需要的反省。至于费氏所提倡的新教育,虽经过百余年来的修改,尚未十分完备,然其对于公民道德的训练,则自始至终,即收莫大的效果。中国社会果欲彻底改革者,此点亦亟需注意。"[②]

[①] 姜蕴刚:《论大学教授》,《国论月刊》第1卷12期,台北国史馆,1995年重印本,第22页。
[②] 奋勇:《费希德演说什么叫爱国心》,《国闻周报》第9卷第12期,1932年3月28日,第2页。

三 费希特的民族主义思想对20世纪30年代中国知识界的影响

九一八事变后费希特民族主义思想的系统传入,对中国知识界曾产生过广泛的影响。其影响之一,便是促进了20世纪30年代民族复兴思潮的兴起。虽然早在清末民初,民族复兴思潮即已孕育或萌发,从孙中山的"振兴中华"口号到同盟会的"恢复中华"纲领,从国粹派的文化复兴主张到东方文化派的复兴东方文化,实际上都或多或少的包含有民族复兴的思想内容,但"民族复兴"这一概念的明确提出并成为一种具有广泛影响力的社会思潮则是在20世纪30年代,更确切地说是在九一八事变之后。(关于"九一八"后民族复兴思潮的兴起,我们在下一节中将有讨论)

"民族复兴"这一概念之所以在九一八事变后被明确提出并成为一种具有广泛影响力的社会思潮,其主要原因是九一八事变后日益严重的民族危机的刺激,激化了人们的民族认同感和民族责任感,从而为中华民族的复兴提供了契机。除了这一主要原因外,费希特民族主义思想的影响也是其原因之一。因为费氏《对德意志国民的演讲》讲的便是德意志民族面临外族入侵的历史关头如何实现民族复兴的问题。既然德意志民族面临外族入侵能够实现复兴,那么同样面临外族入侵的中华民族为什么就不能实现民族复兴呢?张君劢在《十九世纪德意志民族之复兴》的演讲中就指出:"东北四省失陷以后,各人对于中国前途,表示无限的失望,无限的悲观,好像中国便由此一蹶不振了。其实,我们不必失望,更不用悲观,只要能够在大失败大挫折之后,肯努力的振作,一定可以有复兴的希望。这种情形,历史上不乏先例。远的不必说,即以最近百年来德意志复兴为例,看他当时所处的环境以及其复兴之途径。"[①] 而费希特复兴德国的民族主义思想对于德国一再复兴的作用也得到了许多知识分子的肯定。奋勇认为:"在社会腐化,元气啄丧,政治受人支配,国土丧失大半之秋,费氏苦心孤诣,倡为新教育之说,有如暮鼓晨钟,发人猛醒,使德意志民族,一心一德,以复兴国家为职志……一九一八年德意志受军阀的祸,虽见败于协约等国,然而于财尽力竭的当时,仍能保持其国家的人格,数年后又能以

[①] 张君劢:《十九世纪德意志民族之复兴》,《民族复兴之学术基础》,再生社,1935,第115页。

国民的努力，恢复国际的声誉，此亦不能不谓费氏新教育运动的效果了。"① 郝耀东强调："费希特的精神讲演，为德意志民族复兴的根本力量，为战败法国最有力的利器。"② 凡是对费希特的爱国救国行动有所知晓的人无不称颂他对于德国复兴所做出的伟大贡献，费氏民族主义思想影响下的德国所取得的成功无疑对于 20 世纪 30 年代的中国知识界是一剂良药。吴其昌在《民族复兴的自信力》一文中就写道："我常常这样的想，也常常这样的问：——问一切一切的人，也自问自己——，在菲希特以前的德意志，法国铁蹄下的德意志，在马志尼以前的义大利，奥国控制下的义大利，和现在的中国，被我们的'友邦'铁蹄控制下的中国，比较起来情形相差能有多少？也许恶劣或较我们过之，然而他们竟能够渐渐变成以后的及现在的德、义。我们中国经此大难，到底是不是也有跃起怒吼的一天呢？我的答案是：德、义是'人'，我们也是'人'，这个'人'所能做得到的，那个'人'自然也一定能做到。如果别人早已做到的事，我们竟然不能做到，那我们除非是猪，是狗。"③ 我们查阅 20 世纪 30 年代初中期的报刊就会发现自费希特的《对德意志国民的演讲》（及摘要）被翻译为中文后，中国的思想界特别重视对德国的政治、经济、文化进行研究，试图从德国的复兴史中借鉴成功的经验。与此同时，使用"民族复兴"一词的频率明显增多起来。

怎样才能实现民族复兴？费希特在《对德意志国民的演讲》中提出的一个重要的民族主义思想，便是认为要实现民族复兴，就必须认同和发扬民族精神。受费希特这一思想的影响，20 世纪 30 年代的中国思想界也普遍认为，"欲复兴中华民族，必先恢复中国之固有民族精神"。④ 因而他们在讨论民族复兴的问题时，特别重视对民族精神的探讨。陈茹玄指出：中

---

① 奋勇：《费希德演说什么叫爱国心》，《国闻周报》第 9 卷第 12 期，1932 年 3 月 28 日，第 1 页。

② 郝耀东：《郝耀东先生的意见》，《教育杂志》第 25 卷第 1 号，1935 年 1 月 10 日，第 10 页。

③ 吴其昌：《民族复兴的自信力》，《国闻周报》第 13 卷第 39 期，1936 年 10 月 5 日，第 7 页。

④ 杨兴高：《恢复中国固有民族精神与吸收外来文化》，《新文化月刊》第 6 期，1937 年 6 月 25 日，转引自郑师渠、史革新主编《近代中国民族精神研究读本》，北京师范大学出版社，2006，第 147 页。

国频年内战和醉心西洋文化使得中国民族精神颓败,中国"自欧风东渐以来,国人震于西洋之物质文明,盲目崇拜,至将一切国粹,亦完全抹杀,旧有道德,旧有礼教,都要打倒",而"普鲁士败于法兰西以后,几不能自立;而其国内学者,如黑智尔(即黑格尔——引者),菲希特等,以民族主义号召国人,竭力表扬其日耳曼民族之伟大与优秀。使其人民爱其国而自尊其种,养成刚健雄沉的民族精神"。因此,他认为要挽救中国,就要挽救这颓败的民族精神,就要"消弭内乱""养成民族自尊自重的精神"。① 雷震认为,"我们今日要排除国难,要挽救中国,须先从恢复民族精神做起"。而他所总结的民族精神的实质几乎与费希特的相同。他说费希特的《对德意志民族的演讲》"鼓吹日耳曼民族感情,唤起德国民族精神,谓德国要达到独立自主之目的,非先从克服小我做起不可"。他对于费希特以国家高于个人,为谋求祖国的独立与生存而限制个人自由、舍身赴难的精神非常赞赏。在谈到如何恢复民族精神时,他从"菲希特以为唤起民族感情,涵养爱国热情之方法,莫过于从奖励教育着手"出发,并得出结论:"我们要恢复民族精神,根本要从人格教育做起,无论何人,不能否认。"② 奋勇认为费希特所强调的两点,即(1)"体力和武备绝不能获得最后的胜利,只有大无畏的精神,才能胜过一切";(2)"认民族为永远不朽的团体,要将这种认识用精神的训练,培植于民众心理里面",正是中国目前所需要的。③ 也就是说,要救中国,费希特所说的自省的精神、爱国的精神是中国所必需的。在王鲁季看来,一个民族之所以能生存于世界并得到发展,"要在其有不可磨灭之民族精神",如英国民族的保守沉着,德国民族的尚武图强,日本民族的崇尚侵略,"此皆其民族固有之精神,亦即一民族与其他民族不同之点"。作为有着几千年悠久历史的中华民族,也有自己的民族精神。他认为中华民族的民族精神主要表现在"大同主义"、"民本主义"、"德治主义"、"和平主义"和"中庸主义"等方面。在清代以前,中华民族的民族精神"甚为焕发",这是中华民族和中

---

① 陈茹玄:《我国民族精神颓败之原因及其挽救方法》,《时代公论》第28号,1932年10月7日,第14~15页。
② 雷震:《救国应先恢复民族精神》,《时代公论》第29号,1932年10月14日,第31~32页。
③ 奋勇:《费希德演说什么叫爱国心》,《国闻周报》第9卷第12期,1932年3月8日,第3页。

华文化能够长盛不衰的重要原因。然而自清入关后,尤其是鸦片战争后,中华民族的民族精神逐渐丧失了,中国因此而遭受列强的侵略,甚至面临亡国灭种的危险。所以"吾人诚欲乞求中华民族之生存",就必须向费希特所说的那样,"非努力发扬固有之民族精神不可"。① 天津《大公报》的一篇名为《民族复兴之精神基础》的"社评"也再三强调:"重唤起中国民族固有之精神,以秦汉以上诸先哲之智慧品性能力精神为范",这是"实现民族复兴之必要的原则"。②

受费希特民族主义思想的影响,20世纪30年代的思想界还特别强调树立民族自信心对于民族复兴的重要意义。瞿世英在为张君劢译《菲希德〈对德意志国民讲演〉节本》所写的序言中写道:"中国现在所处的国难,可以说是历史上向来没有的。但我们回顾我们伟大的文化,灿烂的历史,想到我们坚韧劳苦的国民,想到四千年来为民族扩大进展努力的先民,为民族生存努力而牺牲生命的先烈,乃至于在淞浦抵抗,在白山黑水间转战的国民所流的鲜血,我们应该激发我们的自知心,自信心,自尊心,努力创造我们的前途。我们要痛自检点我们的过失,改造内心,提高民族的自信力。这是君劢翻译这本摘要的主旨。我希望凡读到这本译文的读者,在未读本文之先,先想一想现在的国难。读本文的时候,不要忘记我们民族的灿烂庄严的过去,自信我们有光明灿烂的前途。"③ 张君劢在《欧美派日本派之外交政策与吾族立国大计》一文中指出:"国之立于大地者,必其国人自思曰:凡我之所能,为他人所不及;他人之所能者,我无一而不能,是为民族之自信力。英之所以有此国力,以其人民自信其航海通商与夫运用政治之技,为他国所不及焉;德之所以能仆而复兴者,菲希德氏尝言之,以其国民自信在具有原初性故焉;日人之所以连战连胜者,武士道精神实为之。虽各族各有特性,其政治军事文化之表现,因之而大异;然其为自信力则一。"也就是说,民族自信力对于一个国家的兴盛具有非常重要的意义。那么,当时的中国又是怎样的情形呢?张君劢认为中国是唯

---

① 王鲁季:《论中国民族之靖神》,《军需杂志》第33卷,1935年10月,转引自郑师渠史革新主编《近代中国民族精神研究读本》,北京师范大学出版社,2006,第149~154页。
② 《民族复兴之精神基础》,天津《大公报》1934年5月15日"社评",第3版。
③ 瞿菊农:《菲希德〈对德意志国民演讲节本〉序》,《再生》第1卷第7期,1932年11月20日,第7页。

外国马首是瞻,"他国有共产,吾从而共产焉;他国有法西斯,吾从而法西斯焉;不独政治为然,而外国学者之权威,亦高于国人一等……此媚外心之日强,即自信力之日弱。"他认为照此情形下去,中国是不可能建成独立富强的民族的,中国必须先有争胜之心,也就是先要有民族自信力,自信自己是优秀的民族,然后"政治乃能与人并驾"。① 天津《大公报》的"社评"提出,"今日欲救中国于危亡",首先应该打倒那种认为中华民族除了"拱手待亡"没有其他出路的悲观消极心理,而大力"培养民族自信精神",使全体中国人,尤其是那些"号为民族前驱之智识分子","不以艰危动其心,不以挫辱夺其气,共悬一鹄,努力迈进,要以复兴中国、光复故物为职志"。② 沈碧涛在《国人的危机》一文中强调,"自信力为民族最要之观念",但自中西交通以来,因中国的一败再败,中华民族的自信力受到沉重打击,这是"我们的最大的危机"之一。因此,我们要实现民族复兴,必须像费希特所讲的那样,从"恢复自心力"做起。③ 谢耀霆论民族复兴文章的题目就叫作《复兴民族须先恢复自信力》,他认为"中华民族衰落的原因,完全是因为失去了自信力的缘故。那么,我们要复兴中华民族,亦只有首先恢复自信力,然后始有复兴的可能。"④ 吴其昌同样认为:我们"这个庞大的民族能不能复兴",关键是要看"我们的自信力了"。中华民族的复兴不是"能不能"的问题,而是我们"为不为"的问题,不是我们先天民族"有救"或"没有救"的问题,而是我们现代这些子孙"努力"或"不努力"的问题,只要我们像费希特所讲的那样,树立民族的自信心,相信中华民族既有灿烂的过去,也会有光明的未来,那么中华民族就没有不复兴的道理。⑤

费希特在《对德意志国民的演讲》中提出的另一重要的民族主义思想,便是认为要实现民族复兴,就必须在民族认同的基础上对进行自我反

---

① 张君劢.《欧美派日本派之外交政策与吾族立国大计》,《再生》第2卷第1期,1933年10月1日,第25~26页。
② 《民族复兴之精神基础》,天津《大公报》1934年5月15日"社评",第3版。
③ 沈碧涛:《国人的危机》,《大公报》1931年11月3日"读者论坛",第5版。
④ 谢耀霆:《复兴民族须先恢复自信力》,《复兴月刊》第1卷,第8期,1933年4月1日,第4页。
⑤ 吴其昌:《民族复兴的自信力》,《国闻周报》第13卷,第39期,1936年10月5日,第7页。

省。用张君劢在《菲希德〈对德意志国民演讲〉摘要》之"引言"中的话说:"菲氏演讲之开宗明义,曰惟认识国家之所以败,乃知国家之所以兴,换词言之,洞见今日弊害之根源,即以后向善之开始。菲氏为当日德人痛下针砭之语曰,一八〇六年普鲁之所以溃败,由于自私自利心之发达,人人知有我而不知有全体,故对内则偷窃,对外则怯懦,然自私自利心之伸张至于极步,则并一己之小利而不能保,故曰因自私自利而灭亡,乃必然之果,非偶然之遭值也。菲氏提出德国自救之法,曰民族之道德的改造,谓民族之因道德的坠落而亡者,惟有道德的改造足以振之,此菲氏立言之根本精神也。"[1] 受费希特这一思想的影响,30 年代的中国思想界也在民族认同的基础上认真反省中华民族自身存在的问题。1934 年 8 月出版的《复兴月刊》第 2 卷第 12 期发表了解炳如的《民族复兴与民族性的改造》一文。该文开宗明义便写道:"'九一八'案的发生,如迅雷不及掩耳般地辟雳一声给予中华民族的独立生存受空前的大威胁,几乎轧压得呼不出气来。自历史上观之,凡一民族在极危难的周遭中,必有一种深刻而沉痛的反省,进而有努力挣扎向上的态度与民族复兴的冀求。如一八〇七年为拿翁铁蹄蹂躏的普鲁士民族,裴希特在其《告德意志国民》演说辞中,痛论其民族的特性与复兴的必要。一八七一年败于普鲁士的法兰西民族,巴黎大学教授在所著的《法国民族性》一书中,详论其民族性与在法国文化上之影响。又如德意志民族在欧战后受着重大的威胁和压迫,蒙欣大学教授费希尔在教育年鉴里,复讨论德国民族性与教育的关系。中华民族现在所遭遇的厄运,与一八七一年的法兰西人,及一八〇七年或欧战后的德意志人所遭遇的厄运简直无异,所以我们深刻的反省,努力自新,是其时了。"作者认为,中华民族既有许多优良的民族品格,也有一些民族的劣根性。概而言之,民族的劣根性主要表现在三方面:一利己;二虚伪;三文弱。民族的这些劣根性是造成"国家不振"、"社会堕落"和"民族萎靡"的重要原因。因此,"在今日国难严森,民族危急之时",我们要实现民族复兴的伟大理想,则"舍民族性的改造"没有其他道路可走。"就是说,复兴民族从任何方面着手,均须以改造民族的劣根性为依

---

[1] 张君劢:《菲希特〈对德意志国民演讲〉摘要》,《再生》第 1 卷第 3 期,1932 年 7 月 20 日,第 11 页。

归，则民族复兴始有希望"。① 蒋廷黻认为，要实现民族复兴，首先必须改革中国人那种圆滑、通融、敷衍，做什么事都消极、清高的人生观。官可以不做，但事要做；别的可牺牲，唯独事业不可牺牲。否则，民族复兴的可能性就不会成为现实性。② 笔名为"杯水"的作者也认为，要救国，实现民族复兴，应从革除国人身上的"自私"、"怯懦"、"虚伪"、"不认真"等一些"恶习惯"入手，同时要加强对国民的文化教育，因为"今日国家事事弄到破产的情形，一方面固然是因为自私、怯懦、虚伪、不认真种种毛病在那里作祟，一方面也是因为必需的知识太缺乏"。③ 周佛海在《精神建设与民族复兴》一书中提出，要以"精神建设"来实现中华民族的复兴，而"精神建设"的内容，主要体现在以下几个方面：第一，要扫除因私害公的风气，建设为公忘私的精神；第二，要铲除敷衍、应付和虚伪的风气，建设忠于所事、忠于职责的精神；第三，要铲除互相推诿、互相责难的风气，养成任劳、任怨、任咎的精神；第四，要铲除冷淡的心理，养成狂热的风气；第五，要铲除个人自由的风气，养成严守纪律的精神；第六，要铲除卑鄙贪污的恶习，树立尚名节、重廉耻的风气。④ 周佛海所要"扫除"或"铲除"的内容，也就是解炳如所讲的"民族的劣根性"或"杯水"所说的"恶习惯"。赖希如认为，要实现民族和文化复兴，就应像费希特所主张的那样，对中华民族的"民族性弱点"进行改造。在他看来，中华民族的"民族性弱点"可以从以下几个方面加以观察：第一，是从活动力及发展力方面观察。中国的民族风尚，向来尊崇道德，而蔑视才艺，以守分安命、顺时听天为极则。"此种崇尚宁静无为，苟安天命之结果，于不知不觉中，遂逐渐养成安闲自适之民族堕性，而听天由命之宿命论，亦则是而深入人民之意识中"。第二，是从组织力及经营力方面观察。中华民族向来崇尚那种无拘无束之飞鸟式的自由，"缺乏秩序之观念，复无纪律之规范"，西方人视中国人为一盘散沙。"人民本身之组织如是，其

---

① 解炳如．《民族复兴与民族性的改造》，《复兴月刊》第 2 卷第 12 期，1934 年 8 月 1 日，第 1~7 页。
② 蒋廷黻：《民族复兴的一个条件》，《国闻周报》第 11 卷第 28 期，1934 年 7 月 16 日，第 1~2 页。
③ 杯水：《救国的几个先决问题》，《独立评论》第 71 号，1933 年 10 月 8 日，第 6 页。
④ 转引见朱国庆《精神建设与民族复兴》，《独立评论》第 218 号，1936 年 5 月 13 日，第 15~18 页。

他对于事业之经营,亦正同出一理",中国人不擅于经济上的经营和竞争。第三,是从吸收力及理解力方面观察。在中华民族的意识中有两种消极元素,"一为唯我独尊,蔑视一切之'排他性';一为述而不作、信而好古之'保守性',所以中国不善于吸收外来的先进文化,对外来文化往往不求甚解,"厌于讨论求详"。第四,从伦理道德之消极倾向方面观察。中国的伦理道德,有积极的一面,也有消极的一面,就消极一面而言,比如"自私自利","人人但知有家庭,而不知有所谓社会;知有家族,而不知有所谓民族;家虽齐,而国不治"。第五,从务虚名而轻实际方面观察。中国人比较尚虚名,重形式,爱好体面,比如"吾国社会婚寿丧祭之礼仪,其形式之繁重,殆为世界各国之所无"。[①]

费希特所倡导的复兴民族的唯一途径——新式教育也得到了30年代知识界的普遍认同,他们坚信教育有救国的效益和功能。张君劢就主张先"从教养入手,俾三万万九千万人民咸认识甘为中华民族之人民"。[②]他指出,德国"当时的哲学家、政治家都特别注意于教育,因为国家的强盛,惟有求之于国民自身。欲开发个人内蕴的力量,惟有赖教育的力量以开发之。""所谓祖国爱,所谓内部的一体性,这是当时的教育方针,也是对症下药的功夫。"[③] 为了教育国民,张君劢数次赴山西、山东、云南、广西、广东等地演讲,创办杂志,他甚至像费希特创办柏林大学一样,也创办了广州学海书院,其宗旨是要恢复传统书院制度下的人格与德性教育,以弥补现代大学教育的所谓缺失,承担起民族国家的复兴重任。他在《书院制度之精神与学海书院之宗旨》一文中指出:我们的国家正处在风雨飘摇之中,唯有养成一种新精神、新风气,才能挽救。我们应该像德意志民族那样,平时养成一种刚毅果敢的国民性,在知识在人格方面皆有自己的特长。这样国家虽然受到一时打击,但只要

[①] 赖希如:《中华民族性弱点之改造论》,《建国月刊》第13卷第5期,1935年11月10日,转引自郑师渠史革新主编《近代中国民族精神研究读本》,北京师范大学出版社,2006,第149~154页。

[②] 冯兆基:《中国民族主义、保守主义与现代性》,郑大华、邹小站编《中国近代史上的民族主义》,第53页。

[③] 张君劢.《十九世纪德意志民族之复兴》,《民族复兴之学术基础》,第115页。

精神不变,人心不死,国家复兴之日,总会降临。这是学海书院宗旨所在。① 林志钧在《〈菲希特对德意志国民演讲节本〉序》中写道:"菲氏告其国人以治病之法无他,曰教育,曰新教育。新之云者,以菲氏视当日之德国为自私自利、罪恶贯盈之民族,同时又深信德意志民族,有其优良之特性,可以接受此新教育,为他民族所不及,故以隔离此当前污浊空气,养成纯洁意志,为拯救其国民之唯一方法。"而当时中国国民的自私自利与费希特发表《对德意志国民的演讲》时德意志民族的自私自利相比有过之而无不及,"故今日(中国)不从新教育下手,无论任何改革,皆无成功之可言",就更不用说实与民族复兴了。②《教育杂志》曾向全国的专家学者征集有关教育救国的意见,并将征集到的意见刊登在 1935 年 1 月 10 日出版的第 25 卷第 1 号上,题为《全国专家对于教育救国的信念》。从所刊登的文章中可以看出,20 世纪 30 年代的中国人虽然很少有人把教育作为唯一的救国途径,但是,受费希特的以新式教育实现民族复兴思想的影响,不少人都坚信即使教育"不是救国的全能",至少也有"救国的效能"。吴俊升在《教育有没有救国的效力》一文中指出,要证明教育有救国的效能就必须举出例子,那么"斐希特以教育复兴德国,便是一个最常举述的例",所以他认为虽然"若说只凭斐希特的教育计划便复兴了德国,当然是过甚之谈,可是斐希特以教育救国之功,总是不可否认的"。③ 郝耀东认为"救国教育要精神与物质并重",费希特在他的《对德意志国民的演讲》中,"注意复兴民族道德,发扬民族精神",他的精神演讲"为德意志民族复兴的根本力量,为战败法国最有力的利器"。④ 也就是说,费希特的教育起到了精神救国的作用,是复兴民族的基础,我们中国也需要这种教育。马宗荣也认为:"费氏提倡新的教育以后,其国民的精神即所谓'德意志魂'者,遂勃然而

---

① 张君劢:《书院制度之精神与学海书院之宗旨》,《宇宙旬刊》第 4 卷第 7 期,1936 年 3 月 15 日,第 18 页。
② 林志钧:《〈菲希特对德意志国民演讲节本〉序》,《再生》第 1 卷第 6 号,1932 年 10 月 20 日,第 1~2 页。
③ 《全国专家对于教育救国的信念·吴俊升先生的意见》,《教育杂志》第 25 卷第 1 号,1935 年 1 月 10 日,第 7 页。
④ 《全国专家对于教育救国的信念·郝耀东先生的意见》,《教育杂志》第 25 卷第 1 号,1935 年 1 月 10 日,第 10 页。

兴，促成国民精神一致团结。这国民一致团结力，不久遂在普法战争上尽量的发挥，而使法国作城下之盟。这是教育能救国的实证"。因此，他"相信教育能救国"。①

近代中国的民族主义经历过三个发展阶段，这就是清末民初的形成阶段；五四时期的发展阶段，九一八事变后到抗战结束的高涨阶段，受日益严重的民族危机的刺激，这一阶段民族主义的理论构建发生了新的变化，这主要表现为德国思想家费希特之民族主义思想被系统地引介到中国，并促进了民族复兴思潮在 20 世纪 30 年代的兴起。

第三节 民族主义理论的新构建：民族复兴思潮的兴起

实现中华民族伟大复兴的中国梦是近代以来中国人民矢志不渝的愿望和追求，但"中华民族复兴"思想有一个从萌发、到发展、再到成为社会思潮的历史过程。19 世纪末 20 世纪初，是民族复兴思想孕育或萌发阶段，从孙中山的"振兴中华"口号，到梁启超的"少年中国"说，再到国粹派的"古学复兴"主张，实际上都包含有民族复兴的思想内容。五四时期，是民族复兴思想的发展阶段，李大钊提出了"新中华民族主义"和"中华民族之复活"的思想，孙中山提出了"要恢复民族的固有地位，便要首先恢复民族的精神"的思想，梁漱溟、梁启超等"东方文化派"提出了复兴东方文化的思想，王光祈在《少年中国运动》一书的序言中，提出了"中华民族复兴运动"的思想。但民族复兴成为一种具有广泛影响力的社会思潮则是在九一八事变之后，其主要原因是九一八事变后日益严重的民族危机，激化了人们的民族认同感和民族责任感，从而为中华民族的复兴提供了契机。除民族危机这一主要原因外，以张君劢为代表的国社党人和以蒋介石为代表的国民党人的推动，也是民族复兴思潮能于"九一八"后迅速形成的原因之一。

一 从清末到五四：民族复兴思想的萌发和发展

中华民族复兴思想孕育或萌发于 19 世纪末 20 世纪初。最早提出这一

---

① 《全国专家对于教育救国的信念·马宗荣先生的意见》，《教育杂志》，第 25 卷第 1 号，1935 年 1 月 10 日，第 26 页。

思想的是中国革命的伟大先行者孙中山。1894年夏,亦即甲午战争前夜,孙中山曾到北京上书李鸿章,希望清政府能采纳他提出的仿效西方,以求"富国强兵之道,化民成俗之规"的改革主张。但因时局的紧张,李鸿章并没有接见他。上书的失败,尤其是中日甲午战争的爆发,民族危机的空前深重,使孙中山认识到"和平方法无可复施。然望治之心愈坚,要求之念愈切,积渐而知和平之手段不得不稍易以强迫",① 于是去了他少年时代求学的地方檀香山,并于这年的11月在檀香山成立了革命团体"兴中会"。在他起草的《兴中会章程》中,孙中山提出了"振兴中华"这一具有民族复兴思想内涵的口号。

孙中山之所以能成为"振兴中华"口号的最早提出者,首先在于他有一种强烈的忧国忧民意识和以挽救民族危亡为己任的使命感。他在檀香山和香港的《兴中会章程》中写道:"我中华受外国欺凌,已非一日","方今强邻环列,虎视鹰瞵,久垂涎我中华五金之富、物产之繁。蚕食鲸吞,已效尤于接踵;瓜分豆剖,实堪虑于目前"。"堂堂华国,不齿于邻邦,济济衣冠,被轻于异族。有志之士,能无痛心?""有心人不禁大声疾呼:亟拯斯民于水火,切扶大厦之将倾"。② 在《致港督卜力书》,他于揭露"政府冥顽","疆臣重吏,观望依违"的同时,强调"天下安危,匹夫有责,先知先觉,义岂容辞?"③ 这些动情的语言,充分表达了一位爱国志士的满腔悲愤和强烈的以挽救民族危亡为己任的使命感。他之所以要反对清王朝,要革命,其中一个重要原因就是清王朝已成了"洋人的朝廷",成了外国列强奴役和掠夺中国人民的傀儡和工具,只有推翻清王朝,才能使中国免遭帝国主义主义的瓜分。孙中山一生充满了挫折和失败,上书李鸿章失败,多次领导反清起义的失败,二次革命失败,两次护法运动失败,但他能屡败屡起,并且能从失败中吸取教训,而不断前进。所以如此,强烈的忧患意识和以挽救民族危亡为己任的使命感是其巨大的推动力。其次在于他有一种强烈的民族自豪感和民族自信心。孙中山始终坚信,中国只要善于向西方学习,就能够实现富强,不仅能够迎头赶上欧美强国,而且还可以"驾欧美而上之"。在《兴中会章程》中他写道:"以(中国)四百

---

① 孙中山:《伦敦被难记》,《孙中山全集》第1卷,中华书局,1981,第52页。
② 孙中山:《兴中会章程》,《孙中山全集》(第1卷),中华书局,1981,第19、21页。
③ 孙中山:《致港督卜力书》,《孙中山全集》(第1卷),第192页。

兆人民之众,数万里土地之饶,本可发雄,无敌于天下",只要"举国之人皆能通晓"和"切实讲求当今富国强兵之学,联智愚为一心,合遐迩为一德,群策群力,投大遗艰,则中国虽危,无难挽救"。① 在1904年写给美国人民的呼吁信中他指出:"拯救中国完全是我们自己的责任","一旦我们革新中国的伟大目标得以完成,不但在我们的美丽的国家将出现新纪元的曙光,整个人类也将得以共享更为光明的前景。普遍和平必将随中国的新生活接踵而至。一个从来也梦想不到的宏伟场所,将要向文明世界的社会经济活动而敞开"。② 第二年,在东京留学生欢迎大会上他又热情洋溢地演说道:"中国土地、人口为各国所不及,吾侪生在中国,实为幸福。各国贤豪欲得如中国之舞台者利用之而不可得。吾侪既据此大舞台,而反谓无所措手,蹉跎岁月,寸功不展,使此绝好山河仍为异族所据,至今无有能光复之,而建一大共和国以表白于世界者,岂非可羞之极者乎"?③ 只有对自己的国家和民族满怀深情的人,只有以挽救民族危亡为己任的人,才有可能在当时中华民族正被一些自我感觉良好的西方人视为"劣等民族"的年代里,说出如此热情洋溢的语言,憧憬中华民族的美好未来,也才能响亮地提出"振兴中华"的口号。

在孙中山提出"振兴中华"的口号,开始为实现中华民族伟大复兴这一目标而不断努力奋斗的同时,梁启超也开始了对中华民族复兴之路的探索。但与孙中山不同的是,孙中山认为只有推翻清王朝,才能"振兴中华","挽大厦之将倾",实现中华民族的伟大复兴,而在梁启超看来,中国要从贫弱走向富强,就必须进行资本主义性质的改革,变封建主义的君主专制制度为资产阶级的君主立宪制度。为此,他协助乃师康有为发动和领导了戊戌变法运动。变法运动失败后,他又痛定思痛,开始了重新探索中华民族复兴之路的艰难历程。他1900年发表在《清议报》上的《少年中国说》,可以说是梁启超复兴中华民族的宣言书,即建立一个"称霸宇内,主盟地球"的"少年中国"。如何实现"少年中国"的梦想,这也是戊戌变法失败之后,梁启超重新思索的重要问题,在《少年中国说》中率

---

① 孙中山:《兴中会章程》,《孙中山全集》(第1卷),第21、22页。
② 孙中山:《中国问题的真解决》,《孙中山全集》(第1卷),第255页。
③ 孙中山:《在东京中国留学生欢迎大会的演说》,《孙中山全集》(第1卷),第282~283页。

先给出了答案:"制出将来之少年中国者,则中国少年之责任"。他意识到"少年"决定着中国的未来,承载着中国的梦想。"少年智则国智,少年富则国富,少年强则国强,少年独立则国独立,少年自由则国自由,少年进步则国进步,少年胜于欧洲则国胜于欧洲,少年雄与地球则国雄于地球。"① 那么,要具备什么样品质的少年才能制造少年中国,才能承载民族复兴的大任呢,梁启超在1902年发表的《新民说》中做了回答,即必须具备公德、国家思想、进取冒险、权利思想、自由、自治、进步、自尊、合群、生利分利、毅力、义务思想等品质。由此可见,梁启超的民族复兴思想,从"少年中国"出发,围绕"新民"与"新国"展开,最终是希望通过"新民"来实现民族建国,而不论是"新民"还是"新国",其目的都是为了实现民族复兴。

此后,欧榘甲1902年在《新广东》中提出"中国者,今日将死而复生,散而复聚,静而复动,灭而复兴之大机会也";《新民丛报》1903年刊出的《〈大同日报〉缘起》一文使用了"复兴中国"、"振兴民族"的提法;华兴会1904年提出过"驱除鞑虏,复兴中华"的主张;以章太炎为代表的"国粹派"提出了"古学复兴"的思想,他们认为,中世纪欧洲通过文艺复兴,开启了近代文明之路;中国应该向西方学,通过复兴古学,来重振中国文化,实现中国文化复兴,进而推动民族复兴的实现,借用邓实在《古学复兴论》一文中的话说:"吾人今日对于祖国之责任,唯当研求古学,刷垢磨光,钩玄提要,以发见种种之新事理,而大增吾神州古代文学之声价……欧洲古学复兴于十五世纪,而亚洲古学不复兴于二十世纪也。呜呼,是则所谓古学之复兴者矣"。②

上述这些口号、梦想、主张和思想的提出,曾产生过重大影响,比如孙中山提出的"振兴中华"的口号,曾激励了一代又一代中国人为实现中华民族的伟大复兴而英勇奋斗,具有十分重要的思想意义。梁启超提出的"少年中国"的梦想,影响了清末民初整整一代的中国人,人们以"少年"和"少年中国"这一符号来寄托他们对社会变革、政治革命、民族复兴的渴望,1902年南洋公学学生组织"少年中国之革命军",是为现代中国之

---

① 梁启超:《少年中国说》,《梁启超合集》第1册,文集之五,第11~12页。
② 邓实:《古学复兴论》,《辛亥革命前十年间时论选集》第2卷,上册,三联书店,1963,第60页。

"学生运动"的历史开端。1905 年，吴趼人以"老少年"的署名，撰写长篇章回小说《新石头记》，采用虚实结合的创作手法，为人们描绘了一幅新中国的美好图景。"老少年"既是作者的化名，同时也是小说中的一个重要人物，即贾宝玉漫游"文明境界"的向导。1910 年，汪精卫密谋刺杀摄政王载沣不成，被判终身监禁，在狱中他写下传颂一时的诗作《慷慨篇》，其中有"引刀成一快，不负少年头"的名句。即使到了五四时期，因陈独秀创办《青年杂志》（后改为《新青年》），发表《敬告青年》一文，"青年"和"青春中国"成了人们喻意人生、国家、民族的美好未来的核心符号，但"少年"和"少年中国"仍然有着它的影响力，五四时期有个著名的社团，就取名为"少年中国学会"。以章太炎为代表的提出的"古学复兴"的思想，希望通过复兴古学，来重振中国文化，实现民族复兴，开启了中国近代以来倡导以文化复兴来实现民族复兴之思想的先河，五四时期的"东方文化派"、30 年代的"本位文化派"和现代新儒家，可以说都是他们思想的继承者和发展者。

我们在充分肯定上述这些口号、梦想、主张和思想之意义和影响的同时，也应看到它们的历史局限性。孙中山"振兴中华"口号中的"中华"，指的并非是现代意义上的"中华民族"，而是"汉族"。因为中华民族虽然形成很早，但民族意识较为淡薄，借用费孝通先生的话说，古代的中华民族是一个"自在"的民族实体，而不是一个"自觉"的民族实体。"中华民族"这一观念最早是梁启超于 1902 年提出和使用的。在 19 世纪末 20 世纪初，人们尤其是以孙中山为代表的革命派主要是在两种意义上使用"中华"一词的：一是指"中国"。如陶成章在其著作《中国民族权力消长史》中就写道："我们中国将国家自称为华夏，夏为大，华为美，是大而美丽的国家的意思。中华，也称中国"；二是指"汉族"。陶成章在同一本书中又指出："所谓中国民族，一名汉族，自称中华人，又称中国人"。1904 年华兴会提出的"驱除鞑虏，复兴中华"、1905 年同盟会提出的"驱除鞑虏，恢复中华"，其中的"中华"指的都是汉族，而非现代意义上的"中华民族"。梁启超的"少年中国"的梦想，只是对民族复兴的一种憧憬和寓意，它并没有明确表达出"民族复兴"的思想含义。其他如欧榘甲 1902 年在《新广东》中提出"中国者，今日将死而复生，散而复聚，静而复动，灭而复兴之大机会也"；《新民丛报》1903 年刊出的《〈大同日报〉缘起》一文使用的"复兴中国""振兴民族",从其前后文和整个文章的意思来看,我们也很难得出是明确主张"民族复兴"的结论。这也是我们将19世纪20世纪初称之为民族复兴思想之孕育或萌发阶段的主要原因。

到了五四前后,中华民族复兴思想有了进一步发展。

首先,比较明确地提出了"民族复兴"或"民族复兴运动"的思想。如1917年,李大钊在《大亚细亚主义》一文中,针对日本鼓吹的大亚细亚主义,提出"大亚细亚主义者,当以中华国家之再造,中华民族之复活为绝大之关键。"[①] 就字义来说,"复活"虽然完全不能等同于"复兴",但具有很强的"复兴"意义。当时使用"复活"一词的,还有"东方文化派"的代表人物梁漱溟。1921年,他在其成名作《东西文化及其哲学》一书中写道:"中国不复活则已,中国而复活",当于"昭苏了中国人的人生态度"中得之。[②] 同年,另一位"东方文化派"的代表人物陈嘉异在《东方文化与吾人之大任》一文中用的是"民族再兴",认为东方文化"实含有'中国民族之精神',或'中国民族再兴之新生命'之义蕴。"[③] 1924年,孙中山在"民族主义"的演讲中,不仅第一次使用了"民族复兴"一词,并且批评列强想维持垄断地位,"不准弱小民族复兴"。几乎和孙中山同时,少年中国学会的主持人王光祈在《少年中国运动》一书的序言中,主张开展两种重要运动:"一、民族文化复兴运动,二、民族生活改造运动",并合称这两种运动为"中华民族复兴运动"。[④]

其次,李大钊、孙中山等人这时所讲的"民族复兴",是包括汉、满、蒙、回、藏在内的中国各民族亦即"中华民族"的复兴,而非孙中山提出"振兴中华"口号时仅仅是"中华"亦即"汉族"的振兴。我们前面已经提到,"中华民族"一词首先是梁启超于1902年提出和使用的,辛亥革命前,使用过"中华民族"一词的只有三个人,除梁启超外,还有杨度(《金铁主义说》,1907年)和章太炎(《中华民国解》,1907年)。但无论

[①] 李大钊:《大亚细亚主义》,《甲寅》(日刊),1917年4月18日。
[②] 梁漱溟:《东西文化及其哲学》,《梁漱溟全集》第1卷,山东人民出版社,1989,第539页。
[③] 陈嘉异:《东方文化与吾人之大任》,《东方杂志》第18卷第1~2号,1921年1月。
[④] 王光祈:《民族文化复兴与民族生活改造运动》,《醒狮》1924年第4号,第3版。

是梁启超、杨度，还是章太炎，他们都是在"汉族"的含义上使用"中华民族"一词的。① 1911年的辛亥革命推翻了清王朝，中华民国宣告成立。中华民国的成立，尤其是孙中山在《临时大总统就职宣言书》和《中华民国临时约法》中提出的"五族共和""五族平等"的建国主张，对"中华民族"自我意识的形成起了极大的促进作用。因此，民国初年到五四前后，不仅使用"中华民族"一词的人不断增多起来，而且开始具有了"中华民族"是中国境内各民族共同称谓的民族认同意识。1917年2月19日，李大钊在《甲寅》日刊上发表《新中华民族主义》一文，他在谈到"新中华民族主义"的含义时指出，在"高远博大"之民族精神的铸筑下，中国境内各民族早已"畛域不分，血统全泯"，凡籍隶于中华民国之人，"皆为新中华民族矣"。此前的汉、满、蒙、回、藏之五族的称谓，是辛亥革命特定时期的产物，现今五族的文化早已渐趋于一致，而又共同生活在统一的民国之下，汉、满、蒙、回、藏之五族以及其他苗族、瑶族都已成为"历史上残留之名辞"，没有再保留的必要，所有五族和其他各族都应统称为"中华民族"。与此相适应，今后民国的政教典刑，也应以新民族精神的建立为宗旨，统一民族思想，这也就是所谓的"新中华民族主义"。② 很显然，李大钊在这里所讲的"中华民族"，指的是包括汉、满、蒙、回、藏、苗、瑶等生活在中国境内的各民族。孙中山也是如此。1919年他在《三民主义》一文中就主张："汉族当牺牲其血统、历史与夫自尊自大之名称，而与满、蒙、回、藏之人民相见于诚，合为一炉而冶之，以成一中华民族之新主义，如美利坚之合黑白数十种之人民，而治成一世界之冠之美利坚民族主义。"③

最后，孙中山提出了要"恢复民族固有的地位"，必先"恢复我们民族的精神"的思想。1924年初，孙中山在"民族主义"的演讲中指出，中国之所以从"世界独强"沉沦为了"次殖民地"，其原因"是由于我们失去了民族的精神"。因此，我们要"恢复民族的固有地位"，实现民族复兴，就必先"恢复我们民族的精神"，④ 他并且阐述了什么是中华民族的民

---

① 郑大华：《"中华民族"自我意识的形成》，《近代史研究》2014年第4期。
② 李大钊：《新中华民族主义》，《甲寅》（日刊），1917年2月19日。
③ 孙中山：《三民主义》，《孙中山全集》第5卷，中华书局，1985，第187页。
④ 孙中山：《三民主义·民族主义》，《孙中山全集》第9卷，中华书局，1986，第242页。

族精神、恢复和弘扬民族精神对于民族复兴的重要意义,以及如何处理好恢复和弘扬民族精神与向外国学习的关系等问题。什么是"民族精神"呢?孙中山认为,"民族精神"主要体现为"固有的道德"、"固有的知识"和"固有的能力"三个方面。首先就"固有的道德"而言,他指出,中国"固有的道德","首是忠孝、次是仁爱、其次是信义、其次是和平"。虽然历史在发展,社会在进步,但以"忠孝""仁爱""信义""和平"为其内容的"固有的道德",并不像"醉心新文化的人"所说的那样过时了,要加以"排斥",相反,我们要将它们恢复起来,发扬光大起来。比如"忠",有的人以为,忠是"忠君",现在是民国,没有了皇帝,也就不要再讲什么"忠"了。"这种理论,实在是误解"。因为"忠",不仅仅是"忠于君",也可以作"忠于国、忠于民、忠于事"来解。现在没有了君主,我们"不忠于君"了,但我们还"要忠于国,要忠于民,要为四万万人去效忠。为四万万人效忠,比较为一人效忠,自然高尚得多。故忠字的好道德还要保存。"其他如"孝""仁爱""信义""和平"也是一样,都是没有过时的"好道德"。尤其是"和平",是"驾乎外国人"的"一种极好的道德","是我们民族的精神。我们以后对于这种精神不但要保存,并且要发扬光大,然后我们民族的地位才可以恢复。"① 其次,从"固有的知识"来看,他指出,所谓"固有的道德",也就是"人生对国家的观念",具体来说,"就是《大学》中所说的'格物、致知、诚意、正心、修身、齐家、治国、平天下'的那一段话"。这段话"把一个人从内发扬到外,由一个人的内部做起,推到天下为止",是一种"精微开展的理论"。无论外国的什么政治哲学都是没有这样的理论,它是"我们政治哲学的知识中独有的宝贝"。然而"自失了民族精神之后,这些知识的精神当然也失去了。"所以,我们要"齐家、治国,不受外国人的压迫,根本上便要从修身起,把中国固有知识一贯的道理先恢复起来,然后我们民族的精神和民族的地位才都可以恢复。"② 再次,来看"固有的能力"。他指出,现在西方的机器发达,科学昌明,而中国与西方比较要落后得多,因此,"中国人现在的能力当然不及外国人"。但在古代,在几千年之前,"中国人的能力还要比外国人大得多。外国人现在最重要的东西,都是中

---

① 孙中山:《三民主义·民族主义》,《孙中山全集》第 9 卷,第 243~247 页。
② 孙中山:《三民主义·民族主义》,《孙中山全集》第 9 卷,第 247~250 页。

国从前发明的"。如指南针、印刷术、火药,等等。只是"后来失去了那种能力",民族的地位也因而"逐渐退化",乃至成了比殖民地还不如的"次殖民地"。因此,我们要恢复民族"固有的地位,便先要把我们固有的能力一齐恢复起来"。① 孙中山强调指出,我们要"恢复民族的固有地位",就必须大力恢复和弘扬"民族精神",也就是"我们固有的道德、知识和能力"。但在大力恢复和弘扬"民族精神"的同时,我们"还要去学欧美之所长,然后才可以和欧美并驾齐驱。如果不学外国的长处,我们仍要退后。"孙中山还提出,我们学习外国,不是要"向后跟着他学",而是要"迎头赶上去"。比如学习外国的科学,不是亦步亦趋的从头再来,而是直接学习外国最先进的东西,这样"便可以减少二百多年的光阴"。"向后跟着他学",我们永远都会落在别人的后面,只有"迎头赶上去",我们才有可能"后来居上",赶上和超过欧美和日本等发达国家,也才有可能使我们的国家"恢复到头一个地位"。② 孙中山提出的要"恢复民族固有的地位",必先"恢复我们民族的精神"的思想,是对民族复兴思想的重大发展。因为此前虽然有人讨论过中华民族的民族精神,但并没有把它与中华民族的复兴联系起来,没有认识到恢复和弘扬中华民族的民族精神,是实现中华民族伟大复兴的必要前提。此后,中国知识界根据孙中山的这一思想,就民族精神与民族复兴的关系问题展开了充分讨论,认识到"欲复兴中华民族,必先恢复中国之固有民族精神。"③

中华民族复兴思想虽然在五四时期有了进一步发展,但它还没有成为一种有影响力的社会思潮,它还只是李大钊、孙中山、梁漱溟、陈嘉异、王光祈等少数几个人的思想,知识界的大多数人并没有涉及这一问题,更没有引起社会的广泛讨论,而所谓"思潮",诚如梁启超所说的那样,潮起潮落,汹涌澎湃,它不是少数几个人而是一大群人甚至社会大多数人的思想。中华民族复兴思想发展成为一种具有广泛影响力的社会思潮则是在九一八事变之后。

---

① 孙中山:《三民主义·民族主义》,《孙中山全集》第 9 卷,第 250~251 页。
② 孙中山:《三民主义·民族主义》,《孙中山全集》第 9 卷,第 251~253 页。
③ 杨兴高:《恢复中国固有民族精神与吸收外来文化》,《新文化月刊》第 6 期,1937 年 6 月 25 日。

二 "九一八"后民族复兴思潮的形成及其原因

我们说中华民族复兴思想在"九一八"后发展成了一种具有广泛影响力的社会思潮,主要基于以下几个方面的认识:

首先,一些以"民族复兴"为宗旨的刊物相继创刊。如1932年5月20日于北平创刊的《再生》杂志,即明确宣布以"民族复兴"作为办刊的宗旨,并提出了较为系统的民族复兴方案供社会讨论,其"创办启事"写道:"我中华民族国家经内忧外患已濒临绝地,惟在此继续之际未尝不潜伏有复生之潮流与运动。本杂志愿代表之精神,以具体方案,谋真正建设,指出新途径,与国人共商榷,因定其名曰再生(The National Renaissanci)……兹拟一方面根据历史之教训,他方面博征世界之通例,提出另一新方案,以为惟循此途可致中华民族于复生"。括号里的英文,直译出来就是"民族复兴"。当时明确以"民族复兴"为办创宗旨的刊物,还有创刊于天津的《评论周报》和创刊于上海的《复兴月刊》等。1932年9月1日创刊的《复兴月刊》的"发刊词"说:"新中国建设学会同人,集议筹复兴月刊,夫'复'有重新之意,'兴'待建设而成。换言之,即中国今日,内忧外患,国难重重,物质精神,俱形枯槁,实离总崩溃之时期,已不在远,试问吾四万万人同立在此'不沦亡即复兴'之分水岭上,究竟将何以自处?吾敢断言,无男无女,无老无幼,全国中无一人甘沦为亡国之民,故吾又不能不要求,无男无女,无老无幼,全国中无一人不应起而共负建设之责。盖中国之能否复兴,实在乎新中国之能否建设而已。"① 其"本刊启示"更是明确强调,《复兴月刊》的宗旨,是要集合全国有识之士,"研究现代建设计划,探讨民族复兴诸问题"。② 除这些以"民族复兴"为办刊宗旨的刊物外,其他许多未标明以"民族复兴"为办刊宗旨的报刊也都大量的刊登过相关文章,有的还发表"社论"(如天津《大公报》1934年5月15日"社评"《民族复兴之精神基础》),开辟专栏(如《东方杂志》31卷第18号就开辟过"民族复兴专栏",发表赵正平的《短期间内中华族复兴之可能性》、潘光旦的《民族复兴的一个先决

---

① 黄郛:《发刊词》,《复兴月刊》第1卷第1期,1932年9月1日。
② 编者:《本刊启事》,《复兴月刊》第2卷第1期,1933年9月1日,《本刊第二纪元之序言》文后。

问题》、吴泽霖的《民族复兴的几个条件》等文章），就"民族复兴问题"进行讨论。就是由南京中央大学中国教育社编辑并发行的《教育与中国》杂志（1933年5月1日期创刊），其"发刊词"也一再强调："我们深信，中国教育一定要整个的建设在含有五千年历史，四万万人口，三千万方里的土地之上。我们对于一切帝国主义的教育学者带有颜色的论调，及其盲从的宣传，要加以相当的批判；同时，对于国内一切远犯民族利益的，非科学的教育设施，要加以严重的检讨和暴露。我们只知道以全体的精神，贡献给中国教育，复兴中华民族，却不计我们话语之为罪为功。"① 所以，《教育与中国》创刊后，先后发表了《我国教育改造与民族复兴》《民族复兴与教育建设》《民族复兴与中等教育》《民族复兴与初等教育》《民族复兴与幼稚教育》等一批讨论教育与民族复兴之关系的文章。

其次，一些以探讨民族复兴为主要内容的书籍相继出版。如张君劢的《民族复兴之学术基础》、吴庚恕的《中国民族复兴的政策与实施》、周佛海的《精神建设与民族复兴》、王之平的《民族复兴之关键》等。张君劢的《民族复兴之学术基础》，出版于1935年6月，书中收录了他此前的一些演讲稿和文章，如《民族复兴运动》《思想的自主权》《学术界之方向与学者之责任》《科学与哲学之携手》《中华民族复兴之精神的基础》《中华新民族性之养成》《中华历史时代之划分及其第三振作期》《历史上中华民族中坚分子之推移与西南之责任》《山西对于未来世界战争之责任》《十九世纪德意志民族之复兴》等，在该书的"凡例"中他写道："全书分为上下两卷，上卷为学术思潮，下卷为民族复兴，其要旨不外乎民族之自救，在以思想自主、文化自主为基础。"② 周佛海的《精神建设与民族复兴》一书，除"自序"外，正文分为五章。第一章说明精神建设于民族复兴的意义和重要性，认为中国的道德只是消极的训勉人有所不为，而没有积极的训勉人有所为，这是导致中国衰弱不振的重要原因，因此，所谓"精神建设"就是要建设积极的道德以补足消极的道德。第二章从历史上观察时代精神和民族盛衰的关系，证明五胡乱华、五代之乱、辽金元的侵入和清清的专制，都是由于时代精神的不健全，即风气的败坏所造成，并认为唐晋宋明亡国的原动力是贪图禄位不重名节、夺利争权不顾公益、萎

---

① 中国教育社：《教育与中国发刊词》，《教育与中国》第1期，1933年，第1~2页。
② 张君劢：《民族复兴之学术基础》，商务印书馆，1935年，"凡例"第1页。

靡颓废不事进取等六种风气。第三章分析近数十年来各种运动的演进及其失败的总因，即营私、舞弊、因循、虚浮、逞意气、争权利，所以要救国家，救民族，实现民族复兴，就需要有一种健全纯正的精神作动力，制造这种动力就是精神建设。第四章提出了精神建设的目标。第五章是精神建设的方案，包括领袖人物要以身作则、要选好人才，政府要赏罚分明，要制造社会舆论，要厉行训练等。[①]

最后，知识界纷纷发表文章，就中华民族能否复兴和如何复兴的有关问题各抒己见，出谋划策，借用1933年9月1日出版的《复兴月刊》第2卷第1期的一篇文章的话说："中国今日，内则政治窳败，财尽民穷；外则国防空虚，丧师失地；国势岌岌，危如垒卵。忧时之士，深虑神明华胄，将陷于万劫不复；于是大声疾呼，曰'复兴'！'复兴'！绞脑沥血，各本其所学，发抒复兴国族之伟论"。[②] 以《复兴月刊》为例，第一期的11篇文章，其主题全是民族复兴，即：寰澄的《中华民族复兴与世界之关系》、赵正平的《中华民族复兴问题之史的观察》、资耀华的《经济复兴与经济政策》、刘麟生的《复兴时代的文学》、沈亦云的《复兴？匹妇有责》、张水淇的《产业复兴之进路》、葛敬中的《农业复兴与中国之出发点》、何杰才的《复兴与外交》、孙几伊的《战后德中人民对于复兴底努力》、寿宇的《欧战后意大利的复兴》、岑有常的《波兰复兴伟人毕尔苏斯基》。就上述文章的标题来看，内容非常广泛，涉及了民族复兴的各个方面。第二期的10篇文章中，有5篇的主题是民族复兴。第三期的10篇文章中，以民族复兴为主题的有3篇。第四期的10篇文章中，谈民族复兴的文章也有3篇之多。此后各期，谈民族复兴的文章大约都在5~3篇左右。据蒋红艳博士研究，《复兴月刊》的作者群主要分为三大类。一是服务于学术界者，如在高等学校和研究机构工作的大概有37人，占16%。二是服务于政界者，约有52人，占23%。三是自由职业者，这类作者有17人，占10%，也就是说其作者主要以大学教授、政界人士和金融界人士居多，

---

① 转引见朱国庆《精神建设与民族复兴》（书评），《独立评论》第218号，1936年5月13日。
② 吴钊：《复兴之基点》，《复兴月刊》第2卷第1期，1933年9月1日。

占 80% 左右。① 其他报刊，如《东方杂志》、《独立评论》、《时代公论》、《反省月刊》、《西北公论》、《正中半月刊》、《妇女共鸣》以及天津《大公报》等，也都刊发过不少以民族复兴为主题的文章，只是刊发的量不如《复兴月刊》那么多，那么密集。如《反省月刊》第 9~10 期刊发的《民族复兴运动之内容及其前途之展望》，《西北公论》第 1 卷第 5 期刊发的《中华民族之危机与复兴及民族复兴运动之史的证论》，《文化与社会》第 2 卷第 6 期刊发的《民族复兴运动之认识》，《清华校刊》第 2 卷第 1、2 期刊发的《复兴民族必需的几个条件》，《妇女共鸣月刊》第 3 卷第 8 期刊发的《妇女运动与民族复兴运动》，《交大学生》第 6 卷第 1 期刊发的《民族复兴与青年运动》，《江汉思潮月刊》第 3 卷第 3 期刊发的《中国民族复兴运动的现状》，《晨光周刊》第 6 卷 18 期刊发的《民族复兴运动的回顾与前瞻》，《正中半月刊》第 1 卷第 10 期刊发的《复兴民族中的妇女运动》，《师中集刊》第 3 卷第 12 期刊发的《家事教育与中华民族复兴运动》，等等，可以说在九一八事变后的 30 年代，几乎很难找到一种没有刊发过民族复兴文章的政论性或综合性的报刊了，这正如时人所指出的："'中国复兴'四字，现在几乎成了口头禅。而各种复兴运动，也就应运而起。"②

"民族复兴"之所以在九一八事变后成为一种具有广泛影响力的社会思潮，其主要原因是日益严重的民族危机，激化了人们的民族认同感和民族责任感，从而为中华民族复兴思潮的形成提供了契机。张君劢等人在《我们要说的话》中开宗明义便指出："中国这个民族到了今天，其前途只有两条路，其一是真正的复兴，其一是真正的衰亡"。日本的残暴侵略使中华民族陷入了生死存亡的严重危机之中，但"危机"也就意味着"转机"，"这个转机不是别的：就是中华民族或则从此陷入永劫不复的深渊，或则从此抬头而能渐渐卓然自立于世界各国之林"；"所谓转机的关键就在以敌人的大炮把我们中华民族的老态轰去，使我们顿时恢复了少年时代的心情。这便是民族的返老还童"。③ 沈亦云在《复兴？匹妇有责》一文中也

---

① 参见蒋红艳的博士论文《〈复兴月刊〉民族复兴思想研究——以政治话语为中心》，湖南师范大学 2014 年。
② 黄伯樵：《自觉、自给、自卫、自主、自存》，《复兴月刊》第 2 卷第 9 期，1934 年 5 月 1 日。
③ 记者：《我们所说的话》，《再生》第 1 卷第 1 期，1932 年 5 月。

写道："内忧外患，至于今日，强邻压境，可以亡国。政治紊乱，可以亡国。军纪废弛，可以亡国。土匪遍野，可以亡国。教育失宰，可以亡国。经济涸绝，可以亡国。风俗颓靡，可以亡国。人心腐败，可以亡国。有一于此，殆将不免，况兼之乎？然则此四千余年之古国，四百兆方里之土地，全世界人口四分之一之民族，享有过去历史上之光荣者，竟忍视其沦亡已乎？曰：绝续之交，其道惟二，不沦亡，即复兴耳！"① 傅斯年的《"九一八"一年了》一文，称"'九一八'是我们有生以来最严重的国难，也正是近百年中东亚史上最大的一个转关"，它与"世界大战"和"俄国革命"一样，"是二十世纪世界史上三件最大事件之一"。而作为九一八事变的受害者，"假如中国人不是猪狗一流的品质，这时候真该表示一下子国民的人格，假如世界史不是开倒车的，倭人早晚总得到他的惩罚。所以今天若把事情浅看出来，我们正是无限的悲观，至于绝望；若深看出来，不特用不着悲观，且中国民族之复兴正系于此"。② 邹文海在文同样写道："感谢日本飞来的炸弹，因为它无形中启发了我们新的政治生命。外寇的压迫，引起了国人自尊的心理，对外的抵抗，破除了向来自私的习惯。我们中华民国的国民，从此以后，要在一致势力之下，建立一个真正的民主国家"，实现中华民族的伟大复兴。③ 署名"平凡"的作者在《中华民族之危机与复兴及民族复兴运动之史的证论》中说："在达尔文氏定论下，堕落消沉之中华民族，的确走进于生存最后的厄运！九一八的痛事，是血钟从迷梦中向中华民族最后之警告。在敌人烽火连天的袭击中，吾人深信五千年中华民族的血魂，是不甘心于征服毁灭，民族复兴之火焰，必然的要爆发，要成功。"④ 王荣骥在谈到"九一八"后民族复兴思潮的兴起时也认为，"'九一八'的重鞭，很残酷地打在了中华民族的背上，虽然毁伤了我们的肢体，却因此使我们感觉惨痛，而警觉，而反抗。就从这时起，仇恨敌人的情绪，普遍了全国，民族解放斗争的火焰，就从每个国民的心中燃烧起来了。"⑤ 所以，"自'九一八'国难发生以来，全国上

---

① 沈亦云：《复兴？匹妇有责》，《复兴月刊》第1卷第1期，1932年9月1日。
② 孟真：《"九一八"一年了》，《独立评论》第18号，1932年9月18日。
③ 邹文海：《选举与代表制》，《再生》第2卷第9期，1934年6月1日。
④ 平凡：《中华民族之危机与复兴及民族复兴运动之史的证论》，《西北公论》第1卷第5期，1933年。
⑤ 王荣骥：《青年运动与民族复兴》，《新青年》第8期，第23页，1935年。

下无日不以复兴中华民族为口号。"①

除民族危机这一主要原因外,以张君劢为代表的国社党人和以蒋介石为代表的国民党人的推动,也是民族复兴思潮能于"九一八"后迅速形成的一个重要原因。

张君劢早年追随梁启超,参加清末立宪运动。后因国民党迫害,于1929年去了德国,直到九一八事变前一天,他才回到北平。1932年4月,他与张东荪等人一道秘密发起成立国家社会党。同一天,宣布成立"再生社"。5月20日,《再生》杂志(月刊)在北平创刊。其创刊"启事"明确提出以指示新途径、谋中华民族的再生为宗旨,认为20年来所有建方案,如君主立宪、共和、专制等历试殆尽,而皆无所裨益。现在中国民族国家是内忧外患已濒绝地,所以"提出另一方案,以为唯循此途可致中华民族于复生"。而这"另一方案"就是张君劢、张东荪等人在《我们所要说的话》中提出的对中国政治、经济、教育的主张及其98条纲领。张君劢本人开始着手翻译德国哲学家费希特在法国拿破仑军队占领德国时发表的《对德意志国民的演讲》之摘要本,1932年7月20日起译稿开始分五期(即从第一卷第三期到第一卷第七期)在《再生》杂志上连载,并于年底集结成书,由再生杂志社正式出版。除费希特的《对德意志国民的演讲》之摘要本外,《再生》杂志还先后发表了《中华民族之立国能力》(第1卷第4期)、《民族复兴运动》(第1卷第10期)、《民族文化与民族复兴》(第1卷第11期)、《学术界之方向与学者之责任》(第2卷第2期)、《十九世纪德意志民族之复兴》(第3卷第1期)、《民族命运之升降线》(第3卷第2期)等一大批宣传和探讨民族复兴的文章。这些文章的发表,尤其是费希特的《对德意志国民的演讲》之摘要本译文的连载,在当时产生了重要影响,正是在张君劢和《再生》杂志的推动下,知识界形成了一个介绍费希特民族主义思想的小高潮,而费希特民族主义思想的系统介绍,如我们在上一节《费希特民族主义思想的系统传入及其影响》中所指出的那样,又促进了九一八事变后民族复兴思潮的形成。

---

① 王禧忠:《家事教育与中华民族复兴运动》,《师中集刊》第3卷第12期,第93页,1934年。

至于以蒋介石为代表的国民党人,他们于孙中山逝世后,便继承了他在1924年《三民主义·民族主义》的演讲中提出的"要恢复民族的地位,便先要恢复民族的精神"的民族复兴思想,尤其是以孙中山思想正统的继承者和阐发者自居的戴季陶,在这方面起的作用尤大。1925年夏,亦即孙中山去世不久,戴季陶出版《孙文主义之哲学的基础》和《国民革命与中国国民党》两书,极力强调文化自信力的恢复发扬对于中华民族复兴的重要意义:"我们要复兴中国民族,先要复兴中国民族文化的自信力,要有了这一个自信力,才能够辨别是非,才能认清国家和民族的利害,才能够为世界的改造而尽力。"[①] 九一八事变后,面对日益严重的民族危机和政治危机,为了使自己的统治取得合法性,同时加强对社会舆论的引导和控制,以蒋介石为代表的国民党人,对宣传民族复兴思想更为主动积极,尤其是蒋介石,可以说是不遗余力。1932年4月11日,他在中央陆军军官学校发表题为《复兴中国之道》的演讲,初步阐述了他的民族复兴思想。他指出,我们今后所要研究的问题是,"我们在此内外夹攻之中,如何才可以复兴民族、完成革命的问题"。他认为,要完成未竟的革命事业,使中国成为一个独立自由的新国家,没有一定的准备工作是不可能的,因为"如果没有做准备的工作,抵抗就不能长久,反攻更不可能,这样我们就没有独立的日子了"。他预测第二次世界大战将于1936年爆发,那个时候将是中国生死存亡的关头,如果中国国民能在大战爆发之前做好抗日的准备,那么中国国民"就可以从世界大战中建立出一个新的中国,就可以在国际上得到独立平等,就可以富强,就可以复兴"。[②] 随后他又先后发表了《复兴民族之要道》(1934年2月5日)、《复兴民族之根本要务——教养卫之要义》(1934年2月12日)、《东亚大势与中国复兴之道》(1934年3月5日)、《抵御外辱与复兴民族(上)》(1934年7月13日)、《抵御外侮与复兴民族(中)》(1934年7月20日)、《抵御外侮与复兴民族(下)》(1934年7月24日)、《四川应作复兴民族之根据地》(1935年3月4日)、《全滇民众应负起复兴民族之责》(1935年5月12日)、《建设新云南与复兴民族》(1935年5月13日)、《为学做人与复兴民族之要道》(1935年5月19日)、《御侮与复兴之基本要道》(1936年1月24日)、

---

① 戴季陶:《孙文主义之哲学的基础》,上海民智书局1925年6月,第9页。
② 吴淑凤编注《蒋中正总统档案·事略稿本》第14册,台北国史馆,2006,第47页。

《民族复兴之路》（1936 年 5 月 25 日）、《复兴中华》（1936 年 9 月 9 日）等一系列以"民族复兴"为主题的演讲，就他的民族复兴思想作了进一步的系统阐述。概括蒋介石的观点，有以下几个方面内容：第一、在第二次世界大战中实现民族复兴；第二、实现民族复兴，首先要恢复固有的民族精神和革命精神；第三、实现民族复兴，要大力发展教育、经济和建设国防；第四、实现民族复兴，必须实行一个主义、一个政党、一个领袖，全党（国民党）全民都要绝对服从他的领导。

　　蒋介石有关民族复兴的言论，得到了其他国民党要员的响应和配合。陈立夫对蒋介石的"实现民族复兴，首先要恢复固有的民族精神"思想进行了进一步发挥，他指出，中华民族是一个适应性、生存性很强的民族，具有优良的民族性，中国之所以会沦落到今天几乎亡国的境地，是因为"民族精神之消沉与国魂之丧失"，特别是与中国竞争的国家"富于民族性及具有国魂"，其团结力、组织力均强于中国。因此"我们现在要救中国，必须先从恢复我们固有的民族性起"。那么民族性是什么呢？他认为，民族性就是一个民族适合生存的几种精神方面的特殊条件，表之于外就是通常所说的民族的精神，恢复了民族精神，就能光大民族性。而要恢复民族精神，需先恢复民族的自信力。要恢复民族的自信力，就要认清民族精神的原动力，"原动力为何？曰诚是也。""诚"既是民族精神的原动力，也就是实现民族复兴的原动力。因此，文化复兴是民族复兴的前提，"能建设中国文化，才能谈到复兴民族"。① 邵元冲认为要实现民族复兴，虽然要注重精神建设或心理建设，但更要注重党的建设。因为自从孙中山建立兴中会以来，国民党（前期是同盟会）人为实现民族复兴奋斗了很久，但是一直没有成功，除了帝国主义的迫害和反革命势力的侵害之外，党的内部"意志和行动不能统一，所用的力量不能用在该用的地方，不能尽量把力量在有效方面去努力，不能够把非必要的精神力量减省下来，做有效的工作，更是一个重大的原因"。② 一些地方实力派也纷纷发表文章，提出他们的民族复兴思想及其具体建议，如胡汉民的《民族主义的民族复兴运动》、阎锡山的《复兴民族须先复兴发展富强文明的原动力》、李宗仁的《民族复兴与焦土抗战》、张学良的《中国复兴的前途》、冯玉祥的《复兴民族的

---

① 陈立夫：《民族复兴的原动力》，《海外月刊》第 1 期，第 3~8 页，1932 年。
② 邵元冲：《党的建设与民族复兴》，《中央周刊》第 324 期，1934 年。

基本方策》、傅作义的《用鲜血争取民族复兴》、余汉谋的《国民经济建设与民族复兴》等。

除了发表演讲、文章宣传和提倡民族复兴的思想外,在蒋介石的授意下,国民党及其系统,如力行社、青白团和政学系等,还先后创办了多种报刊,进行民族复兴思想的宣传,如力行社创办的《前途》杂志,青白团创办的《政治评论》《文化建设》《晨报》《人民评论》《社会主义月刊》等,其中影响最大的是我们前面提到的《复兴月刊》。1932 年 6 月 19 日,以政学系成员为主要骨干的新中国建设学会在上海成立,蒋介石的老朋友黄郛任理事长,学会的成立得到了蒋介石的赞许和资助。据黄郛夫人回忆:"几年来膺白(黄郛字——引者)对当局建议,他有两点很显原则:为国家,为国民。建设学会的事,他都陈说于蒋先生,请赞许和帮助。学会不但为问题研究,且须实地考察,其中可能有不少非党员,甚至不赞成党治而亦是爱国有识之人"。① 新中国建设学会"以集合全国有致力学养共图国家及社会之新建设为宗旨",并于 1932 年 9 月 1 日创办《复兴月刊》,赵正平任主编,将会员调查、研究所得披露于该刊物,以就教于社会,与全国有志之士,"共坚复兴之心,共奋复兴之力,并共敦复兴之品",为实现民族复兴,共济时艰。②

三 知识界关于中华民族能否复兴和如何复兴的讨论

随着民族复兴思潮的形成,知识界围绕民族复兴问题展开了热烈讨论。

"中华民族有无复兴的可能"?这是"九一八"后面对日益严重的民族危机,广大国民最为关心的一个问题。对此,知识界依据他们的研究,作了肯定的回答。

要回答"中华民族有无复兴的可能"?首先要回答中华民族是否"衰老"的问题。这个问题也是自清末以来不少人讨论和回答过的问题。比如,1900 年梁启超在自己主编的《清议报》上发表了一篇时政性散文《少年中国说》。该文开篇明义便写道:"日本人之称我中国也,一则曰老大帝国。再则曰老大帝国,是语也,盖袭译欧西人之言也。呜呼,我中国

---

① 沈亦云:《亦云回忆》(下册),台湾传记文学出版社,1980,第 436 页。
② 黄郛:《复兴月刊发刊词》,《复兴月刊》第 1 卷第 1 期,1932 年 9 月 1 日。

其果老大矣乎？梁启超曰：恶是何言？是何言？吾心目中有一少年中国在。"① 梁启超否认中国已经衰老，已成为"欧西人"和"日本人"所说的"老大帝国"，而在他的心目中，中国是一个充满活力、有着美好未来的"少年中国"。16 年后（1916 年），李大钊也在自己主编的《晨钟报》上发表了一篇题为《〈晨钟〉之使命——青春中华之创造》的时政性散文，提出了"青春中华之创造"的中华民族复兴思想。和梁启超一样，李大钊也把整个中华民族的发展存亡设置在一个整体的发展过程中，将现今中国的衰败看作白发之中华，在这个基础上又孕育着青春之中华，青春之中华是中华民族的美好未来。②

"九一八"后，中国是否衰老再次引起知识界的讨论。《复兴月刊》主编赵正平否认中华民族已经衰老，而是认为"我中华民族实具有至强大的少壮根性，随时有突趋复兴的可能"。他指出，尽管目前的中华民族是十二分的艰难，政治、经济、教育、国防、学术等样样都落后于欧美国家甚至日本，但这只能由一小部分人负其责任，而不能归咎于民族全体，更不能据此认为中华民族已经衰老。因为民族生命与个人生命截然不同，个人生命有少壮老死几个阶段，民族生命则生死代谢，壮老递嬗，绝不能划分某一时期之民族为少为老。"离离原上草，一岁一枯荣。野火烧不尽，春风吹又生。"这四句诗，正可借来说明民族生命的生生不息。③ 清华大学优生学教授潘光旦也不赞成中华民族"老大"或"衰老"说。他指出，人们常说中华民族是"老大"民族，如果说"老"字指的是中华民族的历史、文化和语言文字，这没有错，但如果指的是中华民族本身，这就有问题了。因为根据澳洲泰雷教授的人种分类方法，形成中华民族的若干种族，实际上出世得都比较晚，年纪也比较轻，在演化的过程中，凡是出世得比较晚的，其"位育力"都较强。就此而言，与其说中华民族是"老大"民族，还不如说中华民族是"一个发育不甚健全的青年"，如以年岁而论，中华民族要比西方的很多民族都要小，真正老的是西方民族，但西方民族

---

① 梁启超：《少年中国说》，《饮冰室合集》第 1 册，文集之五，中华书局，1989，第 7 页。
② 喻春梅、郑大华：《论五四时期李大钊的民族复兴思想及其意义》，《理论学刊》2015 年第 12 期。
③ 赵正平：《中国民族复兴问题之史的考察》，《复兴月刊》第 1 卷第 1 期，1932 年，第 23~24 页。

"老而不朽"。中华民族因发育不全，"不免有老气横秋之概"，是"少老"，而不是"真老"，更非"衰老"。这也是中华民族有可能实现复兴的重要原因。因为，"要是一个民族真是上了年纪的话，它的前途，当然是不会很大。但只是发育不全，只是元气上受了些磨折，那么，前途便可以大有作为。"①

与赵正平、潘光旦不同，北大教授陶希圣、著名学者梁漱溟和罗健吾等人承认中华民族已经"衰老"，但"衰老"不等于死亡，中华民族还有"返老还童"的可能。陶希圣在《关于民族复兴的一个问题》一文中写道：现在大家所关心的，是"民族复兴到底可能不可能"。从生物学上讲，一种有机体衰老了是不会返老还童的。然而民族不同，其生命的延续，全在新生物与旧生物的代谢。假使我们相信环境于生物影响的重要，则每一期新陈代谢之间，都有一个复兴的希望，"那就是说，以新环境来造成新生命。如是则问题也就不在民族复兴的可能与不可能，而在于能不能造成民族复兴的新环境了"。② 换言之，民族复兴不是能不能的问题，而是我们为不为的问题，即能否造成民族复兴的新环境问题。和陶希圣一样，梁漱溟也是从个体生命与集体生命之异同立论，来肯定中华民族完全有实现复兴的可能。他在《精神陶炼要旨》中写道：一个民族生命，是群体而不是个体；个体与群体的生命不同。群体生命由许多个体生命构成，个体生命既有其死生灭亡，则群体生命的构成原很显然的是常常更换，常常新鲜。因此，尽管由于文化早熟，中华民族已经衰老，面临着十分严重的生存危机，但衰老并不等于死亡，相反有返老还童、"开第二度的文化灿烂之花"的可能。③ 罗健吾同样不赞成那种认为民族和个人一样，也逃脱不了"由壮而老、由老而死"的规律，汉、唐、明是中华民族的壮年时代，现在是中华民族的老年时代，"照此趋势下去，则不免由老而死"的观点，而是认为民族和个人不同，"一个人老了以后，必定死亡，而一个民族则可以由衰老复返于壮年"，如意大利在十七八世纪的时候是一个衰老的民族，

---

① 潘光旦：《民族复兴的一个先决问题》，《东方杂志》第 31 卷第 18 号，1934 年，第 88~89 页。
② 希声（陶希圣）：《关于民族复兴的一个问题》，《独立评论》第 65 号，1933 年，第 6 页。
③ 梁漱溟：《精神陶炼要旨》，《梁漱溟全集》第 5 卷，山东人民出版社，1992 年，第 505~506 页。

但现在却朝气蓬勃，成了壮年的民族。中华民族现在虽然积弱不振，显示出已经衰老，但"只有我们能鼓起勇气来充实我们民族的力量，在最短时期内，不难由衰老而转变为壮年"，实现复兴。①

美国学者艾恺在研究世界范围内的文化守成主义时发现：在经受外来侵略而自身各方面又十分落后的国家中，学术界常常在当下找不到民族复兴的根据，他们只能通过历史和文化来建构一种民族的神话，寻找出本民族的精神和文化的优越性，从而证明民族有复兴的可能。②"九一八"后的中国就是一个正遭受日本帝国主义侵略而各方面又十分落后的国家，所以当时的知识界在说明中华民族能够实现复兴时，同样把目光投向了中国的历史和文化。张君劢指出：历史上中国曾遭遇了种种挫折，但每次挫折之后都能迅速从挫折中奋起，实现自我更新，从而维持了中国几千年的香火不断，成为世界上唯一一个还立于世界国家之林的文明古国。这说明中华民族具有较强的复生能力。他在《中华民族之立国能力》一文中写道："世界史上之古民族，若埃及若安息若希腊若罗马，早成历史上之陈迹，而吾中华之历史，未尝一日中断焉。其他民族盛极一时，不久而衰败，吾中华自汉魏以降，吸收印度与西域之文明，以成唐代文艺宋明儒学之复兴，自政治上言之，亡于元而复于明，亡于清而复于民国，皆吾民族富于复生能力之明证焉。"③ 为了说明中华民族有复兴的可能性，赵正平在《复兴月刊》第1卷第1~5期上发表了一篇题为《中华民族复兴问题之史的观察》的几万字长文，通过对几千年中国历史的观察，他得出结论："几千年来的中华民族曾遭遇多少次的压迫，翻过来曾演出多少次的复兴。以这样悠久健全的民族精神，说是今后没有复兴性，这是万无此理。"因此，"我们要有自觉自信，中华民族的复兴，是必然的可能。"④ 刘文翮在考察了隋唐、宋初、明初中华民族衰而复兴的先例后，同样得出结论认为：中华民族数千年绵延不断，继续进展的历史，可谓人类史上的一大奇迹！"盖中华民族有优越的文化，雄厚的魄力，故能历劫不磨，衰而复兴。'离

---

① 罗健君：《怎样发展民族自信力》，《知行月刊》3月号，1937年，9~10页。
② 〔美〕艾恺：《世界范围内的反现代化思潮——论文化守成主义》，贵州人民出版社，1999，第36页。
③ 张君劢：《中华民族之立国能力》，《再生》第1卷第4期，1932年，第30~31页。
④ 赵正平：《中华民族复兴问题之史的观察》（结论），《复兴月刊》第1卷第5期，1933年，第6页。

离原上草,一岁一枯荣。野火烧不尽,春风吹又生'之诗,可谓中华民族历史的写实。"既然历史上的中华民族多次衰落又能多次复兴,那么,只要我们埋头苦干,奋发有为,如今的中华民族也就没有不"复兴之理由"。① 浙江省立图书馆馆长陈训慈也再三强调:"中华民族是一种伟大的有力的民族,而决不是落后的民族",我们"对于自己民族基本的优点与能力"应该始终保持"深切的信力",相信中华民族完全有实现复兴的可能性,并列举了以下四方面的例证加以说明:"第一,中国民族几千年来曾经征服了开化了无数民族,也曾经有好几次我们遭外来民族的侵略,但不久我们就恢复了统治,而且就此吸收了这些外来民族",这在世界民族中没有任何民族能与之相提并论,"这种中国历史上匡复的前例,正可促进我们今后复兴的努力,而保障其成功的可能"。"第二,中国民族是勇于移民发展的",据1934年《申报年鉴》的粗略统计,仅南洋的华侨就有600多万人,各地华侨的总数达到1070多万人,这在世界各民族中又是独一无二的,"具有这样伟大的开拓世界力量的民族,那有从此衰落之理?""第三,中国民族曾建成了全世界所惊服的伟大工程",远的如周秦以来的长城,近的如明清时代的天坛,"这些先民在建筑与文化方面的伟大成就,正是民族能力的具体表征"。"第四,中国民族具有人类的优美道德和生活条件",如忠孝、仁爱、信义、和平等。他在列举了这四条例证后强调指出:"单是这四点还不够证实了中国民族是世界上一种伟大的有力的而且前程无量的民族么"?还不能使我们相信中华民族完全有实现复兴的可能性么?在文章的结语中他又再次写道:"意大利史家有这么一句豪言,说是曾经造成他族所不能造的阿尔卑斯山隧道的意大利民族,毕竟是要复兴而更加强盛的。我们很有权威的可以说:能够建设长城运河等他族所没有的伟大工程,能以民众自力开拓南洋而面向世界各地移植,能包容吸收并且开化了许多外来民族,而且包含了成吉思汗后裔的蒙古族的中华民族,不但必然要复兴,而且一定可有比过去的光荣更为伟大的前程。"②

为了说明中华民族能够实现复兴,一些学者还分别考察了美国、土耳其、俄罗斯、波兰、欧战后的德国和意大利等国家历史上的民族复兴运动,如孙几伊的《战后德国人民对于复兴底努力——从凡尔赛会议

---

① 刘文翮:《复兴民族之历史的教训》,《浙江青年》第3卷第1期,1936年,第2、15页。
② (陈)训慈:《民族自信力与民族复兴》,《浙江青年》第1卷,1935年,第2~3页。

(1919)到洛桑会议（1932）》（《复兴月刊》第1卷第1期，1932年9月1日）、寿宇的《欧战后意大利的复兴》（《复兴月刊》第1卷第1期，1932年9月1日）、岑有常的《波兰复兴伟人毕尔苏斯基》（《复兴月刊》第1卷第1期，1932年9月1日）、甘豫立的《土耳其之复兴》（《复兴月刊》第1卷第2期，1932年10月1日）、王雨桐的《美国复兴运动之总检讨》（《复兴月刊》第2卷第8期，1934年4月1日）等，并得出结论：既然历史上的美国、土耳其、俄罗斯、波兰以及欧战后的德国和意大利能够实现复兴，今天的中华民族为什么就不能实现复兴呢！袁道丰在介绍了德法两大民族之复兴经过后写道：从德法两大民族之复兴经过中可以看出，民族的复兴之道不外：（1）改造民族道德，唤起民族精神；（2）改革政治，整顿行政；（3）整顿军备，扩充实力；（4）全国一致团结，从事内部建设；（5）妥谋外交上应付，减少压迫；（6）不惜物质牺牲，从速谋得国土和主权的完整。现在我国应付国难之道，也不外乎上述这六条举措。假如举国上下，能循此而行，"不自私，不自利，不内战，不腐化"，同心同德，努力奋斗，"则经相当努力之期间以后，中国之不获重见自由天日，恢复其独立主权"，实现国家富强和民族复兴，"其谁信之？"①

当然，除了论证中华民族亦能像这些国家那样实现复兴外，知识界考察美国、土耳其、俄罗斯、欧战后的德国和意大利等国家历史上的复兴运动，还为了给中国的民族复兴提供历史的借鉴。例如，曾任《国民日报》主编的孙几伊在《战后德国人民对于复兴底努力——从凡尔赛会议（1919）到洛桑会议（1932）》一文的"导言"中开篇明义便写道："国难！国难！许多人都这样嚷着……但是战后德国所遭的，较诸我们现在所遭的灾难，还要严重得多。我们且看德国国民所遭的难是怎样？他们在难中怎样地挣扎，他们又怎样从难中找着出路。现在我们虽则还不敢说德国已经复兴了，但是事实告诉我们，德国已经从凡尔赛和约的层层枷锁之下，一步一步地解放出来，无论从政治、经济哪一方面看，她在现代国际间都不失为世界领袖之一。这当然不是侥幸得到的，在过去十四年中，德国国民无时无刻不在挣扎之中，现在还继续挣扎着……不过挣扎不是盲目的叫和跳，也不是可怜的哀号。要知道挣扎的正当方法，请看以下所述的

---

① 袁道丰：《德法两大民族之复兴经过》，《建国月刊》第9卷第4期，1933年，第9页。

德国国民挣扎的事实。"因此,该文除了简略地介绍了欧战后德领土丧失、海外殖民地全部丧失以及因赔偿及恢复原状德国所受的经济损失等"国难"外,重点介绍了"德国国民怎样挣扎"和"德国怎样找寻出路"的,"借此贡献给我国有志者作一种鼓励之资。"① 《行建旬刊》还开辟了"他山之石"专栏,先后发表了百川、则文的《德国民族之复兴》(第23期)、则文的《波斯民族的复兴》(第27期)、则文的《朝鲜民族之复兴运动》(第31期)、一叶的《土耳其民族之复兴运动》(第32期)、则文的《印度民族之复兴运动》(第34期)和《阿拉伯华哈壁民族复兴运动》(第37期)等一系列文章,总结出德国、伊朗、朝鲜、土耳其、印度等国民族复兴的经验和教训,以为中国民族复兴运动的借鉴。

寰澄从"中华民族之复兴与世界之关系"的角度,论证了中华民族复兴的可能性及其重要意义。他指出,世界上有些人因"不知我之文化,不知我之历史",其论中华民族多有"失当之处",更有人以鸦片缠足之旧恶习、军阀土匪之现状,来轻蔑诋毁中国。实际上,"我五千年之文化,五千年之历史,危而不亡,颠而不倾,固自有精湛之特性,而非其他民族所能企及者。"这主要表现在四个方面:"(一)民族极端爱好和平之民族"。"(二)我民族为抵抗力极富之民族。""(三)我民族为同化力极大之民族"。"(四)我民族为蕴藏极大富力之民族"。他最后强调指出,具有上述这些"精湛之特性"的中华民族一定能够实现复兴,② 郑重分"历史"、"事实"和"各国"三个方面,对中华民族复兴的可能性进行了"作证":(1)我们翻阅历史,中国曾多次遭受处患,但这些外患终因中华民族的努力奋斗而消除,并实现了国家的复兴,这"从历史上证明中国民族复兴并不是不可能的事"。(2)自"九一八"后东三省沦亡,义勇军遍地兴起,如嫩江、长城,特别是上海战役,表现出的是中国民众的伟大力量,"这些事实证明中国民族精神未死,而且更是复兴中国民族的基础"。(3)德国是欧战的战败国,割地赔款,民穷财尽,但仅仅10多年的奋斗,就已恢复了大国的国际地位;苏俄从一个非常落后的农业国,经过五年计划,一

---

① 孙几伊:《战后德国人民对于复兴底努力——从凡尔赛会议(1919)到洛桑会议(1932)》,《复兴月刊》第1卷第1期,1932年,第133~134、181页。
② 寰澄:《中华民族之复兴与世界之关系》,《复兴月刊》第1卷第1期,1932年,第11~18页。

跃而成为先进的工业国；被称为东亚病夫的土耳其，也只用10多年时间，就实现了民族复兴。上述各国复兴的历史"更给我们新的模范与新的勇气——中国民族复兴无疑是可能的"。① 平凡的《中华民族之危机及复兴与民族复兴运动之史的论证》一文，"确信中华民族在死里求生的努力之下，尚有发扬光辉之必然结果，盖证以中外古今历史的事实，益信中华民族复兴运动之伟大的成功，是在不久的将来"。因为，"历史上关于民族复兴运动所昭示于吾人"三个"信仰"，其一，"凡一民族，具有其相当文化而已结合成一强固之民族性，则此民族绝不灭亡"。其二，"凡具有相当文化之民族而成为单一民族性之国家者，任何外来势力图谋消灭此民族，其结果外来势力必归失败，而此固有民族之团结愈形巩固"。其三，"任何强大民族妄欲以其武力征服其他语言文字风俗习惯等一切文化不相同之民族，其统治方法，无论武力政策或同化政策，假使这些被征服民族始终保持其固有民族性，则统治者终必失败而无疑"。②

总之，"九一八"后的知识界以他们的研究告诉国人：中华民族完全有实现复兴的可能。这在日本侵略步步紧逼，民族危机日益加深，全国上下都弥漫着浓厚的悲观主义情绪，看不到国家和民族之未来的历史背景下，它对于帮助国人树立战胜日本帝国主义侵略，实现国家富强和民族复兴的坚定信念，从而投身于救亡图存、复兴民族的大业是有积极意义的。

如何将可能性变为现实性，亦即"中华民族如何实现复兴"？这是"九一八"后广大国民关心的又一问题，或者说是更为根本的问题。知识界的一个基本观点，即认为中华民族之所以会衰落，遭受帝国主义尤其是日本帝国主义的侵略而面临日益严重的生存危机，一个重要原因，便是民族自信心的丧失，所以要实现中华民族的复兴，当务之急，是要恢复和树立民族自信心。

所谓民族自信心，是指一个民族对自己立于世界民族之林的能力及其发展前途的信心。借用《历史教育与民族复兴》一文的话说："即一种民族自信有能生存的能力之谓。"③ 民族自信心的有无对于一个民族的生存和

---

① 郑重：《民族复兴方案》，《学艺杂志》第13卷第6号，1934年，第120~121页。
② 平凡：《中华民族之危机及复兴与民族复兴运动之史的论证》，《西北公论》第1卷第5期，1933年，第3~4页。
③ 华：《历史教育与民族复兴》，《公言（北平）》第3期，1937年，第16页。

发展有着重要的意义。王敬斋指出：个人生活在社会里，不能不有自信心，固然不应当妄自尊大，然而也不必把自己看得一文不值，假如个人失去了自信心，他的前途一定不会好的。民族同个人一样，也得有自信心，但民族是由许多个个人组合起来的，所以民族的自信心，就是每个个人自信自己的民族有继续生存的能力，如果这种自信心没有了，那么这个民族的前途也一定是不会好的。① 在上海光华大学教授王造时看来，人类历史的长河中，哪个国家没经历过强弱？哪个民族没有过盛衰？但是有些国家可以转弱为强，有些民族可以转衰为盛，当然也有些国家或民族，终至于被淘汰。其关键的因素，就是要看该民族是否有自信力。有民族自信力，亡可以复兴，弱可以转强，衰可以转盛，否则，只能任其萎靡，沦落于奴隶，终至于消灭。② 关靖强调：自信力是一个民族生存上的基本能力，"苟民族失其自信力，必归于天然淘汰"，这是一条被历史一再证明的铁律。③ 署名"华"的作者同样认为，有坚强的自信心的民族，"则能生存于弱肉强食之今日，否则难免受天演之淘汰"。④

中华民族本来是一个自信心很强的民族，然而自 1840 年鸦片战争以后，国人对民族的自信心则逐渐丧失殆尽，这是造成中国积弱积贫、落后挨打的一个重要原因。蔡琎在《民族复兴与历史教学》中写道：中华民族有悠久的历史，创造过灿烂的古代文明，那时候的中华民族的自信心是很强的，甚至可以说是"渺视一切"，具有"一种自大的心理"。但因鸦片战争后外交的节节失败，中华民族的自信心受到极大的打击，"不但置诸自大之心理于脑后，及转而崇拜西洋，一举一动，俱西洋是效，忘却自己之历史，辱没个人之人格，守旧者固属腐败不堪，时髦者更属数典忘祖，无形之中，已接受中国民族已衰老之观念，几无一善可取，其谬孰甚"。⑤ 华生指出，作为世界上最优秀的民族，中华民族有着很强的"民族自信力"，但自晚清以来连年政治经济上的失败，使一般人对于民族的自信力起了动摇，甚至像胡适这样的知识精英也说出了"中国不亡，是无天

---

① 王敬斋：《现阶段的历史教育问题》，《文化与教育旬刊》第 118 期，1937 年，第 4 页。
② 王造时：《恢复民族的自信力》，《自由言论》半月刊，第 1 卷第 17 期，1933 年，第 7 页。
③ 关靖：《自信力为民族生存上基本能力说》，《陆大月刊》第 2 卷第 1 期，1936 年，第 37 页。
④ 华：《历史教育与民族复兴》，《公言（北平）》第 3 期，1937 年，第 16 页。
⑤ 蔡琎：《民族复兴与历史教学》，《浙江教育月刊》第 1 卷第 11 期，1936 年，第 6 页。

理"一类的"非常绝望悲观的话"。由于民族自信力的丧失，不少人以为中国的事情要弄好，除非请教外人，形成了一种"外国的月亮都比中国的圆"的自卑心理。近数十年来，中国之所以人心错综，道德日坠，文化堕落，工商不振，国难踵至，民族危机日益加深，其重要原因便是民族自信力的丧失殆尽。① 在阿品看来，中华民族不仅是一个很有自尊心的民族，甚至还有些"老大民族"的"狂妄"和"顽固"。但"封建势力终敌不过资本主义的狂浪，1842年的鸦片战争，就首先撕破了老大民族的面孔，机械文明震赫了他的心灵。接着中法、中日及庚子诸战役，更推翻了老大民族的宝座。中国人们的心理，由鄙视外人而变为仇外，继而一变为尊外与媚外了"。从此，中华民族的自信力"一落千丈"，中国也因而衰落了下去。②

　　鸦片战争后中华民族自信心的丧失，是造成中国积弱积贫、落后挨打的重要原因。因此，要改变这种状况，实现中华民族的伟大复兴，就必须恢复和树立民族自信心。沈以定将民族自信心视为"复兴民族的三种必要力量"之一："我们现在要复兴中华民族，第一就是要使我们全国人民的脑海里深深地印下了一个民族的影像，使我们全国国民都具有一种——民族自信的力量——民族自信力。"因为，"对于被压迫民族，自信力是特别需要的，有了这种自信的力量，我们才有勇气奋斗向前进展，来复兴民族"。③ 王造时文章的题目就叫《恢复民族的自信力》。他在文中写道：中国"今日要打倒帝国主义，抵抗日本侵略"，实现国家富强和民族复兴，"除了物质上的准备以外，须有精神上的振作，换言之，就是要恢复我们的民族自信力"。④ 罗健君强调：一个民族所以能与其他民族争平等，纯靠民族的自信力，如果民族失掉了民族自信力，自己承认是劣等的民族，是不能与人竞争的民族，那这个民族的前途，自然亦只是黑暗没有光明了。"所以现在我们要复兴中华民族，非先发展民族自信力不可。"⑤ 项致庄同样认为，"中国国民当前的急务是民族复兴，而复兴民族的先决条件，尤

---

① 华生：《民族复兴与历史教育》，《文化建设》月刊第1卷第9期，1935年，第5页。
② 阿品：《恢复民族的自信力》，《青年阵地》第7期，1933年，第6~7页。
③ 沈以定：《复兴民族的三种必要力量——青年应负民族复兴之责》，《浙江青年》第2卷第7期，1936年，第2页。
④ 王造时：《恢复民族的自信力》，《自由言论》半月刊，第1卷第17期，1933年，第9页。
⑤ 罗健君：《怎样发展民族自信力》，《知行月刊》3月号，1937年，第1页。

贵培养民族自信力"。① 阿品更是明确指出："我们认定，要民族复兴，须先恢复民族的自信力。"②

要实现民族复兴，须先恢复民族的自信心，这可以说是"九一八"后知识界的基本共识。那么怎样才能帮助国人恢复和提高民族的自信心呢？署名"华"的作者认为，要帮助国民恢复和树立民族的自信心，"惟有射以历史之强心剂"。因为在历史上有许多事实证明中华民族的伟大，证明中华民族之自信力的伟大，正是这种"伟大之民族自信力，曾几次挽既倒之狂澜"，使国家和民族转危为安，由衰而兴，"苟能发挥之，以挽以往之颓风，根据历史上的事实，而恢复民族之自信力，亦救国之惟一法门"。③王敬斋同样认为"民族自信力的恢复与养成，可分为两方面：一方面养成民族自尊的高尚情绪；另一方面发扬我们固有的文化"。但无论是养成民族自尊的高尚情绪，还是发扬我们固有的文化，都离不开历史。因为只有通过历史才能使一般国民认识到，中华民族是有着"四五千年的光荣历史"的民族，在"这样长的时间里"，我们的祖先曾创造了"许多伟大的事迹和文化"，这是中华民族的宝贵遗产，"我们不应当全盘接受西洋文化，把自己过去的文化完全不睬"，更不能因此而丧失民族的自尊和自信。④署名"孟真"的作者指出：过去的历史是我们数千年来民族精神和文化的结晶，但现今却很少有人读中国的历史书，无怪乎民族的自信心日趋丧失殆尽。所以要实现民族的复兴，需把过去的一切，用科学的方法重新加以整理和出版，这对于恢复国人对于中华民族的自信心，加深国人对于本国历史的认识是非常必要的。⑤

正是基于这一认识，"九一八"后兴起了一股研究中国历史和文化史的热潮。以文化史研究为例，据不完全统计，民国时期出版的有关中国文化史著作大约50种左右，其中大部分出版于九一八事变后。正如研究者指出的那样，"以文化史振奋民族精神"，帮助国人恢复和树立民族自信心，

---

① 项致庄：《培养民族自信力为国民当前之急务》，《江苏保安季刊》第4卷第1期，1937年，第18页。
② 阿品：《恢复民族的自信力》，《青年阵地》第7期，1935年，第9页。
③ 华：《历史教育与民族复兴》，《公言（北平）》第3期，1937年，第16~17页。
④ 王敬斋：《现阶段的历史教育问题》，《文化与教育旬刊》第118期，1937年，第4页。
⑤ 孟真（注：博斯年字"孟真"，但从全文的内容和发表的刊物看，此"孟真"非傅斯年）：《中国本位的文化建设问题》，《文化建设》月刊第1卷第5期，1935年，第3页。

这是九一八事变后"许多学者研究文化史的目的。"① 王德华的《中国文化史要略》出版于"九一八"后不久。他在该书的"叙例"就这样写道："中国人应当了解中国文化，则无疑问，否则，吾族艰难奋斗、努力创造之历史，无由明了，而吾人之民族意识，即无由发生，民族精神即无由振起。……兹者国脉益危，不言复兴则已，言复兴，则非着重文化教育，振起民族精神不可。本书之作，意即在此"。② 在历史研究方面，除大量的文章外，还先后出版有缪凤林的《中国通史纲要》、邓之诚的《中华二千年史》，王桐龄的《中国全史》、章嵚的《中华通史》、吕振羽的《殷周时代的中国社会》等一批通史和断代史著作。学术界研究历史的目的，也是为了振奋民族精神，帮助国人恢复和树立民族自信心。著名历史学家、中央大学教授柳诒徵就曾提出，我们研究中国历史，不能只讲岳飞、文天祥、史可法、林则徐等悲剧式的英雄人物，因为他们所处的时代是中国的衰弱时代，讲得太多，"不免使人丧气"，而应多讲中国历史上最为强盛的汉唐，多讲汉唐为什么会强盛的原因，这不仅能振奋民族精神，帮助国人恢复和树立民族自信心，而且还能"使一般人知今日存亡危急之秋，非此不足以挽回溃势"。③

为帮助国人恢复和提高民族自信心，知识界在研究中国的历史和文化史时，特别强调以下两点：一是强调中华民族之历史和文化的悠久，二是强调中国文化对世界文化的影响和贡献。在强调中国文化对世界文化的影响和贡献时，更多的又是强调中国文化对西方文化的影响和贡献。比如刘华瑞的《中国文化在国际上的地位》一文，虽然也谈到了东方的高丽文化、安南文化、南洋文化以及日本文化由中国文化"孳乳而成"的情况，但重点介绍的是中国文化对欧洲文化的影响和贡献："欧洲昔日，因得东方文化之灌溉与陶冶，遂有今日之灿烂文明，且欧洲至今日，仍不断吸收东方文物之菁华也。十六世纪至十八世纪间，中国文物在欧洲之地位，几成为当时欧洲文化中心。"④

---

① 周积明：《本世纪上半叶中国文化史研究的特点》，《光明日报》1997年10月14日"史学版"。
② 转引见上文。
③ 柳诒徵：《从历史上求民族复兴之路》，《国风》半月刊第5卷第1期，1934年，第7页。
④ 刘华瑞：《中国文化在国际上的地位》（未完），《国光杂志》第10期，1935年，第88页

实际上，我们查阅当时发表的有关文章，就会发现介绍最多的是中国文化对西方文化的影响和贡献，而对东方尤其是中国四邻民族文化的影响和贡献只在介绍对西方文化的影响和贡献时顺带提及，很少有专门介绍中国文化对东方尤其是中国四邻民族文化的影响和贡献的文章发表。这一现象的出现，既有学术的原因，更有现实的考虑和需要。就学术的原因而言，中国文化对东方尤其是中国四邻民族文化的影响和贡献的研究，无论在中国还是在西方都是一个老课题，此前出版和发表过不少相关成果，而中国文化对西方文化的影响和贡献的研究，则是进入20世纪后特别是第一次世界大战后才在西方兴起的一个新课题，其相关成果大多出版或发表在20世纪的二三十年代。这与第一次世界大战后在西方兴起的"西方文化没落论"和"东方文化救世论"思潮有着密切的关系。西方学术研究的这一变化，不能不对中国学术研究产生影响，我们翻阅这一时期中国学者介绍中国文化对西方文化的影响和贡献的文章，大多利用的是西方有关研究的最新成果。比如，何炳松就是在参考了"一九二三年德国人雷赤文（Adolf Reichevein）所著《中国与欧洲》一书"的基础上，于1935年"草成"《中国文化西传考》一文，分"中欧交通的始末""洛可可艺术受中国的影响""德国启明思想中的中国""法国启明思想中的中国""'欧洲的孔子'和重农主义的经济学家""主情运动和中国的园林""歌德和中国""重商主义的贱视中国""老子在现代欧洲的复活"等九个方面具体介绍了中国文化的西传以及对欧洲文化的影响和贡献。据何炳松讲，该书的英译本，为鲍威尔（F.O. Powell）所译，英国剑桥大学教授奥格敦（C.K. Ogden）主编的《文化史丛书》（1925年在纽约出版）之一种。他看的就是这个本子。[①] 从现实的考虑和需要来看，这一时期的学术界更多强调中国文化对西方文化的影响和贡献，主要针对的是当时那种"妄自菲薄"中国文化的社会心理，试图以此来帮助国人恢复和树立民族自信心。因为当时中国的落后主要相对西方而言，国人是在与西方各方面之比较中产生出"外国（西方）的月亮都比中国的圆"的自卑心理。何炳松就公开声明，他是为了"矫正现在一般国民藐视中国文化的态度"而"草成"《中国文化西传考》一文的，他希望国人在读了他这篇文章后，要树立起

[①] 何炳松：《中国文化西传考》，《中国新论》第1卷第3期，1935年，第60页。

一种"誉我固然不足为荣,毁我亦实在不足为辱"的文化心态,认识道"我们现在所要的是取人之长,补己之短,而不是盲从他人,毁灭自己",要对自己的民族和文化充满信心,相信中华民族和中国文化的复兴必将到来。①

为了帮助国人恢复和树立民族自信心,"九一八"后的知识界还主张对教育特别是历史教育进行改革。因为在他们看来,中国人民族自信心的丧失,与教育的欧化或西化有着很大的关系。明钟恂在《保存中国固有的文化与恢复民族自信力》一文中便指出:中国文化之所以低落不堪,中国人的民族自信心之所以丧失殆尽,一个重要原因就是"中国现代的教育太过欧化了"。我们试看国内各学校的教材,多半是关于西洋学术的介绍,对于本国固有的学术思想,反视同蔽蓰,一般学生如果与他论及外国文化历史,则高谈雄辩,至于向他谈及本国文化历史,则好像在五里雾中,莫明其妙,这都是教育上欧化的明证。诸如此类的事实,可以说是司空见惯的。"由此亦可证明中国教育之太偏于欧化,这种教育,只有养成崇拜洋人的心理,只有使我们的民族自信力渐渐丧失,所以今后保存固有文化,恢复民族自信力的方法,只有从教育入手。"②华生的《民族复兴与历史教育》一文写道:今日历史教育中存在的一个重大问题,"是课程中对于本国史的轻视",老师在课堂上讲的所谓历史,实际上都是欧美的历史,举的例证,都是欧美的例证。教学的结果,是学生对欧美的历史文化知道得颇多,谈起来头头是道,如数家珍,而对本国的历史文化反而知之甚少。这既不利于学生民族自信心的养成,同时也不符合历史教育的使命。"历史教育的使命,一方面在使人认识其过去的文化,另一方面则在使人明白本国文化在世界上所占的地位,二者必须同时并进,那才能使人认取其自己所负的责任而对本国及世界文化的创造,知所努力。"故此他要求增加中国历史文化的内容,不仅教材要"力求其中国化",而且老师上课,"引例举证,苟有本国事实,必须尽先采用"。③蔡琏认为民族自信心的恢复和树立,应该从娃娃抓起,加强对儿童的历史教育,"说明中华民族过去之光荣历史,经过渊久艰苦之奋斗,使儿童养成坚韧之自信心,确信中华民

---

① 何炳松:《中国文化西传考》,《中国新论》第1卷第3期,1935年,第80页。
② 明钟恂:《保存中国固有的文化与恢复民族自信力》,《诚化》第5期,1936年,第7页。
③ 华生:《民族复兴与历史教育》,《文化建设》月刊,第1卷第9期,1935年,第5页。

族是必能复兴"。他还对"过去教师对于儿童之自尊心大都不加注意"的现象提出了批评:"教师每言及日本儿童时,则必尽量形容其优良,中国儿童是无法追及,粗视之,似乎对儿童施以激励,使其奋发自强,但久而久之,终属不及,则无形中使其儿童失其自尊心矣。"①

  这里尤需指出的是,"九一八"后的知识界在强调恢复和树立民族自信心对于民族复兴之重要意义时,其中一些人又认识到自信心与夸大或虚骄的区别,认识到恢复和树立民族自信心并不是享受祖先的光荣,而是要实事求是地干,将祖先的光荣发扬光大。1935 年 12 月 23 日,上海《大公报》发表的一篇题为《民族自信心的恢复》的"社论"就明确指出:"所谓民族自信心,并不是民族的夸大或虚骄。夸大虚骄是懦夫遮盖其弱点的表现。"因为自己本身不行,自己才要把祖宗搬出来替自己撑门面;自己本来是胆怯,才要说大话以表示自己的勇敢。这是一种逃避事实的心理,是极没出息又极无聊的心理。自信心却不如此。"有自信心的人是不否认事实的人,自己知道自己的短处,而自己却不护短;知道自己的弱点,却要想办法来补救它。军械不如人是事实,科学不如人也是事实,但是我们绝不甘于终久的落伍,我们终有如人之一日。"②阿品在《恢复民族的自信力》一文中也再三强调:恢复和树立民族自信力,首先要"认清自己"。认清自己,绝不只是夸张自己,抬高自己,同时还要不客气地指出自己的短处,看出自己的弱点。"自觉有何长处,便当极力保存,而发扬光大;自觉有何短处,便当极力避免,而更奋发有为。"③南开大学的曹汉奇认为恢复民族自信心要注意三个问题:(1)空有自信心,不足使民族复兴,夸大的、附会的自信实足自蔽;(2)翻家谱,抬祖宗,可掩饰自馁心,却不能作为"祖宗能干,子孙也能干的证明";(3)一般以为自己有信心的先觉,先不要喊口号贴标语,而要寻问题,实事求是的干。"以干的精神证明自己确有自信心。以干出来的成绩作为启发群众去恢复真自信心的工具。——如此,民族的自信心方能再生。"④认识到自信心与夸大或虚骄

---

① 蔡琎:《民族复兴与历史教学》,《浙江教育月刊》第 1 卷第 11 期,1936 年,第 6~7 页。
② 《民族自信心的复兴》(转载 12 月 13 日上海《大公报》社论)《外部周刊》145 期,1936 年,第 23 页。
③ 阿品:《恢复民族的自信力》,《青年阵地》第 7 期,1935 年,第 9 页。
④ 曹汉奇:《如何能恢复民族的自信心》,《南开大学周刊》第 104 期,1931 年,第 1 页。

的区别,尤其是认识到恢复和树立民族自信心的关键在于实事求是地干出成绩,这不仅在当时,在现在也具有十分重要的思想意义。因为无论在当时还是在现在,都存在着少数人借恢复和树立民族自信心而提倡和鼓吹复古主义的思想倾向,这种倾向对实现中华民族的伟大复兴有百害而无一利。[1]

尽管因知识结构、政治背景以及所擅长的专业不同,知识界的认识千差万别,但他们都认为只有发奋图强,中华民族就一定能够实现复兴。这在当时的历史背景下,它对于帮助广大国民树立战胜日本军国主义的侵略、实现中华民族复兴的信念是有积极作用的。

第四节 七七事变后"抗战建国"话语下的"学术建国"

七七事变后亡国灭种的现实危险,推动着自清末形成、五四发展、"九一八"后高涨的民族主义思潮继续走向高涨,其表现之一,便是"民族复兴"话语下知识界围绕"抗战建国"问题展开了热烈讨论。1938年3月召开的国民党临时全国代表大会,在共产党和其他党派的一再要求下,通过了《中国国民党抗战建国纲领》(以下简称《抗战建国纲领》),第一次将抗战的意义提升到了建国的高度,即抗战的终极目的,不仅仅是要取得胜利,把日本侵略者赶出中国,而且还要通过抗战,来实现国家重建和民族复兴。因此,《抗战建国纲领》公布后,"抗战建国"迅速成了全面抗战时期的主流话语。当时人们的一个基本观点,即认为抗战与建国是一件事的两个方面,借用《青年向导周刊》一篇文章的话说:"抗战与建国,这两事本是一事,今日已成国人之常识。"[2]《战时生活》旬刊第八期的"社论"《拥护抗战建国纲领》就明确指出,《抗战建国纲领》的"特点"是将抗战与建国联系了起来,"本来,中国革命在现阶段的任务,一方面是抗战,一方面是建国,抗战与建国并不是孤立的两件事,而是同一件事

---

[1] 参见郑大华《抗战时期国人对"中华民族复兴"的认识及其意义》,《民族研究》2016年第3期。
[2] 潘谷神:《从复兴民族说到复兴中国科学方法》,《青年向导周刊》1939年第26期。

的两面。不但没有矛盾与先后之分,而且是相辅相成的。"① 《现代青年》创刊号的《发刊词》也再三强调:"谁都知道抗战与建国是不可分离的,抗战的目的是在建国,建国的基础是筑在抗战阵线上。固然这一次抗战的损失,是中华民族的不幸,同时这一次抗战的代价,也就是中华民族的光荣。"② 郭力文从"抗战是建国的前提条件"、而"建国才能保证抗战的胜利"的视角出发,对"抗战与建国"的相互关系进行了阐述。首先,就"抗战是建国的前提条件"而言,我们的中心任务,自然是建设一个幸福的自由国家,然而在建国的进程中,会有许多阻碍横在我们的面前,阻挡我们的去路,这阻力当中最重大的一个,自然是帝国主义,特别是日本帝国主义,在它的压迫下,我们的建国工作根本无法进行。因此,我们要完成建国的任务,就必须排除这些阻碍,打倒帝国主义,特别是日本帝国主义,这也就是我们之所以要抗战的根本原因,而且我们的抗战"是不能因任何理由而中途停止的,它必须与敌人战斗到底,战到胜利,战到建国的工作能够顺利的进行为止。"其次,从"建国才能保证抗战的胜利"来看,我们要抗战,要取得抗战的最后胜利,将日本帝国主义赶出中国,就要在抗战的过程中同时进行建国的工作,如果不设法将中国本身加以改造,将使抗战陷于不利,残余封建军阀的铲除,土豪劣绅的肃清,以及民众运动的开放,民众生活的改善,这些工作都必须在抗战的过程中同时进行。"我们可以这样的说,这些内部问题,如果不在对外的抗战中一一加以解决,则内部始终不能稳定,因而也就难以保证对外斗争的胜利。"总之,"抗战是我们的出发,建国是我们的归宿,抗战是建国的前提条件,建国是保证抗战胜利的因素,在抗战中建国,在建国中抗战,两者的关系不容我们忽视,两个工作是必须相互并进的。"③ 王枚同样认为,"抗战和建国是我们同时并进的共同目标,一面抗战,一面建国,双管齐下",但他同时又"觉得'抗战建国'四个字,若改为'抗战兴国'字样似乎更为适当"。因为"'建国'二字"不仅容易给人"以不良的暗示",好像中国还"不成国""未成国""本来没有国""本来不是国""殖民国""亡国",……因此"才需要'建国'",而且"更容易给敌人汉奸们曲解

---

① 《社论:拥护抗战建国纲领》,《战时生活》旬刊第8期,1938年4月11日。
② 陈范予:《发刊词》,《现代青年》(福州)创刊号,1939年。
③ 郭力文:《抗战与建国》,《动员周刊》第1卷第13期,1938年。

提供口实,即攻击国民政府是"无组织的某某政府,现在才在努力提倡建国"。但"事实上中国有四千年的历史和文化,若从黄帝轩辕氏(前1697)算起到今年(1939)止,可以说,中国已经建国四千六百三十六年了,如果就建立中华民国而论,民国亦建立二十八年了",就此而言,"中国是国已建而未兴,并非国将建而未成","所需要的不是'建国',而是'兴国'",也就是如何将一个前近代的传统国家建设成为一个近代的民族国家,"使国家现代化,富强化",从而实现中华民族的伟大复兴。①

除《抗战建国纲领》外,这次临全大会还通过了陈立夫等 31 人提出的《确定文化政策》案。该案认为,文化建设与经济建设和国防建设同等重要,都是建国的重要组成部分。建国过程中所提倡的文化,应以民族国家为本位,它包括三方面内容:(1)发扬我国固有之文化;(2)文化工作应为民族国家而努力;(3)抵御不适合国情的文化侵略。在该案所附的实施纲领中,关于学术建设的具体规定也有三条:一是切实整理中国历代发明和原有文献,以发扬固有文化;二是人文科学之教学,应以中国社会现象为中心;三是在世界上大力弘扬中国固有文化,以促进人类文化之向上,生活之淑善。② 由于该案特别关注文化和学术事业的发展,强调学术对于抗战建国的重要意义,故被学术界视为"学术建国"的决策,而给予了积极响应。

1938 年 5 月 22 日,亦即国民党临时全国代表大会闭幕不久,被视为现代新儒家代表人物的贺麟即在《云南日报》的"星期论文"专栏发表一篇题为《抗战建国与学术建国》的时事评论,他在充分肯定《抗战建国纲领》之积极意义的基础上,第一次明确提出了"学术建国"的主张:"学术是建国的钢筋水泥,任何开明的政治必是基于学术的政治。一个民族的复兴,即是那一民族学术文化的复兴。一个国家的建国,本质上必是一个创进的学术文化的建国。抗战不忘学术,庶不仅是五分钟热血的抗战,而是理智支持情感,学术锻炼意志的长期抗战。学术不忘抗战,庶不是死气沉沉的学术,而是担负民族使命,建立自由国家,洋溢着精神力量的学

---

① 王枚:《抗战建国宜改为抗战兴国》,《协大周刊》第 8 卷第 1 期,1939 年 12 月 4 日。
② 《中国国民党历次会议宣言决议案汇编》(第二分册),浙江省中共党史学会 1985 年编印,第 344 页。

术。"① 于此前后，胡秋原、张其昀、潘梓年、潘菽、张申府、胡先骕、吕振羽、吴泽等学者也就"学术建国"的有关问题提出了自己的建议和主张，有的文章虽然没有直接使用"学术建国"这四个字，但内容也是强调学术对于抗战建国的重要意义，我们完全可以把它们放在一起加以讨论。长期以来，由于种种原因，除有学者在研究抗战时期贺麟的思想时涉及他提出的"学术建国"的主张外，很少有文章整体上涉及"抗战建国"话语下学术界有关"学术建国"讨论的问题。有鉴于此，本节拟从（1）为何要"学术建国"？（2）怎么样"学术建国"？（3）要建一个什么样的国？这样三个方面对这一问题作一探讨。需要说明的是：这里讲的学术界，取的是宽泛之义，不仅指专门从事学术研究的学者，也包括那些非职业但对学术研究有兴趣、经常发表学术文章、讨论有关问题的人。另外，"学术界"只表示其职业和兴趣，与其政治取向没有直接联系。

一　为何要"学术建国"

为何要"学术建国"？或者换句话说，学术对于抗战建国究竟有何意义？这是学术界在提出或讨论"学术建国"的主张时首先要回答的一个问题。贺麟在《抗战建国与学术建国》一文中指出：中国是一个经济落后、"军备薄弱"的国家，而日本则是"军力雄厚"的"世界第一等强国"。以一个经济落后、"军备薄弱"的国家来抵抗"军力雄厚"的"世界第一等强国"的侵略，并要获得最后的胜利，实现国家的重建和民族复兴，除了"军事的抗战"和"经济的抗战"之外，还必须进行"精神的抗战""道德的抗战"和"文化学术的抗战"。如果说中国在经济上和军事上远远落后于日本的话，那么，在"精神""道德"和"文化学术"这"各个方面"，中国"都有胜过日本的地方"，日本在文化学术上只能"列于第三等国"，"这种先天不足，本末倒置，实为日本的根本危机"。因为历史的经验和教训一再证明：一个"学术文化居二、三等国地位，政治军备却为一等强国的国家，有如无源之水，无本之木，若不急从文化学术方面作固本竣源工夫，以期对于人类文化、世界和平有所贡献，终将自取覆亡，此乃势理之必然"。中国近百年来之所以受东西方列强的"侵凌"，国势不振，

---

①　贺麟：《抗战建国与学术建国》，《蜀风月刊》第4卷第3期，1938年。

其根本原因就在于我们没有在学术文化上下足功夫。而在目前面临日本帝国主义全面侵略的形势下，中国之所以还能够实现国家重建，民族复兴，其根本原因亦就在于中华民族是一个有文化敏感和学术素养的民族，以数千年深厚的学术文化基础，与外来的学术文化接触，一定能引起新生机，并逐渐得到繁荣滋长。"我们现在的抗战建国运动，乃是有深厚的精神背景、普遍的学术文化基础的抗战建国运动"，既不是义和团式的不学无术的抗战，也不是袁世凯式的不学无术的建国。"我们抗战之真正最后胜利，必是文化学术的胜利。我们真正完成的建国，必是建筑在对于新文化、新学术各方面各部门的研究、把握、创造、发展、应用上。换言之，必应是学术的建国。"[①]

学术影响一个国家综合国力的发展，其强弱兴衰与其学术的繁荣与否有着直接的联系，这是不少学者的共识。署名"山"的作者在《学术建国》的短评中写道：无论从哪国历史看，国势水平是随着学术水平而升降的，因为学术是国力的渊源，是进步的动力，所以一个国家的强弱兴衰系于学术的高低隆替。英国在世界上拥有最强大的海军力量，但这绝不是几个海军军人造成的，而是国内工商业发展膨胀的必然结果，繁荣发达的经济是根源于进步深邃的学术。德国于第一次世界大战后，受尽《凡尔赛条约》的束缚，但是由于德国学术的不可屈服，在压迫中他们仍能在机械、设备、器材、技术等方面有惊人的发明和创造，所以德国在第二次世界大战的开始阶段能取得惊人的战果。实际上就整个欧洲文明而论，欧洲资本主义生产制度是建立在产业革命之成功的基础上的，而推其成功的因素和动力，又不能不推究到以前的科学家如牛顿、瓦特，思想家如达尔文、亚当斯密等，而这些科学家思想家的成就，又是15世纪培根以来文艺复兴和宗教改革运动高潮洗荡的必然结果。因此，中国要在抗战的同时取得建国的成果，就必须加强学术研究。[②] "林"更是明确指出："一国家不尊崇文化学术，则一国绝不能进步，不能独立国强。一民族不能吸收世界文化，不能发明创造，没有贡献于世界人类者，则一民族必衰颓沦于灭亡。"[③] 中国要想取得抗战建国的胜利，实现中华民族的伟大复兴，当务之急是要重

---

① 贺麟：《抗战建国与学术建国》，《蜀风月刊》第4卷第3期，1938年。
② "山"：《学术建国》，《读书生活》第1卷第3~4期，1942年。
③ "林"：《学术与建国》，《文化先锋》第3卷第12期，1944年。

视学术在抗战建建国中的作用,提高中国学术在世界中的地位。

作为马克思主义的理论工作者,潘梓年同样强调了学术对于抗战建国的重要意义,他指出,"学术是文化的中枢,是其首脑的部分,缺少了它,文化运动不但留着很大一个缺陷,而且是不能'根深叶茂'的。"因此,一个民族,不能一日无文化,更不能一日无学术,我们讲抗战建国,建国需要学术,抗战也需要学术,甚至更需要"适合抗战建国的要求的新学术","一种中国化的学术",以解决抗战建国遇到的"新的材料""新的问题"和"新的要求"。① 和潘梓年一样是马克思主义理论工作者的潘菽也一再强调,我们要抗战建国,要建设新的前进的中国,就必须有我们自己的学术,以解决建设上的种种特殊的问题,而同时我们也必须建立起中国自己的新的学术,因为新的学术是新中国的重要组成部分。但这种新的学术的建立,必须用有机的吸收方法和同化方法,而不能用机械的搬取方法。②

就贺麟和潘梓年等人的以上论述来看,他们所讲的学术,并非我们通常所讲的纯学术,而是一种具有文化意义和理性精神的广义学术。当然由于学术背景和政治取向的不同,他们所讲的学术也具有不同的含义。作为现代新儒家的代表人物,贺麟讲的学术主要是以儒家思想为核心的传统学术,而潘梓年讲的学术则是中国化的马克思主义及其学说。张申府是一位哲学家,他在《战时哲学的必要》一文中从两个方面论述了哲学对于"抗战建国"的必要性。第一,要取得抗战的最后胜利,重建国家,实现民族复兴,每个人都必须把民族利益、国家利益放在首位,要有为民族、为国家肯牺牲自己的一切乃至生命的精神。而要做到这一点,就需要有一种高尚而切实际的理想。哲学的功用之一,便是"教人以伟大的宇宙观或世界观,教人以高尚的人生观或人生理想,教人看破生死关,教人破除了小己的陈见"。第二,要取得抗战的最后胜利,重建国家,实现民族复兴,每个人都必须精诚团结,开诚布公,人我融洽,彼此尊重,要诚,要信,诚在己,信待人。但不论诚,还是信,本质上都是实,诚是"表里如一",信是"今昨不二"。而要做到这一点,就需要有一种"主张切实、注重实践"的质量,哲学尤其是中国哲学,讲求的就是"切实"和"实践"。既

---

① 潘梓年:《新阶段学术运动任务》,《理论与现实》创刊号,1939年4月15日。
② 潘菽:《学术中国化问题的发端》,《读书月报》第1卷第3期,1939年4月1日。

然哲学对于"抗战建国"有如此重要的意义,我们就应该讲哲学,用哲学,用"实的哲学"来武装人们的头脑。用他的话说:"今日的抗战是实战,今日的建国也是一个实国。今日的一切,没有比实更重要的了。因此,遂必需一种实的哲学,实的教育,实的文化,来鼓吹实,来教导实,来养成实"。① 马星侣的《社会科学与抗战建国》一文指出,自然科学的发达,并不能保证中国抗战的胜利,捷克是著名的军火制造国,但由于走错了路,把国命交给他人安排,结果这个中欧灿烂的民主国最终解体了。波兰是欧洲的二等强国,然而由于波兰政府对内失去了人民的拥护,对外采取荒唐的外交政策,结局也只有归于消灭。这种种例证说明,"在建立机械化新军、提供军备自给力与推进生产运动时,自然科学实居于重要的地位,然而正确的或歪曲的理论对于抗战所能发生的影响,是更值得我们注意的"。我们在抗战建国的过程中,不仅要重视自然科学,同时也要重视社会科学,要充分发挥社会科学指导抗战建国的重要作用。② 岑家梧则强调"艺术是一个国家的命脉",因此,在抗战建国中"发挥它的独特效能,这是艺术岗位上应有的任务了"。③

人们常说,以铜为镜,可以正衣冠;以人为镜,可以明得失;以史为镜,可以知兴衰。历史学家吕振羽特别看重历史研究为"抗战建国"所提供的指导意义。1940年,他在《读书月报》第2卷第4~5期上发表《本国史研究提纲》一文,在谈到加强中国史研究的重要性和紧迫性时写道:"历史研究的任务,在究明历史自身的运动和发展过程的规律性,把握其现实的动向,以及构成历史动力的诸契机和与其主导从属的关系,去指导人类社会生活之现实奋斗的方向,提高对历史创造的作用,——加强指导原则和实践能力,同时,适应现实的要求,科学地批判地继承过去人类文化的优良成果——民族文化的优良传统的承袭,世界文化的优良成果的吸取。所以,历史是科学,是'一切科学的基础',是人类生活奋斗的武器。"因此,"抗战建国中的民族革命的战略和策略,都要根据历史作决定,依靠历史作指南;当前一切实际问题,只有历史给予正确的解答,能

---

① 张申府:《战时哲学的必要》,《战时文化》半月刊,创刊号,1938年5月25日。
② 马星侣:《社会科学与抗战建国》,《现代青年》第2卷第2期,1940,第144页。
③ 岑家梧:《抗战建国与民族艺术》,《民族文化》第1卷第2期,1938,第25页。

指示我们实践的方向。所以在目前,对本国史的科学研究,是迫切必要的"。① 同样作为历史学家,吴泽在论及史学研究与抗战建国、民族解放的关系时指出:抗战时期,"如果中国自己能有几本正确完整的中国历史著作,作为民族文化的砥柱,作为民族解放的理论指导,还容得这般'小窃跳梁'吗?更不幸者,由于中国历史科学水平的一般低下,致这些毒素理论,尚有青年读者误为有承受的可能,且易为民族'内奸'所阴谋利用,而抗战三年来,史学界'没有'警觉,这不能不说是现阶段学术运动上的一大'缺口'!"为此,他大声呼吁:"在抗战日趋深入的现阶段,我们必要时时警戒我们自己的文化战线,作积极的斗争;同时则积极中国历史科学的研究的领导与号召,努力建立科学的中国史学体系。"② 刘守曾视"历史教育是复兴民族的原动力",因为"历史'是记载我们祖先功业和国家民族文化发展之所由来',是整个民族遗产和灵魂之所寄托,我们要发扬民族的意识,培养民族的精神,非切实推行历史教育不为功。"他并且提出了在"抗战建国"中历史教育应注意的六个问题:第一,要注意民族固有文化的发扬,以树立民族的自信;第二,要注意民族光荣历史的叙述,以提高民族的精神;第三,要注意叙述忠臣义士的史绩,以培养民族的正气;第四,要注意阐明中华民族的统一性,以启发国民对国族爱护的热忱;第五,要注意说明帝国主义者侵略我国的经过与原因,以激发民族同仇敌忾的情绪;第六,要注意阐述三民主义革命的历史背景,以坚定国民抗战必胜、建国必成的信仰。③

陈德征认为"抗战建国与科学研究之关系是很密切的"。以抗战论,战时武器是依据科学制成的,不懂科学,不仅不能制造武器,且使用武器也会感到窒碍。至于战时经济之调整,资源之开发,交通之维持,人力之培养等,也都需要借力于科学。如果偏离或违背了科学的原理原则与应用的法则,那么抗战便无由谈起。以建国论,建国之首要在民生,关于民生的事,有哪一件不需借助于科学的?即便小到户口的调查统一,也大大地需要科学的根据。因此,我们要取得抗战建国的最后胜利,就必须加强科

---

① 吕振羽:《本国史研究提纲》,《读书月报》第 2 卷第 4~5 期,1940 年。
② 吴泽:《中国历史著作论:关于几本中国历史著作的批语与介绍》,《理论与现实》第 2 卷第 1 期,1940 年。
③ 刘守曾:《历史教育与民族复兴》,《新湖北季刊》第 1 卷第 2 期,1941 年。

学研究。① 顾毓琇同样认为,"无论在抗敌和建设那一方面,我们都需要科学"。战争的本身,是艺术,亦是科学。军事的基本原则是力量的运用,这个力量包括人力、武器、通信、运输、给养以及一切帮助战斗的力量。不仅新式武器、新式通讯和新式运输需要科学,而且武器、通信、运输等等都需要有科学训练的人们去应用,倘若使用新式武器的人没有科学的基础同科学的训练,那么同样的工具便不能发挥同样的力量。通信运输和给养,战时和前方固然需要,但无论在技能和设备材料上,平时和后方必须有充分的准备。新式的战争,必须使全国的力量总动员起来,总动员的力量越大越好。而"科学可以增加我们的力量,集中我们的力量,所以科学对于抗战的影响是很大的"。在抗战建国时期,我们不仅要"有钱出钱,有力出力",而且我们要用科学来"增加钱,增加力"。增加了"钱"可以支持抗战,增加了"力"可以打击敌人。② 袁忠珩在《科学与抗战建国》一文中写道:我们首先要认清目前已不再是人与人争斗的时代了,而早已跨入人与机器或思想相斗的血腥气的大时代了。科学既能克服天空,克服陆地,克服海洋,克服一切,当然亦能克服战争,近代战争的科学化,是谁都承认的,科学既能被人类的聪明误用作残杀的工具,那么,要纠正其错误也唯有科学,除了科学是没有法遏止近代科学化的战争的。因此,"我深深地相信,要抗战与建国有着美满的结果,必须应用物质科学的力量",我们这个具有四五千年高超伟大文化的国家,也就不会"再受素不在眼的倭寇的凌辱了"。③

二 怎么样"学术建国"

既然学术对于抗战建国具有如此重要的意义,那么我们应该如何发挥学术在抗战建国中的作用呢?换言之,怎么样"学术建国"呢?这是学术界在提出或讨论"抗战建国"主张时必须回答的又一问题。对此,贺麟提出了三点意见:第一,要用"'学治'或'学术治国'的观念以代替迷信武力、军权高于一切的'力治'主义"。"知识就是力量",这是英国著名哲学家培根的名言。因此,最真实有效的"力治"既不是武力,也不是军

---

① 陈德征:《抗战建国与科学研究》,《中央周刊》第1卷第8期,1938年。
② 顾毓琇:《抗战建国与科学化运动》,《教育通讯》第12期,1938年。
③ 袁忠珩:《科学与抗战建国》,《浙东校刊》第3卷第15、16期合刊,1939年。

权,而是学术上的"真理"与知识上的"学治"。第二,要用"'学治'来代替申韩式的急功好利、富国强兵的法治"。申韩式的法治实际上是严刑峻法、剥削人民的苛政,是贯彻力治和武力征服的工具。而"真正的法治"是建立在"学术"之基础上的。"中国对日抗战之能否成功,就看我们是否能建立一学术基础"。第三,要用"'学治'以补充德治主义"。德治是中国几千年来的基本政治观念,但"德治必须以学治为基础","德治"与"学治"相辅相成,如果"离开学治而讲德治,纵不闹宋襄公战败于泓的笑话,也难免霍子孟不学无术的刚愎"。而要实现以上这三点意见,"我们民族生活的各方面,国家建设的各部门",就必须"厉行学术化"。具体来说,即要求"逻辑的条理化,数学的严密化,实验科学、工程学的操作化"。任何一项事业,即使开一小工艺,做一小营生,办一小学校,都要求"有逻辑思考的活动,数学方法的计算,工程实验的建设,以促成之,发挥之,提高之"。而要达到这一点,就应使全国人民的生活,一方面要带几分"书生味",亦就是"崇尚真理、尊重学术"的"爱智气味",另一方面又要具有"斗士精神",即为民族的复兴而"斗争的精神"。[①]

著名学者胡秋原认为,要实现"学术建国",除要"发挥民族主义",使之成为"今日抗战建国之中心精神"外,还要"发展科学技术"。而胡秋原所讲的"科学技术",不仅包括自然科学,也包括社会科学和理论哲学。他指出:现代文明的基础就是科学技术的文明,我们要发展科学技术,就必须把生产、军事和科学打成一片,这样不仅能够满足当前抗战的需要,而且还能提高我们的科学知识,使我们的知识能达到"空前正确精密的水平"。具体而言,他建议:第一,"培养科学人才"。我们要完成抗战建国的任务,除了抗战,还需要建立新工业,改善旧工业和农业。这就需要大量的科学家去说明、去努力。因此,培养科学人才是"学术建国"的一个重要方面,有了人才,不仅可以"改善原有生产",而且还能得到更多的创造发明。第二,"充实高深科学研究机关"。一方面,要集中人力与智力,研究中国的历史与地理,研究现代理化及电医科学,研究国际政治及中国社会,研究欧美各国建国历史、军事外交的情况,而目标集中于如何抗战建国。另一方面,要介绍他国科学,学习他国的经验,来研究我

---

① 贺麟:《抗战建国与学术建国》,《蜀风月刊》第 4 卷第 3 期,1938 年。

们当前的问题。他尤其对学术研究中存在的那种"无益空谈、伤国俗说"和"浅薄乱说"的"空陋"学风提出了严厉批评,认为"汰除"这种"空陋"学风的"治本之道",是"树立笃实高深严肃的学问精神"。第三,"整顿教育"。学校是研究学问和培养人才的根本机关,过去教育的失败,就失败在官僚主义及政客主义。因此,要想教育取得成功,教育当局就要以"神圣的心"来办教育。同时,要充实和提高课程及师生水平,改革考试方法,改革留学生制度,派遣具有真才实学的人到国外深造,并多多招聘外国真正专家学者来华担任教师。第四,"传播科学知识,传播现代文明"。现代基本的科学知识,无论是自然科学,还是社会科学,抑或理论哲学的书籍,都应多翻译和介绍,并把它们编成小丛书,以供广大读者阅读。还要多设科学博物馆,以启发民众的科学意识。同时,学术界要提倡一种"建设的批评风气",对于那些违背科学、违背常识和伦理的"荒唐与武断",要"作善意批评",要使伦理学、欧洲现代史以及文化史与中国史一道,成为每一个国民的基本常识。胡秋原希望那些从事学术文化事业的人们,要立志做学术文化花园一个辛勤培植的园丁,用心血来浇灌未来中国学术文化的根苗,并以张横渠的"为天地立心,为生民立命,为往圣继绝学,为万世开太平"的四句教自勉,为中国的文化复兴和学术建国而"努力"。[①]

潘梓年主要从建立"适合抗战建国的要求的新学术"方面,提出了如何发挥学术在抗战建国中的作用问题。他指出,"今日的学术运动,不能只是接续过去而继续开展,应当承接了过去的劳绩,在新的基础上来开展出一个新的前途"。具体来说,第一,开展科学化运动,一方面,要研究"现代最进步的科学方法"唯物辩证法,另一方面,要运用唯物辩证法去研究"中国历史,中国的社会形态,中国社会在抗战中所起的各方变化",以尽快"建立起中国的社会科学"。第二,研究并接受中国优秀的民族传统,从经书、子书、史书、学案等有价值的文献中,发掘出中华民族的宇宙观、人生观、哲学思想、科学思想、史学思想以及政治原理、教育原理等范畴。当然,我们在接受优秀的民族传统时不能把它变成复古运动,要有批判的研究和接受,从而使它适应于抗战建国的"历史要求"。第三,

---

[①] 胡秋原:《中国文化复兴论》,《中国现代思想史资料简编》第 4 卷,浙江人民出版社,1983,第 156~158 页。

大力阐发诸如讲信义、讲气节、讲廉洁、讲勤奋、讲坚忍不拔、讲从善如流、讲见义勇为等等优秀美德,以服务于抗战建国的需要。第四,建设中国的新文学和新艺术。① 在《目前文化工作的具体内容——高度发扬民族的自尊心与自信心》一文中他又指出:我们要抗战建国,就必须好好研究孙中山的三民主义,"三民主主义就是救国主义",它包括三方面的内容,即中华民族要取得国际上的平等地位,中国人民要取得政治上的平等地位和经济上的平等地位。而这都离不开学术研究。中华民族要取得国际上的平等地位,就需认识自己的历史,自己的物力,自己的地理条件,那就需要社会科学者、自然科学者,运用目前最进步、最科学的方法,把中华民族的历史、哲学、地理、物产好好的研究清楚,让大家看出我们的力量何在,到底是怎样的一种力量;需要科学家运用最进步的方法,来把中国人的实际生活、社会结构,人与人的彼此关系,中国人的特性与特点,好好研究清楚,让大家可以看出这里有些什么方法来取得这个平等地位。中国人民要取得政治上的平等地位,实行自治,就要有人运用最进步最完善的方法来好好研究一下,所谓政治,所谓自治或民主,到底是什么样的东西,是怎么回事,让大家看出到底要有什么一种力量才能取得这一平等地位,这种力量要在什么样的条件之下才能具备,中国的广大人民是否能够具备这种力量。中国人民要取得经济上的平等地位,过上幸福生活,就要有人运用最科学的方法好好研究一下,目前中国人在经济上到底是怎样的不平等,要怎样运用孙中山的平均地权、节制资本的方法,才能收到最好的实际效果。除此之外,还有什么补助的方法可以采用?过去采取的一些方法,如二五减租,为什么没有取得成效,甚至是"弊病百出"?总之,他认为,我们要抗战建国,实现民族复兴,就需要充分利用"社会科学自然科学来研究实现这个主义的许多具体问题"。②

潘梓年尤其看重科学在抗战建国中的重要作用。他在《发挥"五四"运动所提倡的科学精神——使科学为抗战建国服务》一文中写道:"中国需要科学,抗战建国需要科学更是来得迫切和明显。'五四'运动所提出的科学任务,要求我们在今天的抗战建国中把它完成。"为此,他提出,

---

① 潘梓年:《新阶段学术运动任务》,《理论与现实》创刊号,1939年4月15日。
② 潘梓年:《目前文化工作的具体内容——高度发扬民族的自尊心与自信心》,《翻译与评论》第4期,1939年3月1日。

首先，政府应采取"非常时期"的"非常方法"，筹措相当充裕的资金，并制定出切实可行的计划和实施步骤。其次，国内资金比较雄厚的企业、银行和个人，应出资帮助国家或科学团体来做与抗战建国有关的各项事情。再次，科学家应积极自动地组织起来，为抗战建国的科学事业而努力奋斗。最后，要采取最进步的科学方法，使科学事业在抗战救国中向着新的方向发展，从而获得更多的新的内容。① 在植物学家胡先骕看来，"当此要建立现代化的三民主义的新中国之时，应当特别注重科学的研究，过去虽然我们是科学落后，现在我们则要急起直追和迎头赶上科学，然后才能将国家建设得稳固强盛"。所以他希望政府"对于科学的注意与提倡，还应该更多下工夫"。具体来说，"在自然科学的建国工作方面，我们应特别重视两个方面"：第一是对资源的开发和利用，因为一个国家的存在，取决于有无强大的国防，而国防的充实，取决于资源的充足与否。他建议："凡是本国所能出产的（资源），要尽力开发，若某种资源为我们所不能出产的，则当设法用我们有余的资源向其他国家交换"。第二是大力发展工业，尤其要大力发展作为重工业的机器制造业，为国防建设提供坚实的基础。否则，"若我们不能使我们的工业做到自己制造的地步，光是从外国购买，则我们的国防，仍然是危险"。②

既然科学在抗战建国中具有十分重要的作用，薛丹英因而主张开展科学运动。在积极方面，科学运动是要增进大众的科学知识，使大众能确切地认识这次抗战的意义和它的发生、发展和结局，使大众坚信全面的持久战是争取最后胜利的唯一办法。在消极方面，科学运动是反迷信，反盲从，反礼教，反复古等封建意识，改善大众生活。不过，他强调，抗战建国时期的科学运动与五四时期的科学运动"有着本质的不同"，五四时期的中心精神是个人解放，而抗战建国时期是求整个民族的解放，我们"要培养起民族观念和集体的精神，这是以大众为对象，提倡科学的意义。③ 汪奠基主张"以科学技术之生产教育，为抗战建国之最高原则"。具体来说，他提出，（甲）从民族生存之科学技术，改造战时教育之基础；

---

① 潘梓年：《发挥"五四"运动所提倡的科学精神——使科学为抗战建国服务》，《群众》周刊第 2 卷 24、25 期，1939 年 5 月 15 日。
② 胡先骕：《科学与建国》，《读书通讯》1941 年第 23 期。
③ 薛丹英：《抗战建国与科学运动》，《青年科学》第 1 卷第 1 期，1939 年。

(乙)从科学生产原则,创立应用之学校教育;(丙)从抗战建国之教育环境,改造现存学校设立之混乱状况。① 任孟闲就"研究科学以适应抗战建国需要"提出了三条建议:第一,政府应"以大规模之组织,筹设一研究部或研究委员会",集中人才,分门别类,从事研究,并严定考核标准,以期有效。第二,凡于科学接受过高等教育,或富有研究兴趣的人,当此抗战建国时期,都应"本其所知,继续努力,以其所得,贡之国家",即使只有一技之长的人,也应各尽所能,献身于国。第三,全国青年,"亦应幡然觉悟,一致奋起,致其力于切实有用之科学"。② 黄文山在"检讨过去科学运动"之得失的基础上,提出了今后科学化运动的"四个原则":"第一个原则是科学运动必须贯通自然与社会"。一方面要学习并发明抗战建国所需要的技术,另一方面要改造社会组织与训练,使之能与这些技术相适应。"第二个原则是科学运动必须贯通战时与平时"。没有平时的科学研究,不能应付战时的需要,也只有战时的科学需要,才能提高战时与战后科学研究与教育的水平。"第三个原则是科学运动必须贯通物质与精神"。他同意如下观点:"自抗战以来,单就武器的优劣来推论抗战的成败,固然是错误;同时抹杀武器及其他物质设备,以为只要有一时的民族情绪,就可以得到胜利,也是错误的。""第四个原则是科学运动必须贯通感情与理智"。对于国民的情绪,在战时自然应当激发,但我们应从感情激发之中,培养理智的观察与理喻,只有靠理智维持情感,情感才可持久,才不可闻胜而骄,闻败而馁,才能坚定抗战必胜建国必成的信心。③

张其昀是历史地理学家,他在《抗战建国与学术研究》一文中强调,中国的地理学要以研究"海陆空三方面之发展"为中心。因为中国既是一个大陆国家,又是一个海洋国家,"亚细亚为世界最大之大陆,太平洋为世界最大之大洋,而中国适居于其间",加上中国又有800万的海外华侨,所以"中国建国之方针,既非海主陆从,亦非陆主海从,而应采取海陆并进主义"。此外,海国思想与海上精神之发展,又"与天国思想与空中精神之发展,有息息相通之效"。鉴于抗战建国中地理学之重要性,他号召中国的地理学工作者要承担起抗战建国的重任,"诚以民族国家为一切史

---

① 汪奠基:《抗战建国与科学教育》,《论衡半月刊》创刊号,1938年。
② 任孟闲:《研究科学以适应抗战建国需要》,《新大复月刊》第1卷第2期,1938年。
③ 黄文山:《抗战建国与科学运动》,《民族文化》第1卷第2期,1938年。

地研究最高之对象，各国民族复兴运动，研究历史地理之学者无不立于第一线"，并希望中国地理学"因建国之需要，与政府之倡导，当能有长足之进步，以负海内外人士之期望，而于民族复兴运动与世界和平事业，尽其一篑之助力焉！"①

三　建什么样的"国"

无论是主张或讨论为何要"学术建国"，还是主张或讨论怎么样"学术建国"，都没有涉及到所要建的国的性质问题，亦即建一个什么样的国的问题。建一个什么样的"国"？这才是"学术建国"最根本的问题。

众所周知，自秦始皇统一后，中国在绝大多数的时期内是作为一个统一的国家而存在，但在辛亥革命之前，中国是一个传统的"王朝国家"，而非近代的"民族国家"。中国建立近代的"民族国家"的过程启始于20世纪初的辛亥革命。当时以孙中山为代表的革命派主张"排满"和建立共和制的单一的汉民族国家，而以梁启超为代表的立宪派则主张"合满"和建立立宪制的包括满族在内的多民族国家，双方为此而展开过激烈的论战和斗争，结果是建立一个独立、民主和统一的多民族的共和国家成了革命派和立宪派的基本共识。1912年1月1日中华民国的成立，是中国近代民族国家初步建立的重要标志。②但不久，袁世凯篡夺了革命果实，中华民国所确立的近代民主制度成了一块有名无实的空头招牌，广大人民并没有像《中华民国临时约法》所规定的那样实现人人平等，民族压迫和民族歧视的现象依然存在，帝国主义对中华民族的压迫和掠夺依然存在。近代的民族国家并没有在中国真正地建立起来。

辛亥革命失败后，中国人民继续为建立一个近代的民族国家而奋斗。孙中山在吸取辛亥革命以及后来的护国战争、护法运动相继失败教训的基础上，并借鉴美国的建国经验，于1920年前后提出了建立"大中华民族主义"的民族国家的主张，用他的话说，就是"拿汉族来做个中心，使之（指满、蒙、回、藏等其他民族——引者）同化于我，并且为其他民族加入我们组织建国底机会。仿美利坚民族底规模，将汉族改为中华民族，组

---

① 张其昀：《抗战建国与学术研究》，《改进》第1卷第6期，1939年。
② 参见郑大华《辛亥革命与中国近代民族国家的初步建立》，《教学与研究》2011年第9期。

成一个完全底民族国家"。① 新成立的中国共产党则于1922年第二次全国代表大会上则提出了"统一中国本部（包括东三省）为真正共和国"；"蒙古、西藏、回疆三部实行自治，为民主自治邦"；"用自由联邦制，统一中国本部、蒙古、西藏、回疆，建立中华联邦共和国"的建国方案。② 1924年国共实现第一次合作，标志国共实现合作的《中国国民党第一次全国代表大会宣言》提出的建国方案是："于反对帝国主义及军阀之革命获得胜利后，当组织统一的（各民族自由联合）中华民国。"在中华民国内，"凡真正反对帝国主义之个人及团体，均得享有一切自由及权利"。③ 1928年国民党推翻北洋军阀统治，建立起自己的政权——南京国民政府后，抛弃了《中国国民党第一次全国代表大会宣言》提出的建国方案，没有去完成孙中山未竟的建立近代民族国家的事业，中国虽有近代的民族国家之名，但没有近代的民族国家之实，就性质而言，仍然是一个传统的没有王朝的"王朝国家"。陈独秀就曾明确指出："中国的辛亥革命也是企图步武欧美，建立一个近代国家。虽然成立了民国，产生了宪法与国会，民族工业也开始萌芽，然以国外及国内巨大的阻力，所谓民主革命任务，并未真实的完成。因此乃有1925~1927年的第二次革命和此次抗日战争。"④

1938年3月召开的国民党临时全国代表大会，通过的《中国国民党抗战建国纲领》明确提出，抗战的最终目的，是要通过抗战，实现国家重建和民族复兴。于是，建立一个什么样的国家？再次引起了学术界的关注和热烈讨论。罗宝册在《抗战建国之历史哲学与历史使命》一文中就写道：无可讳言的，我们不能不承认中国不是一个现代的国家，但是，我们却不能亦不敢因为中国不是一个现代的国家，就误认中国不是一个国家。中国不但是一个国家，而且是一具有内容、有潜力、世界上寿命最长而且躯体最大的大国，如果我们避免称他是一个"世界"、一个"东方世界"的话。同样是无可讳言的，我们不能不承认，这个古老的大国，因为感受到历史

---

① 孙中山：《在中国国民党本部特设驻粤办事处的演说》，《孙中山全集》第5卷，中华书局，1985，第474页。
② 《中国共产党第二次全国代表大会宣言》，中共中央统战部：《民族问题文献汇编》，第18页。
③ 《中国国民党第一次全国代表大会宣言》，《孙中山全集》第9卷，中华书局，1986，第118、120页。
④ 陈独秀：《抗战与建国》，《政论旬刊》第1卷第9期，1938年4月25日。

的和哲学的要求,已由不安于他自己的古老,而趋向蜕变之途,要从中古式的古生活中过渡到现代。"今天,东亚大陆上的弥天烽火和震动的杀声,正是象征着大地慈母已届临产前夜之巨烈阵痛的大时代,一个伟大的中华新国即将向世界宣告诞生。"① 李立侠的《民族复兴与抗战建国》一文指出:从各国民族复兴史来看,没有一个民族的复兴不是由抗战得来的,在欧战中获得民族解放成果的波兰及捷克等民族,表面上似乎是由于凡尔赛条约的功劳,但其实波兰与捷克民族都经过了几百年的苦斗。同时民族解放的战争,也没有不获得最后胜利的,古今中外之历史,如德,如法,如俄,如土,对侵略者与压迫者之抵抗,无论其经过如何艰苦,结果都获得最后的胜利。德意志民族经过三十年的奋斗,终于打倒了拿破仑的压迫,而完成德意志民族的复兴,并且从中世纪的封建束缚之下,把德意志帝国解放出来,建设一个新的德意志国家。目前我们抗战的目的,固然是在于抵御日本帝国主义的侵略,以救国家民族于垂亡,但是我们另外一个更大的目的,和德意志民族复兴过程中一样,也是要建立一个新的民族国家。"抵御外侮与反抗侵略者的压迫,只是民族复兴阶段中必经的过程,也可以说只是达到民族复兴目的之必要手段,而真正复兴民族的目的,还是建立一个独立生存的民族国家。"② 陶希圣认为,抗战建国有"消极"和"积极"这样两重意义,"在消极方面,我们的抗战是为了维持民族国家的生存,日本侵略我们,使我们民族国家的领土和主权不能保持完整理,于是我们起而抗战;在积极方面,我们的抗战是为以建设现代民族国家"。③ 余家菊强调说:"我们要努力抗战,我们也要努力建国。抗战建国,兼程并进。我们不但要企求抗战的最后胜利,我们也要企求抗战胜利之时,我整个的国族,能以崭新的姿态出现于世界舞台之上。"④ 所谓"崭新的姿态"是指以近代民族国家的面貌安立于世界民族之林。冯友兰也再三强调,抗战的最终目的,就是使中国成为一个"近代式底国家"。否则,"则所谓中国,无论它是如何底地大物博,将来会只成为一个地理上底名词;所谓中国人,无论他是如何底聪明优秀,将来会只成为一个人种上底名

---

① 罗宝册:《抗战建国之历史哲学与历史使命》,《新认识月刊》第2卷第1期,1940年。
② 李立侠:《民族复兴与抗战建国》,《青年向导周刊》1938年第25期。
③ 陶希圣:《抗战与建国》,《政论旬刊》第1卷第16期,1938年7月5日。
④ 余家菊:《国民参政会与中国政治的前途》,《国光》第12期,1938年7月。

词；所谓中国文化，无论它是如何底光耀灿烂，将来会只成为历史博物馆中底古墓。所以，中国非求成为一个近代式底国家不可。"①

建立一个近代的"民族国家"可以说是抗战时期学术界的基本共识。概括学术界的观点，他们认为近代的"民族国家"具有三个方面的特征。

第一，近代的"民族国家"是一个主权独立的国家。陈独秀回顾了"此前五六百年整个民主革命时代"，西方各国从一个前近代的传统国家变成为一个近代的民族国家时所完成的"主要的民主任务"，其中第一个任务就是"民族的国家独立与统一"。因为，"非脱离国外非民主的压迫和国内的分裂，一切经济政治都不能自由发展。"所以中国要建成一个近代的"民族国家"，首先也就必须废除帝国主义强加给中国的一切不平等条约，驱逐帝国主义在华的侵略势力，使中国成为一个主权独立的国家。② 李拾豪同样强调，中国要建成一个近代的"民族国家"，有"几个基本条件"必须实现，而"对外求得独立"则居"几个基本条件"之首。否则，对外不能求得独立，国内的政治就不会走上轨道，在帝国主义者与国内军阀官僚、以至于豪绅地主相勾结的局面下，不但内乱不会停止，宪政不能建立，就如民国初元的召集议会，实行民治，亦不过是挂了一张民治的招牌，究其内容，还是一个贪污的官僚政治而已。政治不上轨道，帝国主义者经济侵略没有停止，农民生活没有改善，不但重工业无法建设，就是萌芽的轻工业也不能维持。在帝国主义的经济侵略及封建剥削的两重压迫之下，要挽救农村经济的衰落是不可能的。农村的崩溃，农民生活的极度贫乏化，反映出农民要救解放的迫切，形成国国内政治与社会的动荡不安。③

第二，近代的"民族国家"是一个民主政治的国家。胡秋原在《中国革命根本问题》一文中就明确指出："中国革命之实际目的，即在求中国之现代化，……使中国由一个农业国变为一个工业国家，由一个官僚政治国家变为一个民主政治国家。"④ 马寅初撰文强调说："现在的世界已成了

---

① 冯友兰：《抗战的目的与建国的方针》，《当代评论》，第 2 卷第 3 期，1942。
② 陈独秀：《抗战与建国》，《政论旬刊》第 1 卷第 9 期，1938 年 4 月 25 日。
③ 李拾豪：《抗战建国与确立民主的宪政制度》，《抗战十日》第 2 期，1938。
④ 胡秋原：《中国革命根本问题》，《中华心——胡秋原政治·文艺·哲学文选》，社会科学文献出版社，1995，第 18~34 页。

个民主世界,无论任何国家,在战争结束之后必须走向民主的一条路,否则无以保其生存与独立。"① 在张澜看来,民主政治,主权在民,人人有独立的人格,人人有共守的宪章,所受之教育,所得之享受,皆期趋于平等,"因为有次列各项优点,所以当前和未来的世界政治,都要以民主政治为最高原则"。② 陈启天强调:"所谓建国,即是要将中国建设成功一个现代化的国家而已",而政治民主化正是现代化国家的重要指标之一。③ 李拾豪更是把民主政治视为建立近代的"民族国家"的"各种条件中的中心问题"。他指出,在半殖民地国家与帝国主义者的战争上,人力的要素,远超过物力的要素。要人力的要素能够扩大而深入的发挥,需要在政治方面除去动员民众的障碍,建全动员民众的机构,使民众能自发自觉地与抗战的要求相适应,亦只有在自发自觉的基本精神之下,才能使民众会感觉到本身的利害,与国家民族相一致。同时也只有农民生活得到了改善,农民大众得到了解放,他们也才能够提高其抗战的情绪,发挥其抗战的力量。"这就是对于民众动员上,需要有民主的政治制度的确立的理由。"另外,受资金、原料、销路等各种的限制,抗战时期中要发展民族工业是不可能的,重工业更无从说起。但一个国家如果不能把工业建设搞上去,确立工业高度化的基础,即所谓现代国家之建设是不可能的。要排除这种困难,当然要对外求独立,解除帝国主义者的经济压迫和掠夺。同时还要改善农民大众的生活,提高他们的购买力,这都是有相互关系的,但其中最主要而为其中心的,还是要政治能上轨道,只有适合于现代的、可以对抗国际经济侵略的政治制度得到了确立,才能保证工业建设的进步。同时也只有政治走上了轨道,才能把各种建设向前迈进。"所以民主的宪政制度的确立,又是建设现代国家的各种条件中的中心问题。"④

第三,近代的"民族国家"是一个工业化的国家。冯友兰指出,我们要建立"近代式底国家",首先就必须知道"近代式底国家的要素"是什么?"近代式底国家的要素"是"工业化"。有了"工业化",我们就会有

---

① 马寅初:《中国工业化与民主是不可分割的》,《民主与科学》,第 1 卷第 1 号,1944 年 12 月 22 日。
② 张澜:《中国需要真正的民主政治》,《张澜文集》,四川教育出版社,1991,第 188 页。
③ 陈启天:《中国需要思想家》,《国光》第 9 期,1938 年 6 月。
④ 李拾豪:《抗战建国与确立民主的宪政制度》,《抗战十日》1938 年第 2 期。

坚船利炮，就会有国会宪法，就会有德先生和赛先生，所以我们要实现抗战的目的，即将中国建设成为一个"近代式底国家"，其最重要的工作，"是赶紧工业化"。① 和冯友兰一样，周宪文也认为，"中国工业化问题"，是将中国从一个前近代的"传统国家"建设成为一个近代的"民族国家"的"基本问题"。他在《中国抗战建国的一个基本问题》一文中写道：建国之道多端，而以国防建设、政治建设和社会建设为重要，而这三项建设都离不开工业化。以"中国政治的建设"而论，其目标当然在"民主政治"，而"近代民主政治的母亲，在机械工业"。如果机械工业不发达，或者说要在农业社会，"实行近代的民主政治，纵非缘木求鱼，其必事倍功半"。这也是近代的民主政治在中国迟迟不能实行的重要原因。所以，"我们要实行近代的民主政治，总非先使中国工业化不可。否则，'建基于沙滩上的高楼'，不旋踵就会倒的"。至于社会建设，也是如此。"人们常怪中国人爱家的观念重过爱国，相信命运，相信风水，苟且偷安，不求进取，做事欠迅速，欠正确，少训练，少组织，其实这些都是农业社会的产物……我们现在要把这些坏东西铲除尽净，文字的宣传，尤其如新生活运动及精神总动员固然极其重要，如果不设法使中国走上工业化的道路，那么这些宣传与运动的效力也就可想而知了。"总之，"中国要求建国成功，只有赶紧工业化，中国工业化愈快，建国成功的时期也愈近"。②

就学者们的上述讨论来看，他们确实抓住了近代的"民族国家"的一些基本特征，这就是主权独立、民主政治和经济的工业化。当然，由于政治和知识背景的不同，人们对这些特征的重要性的认识又存在着差异，陈独秀和李拾豪从西方建立近代民族国家的经验出发，强调了民族独立、宪政制度对于近代的"民族国家"的重要意义；胡秋原、陈启天则认为民主政治的实现是近代的"民族国家"的"根本问题"；而冯友兰、周宪文受西方唯实论和现代化思想的影响，认为近代的"民族国家"的基础是经济的工业化，只有先实现了经济的工业化，然后才能实现政治的民主化及其他，因此实现经济的工业化是中国建立近代的"民族国家"的最紧要的工作。

这里需要特别介绍的是，《抗战建国纲领》公布后，中国共产党人也

---

① 冯友兰：《抗战的目的与建国的方针》，《当代评论》，第2卷第3期，1942年。
② 周宪文：《中国抗战建国的一个基本问题》，《满地红》第3卷第3期，1941年。

参加了有关问题的讨论和思考。1938年8~10月,亦即中共六届六中全会召开前后,时任中宣部副部长兼秘书长的杨松在中共中央马列学院开设《论民族》《论资本主义时代民族运动与民族问题》《论帝国主义时代民族运动与民族问题》的系列讲座,阐述了"中华民族""民族建国""民族自决"等一系列重大的民族理论问题。这也是中国共产党成立以来党的领导干部第一次就一系列重大的民族理论问题进行理论阐述。[①] 讲稿(7万多字)同时在《解放周刊》第3卷第47期至54期(1938年8月1日至10月15日)上连载。

就如何将中国从一个前近代的传统国家建设成为一个近代的民族国家而言,杨松指出,西欧各国及美国形成近代民族的过程,也是西欧国家以及美国资产阶级的民族统一、民族独立和民族建国的过程,认真总结西欧各国及美国民族运动与民族建国的历史经验和教训,对于目前中国的民族运动和民族建国有其重要的借鉴意义。因此,他在《论资本主义时代民族运动与民族问题》的讲稿中,首先考察了英、法等主要西欧国家以及美国的民族运动和民族建国的历史。通过考察他得出认识:英、法等主要西欧国家以及美国民族建国的经验固然值得我们借鉴和学习,但毕竟"我国民族独立及民族建国运动的时代与西欧各国及北美美国民族运动及民族建国的时代不同",西欧各国及北美美国的民族运动及民族建国是处在封建主义向资本主义过渡的时代,那时的资本主义还有着旺盛的生命力,而中国的民族运动及民族建国是处在帝国主义与无产阶级革命的时代,这时的资本主义已经没落,发生了总危机,这也就规定了中国的民族建国将走一条不同于西欧各国及北美美国的民族建国的"特殊道路",建立起来的将是一个"新式的独立自由幸福的中华民国"。关于这个"新式的独立自由幸福的中华民国"究竟是一个什么样的国家,他只提出两点,第一,是"统一的民主集中制的多民族国家";第二,是"真正独立民主的国家";至于其国体是什么?政体又是什么?政治、经济、文化的性质如何?特点又如何?等等这些问题,杨松都没有论及,他只是强调,中国要建立的这个"新式的独立自由幸福的中华民国",既"与西欧法国及北美美国民主共和

---

① 参见郑大华《论杨松对民主革命时期中共民族理论的历史贡献》,《民族研究》2015年第3期。

国有别"，"也非如苏联社会主义的无产阶级专政的苏维埃国家"。①

继杨松之后，中国共产党人中再次对有关问题进行理论思考的是毛泽东。1938年10月，他代表政治局在六届六中全会上作《论新阶段》的报告中提出，中国的民族建国，要建立的是一个"真正三民主义的共和国"，即"'求国际地位平等，求政治地位平等，求经济地位平等'的国家"。具体来说，"第一，这个国家是一个民族主义的国家"，改变了原来的半殖民地地位，实现了独立，不受任何外国干涉，同时它也不干涉别的国家。"第二，这个国家是一个民权主义的国家"。国内人民，政治地位一律平等，国家予以人民以言论、出版、集会、结社、信仰、居住、迁徙之自由，并在政治上物质上予以充分的保障。"第三，这个国家是一个民生主义的国家"。它不否认私有财产，保证工人有工作，农民有土地，学生有书读，一句话，"人人有衣穿，有饭吃，有书读，有事做"。② 1939年底和1940年初，毛泽东又相继在《中国革命和中国共产党》（1939年12月），尤其是《新民主主义论》（1940年1月）等文中进一步提出，"今天建国工作的唯一正确的方向"，就是建立的是一个既不同于西方资本主义社会，也与苏联社会主义社会有别的"新民主主义社会"的国家，并论述了新民主主义的政治、经济和文化及其特征，从而完成了中国共产党人的民族建国的理论建构。概而言之，新民主主义的政治，其"国体"，是"各革命阶级联合专政"；其"政体"，是"民主集中制"。新民主主义的经济，实行"节制资本"和"平均地权"的政策，"决不能让少数资本家少数地主'操纵国民生计'，决不能建立欧美式的资本主义社会，也决不能还是旧的半封建社会"。新民主主义的文化，"就是无产阶级领导的人民大众的反帝反封建的文化"。③ 从此，建设一个新民主主义的"新社会和新国家"，实现中华民族的伟大复兴，成了中国共产党人的奋斗目标。用毛泽东的话说："在这个新社会和新国家中，不但有新政治、新经济，而且有新文化。这就是说，我们不但要把一个政治上受压迫、经济上受剥削的中国，变为一个政治上自由和经济上繁荣的中国，而且要把一个被旧文化统治因而愚

---

① 杨松：《论帝国主义时代民族运动与民族问题》，中共中央统战部：《民族问题文献汇编》，第775页。
② 毛泽东：《论新阶段》，中共中央统战部：《民族问题文献汇编》，第597页。
③ 毛泽东：《新民主主义论》，《毛泽东选集》第2卷，第677~698页。

昧落后的中国，变为一个被新文化统治因而文明先进的中国。一句话，我们要建立一个新中国。"①

我们以上介绍了"抗战建国"话语下"学术建国"的讨论，它涉及为何要"学术建国"、怎么样"学术建国"和建什么样的"国"的问题。实际上自晚清以来，就存在着一股"学术救国"思潮，认为中国要救亡图存，就必须积极从事学术研究，充分发挥学术的重要作用，"抗战建国"话语下"学术建国"的讨论，就本质而言是"学术救国"思潮的继承和发展。尽管和"学术救国"思潮一样，参加"学术建国"讨论的主要是一些学术圈里的人，是大学教授、中学教师和报刊编辑，但讨论的本身却产生了一定的政治和社会影响，推动了文化和学术事业的发展。1940年4月，在国民参政会的第五次会议上，为进一步推进学术活动的开展，张申府等人提出《保障讲学自由以使学术开展而促进社会进步案》并获得通过。提案认为，"国家社会之进步，必赖学术文化之开展，必赖新异思想学术之产生。新异思想学术之产生，必赖思想之自由与讲学之自由。因此，凡近代进步国家，罕有不崇尚思想自由与讲学自由"。提案因而"拟请政府通令全国，在三民主义及抗战建国纲领最高原则下，保障讲学及学术研究之自由"。②该提案的通过对保障思想自由和讲学自由起过一定的积极作用。也就是这一年，贺麟得到蒋介石的四次约见，听取他关于学术建国的意见。也许是受了贺麟的影响，1941年7月2日，蒋介石在出席三民主义青年团全国干部工作会议上，发表《青年团工作根本要旨》的讲演，大谈哲学在抗战建国和民族复兴中的意义。后来在《中国之命运》中，蒋介石更进一步"较为完整地表述了学术建国的思想"，③认为只有"使学术切于人生的日用，文化为本于建国的基业"，同时"切实体验国父'行易'哲学的真理，与革命力行的精义"，从而真正做到"智育与德育兼施，文事与武备相应"，而后"我们民族固有的德性与智能，和国家本来的地位，乃可以真正的恢复，而立国的基础，乃能臻于巩固强大"。正是在"学术建

---

① 毛泽东：《新民主主义论》，《毛泽东选集》第2卷，第663页。
② 《国民参政会纪实》，重庆出版社，1985，第707页。
③ 张承凤：《论国民政府抗战时期的学术建国与国学运动的兴盛》，《重庆师范大学学报》2010年第5期。

国"思想的影响和推动下，在极端艰苦的战争环境中，学术界的广大同人克服了各种和平时代无法想象的困难，潜心于学术研究，并将学术研究与抗战建国的需要结合起来，创作出了一大批优秀的学术成果，为抗战建国服务，从而提升了中国学术在世界上的地位。无论从哪方面比较，全面抗战时期都是中国近代以来学术研究最为辉煌的时期。

结语　如何认识和评价中国近代民族主义

如何认识和评价中国近代民族主义？这是目前学术界争论较多的一个问题。

第一，中国近代民族主义是民族危机日益加重的产物，其兴起、发展和高涨都与帝国主义尤其是日本帝国主义的侵略有关。日本因素，是我们考察近代中国民族主义的一个重要视角。众所周知，西方资本主义列强对中国的侵略是从1840年的鸦片战争开始的，但在1895年之前，西方资本主义列强平均大约每20到25年对中国发动一次军事侵略，而且这些军事侵略的主要目的不是要占领中国的领土，而是要进行经济利权的剥削，即把中国变成其商品的倾销地和原料的供应地（英国）；或传播上帝的"福音"，把中国人变成天主教的教民（法国）。可以说在1895年以前西方资本主义列强对中国的压力是慢性的与渐进的。但1895年以后这种压力骤然升高，一方面，由于资本主义从自由发展到垄断亦即帝国主义阶段，西方列强对中国的侵略也从以前的商品倾销为主变成了资本输出为主，并掀起了瓜分中国的狂潮；另一方面，通过明治维新而逐渐走上军国主义发展道路的日本开始取代西方列强中的英国和法国成为侵略中国的急先锋，与此前的西方列强不同，日本不仅要掠夺中国的经济，而且还想占领中国的领土，把中国变成自己的殖民地，它通过发动1895年的甲午战争，割走了中国的辽东半岛、台湾和澎湖列岛及其附近岛屿，辽东半岛后来虽因三国干涉而由清政府出巨资赎了回来，但台湾和澎湖列岛及其附近岛屿则沦为日本的殖民地达50年之久，直到抗日战争胜利后才重新回到祖国怀抱。与此相一致，中国的民族危机也在1895后日益严重起来。正是在民族危机日益严重的背景下，西方近代民族主义被梁启超等人作为一种反对帝国主义侵略的武器介绍到中国,并促进了中国近代民族主义在清末民初的兴起和形成。

五四前后是中国近代民族主义的发展阶段。中国近代民族主义之所以在这一时期能得到发展,一方面是受到了第一次世界大战后世界范围内民族解放运动高涨以及十月革命的影响,另一方面与这一时期帝国主义尤其是日本帝国主义对中国的侵略有关。五四爱国运动是这一时期民族主义发展的标志,而引起五四爱国运动的导火线,则是在巴黎和会上,因日本的阻挠和美、英、法偏袒日本,中国收回被日本乘第一次世界大战之机掠走的山东权益的失败。至于九一八事变后,尤其是华北事变和七七事变后中国近代民族主义的高涨,更是日本帝国主义对中国进行赤裸裸的武装侵略、企图灭亡中国的结果。

第二,中国近代民族主义兴起、发展和高涨的原因,决定了中国近代民族主义自它兴起的那一天起,就具有鲜明的反对帝国主义侵略的内容和特质。在清末,以孙中山为代表的革命派之所以要"排满",推翻清王朝的统治,不仅仅在于它是满洲少数民族建立的政权,而且还在于它是腐败的专制主义政权和"洋人的朝廷",正是它的专制和卖国,才导致了近代以来中国的落后挨打和民族危机的日益加深。所以,只有推翻清王朝,才能挽救民族危机,实现中国的富强。而以梁启超为代表的立宪派之所以要"合满",是因为在他们看来,20世纪的"民族帝国主义"是以整个民族的力量对外侵略扩张,我们要抵抗"民族帝国主义"的侵略,实现民族独立,也就必须集合整个中华民族的力量,包括满人的力量,而不能兄弟阋于墙,"将彼五百万之满族先摈弃之"。五四前后民族主义一个最为显著的特征,是反帝与反封建的结合。孙中山的三民主义这时发展为新的三民主义,新三民主义中的民族主义则抛弃了旧三民主义中的民族主义对帝国主义的幻想,明确提出了反对帝国主义的口号和内容。而抗战时期民族主义的最显著的特征,便是国内各个阶级、各党各派、各种政治势力和各个民族逐渐集合在民族统一战线的旗帜之下,形成全民族共同抗日的局面。

当然,除了具有鲜明的反对帝国主义侵略的内容和特质外,近代中国民族主义也还具有其他一些内容和特质。一般认为,民族主义具有对外反抗和对内建设两个面向,近代中国民族主义亦不例外,即对外反抗帝国主义侵略,追求民族解放和国家独立;对内寻求中华民族的认同,建立一个独立、民主和富强的国家,如清末民初的"民族建国",抗战时期的"抗战建国"。但总的来看,中国近代民族主义更偏重于对外反抗的一面,究其原因,就在于近代中国始终面临着严重的民族危机,反对帝国主义侵略、争取民族的解放和国家的独立是摆在全体中华儿女面前的十分紧迫和重要的任务。"皮之不存,毛将焉附?"国家如果被帝国主义(主要是日本帝国主义)灭亡了,不存在了,又如何实现"民族建国"或"抗战建国"呢?

第三,既然中国近代民族主义是在民族危机日益严重的背景下兴起、发展和高涨的,具有鲜明的反对帝国主义侵略的内容和特质,那么,就基本性质而言,它是一种进步的社会文化思潮,在其兴起、发展和高涨的过程中,对于促进中华民族的觉醒,增进中华民族的认同感、凝聚力和自信心,对于动员和鼓舞广大中华儿女投身于抵抗帝国主义侵略和"振兴中华"、实现中华民族的伟大复兴起过积极的历史作用。比如,由田汉作词、聂耳作曲的《义勇军进行曲》是华北事变后民族危机加重的产物,它问世后,便很快就传遍了长城内外、大江南北,乃至世界各地,文化界名人曹聚仁曾经这样描述到:"从敌人进攻沈阳的那天起,中国民众心里,就燃起了一种不可遏的抵抗暴力的情绪;这情绪也就寄托在这样一首流行歌曲上。一个英国人在北戴河初闻此歌,为之感动流泪;一个日本的文化人,在上海街头听了不觉心神震动;这歌曲曾流传于印度河上,也曾洋溢于旧金山的一角;有着中国人的踪迹,就流行着这首悲愤的歌曲"。① 《义勇军进行曲》中的"中华民族到了最危险的时候,每个人被迫发出最后的吼声"的悲愤歌声,极大地激发了各族人民对中华民族整体的认同感和爱国热情,激励着他们为民族解放而英勇前进!直到今天作为中华人民共和国国歌,《义勇军进行曲》仍然具有激发各族人民对中华民族整体的认同感和爱国热情的作用。又比如,"中华民族"这一表示中国境内各民族是统一的民族共同体之观念从提出到确立,再到被各族人民普遍认同,与中国近代民族主义的兴起、发展和高涨有着非常密切的关系。②

这里需要指出的是,我们在评价中国近代民族主义时,必须把它与中国近代史上的民族主义区分开来。除中国近代民族主义外,中国近代史上

---

① 曹聚仁、舒宗侨编著《中国抗战画史》,中国书店,1988年影印发行,第56页。
② 参见郑大华《近代民族主义与中华民族自我意识的觉醒》,《民族研究》2013年第3期。

的民族主义，还包括中国传统民族主义和其他民族主义，如民族分裂主义、大汉族主义、排外主义等。学术界之所以在评价中国近代民族主义时分歧较大，有的是基本肯定，有的是基本否定，个中原因很多，但没有对中国近代民族主义与中国近代史上的民族主义进行区分恐怕是一个重要的原因。这就像封建主义文化和封建主义时代的文化一样。封建主义文化肯定是落后和腐朽的文化，我们应该给予坚决的否定和批判，但封建主义时代的文化中既包括封建主义文化，也包括一些非封建主义文化，如农民阶级的文化、一些开明的地主阶级及其知识分子提出的进步文化、一些具有超时代的价值文化，等等。对于这些非封建主义的文化，我们就应该一分为二，取其精华，弃其糟粕。近代以来一些人之所以彻底否定传统，主张全盘西化，一个重要原因就是没有对封建主义文化和封建主义时代的文化加以区分，误以为封建主义时代的文化都是封建主义文化，封建主义文化当然要彻底否定。再如，社会主义文化和社会主义时代的文化也是有区别的，社会主义文化是先进文化，但社会主义时代的文化，除社会主义文化外，还包括一些非社会主义文化，如时下的黄色色情文化、封建主义文化残余、资本主义腐朽文化，等等。这后一类文化是落后、腐朽的文化，我们理应加以批判和清除。对于中国近代民族主义，我们应该充分肯定它的形成、发展和高涨，对于促进中华民族的觉醒、动员和鼓舞广大中华儿女投身于抵抗帝国主义侵略和"振兴中华"、实现中华民族的伟大复兴所起的历史作用，肯定它的积极意义。而对于中国近代史上的一些民族主义，如民族分裂主义、大汉族主义、排外主义等，则应加以批判和否定。比如，一些文化保守主义者和顽固守旧分子打着民族主义旗号宣传尊孔复古思想及排外主义，国民党和一些反动政客文人以民族主义反对马克思主义，反对共产党领导的反帝反封建的革命运动，宣扬极端的"国家主义"和"法西斯主义"，一些具有民族沙文主义思想的人以民族主义鼓吹大汉族主义，煽动民族仇恨、民族分裂，打着"民族自决"的旗号，搞民族独立，破坏国家的统一和团结，如此等等，诸如此类的民族主义无疑是错误或反动的社会文化思潮。它们虽然不是中国近代史上民族主义的主流，中国近代史上民族主义主流是中国近代民族主义，但影响极坏。对此，我们应有清醒的认识。

附录 关于"中国近代史上的民族主义"的对话

主持人：危兆盖（《光明日报》记者）
特邀嘉宾：李文海（中国人民大学清史研究所教授）
耿云志（中国社会科学院学部委员）
宋志明（中国人民大学哲学院教授）
郑大华（湖南师范大学特聘教授、中国社会科学院近代史研究所研究员）

《光明日报》编者按：2006年1月7~8日，由中国社会科学院中国近代思想研究中心、北京师范大学中国近代文化研究中心、湖南师范大学中国近现代史研究所联合主办的"中国近代史上的民族主义"学术研讨会在京举行。来自史学、哲学、民族学与人类学界的40多位学者从不同的视角出发，对中国近代史上的民族主义做了多方面的解读，并展开了热烈的讨论。为了进一步推动这一课题的研究，我们特约请与会的李文海、耿云志、宋志明、郑大华等四位学者谈谈各自的看法。

一 什么是民族主义？

主持人：对于近代中国人而言，民族主义是典型的西方舶来品，不同的人有不同的感受和解读。迄今为止，学术界对民族主义这一概念也没有达成共识，而是仁者见仁、智者见智。那么，在当下，我们应该如何看？

李文海：我先举几个例子。梁启超说："民族主义者，世界最光明、正大、公平之主义也，不使他族侵我之自由，我亦勿侵他族之自由。其在于本国也，人人独立；其在于世界也，国之独立。"也有人说：民族主义"是民族成员对自己所在的有血缘维系的群体利益的绝对强调"。还有人说："民族主义是一个民族（潜在的或实际存在的）成员的觉醒，这种觉醒是与现实、维持与延续民族的认同、整合、繁荣与权力的欲求结合在一起。它作为一种意识形态，是指一种心态，即一个人以民族作为最高效忠对象的心理状况。"当然，还有其他很多说法，如"民族主义是一个国家一个民族在与其他国家和民族的交往中表现出来的对自己国家和民族的认同，对自己国家和民族合法利益的维护"；"民族主义主要是一种政治原则，它坚持政治与民族的单位必须一致"；"民族主义是一种心理状态，即个人对民族政权的忠诚高于一切。这种心理状态是同生养他的土地、本地的传统以及在这块领土上建立起来的权威等等联系在一起的"等等。

在这林林总总的解释中，我想特别介绍一下《中国大百科全书》中关于"民族主义"的条目，这是因为，由于这部书的性质，使得它对于"民族主义"的论述带有一定的权威性，并在社会上产生着广泛的影响。该书对"民族主义"是这样表述的："资产阶级思想在民族关系上的反映，是资产阶级观察和处理民族问题、民族关系的指导原则"。"在社会主义国家，随着社会主义改造的完成，一般来说产生民族主义的经济基础与阶级基础已经消失。但民族主义思想的残余还将长期存在，还会不时地干扰社会主义革命和社会主义建设事业，损害各民族的团结和国家的统一，不利于执行爱国主义和国际主义相结合的对外政策"。"社会主义国家中存在的民族主义，一般属于人民内部矛盾，需要谨慎妥善地处理。如果处理不当，也可能转化成敌我矛盾"（《中国大百科全书》简明版，第3395页）。虽然条目也讲到要区分资本主义上升时期的民族主义同资产阶级取得政权以后的民族主义的不同，以及压迫民族的民族主义同被压迫民族的民族主义的不同，但可以看出，从总体来说，条目对民族主义持基本否定的态度。我以为，对于民族主义的这种表述，颇有值得进一步推敲的地方。

首先，同我国的历史实际不相符合。在中国近代历史上，当资产阶级尚未产生以前，民族主义不论是作为一种意识形态，还是作为一种社会心理，就已经存在，并且在社会生活中发挥着重大的影响。综观整个中国近代史，几乎没有一个对历史做出积极贡献的历史人物和推动社会前进的历史事件，不与民族主义有着极为密切的关系。因此，近代中国的民族主义从主要方面来说，是积极的，应予肯定。至于为什么出现这样的历史现象，我在后面还要谈到。

其次，从道理上说，也有不少难以说通的地方。民族主义同爱国主义以及民族精神，当然不是一个东西，有着相当的区别，但他们之间又有着不可分割的联系。我们对历史上和现代的爱国主义和民族精神，一直给予很高的评价和积极的肯定。"中华民族是富有爱国主义光荣传统的伟大民族。爱国主义是动员和鼓舞中国人民团结奋斗的一面旗帜，是推动我国社会历史前进的巨大力量，是各族人民共同的精神支柱。"（《爱国主义教育实施纲要》）党的十六大报告更明确提出，要"坚持弘扬和培育民族精神"，强调"民族精神是一个民族赖以生存和发展的精神支撑。一个民族，没有振奋的精神和高尚的品格，不可能自立于世界民族之林。在五千多年的发展中，中华民族形成了以爱国主义为核心的团结统一、爱好和平、勤劳勇敢、自强不息的伟大民族精神。我们党领导人民在长期实践中不断结合时代和社会的发展要求，丰富着这个民族精神"。除非是把民族主义看作是同爱国主义、民族精神根本对立的东西，否则就很难对民族主义做出完全否定的评价。

可不可以考虑这样来对民族主义进行表述：民族主义是以民族权益和民族感情为核心内容的一种政治观念、政治目标和政治追求。这样一种表述的好处是，不事先对民族主义作价值判断，而只是对民族主义的具体范围和内容做客观的叙述，留下根据不同情况做出不同评价的宽广余地。我提出这个建议，只是为大家对这个问题的进一步研究和思考提供一点素材。这样的表述也许是不完善的，或者不准确的，但通过大家的讨论，一定能够完善起来，以至形成一个多数人能够接受的提法。

耿云志：既然国内外的学人对民族主义这一概念说法甚多，我认为要给"民族"或"民族主义"下一界说，且能取得大多数人的同意，恐怕很难。但我同时也认为，不能因为有这种学理上的歧异，就否定民族和民族主义的客观性和历史合理性。为了说明问题的方便，我不得不首先提出我个人对民族和民族主义的看法。我认为，近代民族至少有以下几个因素是不可少的，即：（1）长期共同活动的地域；（2）历史上形成的共同文化；（3）长期紧密联系的经济生活、政治生活和文化生活所造成的国家认同。据此，则凡是维护这些东西，使之不受其他民族之侵害；同时，也不去侵害其他民族这些东西的思想原则，就是近代的民族主义。这样的界说虽然不像数学和物理学定律那样明晰、确定而不可移易，但也绝不是可以轻易歪曲或否定的。

宋志明:"民族"难以准确地定义,有如"文化"。斯大林的民族观着眼于欧洲资本主义初期的情况,强调经济的要素,并不完全适用于中国近代社会的情形。费孝通的民族观强调文化的要素,注意到中国民族现象的特殊性。我认为,民族是与人类相对而言的。民族是人类的组成单位,有如家庭是社会的组成单位。社会不可能是单一的家庭,人类也不可能是单一民族。除非另有一个星球向人类挑战,迫使人类成为一个社会共同体来应对这种挑战。"主义"一词有两种用法:一是指有主语的学说,如马克思主义、凯恩斯主义等等;一是指无主语的思想倾向,如科学主义、个人主义、恐怖主义等等。民族主义属于后者。"主义"是一个连接率很高的词汇,有些词一旦与主义连接,便有了负面的含义。如科学主义,表示一种把科学当成崇拜对象的错误的思想倾向。《辞海》的编纂者就在这种意思上解释"民族主义"一词。我不同意《辞海》对"民族主义"所做的释义,因为这个词语不一定只在负面的意义上使用,它也可以在正面的意义上或中性的意义上使用。我主张在中性的意义上使用"民族主义"一词,而在负面的意义上使用"狭隘民族主义"一词。至于"中国近代史上的民族主义",我认为是一个正面的语汇,是指鸦片战争以来"中华民族"观念逐渐形成全民族共识的发展历程,是指促使中华民族精神觉醒的社会思潮。

二 近代中国民族主义是如何形成的?

主持人:讲到中国近代史上的民族主义,首先要厘清的问题是:近代中国的民族主义是如何形成的,是"洋货"还是"土产"?

郑大华:中国近代史上的民族主义既是我国传统民族主义思想在近代的转型,又是西方近代的民族主义思想在中国的引进,是二者结合的产物。就中国传统的民族主义思想而言,它主要体现在三个方面:一是华夏中心观,二是华尊夷卑观,三是建立在华尊夷卑观基础之上的"夷夏之辨"的观念。促使这种传统民族主义向近代民族主义思想转变的原因,是西方的入侵引起的中国人思想观念的变化。在鸦片战争前后相当一段时期内,受传统民族主义的影响,人们把来自远方的西方人也称之为"夷",就是先进者如魏源也是如此。然而人们逐渐发现,这些被称之为"夷"的西方人，在军事、社会、经济、文化甚至政治方面，比中国还要先进、还要发达；人们还逐渐认识到，中国也不是世界的中心，而只是世界的一隅。随着这种发现的增加，人们开始萌发出新的民族意识，即认识到中国只是世界各国中的一国，中华民族只是世界民族中的一员，民族之间的先进与落后，不是由种族决定的，而是由军事、社会、经济、文化甚至政治等多方面因素决定的，中国在许多方面就落后于西方国家。就目前所发现的资料来看，最早具有这种意识的人是冯桂芬。他在《校邠庐抗议》的"采西学议"中说："顾今之天下，非三代之天下比矣。……据西人舆图所列，不下百国"，并认为中国在经济、政治、军事、人才、学术等五个方面都不如西方人，中国再不"制洋器"，"采西学"，向西方侵略者学习，"不独俄、英、法、米为之患也，我中华且将为天下万国所鱼肉，何以堪之！"此后，具有此种认识的人逐渐增多。这一认识上的进步，是近代民族主义思想产生的重要前提。因为只有认识到中国只是世界各国中的一国，中华民族只是世界民族中的一员，才有可能产生近代意义上的民族认同和民族平等意识；同时也只有认识到民族之间的先进与落后，不是由种族决定的，而是由其军事、社会、经济、文化甚至政治的状况决定的，中国在许多方面都落后于西方国家，才能产生一种民族危机感或民族忧患意识。而近代民族主义就是建立在民族认同、民族平等意识和民族忧患意识的基础之上的。

就西方近代的民族主义思想而言，它是伴随着西方民族国家的形成而产生的。一般而言，西方的民族主义思想有两个源头，即：法国的民族主义和德、意的民族主义。法国的民族主义产生于法兰西共和国的建立以及拿破仑的向外扩张之中，而德、意的民族主义产生于争取民族独立和建立统一的民族国家的斗争之中。相比较而言，德、意的民族主义产生的社会历史背景更接近于中国，更容易为中国人所接受。所以，德、意的民族主义比法国的民族主义对中国近代民族主义形成的影响更大一些。梁启超宣传、介绍和接受的就是德、意的民族主义。有学者认为，中国人之所以接受的是德、意的民族主义，而不是法国的民族主义，是因为法国的民族主义是政治民族主义，德、意的民族主义是文化民族主义，而德、意的文化民族主义与中国传统的民族主义更接近。这种说法虽然不无道理，但我认为最根本的原因恐怕还是由两者产生的社会历史背景决定的。如果说中国传统民族主义在近代的转型与西方近代的民族主义思想在中国的引进都是中国近代民族主义产生的思想来源，那么，它们二者的关系如何？在中国近代民族主义产生的过程中谁的作用更大一些？这恐怕是我们研究的重点所在。就目前发表的一些成果来看，没有人对此进行过研究。我认为，中国传统民族主义在近代的转型，为中国近代民族主义的产生提供了可能性；而西方近代的民族主义思想在中国的引进，则使这种可能性变成了现实。就中国近代民族主义的产生而言，二者缺一不可，对任何一方面作用的片面强调都是不恰当的。

耿云志：近代中国民族主义是在空前的变局之下，因受外力刺激而形成和迅速发展起来的。一方面，在具有高度文化的"西夷"面前，不得不放弃古代的华夷观念；另一方面，在"西夷"的侵略面前，为谋自救而迅速激活了民族意识。此民族意识已逐渐摆脱古代的华夷观念，而导向建立独立的近代民族国家的目标。建立近代民族国家，是近代民族主义的核心内容。梁启超是中国揭示和宣传近代民族主义的第一人。他在1901年10月发表《国家思想变迁异同论》一文。其中说："民族主义者，世界最光明正大公平之主义也。不使他族侵我之自由，我亦毋侵他族之自由。"他还指出，西方民族主义已发达数百年，当时已进入民族帝国主义时期，我中国人民正受此民族帝国主义的侵害。故"知他人以帝国主义来侵之可畏，而速养成我所固有之民族主义以抵制之，斯今日我国民所当汲汲者也"。就是说，中国的民族主义，首以抵抗帝国主义，维护我民族之独立为主要内容。值得注意的是，数月之后，梁氏在《论中国学术思想变迁之大势》一文中，又首次提出了"中华民族"的概念，为此后学者谈民族主义问题立一典范。梁启超还最早揭明建立民族国家的问题，他于1902年2~4月在《新民丛报》上发表《论民族竞争之大势》，明确提出："今日欲救中国，无他术焉，亦先建设一民族主义之国家而已。"此后，梁氏之言论、活动均不脱建立民族国家，争取中华民族之国际地位这一总目标。他积极投入立宪运动是为此；辛亥年与国内立宪派一起转为赞成迫清帝退位，成立共和是为此；民国后维护共和国体，以及其后积极推动参加第一次世界大战也是为此。以孙中山为代表的一些革命党人，也是以民族建国为目标的近代民族主义者。孙中山说："我们推倒满清政府，从驱除满人那一面说，是民族革命；从颠覆君主政体那一面说，是政治革命。"又说：

"照现在这样的政治论起来,就算汉人为君主也不能不革命。"(《孙中山全集》第 1 卷第 325 页)陈天华说:"鄙人之排满也,非如倡复仇论者所云,仍为政治问题也。"(陈天华:《绝命书》,《民报》第 2 号)由此可见,革命派的排满,是把它作为建立民族国家的手段,与笼统的排满论者不同。辛亥革命推翻清朝统治,以五族共和思想为基础缔造中华民国。这是中国人争取建立近代民族国家具有里程碑意义的一件大事。

三 近代中国民族主义的发展

主持人:在从鸦片战争到新中国成立前的一百多年里,中国近代的民族主义经历了一个怎样的发展过程?

郑大华:我认为,中国近代民族主义的发展演变可分为三个阶段。第一,清末民初,这是中国近代民族主义的形成阶段。其特征有三:一为新(近代民族主义)旧(传统民族主义)杂糅,而新(近代民族主义)的量在增加,旧(传统民族主义)的量在减少;二是反对国外民族压迫和反对国内民族压迫,亦即争取中华民族的独立和争取国内各民族的平等的斗争交织在一起;三是民族主义与民主主义的结合,亦即推翻国外和国内民族压迫的斗争与建立资产阶级民主国家的斗争结合起来。推动这一时期中国近代民族主义形成的主要有两种力量,即以孙中山为代表的资产阶级革命派和以梁启超为代表的资产阶级立宪派。第二,"五四"时期,这是中国近代民族主义的发展阶段。其特征也有三:一是反帝与反封建的结合。这一时期,由于无产阶级力量的壮大并作为独立的政治力量登上政治舞台,中国人民对帝国主义的认识有了质的飞跃。毛泽东曾经指出:"中国人民对于帝国主义的认识……第一阶段是表面的感性的认识阶段,表现在太平天国运动和义和团运动等笼统的排外主义斗争上。第二阶段才进到理性的认识阶段,看出了帝国主义内部和外部的各种矛盾,并看出了帝国主义联合中国买办阶级和封建阶级以压榨中国人民大众的实质,这种认识是从一九一九年五四运动前后才开始的。"正是对帝国主义认识的这种变化,中国人民开始将反帝与反封建结合起来,从而赋予了近代民族主义新的内涵。二是从思想文化上寻找中华民族落后的原因,通过对中国传统文化的反省,人们开始认识到近代以来中国屡遭列强侵略的一个重要原因就是中国文化的落后,这种落后又导致了一系列政治改革和革命的失败,所以,解决民族危机的不二法门就是从文化上入手,谋求文化上的解决。三是民族主义开始与各种政治运动和思想运动结合,呈现出多元的倾向。第三,"九一八"以后到抗日战争结束,是中国近代民族主义的高涨阶段。特征有二:一是在思想文化方面,从原来的反省、批判传统文化转变为对传统文化的发掘和弘扬。因为面对日益严重的民族危机,首要的工作是如何团结人心,激发民族意识,以抵抗日本侵略,而作为中华民族数千年生活与斗争之结晶的传统文化,很自然地成为人们鼓舞士气、增强民族自信心与凝聚力,以抵抗日本侵略的有力武器。当时的学术研究出现了一个非常突出的现象,就是文化史学的蓬勃兴起,有关中国文化史的著作不断出现。据不完全统计,民国时期出版的有关文化和中国文化史著作大约50种左右,其中大部分出版于三四十年代。二是国内各个阶级、各党各派、各种政治势力逐渐集合在民族统一战线的旗帜之下,形成全民族共同抗战的局面。

耿云志：我认为,在中国近代思想史上,民族主义大体经历了三个阶段。(1)鸦片战争前后一段时期,中国人尚未摆脱古代的民族观念,即强调"华夷之辨",认定"非我族类,其心必异"。当鸦片战争发生时,面对外来的侵略者,绝大多数中国人仍未脱出此种传统的民族观念。(2)过了一段时期,一部分中国人对来侵的西方列强渐渐有所了解。先进分子开始意识到,"今之夷狄,非古之夷狄"。不但看到西人之技艺远过中国,进而还认识到西人治事、治政亦有可法处。康有为1879年游香港,"览西人宫室之瑰丽,道路之整洁,巡捕之严密,乃始知西人治国有法度,不得以古旧之夷狄视之"。张之洞谈到仿西学,亦不限于西艺,还包括西政(自然不包括根本政治制度)。但直到民国初年,除少数先进分子,绝大多数中国人仍认为在礼教人伦方面,中国仍远胜于西方。此点直到"五四"新文化运动起来,才有根本性的转变。还有更重要的一方面,即近代东来的"西夷",步步进逼,严重威胁到中华民族的生存。在这样严峻的挑战面前,中国人的民族意识被激活。为谋求生存,必须奋起抗争,自求振作。(3)到了1920年代初,因第一次世界大战和俄国十月革命的影响,中国之民族主义增加了新的内容和新的意义,那就是为争取民族平等的世界新秩序而奋斗。孙中山所说"健全之反帝国主义",求"世界人类各族平等",要"为世界上的人打不平",以及他的名言"联合世界上以平等待我之民族，共同奋斗"等等，都反映了这种民族主义的新内容和新意义。至于新成立的中国共产党，其成立第二年就加入共产国际。作为共产国际的一个支部，它当然要遵循国际主义的原则。与国际主义密切联系的民族主义，实质上是以各国家、各民族完全平等为原则。所以，共产党人的国际主义的民族主义，得到孙中山相当程度的认同。

四　中国近代民族主义的评价

主持人：这样说来，中国近代史上的民族主义与国内目前各种工具书上对民族主义的释义明显不一样。

宋志明："中国近代史上的民族主义"是中华民族自我意识走向自觉的理论升华，对于促进中华民族的觉醒、对于克服民族自卑感、对于增强民族凝聚力和向心力起到了积极的作用，应当予以充分的肯定。除了少数的民族败类以外，每个有良知的中国人都可以说是这种意义上的民族主义者。孙中山先生把民族主义纳入三民主义体系之中，举起民族主义的大旗。中国共产党人也多次申明鲜明的民族主义立场。毛泽东在《中国共产党在民族战争中的地位》一文中，号召共产党人动员全民族一切生动力量，为克服困难、战胜敌人、建设新中国而奋斗。中国共产党人在抗日战争中之所以采取抗日民族统一战线政策，理论依据之一就是这种意义上的民族主义。有良知的中国人正是在这种意义上的民族主义的指引下，赢得抗日战争的伟大胜利，达到"中国人民站起来了"的伟大目标，使全世界人民都对中华民族刮目相看。"中国近代史上的民族主义"是中华民族精神觉醒的前提，并且推动了中华民族精神的觉醒。首先，它促进了爱国精神的觉醒。其次，它促进了改革精神的觉醒。再次，它促进了革命精神的觉醒。最后，它促进了启蒙精神的觉醒。因此，我的看法是：不能把"中国近代史上的民族主义"与"狭隘的民族主义"混为一谈，也不能用《辞海》的"民族主义"释义看待中国近代史上的民族主义。"中国近代史上的民族主义"是以中华民族为主语的新的社会思潮。这是一种健全的民族主义，并不是狭隘的民族主义。

李文海：有的同志认为，中国近代史上的民族主义，对历史的发展起着重大的积极作用，不存在任何消极的影响，应该给予充分的完全的肯定。也有同志认为，近代中国的民族主义，主要作用是负面的，以一种狭隘的、闭塞的心态，阻碍甚至抗拒中国融入世界文明的历史进程。对于学术讨论来说，有不同意见的争论，是一件大好事，只要大家抱着心平气和、相互尊重、共同探求真理的态度，就可以不断深化对问题的认识。我个人的看法是，对上面两种意见都不太赞成，觉得都过于绝对，过于简单化。事实上，民族主义是一个历史的范畴，不同的历史时期，不同的历史人物及不同的政治派别，民族主义的内容和作用会有很大的差异；就是在同一个人和事上面，民族主义的作用也往往具有双重性，不可一概而论。所以，对民族主义要作具体的历史的分析。我们说在中国近代历史上，民族主义主要起着积极的作用，首先就是因为近代中国是一个备受帝国主义列强欺压、掠夺、凌辱的半殖民地国家。在帝国主义和封建主义势力的双重压迫和统治下，我们的国家和民族走到了亡国灭种的边缘。如果没有全民族的觉醒和奋起，那中国就只能"束手以待列强之宰割"，中华民族也就永无自立于世界民族之林之日。正是在这种情况下，民族主义成为一种动员、鼓舞和激励全民族包括社会各个阶层、各种人物以不同方式献身"振兴中华"宏伟大业的巨大精神力量。近代中国民族主义所以深刻地影响和推动历史，还因为中国是一个有着辉煌历史的文明古国，在相当长的历史时期，中国曾经处于世界先进的地位，中国沦为半殖民地国家之后，巨大的反差强烈刺激了中国人民的民族感情，这正是民族主义空前活跃的土壤。这一点，连美国政要布热津斯基都清楚地看到了，他说："19世纪强加给中国的一系列条约、协定和治外法权条款，使人们清清楚楚地看到；不仅中国作为一个国家地位低下，而且中国人作为一个民族同样地位低下。这一衰败的现实同中国人的自我意识发生猛烈的冲突。中国人认为在过去，甚至就在不久以前，他们在文化上和政治上还都比那伙蛮横的侵略者们还富有和强大得多。事实上，中国在经济和政治上发生大滑坡只是近代的事。"（《大失败——20世纪共产主义的兴亡》第179、180页）虽然布氏的这本书是以预言共产主义的"大失败"为目的的，但我们大可不必因人废言，应该承认他这段话有一定道理。我们在肯定中国近代史上的民族主义的积极意义的同时，也应该注意到，民族主义在中国近代史上并非没有产生过消极的作用和影响。不待说农民及下层群众（如义和团）或封建统治阶级中的某些政治派别（如封建顽固派），就是思想观念在当时处于先进地位的维新派或革命派，他们在处理对内、对外的民族关系上，也存在着这样或那样的局限性，并非尽善尽美。

耿云志：近代中国备受帝国主义列强的侵略、压迫和掠夺。因此，反抗帝国主义的斗争一直是民族主义的中心内容之一。在长期斗争中，民族主义有过各种不同的表现形式，产生过各种不同的结果，其中经验与教训不一而足。在清末，反抗帝国主义的斗争有各种层次：有政府（包括中央与地方）行为；有知识阶层与绅商阶层的略有组织的斗争；有下层群众自发的反抗运动。就政府一方面说，以武力反抗，屡以失败告终，结果是割地、赔款，出让利权。谈判交涉亦因无实力做后盾，加之朝廷昏聩，官吏无能，绝大多数情况下，都是以丧权失利告终。以此，清政府丛怨山积，人民之反清，民族主义亦成为一种动力。就知识阶层和绅商阶层的斗争而言，在有相当组织的情况下，又得到下层群众的适当支持，往往能取得一定的积极结果。如历次的收回利力斗争，抵制外货的斗争等等。就下层群众的自发斗争而言，情形不尽相同。在战争状态下，人民自动武装起来，抗击侵略者，即使不能取得完全胜利，也能给敌人以有力的打击。例如广州三元里人民抗英斗争。大多数的自发斗争是在非战争状态下，如各地层出不穷的反洋教斗争。这些斗争无例外地都是由于外国势力欺压民众，积怨太深，遇有机会就爆发出来。这种反压迫的斗争，无疑都具有相当的正义性。但斗争起来之后，往往缺乏组织，漫无约制，加之政府官吏处置不当，遂往往导致破坏性的结果，使人民的生命、财产遭受更进一步的损失。民国时期，这三个层次的民族主义仍然存在。大致说来，第二个层次的斗争成长进步较快，第一个层次，亦较清代有所不同，第三个层次的斗争，纯自发的性质已逐渐减少。

总的来说，民族主义具有天经地义的合理性，这是首先应该肯定的。但这并不等于说，因具有民族主义的动机，就做什么都可以，怎么做都行。近代民族主义的中心目标是建立独立、统一、民主、富强的近代民族国家，因此，凡是有利于实现这些目标的民族主义思想和行动，就是健全的民族主义，应予完全肯定；否则，就不是健全的民族主义，就不应无条件地给予肯定。在相当一个时期里，人们不加区别地肯定和颂扬一切指向外国势力的言论和行动，起了误导群众的不良作用。民族主义会牵及民族感情，甚至可以承认，民族主义有其心理和感情的基础。但绝不可以因此将民族主义归结于感情，或停留在感情的层面上。要完成建立近代民族国家这样艰巨的任务，必须依靠健全的理性指导。因此，我认为应当明确地提倡"理性的民族主义"。大约八九年前，我在一次学术演讲中首次论述"理性的民族主义"问题，获得听讲者的热烈赞同。可见是心同此理。

郑大华：我们在评价近代中国民族主义的作用时，要将中国近代民族主义和中国近代史上的民族主义加以区别。就中国近代民族主义的作用而言，它是由中国近代民族主义的内容决定的。在我看来，中国近代民族主义的内容是由近代中国所面临的主要任务决定的。中国近代所面临的主要任务，一是民族独立，使中华民族从西方资本主义列强亦即后来的帝国主义的侵略和压迫下解放出来；二是社会进步，实现中国社会从传统向近代的转变，这既包括从传统的封建专制制度向近代的民主政治制度的转变，也包括从传统的封建农业经济向近代的资本主义工业经济的转变，即所谓"现代化进程"。民族独立和社会进步相依相存，民族独立是实现社会进步的保障，而社会进步又有利于民族独立的实现。所以，中国近代民族主义最主要的内容，便是实现民族独立，建立近代的民族国家；而要实现民族独立，建立近代的民族国家，就必须实现社会进步，推动中国的现代化进程。综观近代以来有关民族主义的一切主张、讨论和斗争，实际上都是围绕这一内容展开的。这其中包括唤起民族意识，以增强民族的凝聚力。而民族意识则表现为民族的认同感、民族的自豪感和民族的自信心。因此，我们在叙述中国近代民族主义的发展时，应紧紧抓住实现民族独立、建立近代民族国家这一最主要的内容而展开。就性质而言，中国近代民族主义是一种进步的社会思潮，在其生成和发展的过程中，对于促进中华民族的觉醒，增进中华民族的认同感、凝聚力和自信心，动员和鼓舞广大中华儿女投身于"振兴中华"的伟大斗争起过积极的历史作用。而中国近代史上的民族主义则比较复杂，除近代民族主义外，还有传统民族主义，而传统民族主义往往表现出狭隘的民族意识，其作用与近代民族主义不可相提并论。所以我们在评价中国近代史上的民族主义时，应具体问题具体分析。

主要参考文献

一　报刊

《新民丛报》《民报》《东方杂志》《新青年》《努力周报》《太平洋》《新月》《少年中国》《晨报副刊》《复兴月刊》《独立评论》《国闻周报》《时代公论》《申报月刊》《文化建设》《再生》《大公报》（1931~1937）《自由评论》《战国策》《思想与时代》。

二　资料

张枬、王忍之：《辛亥革命前十年时论选集》（第1~3卷），三联书店，1960，1963，1977。

陈崧主编《五四前后东西文化问题论战文选》，中国社会科学出版社，1985。

孙中山：《孙中山全集》（第1至第11卷），中华书局，1981、1986。

汤志钧编《章太炎政治选集》，中华书局，1977。

陈天华：《陈天华集》，湖南人民出版社，1982。

贺麟：《文化与人生》，商务印书馆，1988。

梁启超：《饮冰室合集》，中华书局，1989。

汤志钧编《康有为政论选集》，中华书局，1981。

陈独秀：《陈独秀著作选》（上、中、下），上海人民出版社，1993。

梁漱溟：《梁漱溟全集》（1~8卷），山东人民出版社，1989~1991。

钱穆：《国史大纲》（修订本），商务印书馆，1996。

蔡尚思主编《中国现代史资料简编》（1~4卷），浙江人民出版社，1983。

丁晓萍、温儒敏：《时代之波——战国策派文化论著辑要》，中国广播电视出版社，1995。

彭明主编《中国现代史资料选辑》（第3、4、5册），中国人民大学出版社，1988。

张君劢：《民族复兴之学术基础》，再生杂志社，1935。

王桧林主编《中国现代史参考资料》，北京师范大学出版社，1992。

郑师渠、史革新主编《近代中国民族精神研究读本》，北京师范大学出版社，2006。

《列宁论民族问题》，民族出版社，1987。

《毛泽东选集》，人民出版社，1991。

《中共中央文件选集》，中共中央党校出版社，1989。

中共中央统战部编《民族问题文献汇编》，中共中央党校出版社，1991。

三　著作（包括译著）

张汝伦：《现代中国思想研究》，上海人民出版社，2001。

杨思信：《文化民族主义与近代中国》，人民出版社，2003。

陶绪：《晚清民族主义思潮》，人民出版社，1995。

郑师渠：《在欧化与国粹之间：学衡派文化思想研究》，北京师范大学出版社，2001。

郑大华、邹小站主编《中国近代史上的民族主义》，社会科学文献出版社，2007。

李泽厚：《中国思想史论》（上、中、下），合肥：安徽文艺出版社，1999。

高瑞泉主编《中国近代社会思潮》，华东师范大学出版社，1996。

陈旭麓：《近代中国社会的新陈代谢》，上海人民出版社，1992。

胡伟希等：《十字街头与塔：中国近代自由主义思潮研究》，上海人民出版社，1991。

陈先初：《精神自由与民族复兴——张君劢思想综论》，湖南教育出版社，1999。

江沛：《战国策派思想研究》，天津人民出版社，2001。

吴雁南等主编《中国近代社会思潮》（第一、二、三、四卷），湖南教育出版社，1998。

彭明、程啸：《近代中国的思想历程》（1840～1949），中国人民大学出版社，1999。

李国祁：《近代中国思想人物论——民族主义》，台湾：时报出版事业有限公司，1981。

〔美〕列文森著《儒教中国及其现代命运》，郑大华等译，中国社会科学出版社，2000。

〔美〕易劳逸著《流产的革命：1927～1937年国民党统治下的中国》，陈谦平等译，中国青年出版社，1992。

〔英〕厄内斯特·盖尔纳：《民族与民族主义》，韩红译，中央编译出版社，2002。

〔英〕埃里·凯杜里著《民族主义》，张明明译，中央编译出版社，2002。

李宏图：《西欧近代民族主义思潮研究》，上海社会科学院出版社，1997。

〔英〕安东尼·史密斯著《民族主义：理论，意识形态，历史》，叶江译，上海人民出版社，2006。

〔法〕吉尔·德拉诺瓦著《民族与民族主义》，郑文彬、洪晖译，三联书店，2005。

〔美〕卡尔顿·海斯著、帕米尔译《现代民族主义演进史》，华东师范大学出版社，2005。

〔美〕柯博文：《走向"最后关头"——中国民族国家构建中的日本因素》，马俊亚译，社会科学文献出版社，2004。

罗福惠主编《中国民族主义思想论稿》，华中师范大学出版社，1996。

唐文权：《觉醒与迷雾——中国近代民族主义思潮研究》，上海人民出版社，1993。

李世涛主编《知识分子立场——民族主义与转型期中国的命运》，时代文艺出版社，2002。

徐迅：《民族主义》，中国社会科学出版社，1998。

郑永年：《中国民族主义的复兴：民族国家向何处去？》，香港三联书店，1998。

〔美〕杜赞奇：《从民族国家拯救历史：民族主义话语与中国的现代史研究》，王宪明等译，社会科学文献出版社，2003。

〔以〕耶尔·塔米尔著《自由主义的民族主义》，陶东风译，上海译文出版社，2005。

罗志田：《民族主义与近代中国思想》，台北东大图书公司，1998。

罗志田：《乱世潜流：民族主义与民国政治》，上海古籍出版社，2001。

郑师渠、史革新主编《历史视野下的中华民族精神》，广东人民出版社，2014。

四　论文

陈廷湘：《论抗战时期的民族主义思想》，《抗日战争研究》1996年第3期。

陈再生：《论国共合作与民族复兴》，《福建论坛（社科教育版）》2010年第6期。

耿云志：《中国近代思想史上的民族主义》，《史学月刊》2006年第6期。

郭德宏：《抗日战争时期的民族主义和爱国主义研究述评》，《北京党史研究》1995年第1期。

郭少棠：《建立民族国家的阶段——从德国经验谈起》，《二十一世纪》1993年第16期。

郭双林：《民族复兴话语下的中国现代学术》，《近代史研究》2014年第4期。

胡涤非：《民族主义的概念及起源》，《山西师大学报》2005年第1期。

黄岭峻：《试论抗战时期两种非理性的民族主义思潮——保守主义与"战国策派"》，《抗日战争研究》1995年第2期。

黄顺力：《孙中山与章太炎民族主义思想之比较——以辛亥革命时期为例》，《厦门大学学报》2001年第3期。

黄兴涛：《民族自觉与符号认同："中华民族"观念的萌生与确立的历史考察》，香港《中国社会科学评论》2002年创刊号。

黄兴涛：《现代"中华民族"观念的最初形成——兼论辛亥革命与中华民族认同之关系》，《浙江社会科学》2002年第1期。

黄兴涛：《民国时期"中华民族复兴"观念之历史考察》，《中国人民大学学报》2006年第3期。

姜红：《"想象中国"何以可能——晚清报刊与民族主义的兴起》，《安徽大学学报》2011年第1期。

姜新立：《民族主义之理论概念与类型模式》，香港《二十一世纪》1993年第16期。

姜义华：《论二十世纪中国的民族主义》，《复旦学报》1993年第3期。

金冲及：《辛亥革命和中国近代民族主义》，《近代史研究》2001年第5期。

李良玉：《五四时期的文化民族主义》，《徐州师范大学学报》1998年第2期。

李文海：《对"民族主义"要做具体的历史分析》，《史学月刊》2006年第6期。

李文海：《从民族沉沦到民族复兴》，《当代中国史研究》2009年第5期。

林家有：《孙中山和中华民族复兴思想》，《历史教学》2005年第8期。

罗福惠：《"黄祸论"与日中两国的民族主义》，《学术月刊》2008年第5期。

罗福惠：《历史事实和历史人物评价的多样范式》，《探索与争鸣》2006年第3期。

罗福惠：《孙中山时代华侨的祖国认同》，《近代史研究》1996年第6期。

马戎：《关于"民族"的定义》，《云南民族学院学报》2000年第1期。

潘荣：《近代中华民族复兴的一个转折点——兼析对辛亥革命历史研

究认识的某些偏见》,《天津师范大学(社会科学版)》2002 年第 2 期。

潘亚玲:《爱国主义与民族主义辨析》,《欧洲研究》2006 年第 4 期。

任丙强:《中国民族主义的重新兴起:原因、特征及其影响》,《学海》2004 年第 1 期。

桑兵:《世界主义与民族主义——孙中山对新文化派的响应》,《近代史研究》2003 年第 2 期。

陶绪:《章太炎民族主义思想的渊源》,《中州学刊》1996 年第 3 期。

田亮:《抗战时期缪凤林的民族主义史学思想》,《史学史研究》2002 年第 4 期。

田亮:《略论吕思勉的民族主义史学思想——以抗战时期为中心》,《同济大学学报(社会科学版)》2006 年第 6 期。

汪晖:《文化与政治的变奏——战争、革命与 1910 年代的"思想战"》,《中国社会科学》2009 年第 4 期。

魏万磊:《20 世纪 30 年代中国民族复兴话语谱系的形成》,《复旦学报(社会科学版)》2011 年第 2 期。

徐锦中、曹跃明:《中国近代民族主义之路》,《天津社会科学》1996 年第 5 期。

徐蓝:《关于民族主义的若干历史思考》,《史学理论研究》1997 年第 3 期。

许纪霖:《共和爱国主义与文化民族主义——现代中国两种民族国家认同观》,《华东师范大学学报》2006 年第 4 期。

许纪霖:《现代中国的自由民族主义思潮》,《社会科学》2005 年第 1 期。

许小青:《辛亥革命与近代民族国家认同》,《史学月刊》2011 年第 4 期。

阎润鱼:《30 年代自由主义者关于中国政治秩序的一场争论》,《教学与研究》1998 年第 1 期。

张丰清:《论抗战时期蒋介石的民族主义思想》,《党史研究与教学》1999 年第 1 期。

张丰清:《论抗战时期蒋介石民族主义思想的渊源和特点》,《学海》2004 年第 1 期。

张晓刚：《民族主义、文化民族主义、第三世界民族主义》，《战略与管理》1996 年第 3 期。

郑大华：《中国近代民族主义的来源、演变及其他》，《史学月刊》2006 年第 6 期。

郑大华：《论近代中国民族主义的思想来源和形成》，《浙江学刊》2007 年第 1 期。

郑大华、周元刚：《五四前后的民族主义与三大思潮之互动》，《学术研究》2008 年第 7 期。

郑大华、刘妍：《中国知识界对国联处理九一八事变的不同反应——以胡适、罗隆基和胡愈之为例的考察》，《抗日战争研究》2009 年第 1 期。

郑大华：《中国近代民族主义及其理论建构》，《近代史研究》（英刊）2012 年第 2 期。

郑大华：《如何认识和评价中国近代及当下的民族主义》，《教学与研究》2013 年第 8 期。

郑大华：《近代民族主义与中华民族自我意识的觉醒》，《民族研究》2013 年第 3 期。

郑大华：《论晚年孙中山的"中华民族"观》，《民族研究》2014 年第 2 期。

郑师渠：《近代中国的文化民族主义》，《历史研究》1995 年第 5 期。

郑师渠：《近代的文化危机、文化重建与民族复兴》，《近代史研究》2014 年第 4 期。

后 记

本书是我多年研究中国近代民族主义的成果结晶，也是我承担的国家民委重大委托课题"中国近代民族主义的兴起、演变及其影响"（批准号：2011-GM-091）的最终成果。本书的出版，首先要感谢国家民委研究室有关领导的厚爱；感谢"中国社会科学院文库"的支持；感谢我多年来的工作单位——中国社会科学院近代史研究所和湖南师范大学历史文化学院的领导和同事们，是他们给我提供了优良的研究条件和宽松和谐的研究环境；感谢我的硕士研究生导师、湖南师范大学已故林增平教授和我的博士研究生导师、北京师范大学已故龚书铎教授，是两位先生把我引领进了学术研究的神圣殿堂，没有两位恩师的精心栽培，也就没有我今天的成就；感谢我的父母对我的培养以及为培养我所付出的心血，父母虽然是一字不识的农民，但却以他们的善良和勤劳，含辛茹苦地培养出了两位博士、两位大学生和两位中专生（我们兄妹七人，大哥早年参加工作），因长期积劳成疾，母亲和父亲先后辞世，我谨以本书和已出版、发表的所有著作和文章作为鲜花，供奉于父母的灵前，安息吧！父母双亲，儿子没有辜负你们的期望；感谢我的妻子任菁和儿子郑韬对我所从事工作的长期理解和支持，因为在经济大潮的今天，从事纯学术研究，既不能给家人带来任何物质文明，也没有时间陪家人享受丰富的精神文明成果；感谢社会科学文献出版社的领导，尤其是宋月华女士，我的《民国思想史论》、《民国思想史论（续集）》以及我主编的《中国近代思想史研究集刊》（已出版12辑）都是在她的支持下出版的；感谢所有长期关心我、支持我、帮助我的师长、同事、亲人和朋友。滴水之恩，必当涌泉相报。

我在湖南师范大学的第一个博士后、湖南大学的刘平教授通读了全书，校正了不少错别字，并对个别语句作了润色和修改；本书第一章的第二、三节是和我已毕业的学生朱蕾合作撰写的，第二章的第一节、第二节和第三节分别是和我已毕业的学生周元刚、王敏、曾科合作撰写的，我在校的湖南师范大学研究生陈晨、王晓、游志恒、程莎莎、杨彤彤、楚依做了一些文字校对工作，在此一并致谢。

郑大华

2018 年 10 月 13 日

图书在版编目(CIP)数据

中国近代思想脉络中的民族主义/郑大华著. -- 北京：社会科学文献出版社，2018.10
（中国社会科学院文库. 历史考古研究系列）
ISBN 978-7-5201-3676-1

Ⅰ.①中… Ⅱ.①郑… Ⅲ.①民族主义-政治思想史-研究-中国-近代 Ⅳ.①D092.5

中国版本图书馆CIP数据核字（2018）第240190号

中国社会科学院文库·历史考古研究系列
中国近代思想脉络中的民族主义

著　　者 / 郑大华

出 版 人 / 谢寿光
项目统筹 / 宋月华
责任编辑 / 刘　丹

出　　版 / 社会科学文献出版社·人文分社（010）59367215
　　　　　 地址：北京市北三环中路甲29号院华龙大厦　邮编：100029
　　　　　 网址：www.ssap.com.cn

发　　行 / 市场营销中心（010）59367081　59367018
印　　装 / 三河市龙林印务有限公司

规　　格 / 开　本：787mm×1092mm　1/16
　　　　　 印　张：21.75　字　数：355千字
版　　次 / 2018年10月第1版　2018年10月第1次印刷
书　　号 / ISBN 978-7-5201-3676-1
定　　价 / 98.00元

本书如有印装质量问题，请与读者服务中心（010-59367028）联系

版权所有　翻印必究